国家社科基金
GUOJIA SHEKE JIJIN HOUQI ZIZHU XIANGMU
后期资助项目

农村公共产品供给质量研究

陈　弘等　著

科学出版社

北　京

内 容 简 介

本书将我国农村公共产品供给高质量发展定位为"理论科学",从目标、内涵和途径等方面构建农村公共产品供给高质量发展的分析框架,从公共治理范式出发,以期对改善农村公共产品供给质量"实践先行、理论滞后"的现状发挥作用。在界定相关概念的基础上,结合相关管理理论,从供给侧、需求侧两个维度,对农村公共产品供给政策演变,乡村振兴背景下高质量管理的现状、问题和对策进行系统分析,具有一定的创新性。

本书适合从事农业、农村和农民问题研究的相关专家学者、政府人员、公共政策制定人员及社会各界关注农村发展的人士阅读。

图书在版编目(CIP)数据

农村公共产品供给质量研究/陈弘等著. — 北京:科学出版社,2024.3
国家社科基金后期资助项目
ISBN 978-7-03-078267-0

Ⅰ. ①农… Ⅱ. ①陈… Ⅲ. ①农村-公共物品-质量管理-研究-中国 Ⅳ. ①F299.241

中国国家版本馆 CIP 数据核字(2024)第 060527 号

责任编辑:陶 璇/责任校对:贾娜娜
责任印制:张 伟/封面设计:有道文化

科学出版社 出版
北京东黄城根北街 16 号
邮政编码:100717
http://www.sciencep.com

北京中石油彩色印刷有限责任公司印刷
科学出版社发行 各地新华书店经销
*
2024 年 3 月第 一 版 开本:720×1000 1/16
2024 年 3 月第一次印刷 印张:19 3/4
字数:350 000
定价:216.00 元

(如有印装质量问题,我社负责调换)

国家社科基金后期资助项目
出版说明

后期资助项目是国家社科基金设立的一类重要项目，旨在鼓励广大社科研究者潜心治学，支持基础研究多出优秀成果。它是经过严格评审，从接近完成的科研成果中遴选立项的。为扩大后期资助项目的影响，更好地推动学术发展，促进成果转化，全国哲学社会科学工作办公室按照"统一设计、统一标识、统一版式、形成系列"的总体要求，组织出版国家社科基金后期资助项目成果。

全国哲学社会科学工作办公室

序　言

开展农村公共产品供给质量理论研究，是学习贯彻习近平总书记"坚持以人民为中心"的重要思想和"三农"重要论述的现实之举，是推进农业农村现代化、实施乡村振兴战略的紧迫需要，是贯彻落实党中央、国务院关于"以推动高质量发展为主题，以满足人民日益增长的美好生活需要为根本目的"的指导思想，以及"建设人民满意的服务型政府""加大基本民生保障和兜底力度"等重大决策部署的必然要求，对促进社会公平正义，提升农村居民在共建共享发展中的获得感、幸福感、安全感具有重要意义。

（一）主要内容

"质量是强国之基、立业之本、转型之要""以推动高质量发展为主题"，是根据我国发展阶段、发展环境、发展条件变化做出的科学判断，也是进入新发展阶段的战略选择。本书以农村公共产品供给质量为研究起点，探寻其在新发展阶段中的新目标、新理念、新内涵、新要求。本书以一个总体要求为研究之基，以两个维度为研究之翼，沿寻农村公共产品供给质量发展的理论与实践脉络，依靠理念、制度、体系三大支撑，引入以标准、计量、认证认可、检验检测为四大支柱的质量基础设施，通过制度、组织、技术、文化、服务五大赋能，构造从质量到高质量发展的理论助推器。

1. 聚焦的核心问题

本书以中国场域为研究背景，分析我国"三农"问题的制度优势，探索质量发展的理论与实践，构建具有中国特色的高质量发展理论。

2. 研究的实践起点

全书建基于对我国农村公共产品供给质量发展的三个阶段和三个趋势的科学认知之上。

三个阶段：第一，传统质量管理和质量检验控制阶段。农业社会，商人之间的质量担保（口头或书面形式）可视作质量管理的原始形态。手工业时期商品质量需要靠手工操作者依经验把关，被称为"操作者的质量管理"。18 世纪中叶工业革命之后，质量管理主要经历了质量检验阶段和统计质量控制阶段。第二，全面质量管理与卓越绩效管理阶段。20 世纪中叶，美国通用电气公司的费根堡姆和质量管理专家朱兰提出了"全面质量管理"，80 年代美国创建了卓越绩效管理模式。2004 年我国发布了标志着质量管理进入新阶段的《卓越绩效评价准则》国家标准。第三，高质量发展阶段。2017 年，中国共产党第十九次全国代表大会首次提出高质量发展表述。随后在 2018 年国务院《政府工作报告》、党的十九届五中全会精神、"十四五"规划等政策文件中都提出高质量发展要求。

三个趋势：一是从强调供给侧结构性改革到关注供给与需求的互动关系，强调形成需求牵引供给、供给创造需求的动态平衡；二是农村公共产品由"数量型"供给向"质量型"供给转变，同时进行适配性的延伸；三是在供给理念转变与提升的前提下，扩展质量发展的目标与内涵。

3. 本书的逻辑脉络

本书构建农村公共产品供给高质量发展理论，包括"一个总要求、两个维度、三大支撑、四大支柱、五大赋能"。全书围绕该理论架构展开论述。

（1）农村公共产品供给质量遵循乡村振兴战略总要求，打下高质量研究之基。为了推动乡村振兴战略的实施，当前我国必须遵循"产业兴旺、生态宜居、乡风文明、治理有效、生活富裕"的总要求，并将研究内容贯彻于该战略内涵的系统平衡观、经济发展观和民生指向观等价值理念之中。在追求高标准产品供给质量的同时，我们也应当坚持"价值合理性"的原则，以促进经济发展、加速改革开放、提升社会文明水平、建设生态文明、提高民生福祉和提升国家治理效能为必然要求。

（2）梳理农村公共产品供给质量理论发展的历史脉络，扩展研究维度和理论内涵，展开高质量研究之翼。农村公共产品供给强调合法性政府满足公共需求、促进社会正义的责任。本书对质量发展的理论与实践成果进行实然性研究后，将研究维度集中于供给侧与需求侧两个维度，在强调供需动态平衡的基础上，基于质量人本论、质量文化论、质量共治论、质量管理论，进行新发展理念指导下农村公共产品供给质量的应然性研究，为农村公共产品供给质量研究提供理论指引。

（3）构建理念-制度-体系的公共产品供给质量支撑体系，铸造高质量研究之钢。高质量发展是创新发展、协调发展、绿色发展、开放发展、共享发展，是以质量为价值取向和核心目标的发展。本书构建由理念、制度、体系组成的公共产品供给质量三大支撑，以理念引领供给质量内涵，以制度规范供给质量标准，以体系把控供给质量效能。

（4）引入质量基础设施服务农村公共产品供给，打造高质量研究之柱。国家质量基础设施包含了标准、计量、认证认可、检验检测等质量管理要素，形成了有机统一体系，本书引入该体系构建推动农村公共产品供给高质量发展的四大支柱，发挥其在公共产品供给中"引向标""硬约束""度量衡""纠偏器"的作用。

（5）五大赋能构建农村公共产品供给质量提升加速器。依靠制度、组织、技术、文化、服务五要素，激发内生潜力，触发外生动力，推动整体全能发展动力，为农村公共产品供给质量效能提升赋能。

（6）集成理论要件，构建农村公共产品高质量发展路径提升之箭。基于以上各部分理论研究要件进行系统集成、融合，构成有机统一体，以中国制造之箭提升农村公共产品高质量发展速度。

4. 本书的内容框架

第一章为绪论。主要介绍研究背景与意义、研究思路和方法、国内外研究现状及述评。

第二章为研究基础，包括基本概念与基础理论。基本概念：公共产品、公共产品供给、农村公共产品供给、质量、高质量发展。基础理论：习近平新时代高质量发展相关论述、乡村振兴与农村公共产品供给理论、传统质量管理和质量检验控制理论、全面质量管理与卓越绩效管理理论、农村公共产品供给高质量发展理论。

第三章为我国农村公共产品供给历史脉络与现状分析。对我国农村公共产品供给政策与实践演进，乡村振兴战略背景下高质量发展新命题，我国农村公共产品供给与质量管理现状进行分析。

第四章搭建农村公共产品供给高质量发展理论分析框架。理论框架：通过详细阐释"一个总要求、两个维度、三大支撑、四大支柱、五大赋能"的内涵体系，共同构成本书的理论框架。一个总要求即围绕全面推进乡村振兴战略的总要求；两个维度即基于公共产品供给和需求两个维度；三大支撑指的是理念、制度、体系三方面支撑；四大支柱则是在农村公共产品供给中引入标准、计量、认证认可、检验检测质量基础设施；五大赋能则是在供给实践中要发挥制度赋能、组织赋能、技术赋能、文化赋能、服务赋能的作用。

第五章对农村公共产品供给高质量发展理论体系展开实证分析。实证检验：针对农村基础设施、农村公共文化服务、农村生态环境治理、农村科技服务、农村义务教育、农村医疗卫生服务和农村社会保障七大重点领域构建质量评价指标体系，并进行评价分析。

第六章通过实践案例对农村公共产品供给高质量发展理论进行验证。

案例研究：通过分析典型案例的背景、内容、结果、启示，验证高质量发展理论要点，剖析"中国故事"理论之源，分析"中国情景"下的实践之道。以理论指导实践，用实践回应理论。

第七章为农村公共产品供给高质量发展的提升路径。

基于上述理论框架、实证分析及案例分析，进一步对"一个总要求、两个维度、三大支撑、四大支柱、五大赋能"进行深化与升华，探索农村公共产品供给高质量发展的中国路径。

（二）主要观点

我国处于社会主义初级阶段，在新发展阶段的大背景下，农村公共产品供给质量也应符合新的要求。本书基于解构和反思，详细阐述了质量提升的目标追求、理论扩展及实践要求。

农村公共产品供给高质量发展要服务于乡村振兴的总要求。乡村振兴战略是新时代解决"三农"问题的纲领性部署，提高农村公共产品供给的质量是解决"三农"问题的基础性工作。此举有助于推动乡村振兴战略的实施和推进，因为它为产业兴旺提供了充足的要素支撑；为生态宜居的美丽乡村提供了科学规划；为乡风文明贡献了科教文化力量；促进了治理有效和生活富裕的增收与产业并举。为了实现农村公共产品供给的高质量发展，我们应该坚持城乡融合发展、质量兴农、乡村善治、文化兴盛和绿色发展这五条道路，以成为乡村振兴目标实现最有力的支撑。

农村公共产品供给高质量发展需注重更高水平的供需动态平衡。当前，农村公共产品供给存在优质供给和有效供给不足的问题，同时供需之间也存在结构性错配的矛盾。因此，需要推动农村公共产品供给结构升级以创造、引领、培育新需求，同时推动农村公共产品需求结构升级以形成强大的农村市场。通过供给侧结构性改革和需求侧管理双向发力，打通堵点、补齐短板，形成需求牵引供给、供给创造需求的更高水平动态平衡，提高农村公共产品供给的效能。

农村公共产品供给高质量发展要坚持以人民为中心。"走高质量发展之路，就要坚持以人民为中心的发展思想"①，习近平总书记在中国共产党第二十次全国代表大会上强调，"高质量发展是全面建设社会主义现代化国家的首要任务"②。农村公共产品供给高质量发展必须坚持发展为了人民、发展依靠人民、发展成果由人民共享的理念，让全体人民在共建共享发展中有更多获得感、幸福感、安全感。要坚持普惠性、保基本、均等化、可持续方向，从解决农村居民最关心、最直接、最现实的利益问题入手，增强政府职责，提高公共服务共建能力和共享水平，激发全体人民积极性、主动性、创造性，促进社会公平，不断实现人民对美好生活的向往。

陈　弘

2022 年 10 月 11 日

---

① 习近平在参加青海代表团审议时强调：坚定不移走高质量发展之路　坚定不移增进民生福祉 [EB/OL]. https://www.gov.cn/xinwen/2021-03/07/content_5591271.htm，2021-03-07.

② 习近平. 高举中国特色社会主义伟大旗帜　为全面建设社会主义现代化国家而团结奋斗——在中国共产党第二十次全国代表大会上的报告[J]. 党建，2022，419（11）：4-28.

目　录

第一章 绪 论

第一节 研究问题的缘起与提出

一、研究背景

高质量发展是"十四五"时期经济社会发展的主题,"优先发展农业农村,全面实施乡村振兴战略"则是题中之义。党的十九届五中全会强调要坚持把实现好、维护好、发展好最广大人民根本利益作为发展的出发点和落脚点,尽力而为、量力而行,健全基本公共服务体系,完善共建共治共享的社会治理制度,扎实推动共同富裕,不断增强人民群众获得感、幸福感、安全感,促进人的全面发展和社会全面进步,并从提高人民收入水平、强化就业优先政策、建设高质量教育体系、健全多层次社会保障体系等方面提出了详细的发展目标。同时也是首次提出"实施乡村建设行动",把乡村建设作为"十四五"时期全面推进乡村振兴的重点任务,摆在了社会主义现代化建设的重要位置,强调要"完善乡村水、电、路、气、通信、广播电视、物流等基础设施,提升农房建设质量。因地制宜推进农村改厕、生活垃圾处理和污水治理,实施河湖水系综合整治,改善农村人居环境"等①。可见,农村公共产品的供给依然是我国政府支持农村地区经济社会发展的一项长期的战略性工作,也是解决"三农"问题,实现农业农村现代化的重要政策。

我国仍然是当今世界上最大的发展中国家,也是农业大国,农业生产力相较于发达国家还具有一定差距,农村基础薄弱。因此"三农"问题始终是关系我国改革开放和现代化建设全局的重大问题,其目标就是不断满足人民日益增长的美好生活需要。农村公共产品的供给对于农村经济社会发展来说是不可或缺的。从当前情况来看,我国农村公共产品水平虽然大幅提升,但是公共产品供给对于乡村发展仍然有明显的短板,公共产品资源亟待向农村基层"下沉",其供给质量又是直接关系农业生产的效率、农村发展的速度及农民生活水平的高低的核心问题。随着经济全球化的深

---

① 中共中央关于制定国民经济和社会发展第十四个五年规划和二○三五年远景目标的建议[EB/OL]. https://www.gov.cn/zhengce/2020-11/03/content_5556991.htm,2020-11-03.

入发展，我国与世界各国的联系愈加紧密，同时也为我国带来了一系列的发展机遇。在经济全球化的浪潮中，我国信息化、城镇化、工业化、市场化及国际化进程不断加快，科技进步日新月异。要想在新发展阶段中实现又好又快的发展局面，坚实的质量基础是必需的，也是必要条件之一，这样才能满足广大人民群众日益增长的质量需求，这种质量需求反过来也会对质量基础提出更新、更高的要求。这种反作用也在促使着整个社会和人民对各类事物发展质量方面的需求不断提高，如当前社会公众对医疗救助、基础教育、生态环境、住房保障和其他关乎自身生活质量的公共产品或服务等方面表现出不满意，但这种不满意并不是因为这类公共产品或服务的供给总量不足，而是由于这些公共产品的供给质量无法达到人民群众心中所期待的那样，从而因形成内心与现实的落差感而感到的不满意，这就带来了一系列的社会矛盾和问题。因此，面对新形势、新挑战，坚持以质取胜是保障和改善民生的迫切需要，是调整经济结构和转变发展方式的内在要求，是小康社会实现科学发展和全面建设的战略选择，是增强综合国力和实现中华民族伟大复兴的必由之路。积极开展质量强省工作，提高整体质量水平，已成为各级政府的一项紧迫任务，这既是发展地方经济的需要，也是逐步提高人民生活水平、维护社会稳定的需要。

2017 年 9 月，《中共中央 国务院关于开展质量提升行动的指导意见》指出"提高供给质量是供给侧结构性改革的主攻方向，全面提高产品和服务质量是提升供给体系的中心任务"，"坚持以质量第一为价值导向。牢固树立质量第一的强烈意识，坚持优质发展、以质取胜"。党的十八大以来，以习近平同志为核心的党中央就把质量问题摆到了前所未有的重要位置，明确提出要坚持以提高发展质量和效益为中心的发展方式。习近平总书记关于"高质量发展，就是能够很好满足人民日益增长的美好生活需要的发展，是体现新发展理念的发展"[①]等质量发展的重要论述及国务院原总理李克强关于"质量发展是强国之基、立业之本和转型之要"[②]的特别强调，又进一步把质量提升从重要位置摆到了国家战略位置。2013 年，在党的十八大报告中提出要"使发展成果更多更公平惠及全体人民"[③]，这里的"更多"是指基本公共产品的规模和效率；"更公平"是指基本公共

---

① 习近平. 习近平谈治国理政[M]. 第 3 卷. 北京：外文出版社，2020.

② 李克强：弘扬工匠精神 勇攀质量高峰 让追求卓越崇尚质量成为全社会全民族的价值导向和时代精神[EB/OL]. http://www.gov.cn/guowuyuan/2016-03/29/content_5059557.htm，2016-03-29.

③ 胡锦涛. 坚定不移沿着中国特色社会主义道路前进 为全面建成小康社会而奋斗——在中国共产党第十八次全国代表大会上的报告[M]. 北京：人民出版社，2012.

产品的均衡性；"惠及"则是指基本公共产品的普惠性与可及性。可见，将基本公共产品的精神镶嵌在公共政策议程之中，直接体现为国家"十三五"时期要全面提升基本公共产品质量、效益及群众满意度，这也将公共产品供给从"规模效率"导向"质量提升"。促进高质量发展是当下与未来确定发展思路、制定经济政策和实施宏观调控的根本要求，提供高质量的公共产品也将成为满足人民美好生活需要的必然要求。农业强不强、农村美不美、农民富不富，决定着全面小康的成色和社会主义现代化的质量。农民群众不仅在物质和文化生活方面提出更高的要求，同时在民主、法治、公平、正义、安全、环境等方面提出了新的需求，公共产品的供给也逐步由"数量型"供给向"质量型"供给转变，因此显著提高公共产品供给能力和质量水平是适应新时代我国社会主要矛盾变化的客观需要，也是不断提升亿万农民群众获得感、幸福感、安全感的必然选择。

从实践上来看，不可否认的是当前我国农村公共产品供给质量还不高，离高质量发展的目标更是相距甚远，农民群众对其的满意度也有待提升。十六大报告所明确的全面建设小康社会的四大目标，十七大报告所提出的全面建设小康社会的五项新要求，党的十九大[①]所提出的高质量发展内涵，几乎都与提升公共产品质量相关。扩大社会主义民主、加强文化建设、加快发展社会事业、建设生态文明等奋斗目标，更是涉及提高公共产品供给质量。如果公共产品质量不能满足预期要求，无法满足人民日益增长的美好生活需要，就不能说人民群众的生活质量真正得到了提升。因此，提升公共产品质量，也是新时代最重要的发展任务之一。质量一词在近几年中央的政策文件中被提及得越来越频繁，尤其是关于公共产品供给质量的专题。2018年，《乡村振兴战略规划（2018—2022年）》[②]制定了农村公共产品提升计划。2018年7月，中共中央办公厅、国务院办公厅印发的《关于建立健全基本公共服务标准体系的指导意见》进一步提出"建立健全基本公共服务标准体系"，明确中央与地方提供基本公共服务的质量水平和支出责任，以标准化促进基本公共服务均等化、普惠化、便捷化。《关于建立健全基本公共服务标准体系的指导意见》[③]明确了幼有所育、学有所教、

---

① 习近平. 决胜全面建成小康社会 夺取新时代中国特色社会主义伟大胜利——在中国共产党第十九次全国代表大会上的报告[M]. 北京：人民出版社，2017.

② 中共中央 国务院印发《乡村振兴战略规划（2018—2022 年）》[EB/OL]. http://www.gov.cn/zhengce/2018-09/26/content_5325534.htm，2018-09-26.

③ 中共中央办公厅 国务院办公厅印发《关于建立健全基本公共服务标准体系的指导意见》[EB/OL]. http://www.gov.cn/xinwen/2018/12/12/content_5348159.htm，2018-12-12.

劳有所得、病有所医、老有所养、住有所居、弱有所扶及优军服务保障、文体服务保障 9 个方面的具体保障范围和质量要求。2019 年印发的《加大力度推动社会领域公共服务补短板强弱项提质量 促进形成强大国内市场的行动方案》[①]提出到 2020 年，基本实现基本公共服务能力全覆盖、质量全达标、标准全落实、保障应担尽担；到 2022 年，服务质量明显提高，广大群众的获得感、幸福感、安全感不断提升的目标。在"全面推进乡村振兴"和"优先发展农业农村"的"十四五"历史洪流下，质量一词将会与农村发展结合得更加紧密，也会更加嵌入农村公共产品的供给体系，更加契合高质量发展目标下人民群众对美好生活的向往与追求。

高质量发展观的核心观点就在于要树立以人民为中心的发展思想，"必须合乎时代潮流、顺应人民意愿"，"让党和人民事业始终充满奋勇前进的强大动力"，这是一条使中国大踏步赶上时代的中国特色社会主义道路[②]。在党的十九大报告中，习近平总书记重新界定了我国社会的主要矛盾，至此由 1981 年党的十一届六中全会提出的我国社会主要矛盾是人民日益增长的物质文化需要与落后的社会生产之间的矛盾转变为人民日益增长的美好生活需要和不平衡不充分的发展之间的矛盾。从中我们可以看到两个转变，即物质文化需要到美好生活需要的转变，其中蕴含了人民群众对生活质量的不断追求。从落后的社会生产到不平衡不充分的发展则蕴含了一种社会现象，当前我国社会生产力在党的带领下已经完成了巨大的飞越，但城乡之间、地区之间的发展水平依旧存在较大差距。这两个转变，是习近平总书记对改革开放以来发展历程的深刻总结，也为我国的未来发展方向提供了思路。站在新的历史起点上，人民群众的美好生活需要以物质、文化及公共产品的不断丰富多元为基础，更需要保障政府供给的公共产品更加公平、质量更高地面向全体人民群众从而不断提高人民群众的幸福感、获得感和安全感。同时谋求农业农村高质量发展的切入点首先应该是农业，即以农业供给侧结构性改革为主线，着力构建现代农业产业体系、生产体系和经营体系。农业农村高质量发展又不单纯是一个产业问题、经济问题，这是因为经济基础决定上层建筑，而上层建筑又反作用于经济基础。农业高质量发展是乡村产业振兴的重要表征，其发展既不能离开、也

---

① 关于印发《加大力度推动社会领域公共服务补短板强弱项提质量 促进形成强大国内市场的行动方案》的通知[EB/OL]. https://www.ndrc.gov.cn/xxgk/zcfb/tz/201902/t20190219_962395_ext.html，2019-02-19.

② 习近平. 决胜全面建成小康社会 夺取新时代中国特色社会主义伟大胜利——在中国共产党第十九次全国代表大会上的报告[M]. 北京：人民出版社，2017.

必然需要借助农村公共产品供给制度所提供的动力与支持。乡村振兴作为新时代解决"三农"问题的重大战略,在推进实现农村公共产品高质量供给的历史进程中具有重要意义。农村公共产品的高质量供给将会进一步释放与激活农村经济社会的发展活力,提升城乡之间公共产品均等化水平。从农村公共产品供给的发展规律来看,我国农村公共产品的供给基本契合了从无到有、从重规模到重均等再到重质量的改革历程和发展规律。当前,我国经济发展格局已由高速增长转向高质量发展阶段,在前期经济高速增长阶段,我国已经奠定了丰富的发展理论和坚实的发展基础,这一系列的发展优势和现实条件将继续在高质量发展阶段发挥固有的作用。但遗留下来的发展短板我们也不能忽视,如长期以来城乡发展的二元分割,带来的后果就是我国发展不平衡不充分的问题长期存在,对于人民群众所关注的重点领域及关键环节的改革任务仍然十分艰巨等。具体到农村场域来看,农业农村的基础设施建设亟待更新、城乡居民之间收入分配差距较大、农村生态环境的改善依旧任重而道远,以及与农村群众密切相关的民生保障问题存在短板、乡村治理还有弱项。这些在高速发展阶段所遗留下来的问题,如何在高质量发展阶段准确识变、科学应变、主动求变,不断激活农村公共产品高质量供给的动力、活力,不断催生高质量供给的新动能、新优势,这是一项稳基层、利长远的重大工程,要实现农业农村的高质量发展,农村公共产品高质量供给则是重要途径。质量强则国家强,质量兴则民族兴,质量问题是经济社会发展的战略问题。本书的研究背景就是在现行高质量发展视角下,探讨如何充分利用高质量发展理念同农村公共产品供给实现有效衔接,从而有效地提升农村公共产品供给质量,促进城乡均衡发展,进而为我国实现农业农村的现代化奠定坚实基础。

二、研究对象

在党的正确领导下,我国社会生产力取得了飞跃式的发展,在这样的发展背景下,政府社会经济职能也在日益扩展而涉及社会发展的方方面面。马克思和恩格斯明确指出:"一切政治权力起先都是以某种经济的、社会的职能为基础的,随着社会成员由于原始公社的瓦解而变为私人生产者,因而和社会公共职能的执行者更加疏远,这种权力不断得到加强。"[①]中国共产党历来以人民为重,旨在实现人的全面发展和共同富裕,因而中国政府

---

① 中共中央马克思恩格斯列宁斯大林著作编译局. 马克思恩格斯选集(第三卷)[M].北京:人民出版社,1995.

特别重视民生问题。以日本、美国和欧洲的一些发达国家为例，它们经济发展水平越高，实现国家富强的手段就越是依赖于教育、科技、文化、医疗、生态等民生事业的进步，提升公共产品供给质量是全世界各国政府治理改革的基本发展趋势。随着中国特色社会主义进入新时代，中国社会的主要矛盾发生了翻天覆地的改变。同时随着农村绝对贫困的消灭，农民群众对物质文化生活会提出新的更高要求。时代的发展也呼唤建立健全高质量的公共产品供给体系，提供方便、快捷、公平、高效且优质的公共产品，满足人民的多样化需求。

习近平总书记关于质量发展的重要论述，是在扎根立足于中国国情和深刻把握世界质量发展普遍规律的基础上，针对社会主义初级阶段不断变化的特点提出的科学发展方案[①]。新时代中国社会主要矛盾的变化，以及解决社会主要矛盾的基本路径，决定了中国要以高质量发展为中心，建设中国特色社会主义现代化高质量发展体系，不断深化供给侧结构性改革，提升有效供给能力，不断满足人民群众更为丰富的物质需求。同时，坚持以问题为导向，着眼于补齐政治、文化、社会、生态和党的建设等领域诸多发展不平衡不充分的短板，将经济发展高质量、改革水平高质量、生态文明高质量、民生保障高质量和党的建设高质量，作为贯彻习近平新时代中国特色社会主义思想和党的十九大精神的战略性、导向性目标，从而体现高质量发展理论逻辑和实践逻辑的统一。乡村振兴战略作为新时代农村发展的重大战略部署，农村公共产品供给是关乎"三农"问题有效解决的基础性工作。"十四五"时期也将全面实施乡村振兴战略，在这一时期中，要想实现乡村振兴战略中"产业兴旺、生态宜居、乡风文明、治理有效、生活富裕"的二十字总要求，将制度优势转化为治理效能，农村公共产品供给的高质量将为乡村振兴战略的全面实施提供原动力。第一，农业农村基础设施建设作为农村公共产品供给的最基础一环，也是推动农村产业振兴、促进产业提质升级的重要基础，农村产业兴旺不光有利于推动农村产业发展由提高产量到提高质量，也有利于为实现全面小康建设提高发展效率。第二，农村公共产品供给又是生态宜居建设的重要平台。建设生态宜居的美丽乡村，应以习近平总书记的"两山"理论作为总遵循，在保护生态环境的基础上提升经济发展效益，其中既需要加强农村的硬件设施建设，也需要加强软件条件改善，既要美化农村生态环境，又要加强农村路水电气网等基础设施建设，不断提升农民群众的幸福感、安全感和获得感。第

---

① 张占斌. 以高质量发展推进中国式现代化[J]. 理论视野，2022，273（11）：50-57.

三,农村公共产品供给的高质量发展是乡风文明的阵地保障。乡风文明迫切需要大力发展农村公共服务,其中涵盖了农村公共文化服务、农村义务教育服务和农业科技服务等一切农村精神文明建设的重要举措,从而塑造良好和谐的乡风乡俗,以乡风文明的"魂"引乡村振兴之"路"。第四,农村公共产品供给的高质量发展为农村治理提供后盾支持,建设农村群众满意的服务型政府,必然要求强化政府提供基本公共产品的职能。因此既要完善农村基层治理人才及基础设施,也要促进县乡(镇)级公共服务功能不断向农村社会延伸,为乡村治理不断注入新的资源与活力。第五,农村公共产品供给是农民生活富裕的重要动力来源。习近平总书记多次强调:"小康不小康,关键看老乡"①,这里提到的"小康",不仅要看经济总量,还要看老百姓的生活质量。生活富裕从本质上来看是要增加农民收入,形成农民增收致富的长效机制。这就需要通过提高农村公共产品供给的高质量发展,广开农民的致富之源,形成促进农民增收的长效机制。

改革开放以来,政府通过农村公共产品的供给发挥了对"三农"事业的支持与保障作用,这种作用伴随我国经济发展已经进入新常态,公共产品的供给不断升级,不仅要体现在数量上得到了有效供给,还应该对农村公共产品质量提出更高要求,使得公共资源能够得到充分合理的分配与利用。农村公共产品质量一方面体现了我国实施乡村振兴战略和城乡基本公共服务均等化建设的效果,另一方面也能够反映政府在提供公共产品时所履行公共职能的程度。因此,保障农村公共产品质量是公共产品供给过程中的一个急需引起关注和亟待解决的问题。农民群众作为农村公共产品的最终消费者,也有权利对公共产品质量提出更高的要求。本书以农村公共产品供给的高质量发展为研究对象,在把握我国经济发展由高速增长转向高质量发展阶段的经济发展新常态后,深刻领会习近平总书记的高质量发展内涵,结合乡村振兴战略中"产业兴旺、生态宜居、乡风文明、治理有效、生活富裕"的二十字总要求,以实现农业农村现代化为总目标,来分析当前农村公共产品供给高质量发展的准确内涵和基本特征;再构建农村公共产品供给的质量评价体系,对当前农村公共产品的供给质量进行实证分析,从而准确把握当前农村公共产品供给质量不高的问题所在,再对乡村振兴战略实施以来在推动重点领域公共产品高质量供给方面的典型案例进行分析,以此得出其地方创新价值及政策扩散路径,从而避免陷入农村公共产品供给的"数量陷阱",

---

① 习近平在重庆考察并主持召开解决"两不愁三保障"突出问题座谈会[EB/OL]. https://www.gov.cn/xinwen/2019-04/17/content_5383915.htm, 2019-04-17.

引导新时期农村公共产品供给填补"质量缺口"，走向高质量发展的新路径。

三、研究意义

从农村公共产品供给的总体水平上来看，自党的十八大以来，其供给理念逐渐明晰，供给效能逐步提升，政策框架渐趋稳定，群众的满意度也在不断攀升。但与人民日益增长的美好生活需要相比，农村公共产品供给质量的提升依旧面临着一系列的困难与障碍。因此，高质量发展视域下的农村公共产品供给则成为当前乡村振兴全面实施话语体系下的重要议题。农村公共产品供给的质量和效益是农民生活真正美好的基本保障。政府通过加强投入、监管和评估、注重公平和可持续性等措施，促进了农村公共产品供给质量和效益的提升，为农民提供了更好的生活保障和发展机会。高质量发展阶段在实现经济持续健康发展的同时，注重提升发展质量、效益和可持续性，促进人类全面发展，正是与新时代我国生产力发展水平相适应的发展阶段，它指明了新时代我国总体的发展方向，并将以人民为中心的发展思想同创新、协调、绿色、开放、共享的新发展理念有机融合，转变了以高速增长为中心的目标考量。习近平总书记的高质量发展观作为解决我国发展不平衡不充分问题的新理念、新思想、新战略，在农村公共产品供给的问题上高质量发展呈现为满足人民在经济、社会等多方面日益增长的美好生活需要，顺应了人民要发展、要创新、要美好生活的历史要求及新时代社会主要矛盾转型的潮流，是实施乡村振兴战略的重要途径，是破解农业农村发展不平衡、不充分问题的重要抓手，更是为实现农业农村现代化奠定坚实基础。

（一）丰富和完善高质量发展内涵和公共产品供给理论的研究

目前我国发展不平衡不充分的问题主要集中在广大农村地区，所以农村公共产品供给政策的贯彻与落实与否直接影响我国农业农村现代化及乡村全面振兴的发展目标能否顺利达成。在"十四五"规划乡村振兴战略全面实施的背景下，通过研究农村公共产品供给质量问题，将高质量发展融入农村公共产品供给中，以实现公共产品质量不断提升和改进。这是农村公共产品供给发展必须走的道路，也是公共产品持续改进的内在需求。这将在一定程度上加快农业农村现代化进程，同时丰富和发展我国的高质量发展内涵，有助于完善我国农村公共产品供给的理论体系，为提升农村公共产品质量的路径研究提供基本的理论框架，为农村公共产品的高质量供给奠定理论基础。然而，现有的农村公共产品供给体系依旧面临着活力不足、能力不足、质量有待提升等问题，高质量公共产品供给仍然面临着精准性、有效性、适应性、灵活性不足等问题。同时，从供给方面评价公共产品的质量，需要考虑的因素更多更复杂，但就目前我国农村公共产品的质量评价体系而言，其发展进程相对缓慢，评价指标也相对狭窄，内容模式也较为单一，不利于我国农村公共产品供给质量的有效提升。所以，本书对于农村公共产品供给质量的研究也将有助于丰富和发展我国农村公共产品供给的质量评价体系。

（二）农村公共产品供给高质量顺应了新时代社会主要矛盾的转型

目前，我国社会矛盾主要突出不平衡不充分发展这一特点，不平衡不充分的发展从字面意思进行理解的话，不平衡是城乡发展之间的不平衡，不充分则是发展质量不高的直接表现，不平衡不充分的问题在农村地区表现得尤为突出。长期以来的城乡二元分割发展境遇，使得农村的发展相比于城市而言需要更大的投入，要想更好满足农村群众日益增长的美好生活需要，必须推动农村公共产品的高质量供给。"十四五"规划重新定义了城乡关系，提出要推动形成"工农互促、城乡互补、协调发展、共同繁荣的新型工农城乡关系"。在此背景下，农村公共产品的供给不仅要重视量的发展，还要解决质的问题，从而在质的大幅度提升中逐步实现量的有效增长，才能给人民群众带来更多的获得感、幸福感、安全感。一方面，农村公共产品供给是农村供给侧结构性改革的重要内容，在高质量发展中促进共同富裕才能够给农民群众带来更多的物质财富；另一方面，创造高品质生活需要在农村形成相应的高质量公共产品供给体系，在一定意义上使得人民群众更广泛、更深层次地共享改革发展成果，获得经济发展红利，以此带来更多的精神财富，并在不断共享改革发展成果中生活得更加美好和幸福。从本质上讲，两者是相辅相成、相互促进的关系。因此，农村公共产品的高质量供给在解决农村社会主要矛盾方面发挥着重要作用。

（三）农村公共产品供给高质量是实现乡村全面振兴的重要途径

实施乡村振兴战略是党的十九大面对新时代中国发展所做出的重大决策部署，是对当前新时代"三农"问题的高度重视。农村公共产品供给是乡村振兴的强力支撑，实施乡村振兴战略也将更关注农村公共产品发展状况，同时对其供给质量与效率也提出了新的要求。随着精准扶贫进入决胜阶段，中国农村的绝对贫困问题将得到有效解决，但相对贫困问题将以一个长期而复杂的局面继续存在，因此需要提供更有效率、更加公平、更可持续的高质量农村公共产品。在经济发展新常态下，农村公共产品供给体系的完善与供给质量的提升也是乡村振兴的核心内容与主要目标。实施乡村振兴战略是推进农村公共产品供给质量的战略保障。随着乡村振兴战略的推进，农民对农村公共产品的需求度与接受度得以迅速提升，农村公共产品供给也呈现出动态变化。因此，构建农村公共产品有效供给机制，提高农村公共产品供给质量有利于推进乡村振兴战略的深入实施，也是全面实现乡村振兴的重要途径。

（四）农村公共产品供给高质量是破解农业农村发展不平衡不充分问题的有力抓手

城乡发展不平衡、农村发展不充分，仍是新时代我国社会主要矛盾的集中体现。虽然我国经济发展水平相较于改革开放前实现了质的飞跃，但现实国情依旧是农业在国民经济中的基础地位没有变、农民是最值得关怀的最大群体的现实没有变、农村是全面建成小康社会的短板没有变。高质量发展并不仅代表经济发展领域，更是民生建设的战略方向，公共产品供给质量提升就是其表现形式之一。在广大农村中使得幼有所育、学有所教、劳有所得、病有所医、老有所养、住有所居、弱有所扶中，要让农民群众体验到更加充实、更有保障、更可持续的获得感、幸福感、安全感是当前农村公共产品供给高质量所要攻克的重点与难点问题。在"十四五"时期以高质量发展为主题的新阶段，必须遵循城乡协调发展客观规律，着眼于城与乡的全景式关怀，提高农村公共产品的供给质量则是现实进路①。农村公共基础设施的建设是改善生活条件、实现生活富裕的重要途径；农村教育质量的提升可以提高学生素质，从而为农村发展提供人才支撑，打破农民"低收入—低教育投入—低能力形成"的恶性循环，不断提高农民群众的技能水平、提高其外出就业收入，进而实现农民生活富裕等。因此，农村公共产品供给的高质量发展必将不断缩小城乡发展差距，促进城乡均衡发展，进而破解农村发展不平衡不充分问题。

（五）农村公共产品供给高质量为实现农业农村现代化奠定坚实基础

2021年2月发布的《中共中央 国务院关于全面推进乡村振兴加快农业农村现代化的意见》标志着我国"三农"工作进入新的战略部署阶段，

---

① 李燕凌, 高猛. 农村公共服务高质量发展：结构视域、内在逻辑与现实进路[J]. 行政论坛, 2021, 28（1）：18-27.

也是推动农业农村高质量发展的必然选择。在全面建成社会主义现代化国家中，农业农村现代化是全面现代化的重要组成部分，农村公共产品的供给在实现农业现代化中发挥着不可替代的作用。同时，要在此基础上推进农村现代化，夯实农业的发展基础，改善农民的生活条件，逐渐缩小城乡差距。农村公共产品的供给对农村经济社会发展有着直接和间接的影响。它既是推动农村发展的动力引擎，也是实现农业强、农村美、农民富的重要抓手，将贯穿农村现代化的全过程。随着乡村振兴战略的实施，近年来农村公共产品的供给质量也不断提升，势必将产生更大的边际效应，逐步架起农村向现代化迈进的桥梁。因此，在大力推进农业农村现代化建设过程中，必须重视农村公共产品的高质量供给，从而为农业农村现代化奠定坚实基础。

四、研究内容

（一）构建农村公共产品供给质量的理论体系

本部分主要包括两个方面内容。一是基本概念的界定，阐释质量、高质量、农村公共产品、农村公共产品质量等相关概念的定义和内涵；二是现有理论基础的分析，对习近平新时代高质量发展相关论述的梳理和解读，对传统质量管理、检验控制质量管理、全面质量管理和卓越绩效管理理论内涵的论述及其在政府公共服务中的适用性。梳理乡村振兴战略内涵、战略体系和战略意义，分析乡村振兴与农村公共产品供给的相关性，并提出农村公共产品供给高质量需要回应的是质量人本论、质量文化论、质量共治论、质量管理论等时代命题。

（二）梳理我国农村公共产品供给历史脉络与现状

本部分主要包括三个方面内容。一是我国农村公共产品供给的政策流变与实践演进。首先阐释了历年来中央一号文件关于解决"三农"问题的政策演变；其次是从农村公共基础设施供给实践和农村公共政策供给实践两个角度阐释我国农村公共产品供给的实践进展；最后对当前我国农村公共产品供给的目标追求与实践成效进行一个展望，包括分析了当前我国农村公共产品供给涵盖的回应性、配置效率和社会效率三个目标追求，同时对我国农村公共产品供给的实践成效进行了探讨。二是对乡村振兴战略背景下高质量发展新命题进行了分析，包括从农村公共服务高质量发展的现实背景、遵循农村公共服务高质量发展客观规律及实现农村公共服务高质量发展目标三个方面阐释乡村振兴战略下农村公共产品供给高质量发展的现实意蕴；从供给主体、基本原则、评判标准三个板块对乡村振兴战略下农村公共产品供给高质量发展的政策维度进行解读，还通过以人民为中心的发展理念、城与乡的全景式关怀、供与需的高效能平衡构建乡村振兴战略下农村公共产品供给高质量发展的人本追求。三是分析我国农村公共产品供给与质量管理现状，从供给侧的结构性分析、需求侧的满意度分析及新时代我国农村公共产品供需的新要求等方面进行探讨。

（三）搭建农村公共产品供给高质量发展理论分析框架

本部分主要包括三个方面内容。一是农村公共产品供给高质量发展可构建增强农民民生三感、推动城乡协调发展、提升公共服务水平和形成质量生态系统四个目标体系。二是农村公共产品供给高质量发展应围绕着"一个总要求、两个维度、三大支撑、四大支柱、五大赋能"的理论分析框架进行研究。一个总要求是指乡村振兴战略"产业兴旺、生态宜居、乡风文明、治理有效、生活富裕"的总要求。两个维度为供给侧与需求侧。三大支撑由以系统观、均等观、标准观、品质观、普惠观、精准观构成的理念支撑，以高质量发展相关政策、中央一号文件、《国家基本公共服务标准（2021 年版）》、《乡村振兴战略规划（2018—2022 年）》等相关制度文件等构成的制度支撑，以高质量发展的指标体系、政策体系、标准体系、统计体系、绩效评价体系、政绩考核体系构成的体系支撑组成。四大支柱包括高质量发展的标准质量基础设施、计量质量基础设施、认证认可基础设施、检验检测基础设施。五大赋能包括制度赋能、组织赋能、技术赋能、文化赋能、服务赋能。三是分析农村公共产品供给高质量发展的途径与工具，从畅通国内国际双循环、推动城乡一体化发展、基本公共服务均等化三个方面进行探索。

（四）进行农村公共产品供给高质量发展的实证分析

本部分主要包括两个方面的内容。一是农村公共产品供给高质量发展的研究设计与方法，以全面性、重要性、代表性、导向性、独立性、可行性为评价指标体系构建原则，实证部分基于地域位置划分为东中西三个部分，并分别在东中西部的南北部各选择一个省区，最终选择以山东、广东、河南、湖南、新疆、四川为研究对象，以综合指数法为研究方法，所使用的数据均源于面板数据。二是选取了农村基础设施、农村公共文化服务、农村生态环境治理、农村科技服务、农村义务教育、农村医疗卫生服务、农村社会保障七个农村公共产品领域，在相关文献资料的基础上，分别构建评价指标体系并进行实证分析。通过对供给质量现状进行分析，针对每个领域进行问题检视与原因分析，进而验证农村公共产品供给高质量发展理论体系的可执行性、可持续性、可扩散性和可评价性。

（五）剖析农村公共产品供给高质量发展典型案例

本部分主要分为两个方面内容。一是根据农村基础设施、农村公共文化服务、农村生态环境治理、农村科技服务、农村义务教育、农村医疗卫生服务及农村社会保障这七个方面分别选择基础设施互通模式：安庆"四好农村路"案例，供需精准匹配模式：攸县"门前三小"文化工程，生态文明涵养模式：罗源"秀美山川"行动，人技结合服务模式：云南"农科教结合"供给案例，城乡融合供给模式：昌吉"城乡教育共同体"案例，民生三感提升模式：宁武"县乡医疗一体化"案例，生活保障兜底模式：巨鹿"医养结合"农村养老网络案例这七个乡村振兴战略背景下农村公共产品供给高质量发展典型案例并通过分析典型案例的背景、内容、结果、经验启示，验证高质量发展理论要点，剖析"中国故事"理论之源，分析"中国情景"下的实践之道。二是在对前面的典型案例进行分析的基础上总结归纳出农村公共产品高质量供给带来的对农村基础设施、农村公共文化服务、农村生态环境治理、农村科技服务、农村义务教育、农村医疗卫生服务及农村社会保障这七个方面地方创新价值和农村公共产品高质量供给可能存在的政策扩散路径。

（六）提出农村公共产品供给高质量发展的提升路径

本部分主要包括五个方面的内容，一是遵循农村公共产品供给一个总要求质量战略原则。二是拓展农村公共产品供给两个维度质量实践脉络，根据第四章的理论分析框架从供给侧和需求侧寻求农村公共产品供给高质量发展的提升路径。三是构建农村公共产品供给三大支撑质量阵地建设，包括农村公共产品供给高质量发展的理念建设、农村公共产品供给高质量发展的制度建设、农村公共产品供给高质量发展的体系建设。四是完善农村公共产品供给四大支柱质量基础设施。五是实施农村公共产品供给五大赋能质量提升策略，对农村公共产品供给高质量发展的五大赋能进行深一步的探讨。

五、研究思路

本书共划分为七章，由此根据本书的研究内容及其章节划分呈现出如下研究思路及框架图（图1-1）。

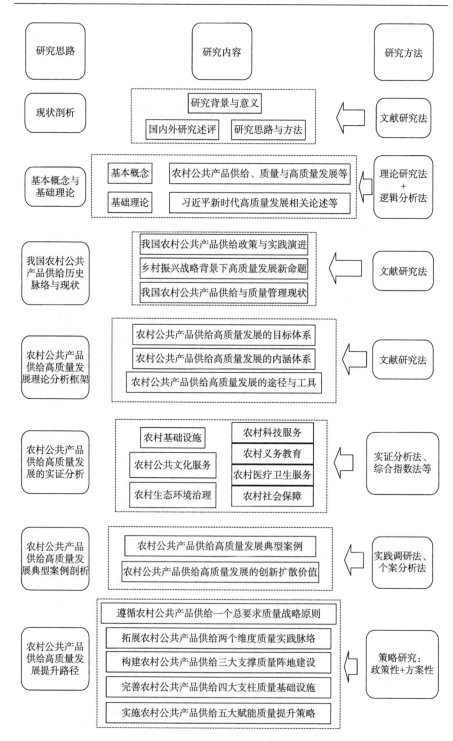

图 1-1　研究思路及框架图

六、研究方法

（一）文献研究法

本书借助文献研究，厘清概念，获取理论基础和参考经验，提出研究思路和框架，在写作过程中，通过对不同时期的著作文献及政策文本进行比较分析，发现制度逻辑，寻求影响因素，洞察质量发展规律，构建农村公共产品供给质量理论分析框架。

（二）规范研究与实证研究相结合的方法

本书的研究重点是在高质量发展视域下构建农村公共产品质量评价指标体系并进行实证分析。本书将选取农村基础设施、农村公共文化服务、农村生态环境治理、农村科技服务、农村义务教育、农村医疗卫生服务、农村社会保障七个方面进行评价，结合相关理论与研究结论，构建质量评价指标体系，运用综合指数法对整理的数据进行分析，以反映农村真实的公共产品供给质量。

（三）典型案例研究法

结合四批农村综合改革标准化试点的做法，尤其是对乡村振兴战略实施以来在推动重点领域公共产品供给高质量发展方面的典型案例进行分析，在农村基础设施、农村公共文化服务、农村生态环境治理、农村科技服务、农村义务教育、农村医疗卫生服务及农村社会保障这七个典型案例中，结合相关理论，剖析其背景、建设任务与目标、保障措施、建设成果和启示，得出其地方创新价值并分析其政策扩散路径，从而为农村公共产品供给的高质量发展提供实践支撑依据。

第二节 国内外研究述评

一、国内研究综述

（一）关于质量定义及高质量内涵的研究

质量一词最早源于拉丁文 qualis，我国古书中也曾提及质量一词，如《人物志·九徵》中"凡人之质量，中和最贵矣。中和之质，必平淡无味"，但其提到的质量指的是人的资质与器量。目前在中国、新加坡等使用汉字的国家及地区，基本沿用了英文 quality 的翻译来对质量进行阐释。《辞海》

中对质量有两种解释，一种为物理学定义，指物质的量；一种为社会学定义，指产品或工作的优劣程度。自古以来，商品交换活动不断更新完善，人类对质量的追求也从未停止。本书的研究主要从质量的社会学定义出发，最初仅适用于生产的产品，随后逐渐向人、组织、活动、服务、过程等方面延伸，并包括以上方面的组合。在我国政府的质量管理上，1978 年改革开放初期，我国引入了全面质量管理的理念。全面质量管理是指一个组织在全员参与的基础上，以质量为核心，以满足顾客、造福组织全体成员和社会为目标，实现可持续发展的管理方法。政府全面质量管理是各级政府及公共组织人员共同参与，运用现代质量管理理念和方法，不断努力完善工作体系，为服务对象提供优质服务或产品的管理途径，从而确保政府发展的可持续性。实施政府全面质量管理是建设服务型政府的现实需要及推进国家治理体系和能力现代化的有效途径。受国外公共服务质量改进运动的影响，质量一词在 21 世纪初期开始进入我国公共管理领域。周志忍指出只有树立了浓厚的质量意识，才会有追求质量的动力，才会有提高质量的具体行动①。

我国经济发展进入了新时代，推动高质量发展是适应社会主要矛盾变化的重大策略。高质量发展是一种以质量和效益为价值取向，以创新、协调、绿色、开放、共享为目标追求的新发展理念②。高质量发展具体表现为提高资源配置效率和产品服务质量，不断升级技术水平，提升人民群众生活质量，实现现代化均衡发展，促进公平绿色可持续发展③。高质量发展的本质内涵丰富了质量的概念，涵盖了经济、社会、政治、文化等方面，其发展目标一定是充分均衡的发展④。随着新发展阶段所面临的机遇与挑战，数字经济、农村消费、民生保障及自贸区经济都是高质量发展的新亮点⑤。要反映一个国家的人民生活质量和水平，以及经济社会发展的质量和水平，公共产品或服务的种类、数量、质量、层次、水平是一个重要标志。从管理学视角来看，我国以人民为中心的发展思想要求政府树立人民

---

① 周志忍. 公共部门质量管理：新世纪的新趋势[J]. 国家行政学院学报，2000，（2）：40-44.
② 田秋生. 高质量发展的理论内涵和实践要求[J]. 山东大学学报（哲学社会科学版），2018，（6）：1-8.
③ 张军扩，侯永志，刘培林，等. 高质量发展的目标要求和战略路径[J]. 管理世界，2019，35（7）：1-7.
④ 赵剑波，史丹，邓洲. 高质量发展的内涵研究[J]. 经济与管理研究，2019，40（11）：15-31.
⑤ 李子联，刘丹. 中国高质量发展的新阶段：本质内涵与路径选择[J]. 江海学刊，2021，（6）：88-94，254.

至上的理念，根据人民需求精准提供公共产品及服务，持续改进完善和创新，这就使高质量发展嵌入了价值维度——提供更高质量的公共产品。高质量的发展也可以产生更大的福利效应，具体来说，它可以为人们提供更丰富、更优质、更高水平、更低成本的公共产品和服务，而不仅是最基本的教育、就业、医疗、卫生、社保等。

（二）关于农村公共产品及公共产品质量的研究

公共产品是人们生活必不可少的，而且随着社会经济的发展，还将呈现出重要性的提升、涉及面的扩大、供应品种的增多、内容的增添和供给质量的提高等显著特点。关于农村公共产品的定义，已有学者做了大量研究，认为它既包括中央政府层面所提供的覆盖农村地区的全国性公共产品，如义务教育、文化服务、医疗救助、社会保障、环境保护等，又包括地方政府和公共组织所提供的受益范围仅限于部分外溢到周边地区的地方性公共产品，如黄河流域、长江流域农村地区的江河治理，西北农村地区的大型防护林工程、农村电网建设、农业科技成果推广等。也有学者从产品形态上概括农村公共产品的内容，一类是农村基础设施、医疗设备等有形的公共产品，一类是信息、农业科技、劳务等没有实物形态的以服务形式表现出来的公共产品。还有学者从农村公共产品消费过程所产生的经济效用视角进行划分，将农村公共产品区分为经济性农村公共产品和非经济性农村公共产品，前者具体包括农业产业科技推广项目、农田水利基本建设等，后者主要包括义务教育学校建设、村图书馆或文化室、卫生改厕工程等[①]。基本上都认为农村公共产品是指相对于农民私人财产而言，具有一定的非竞争性、非排他性和效用不可分割性的特点，用于满足农村公共需要的产品。

在进行文献检索的时候，发现对于公共产品质量的研究相对较少，而将其关键词替换为公共服务质量后，国内学者则做了大量研究。对于公共服务，在已有的文献中呈现出两种解读：第一种是指服务型政府的固有职能，强调政府的基本职能是服务于人民群众和公共利益的。第二种是指政府和其他公共部门提供公共物品的职责。从这一角度来看，公共服务与公共产品是大体等量的概念。因此，本书是将其放在同一语境下进行理解，不做具体细分。有学者从公众需求的角度界定公共服务质量，认为公共服务质量是指政府为主导的公共部门在提供公共产品过程中的固有特性及满

---

① 李燕凌. 农村公共产品供给侧结构性改革：模式选择与绩效提升——基于 5 省 93 个样本村调查的实证分析[J]. 管理世界，2016，（11）：81-95.

足公共产品的最终消费者要求和期望的程度①。也有学者认为公共服务质量是指"政府和社会组织等公共产品供给主体向社会及公众提供公共产品的品质和服务程度水平"②。还有学者以公共服务自身特性界定公共服务质量，他认为"终端使用者获得、享用公共产品的实际水平、可获得性、及时性、经济性、准确性和响应性等"构成了公共服务的质量③。同时，还有学者认为公共服务质量的内涵包括：在公共服务供给过程中遵守预先制定的程序和规范，满足预先规定的输入要求；在公共服务供给的结果反馈中符合预先设定的结果或效果要求以实现服务功能最大化，同时要求供给主体以正确的方式做正确的事，从而满足一系列质量标准的程度且具有公共精神④。还有学者基于公众满意度的视角对公共服务质量做了第三类研究，他们认为公共服务质量主要是通过社会公众对政府提供的公共产品或服务的满意度或认可度来进行评价的。最后一类学者则是综合了公众需求满足和公众满意度两种视角，他们认为公共服务质量是公共部门或第三部门等供给主体在提供公共产品过程中，以满足公众需求及提升公众满意程度的总和为目标，将公共服务质量划分为客观质量和主观质量，其中客观质量是从产品自身特性的角度出发，指公共服务本身的产出质量和结果质量；主观质量是从公众需求和公众满意度的角度出发，指公众感知到的服务传递过程质量⑤。也有学者从公共产品的提供过程和结果反馈的视角出发认为公共服务质量是指其固有特性满足相关质量规定和标准要求及社会公众要求的程度⑥。可以看出，中国的学者对公共服务质量的概念界定呈现出多元视角的鲜明特征。

（三）农村公共产品供给质量现状的研究

公共产品质量作为一个学术术语，它是由公共产品和质量两个子概念结合起来的，"提供优质的公共产品""提高基本公共服务的质量""提

① 张桂聚. 我国政府公共服务质量管理体系的缺失与完善研究——基于 PDCA 循环原理的视角[D]. 华中师范大学硕士学位论文，2011.
② 江明生，温顺生. 关于构建覆盖全民的公共服务体系[J]. 长白学刊，2011，（3）：77-79.
③ 陈振明，李德国. 基本公共服务的均等化与有效供给——基于福建省的思考[J]. 中国行政管理，2011，（1）：47-52.
④ 张锐昕，董丽. 公共服务质量：特质属性和评估策略[J]. 北京行政学院学报，2014，（6）：8-14.
⑤ 陈文博. 公共服务质量评价与改进：研究综述[J]. 中国行政管理，2012，（3）：39-43；吕维霞. 论公众对政府公共服务质量的感知与评价[J]. 华东经济管理，2010，24（9）：128-132.
⑥ 陈朝兵. 公共服务质量的概念界定[J]. 长白学刊，2017，（1）：63-68.

高教育质量""提高文化产品质量""实现更高质量的就业"等表述频繁出现在公共产品政策文件中，这不仅表明了公共产品质量概念已进入官方话语体系，也表明改善和提高基本公共产品质量是当前值得开展研究的一项课题[①]。国内关于农村公共产品供给的研究成果主要集中于供给状况、供给成效、供给效应等，在供给状况研究里，主要集中在供给主体、供给机制和供给模式，同时对供给成效及供给效应也有颇多研究。

关于农村公共产品供给质量的现状研究，在学者已有的文献中发现与美国、日本等发达国家相比，我国公共产品的供给还存在总量不足、质量不高、效率低等问题。而且，在长期存在的城乡二元发展结构的影响下，上述问题在农村尤为突出。鄢奋认为农村公共产品供给质量不高的表现主要是农村公共产品功能不全、有效性不强、安全系数低和生命周期短这四个方面[②]。张等文和呼连焦认为农村公共产品供给呈现出供给数量、供给需求、供给结构、供给主体困境，主要体现在总量不足、结构失调、供需矛盾、主体失衡四个方面，从而导致供给效率较低[③]。赵秀玲认为农村公共产品供给是一个较为复杂的系统性工程，精神性诉求观念滞后及主体作用发挥不充分等问题导致农村公共产品供给处于较低层次[④]。王彦平提出我国农村公共产品供给存在供给水平较低、供给缺乏公平性、供给效率较低等突出问题[⑤]。冷哲等通过对我国农村公共产品供给效率进行评估，发现我国农村公共产品供给效率区域差异较大，供给效率排名从高至低依次为中部地区、东部地区、东北地区、西部地区[⑥]。尹婷婷等通过对云南省姚安县9个乡镇的实地调研，运用定量与定性分析相结合的方法对调研数据进行分析，提出我国边疆民族地区农村公共文化产品供给存在基础设施不完善、活动开展不足、信息发布不顺畅、服务质量不高、服务保障不完

① 陈朝兵. 基本公共服务质量：概念界定、构成要素与特质属性[J]. 首都经济贸易大学学报, 2019, 21（3）：65-71.

② 鄢奋. 我国农村公共产品质量及其保障问题探析[J]. 福建师范大学学报（哲学社会科学版）, 2013,（4）：10-13.

③ 张等文, 呼连焦. 城乡二元结构下农村公共产品的供给困境与化解[J]. 理论与现代化, 2014,（3）：10-15.

④ 赵秀玲. 理念之变与路径选择——中国农村公共产品供给的几个重要问题[J]. 甘肃社会科学, 2015,（4）：34-39.

⑤ 王彦平. 我国农村公共产品供给存在的问题、成因及解决对策[J]. 理论探讨, 2015,（6）：162-165.

⑥ 冷哲, 黄佳民, 仲昭朋. 我国农村公共产品供给效率区域差异研究[J]. 农业技术经济, 2016,（5）：80-91.

善等问题①。纪江明和陈心米运用 DEA（data envelopment analysis，数据包络分析）模型对浙江省 15 个县（市、区）农村公共产品供给效率进行评估，提出浙江省农村公共产品供给存在结构失衡、城乡差距等问题，在科技文化服务、社区养老服务等方面缺乏重视②。孔祥智从交通、饮水、供电、能源、通信和人居环境等方面分析，全面小康视域下我国农村公共产品取得了重大进展，但城乡差距较为突出③。

　　高质量的农村发展需要高质量的公共产品，然而，目前农村公共产品仍处于不完善和分散的状态，这已成为制约人们日益增长的美好生活需求的主要因素。公共产品质量是衡量一个国家发展质量的重要因素，它不仅反映了政府服务社会的能力，也代表着居民的生活保障水平。总体来看，我国公共产品的供给水平呈上升趋势，基础设施、教育、医疗等方面逐步完善，但整体供给质量还有待提升，尤其是发展落后的农村地区。同时广大农村和落后地区群众的需求难以匹配，表现在公共产品的投资与社会评价不一致，看病贵、上学难等问题得到缓解但依旧任务艰巨，供给总量不足、质量效益不高的新旧矛盾交织在一起，公众对公共产品的满意度进入了犹豫期④。关于我国构建高质量公共服务供给体系面临的瓶颈挑战，有学者认为其瓶颈挑战包括尚未形成整合的框架体系、市场化不足与市场化过度的风险同时存在、公共服务资源的空间正义问题比较突出、信息技术在引领公共服务高效率协同方面的作用受到制约⑤这几个方面。有学者还表示东部与中西部地区公共服务供给的不均衡、城市与乡村公共服务供给的不均衡、社会群体之间公共服务供给的不均衡等诸多不均衡特点的综合则带来现实公服务供给质量改进的复杂性⑥。除城乡及地区的公共服务供给的不平衡问题之外，我国还存在部分公共产品供给过度或供给匮乏的问题，针对该问题，有学者提出这种结构性矛盾是政策导向或财政导向的偏

---

① 尹婷婷，毕东，毕晓红，等. 边疆少数民族地区农村公共文化产品供给现状分析——以云南楚雄彝族自治州姚安县为例[J]. 图书馆理论与实践，2018，（11）：74-78.

② 纪江明，陈心米. 基于 DEA 模型的农村公共产品供给效率研究——以浙江省 15 个县（市、区）为案例的实证研究[J]. 华东经济管理，2019，33（12）：42-48.

③ 孔祥智. 全面小康视域下的农村公共产品供给[J]. 中国人民大学学报，2020，34（6）：14-28.

④ 王小广. 供给-需求两端双向发力推进高质量发展[J]. 人民论坛·学术前沿，2020，（14）：24-30.

⑤ 李德国，陈振明. 高质量公共服务体系：基本内涵、实践瓶颈与构建策略[J]. 中国高校社会科学，2020，（3）：148-155，160.

⑥ 杨钰. 公共服务质量改进：国际经验与中国实践[J]. 东南大学学报（哲学社会科学版），2020，22（2）：123-131.

差所导致的[①]。

（四）关于农村公共产品供给质量评价的研究

关于农村公共产品的质量评价的研究，呈现出两个维度。首先是从公共产品的供给主体方面来进行评价，即对供给侧的评价。其次是从需求方面即公共产品的最终消费者来评价公共产品的质量，即需求侧的评价。以政府为主导的供给主体需要明确的是提供公共产品的目的是满足公共需求，目标则是让公众满意。当然需要明确的是，当需求侧对公共产品的质量进行评价的时候，人民群众也就是公共产品的服务对象，其在自身认知范围内对公共产品的主观质量评价，会受个体特征、家庭结构、区域经济发展水平、公共服务环境和产品具体提供者等多种因素的影响。但尽管如此，对需求侧公共产品质量评价的重视仍然是推进公共产品供给高质量发展的重要途径之一。在公共产品质量评价模型的选择上，Servqual 模型和改进的 Servperf 模型、图书馆服务质量评价模型、美国顾客满意度指数（American customer satisfaction index，ACSI）模型和 DRGs（diagnosis-related group system，疾病诊断相关系统）评价体系最具代表性。虽然指标体系建设的侧重点不同，但大致可以分为注重产出、注重效率、注重内在属性等类型。由于公共产品具有公共性特征，对其质量的评价不能简单等同于对私人产品质量的评价。而且，公共产品的高质量也不能简单地通过达到某个静态指标来衡量，因为公共产品的供应是一个连续的过程，它可以在供应的过程中不断提高自身的质量。更重要的是，公共产品的质量水平受到财政收入的制约，财政收入应该能够支撑高质量公共产品的持续供应。因此，公共产品供应商不仅要考虑客观质量，即公共产品自身的质量，还要注意主观质量，即公众对公共产品的满意度。从分析方法来看，层次分析法、模糊综合评价法是常用的质量评价方法。

国内学者对于公共产品的质量评估做了大量的研究，有学者从公共产品供给的整体质量进行评估，也有学者从公共产品供给的某一具体领域进行评估。从公共产品供给的整体质量评估角度来看，刘典文以福建省为例，利用灰色关联度评价农村公共服务各指标对综合评价的影响程度[②]。王蕾和朱玉春基于农户满意度的视角，运用模糊综合评价法对农村公共产品供

① 徐放达，王增涛. 论中国城乡公共产品供给机制的优化[J]. 云南社会科学，2019，（1）：70-75.
② 刘典文. 基于灰色关联的农村公共服务综合评价研究——福建省的经验性解释[J]. 科学决策，2010，（1）：86-94.

给效果进行了实证分析[①]。吕维霞从主观和客观两个维度对公众感知政府服务质量影响因素与公众感知质量的测评维度进行了整合性实证研究，得出了政府服务表现越好且公众对服务的满意度越高，则公共服务质量越高的结论[②]。睢党臣和肖文平从我国农村公共服务质量现状出发，在汲取诸多学者对农村公共服务质量研究成果合理内核的基础上，运用因子聚类分析方法，选取了具有代表性的基础设施、文化教育、医疗卫生、社会保障及科技信息五类公共产品作为农村公共服务质量的研究范围，构建质量评价指标体系[③]。睢党臣等以陕西省为例进行入户问卷调查，运用改进的Servqual 模型从有形性、可靠性、响应性、保证性、移情性、透明性六大维度来评价农村公共服务质量[④]。谢星全运用全国大规模调查数据评估公共服务质量时，从质量的价值化维度、绩效维度、目标维度出发，根据基本公共服务的过程、要素、功能和作用四个方面来搭建宏观和微观评估框架[⑤]。李继霞等从教育文化、医疗卫生、社会保障、基础设施和环保减灾五个维度出发，运用全局熵值法、Moran 指数和空间杜宾模型进行农村公共服务供给质量评估，研究发现我国供给质量总体水平稳步上升，但五个研究维度间发展不平衡，区域差异较为显著[⑥]。

从公共服务供给的某一具体领域质量评估来看，章晓懿和刘帮成以居家养老服务为研究对象构建质量评价模型[⑦]。林勋亮从顾客需求的角度出发对高速公路服务质量进行了评价[⑧]。陈振明和樊晓娇提出了公共服务质量持续改进框架，并通过建立指标库、指标的理论筛选、指标的实证筛选、指标权重等过程构建了科技公共服务质量评价指标体系[⑨]。尚文茹等通过

① 王蕾，朱玉春. 基于农户视角的农村公共产品供给效果评价[J]. 西北农林科技大学学报（社会科学版），2012, 12 (4)：24-29.

② 吕维霞. 公众感知政府服务质量影响因素实证研究[J]. 国家行政学院学报，2010, (5)：75-80.

③ 睢党臣，肖文平. 农村公共服务质量测度与提升路径选择——基于因子聚类分析方法[J]. 陕西师范大学学报（哲学社会科学版），2014, 43 (5)：148-158.

④ 睢党臣，张朔婷，刘玮. 农村公共服务质量评价与提升策略研究——基于改进的 Servqual 模型[J]. 统计与信息论坛，2015, 30 (4)：83-89.

⑤ 谢星全. 基本公共服务质量：多维建构与分层评价[J]. 上海行政学院学报，2018, 19(4)：14-26.

⑥ 李继霞，刘涛，霍静娟. 中国农村公共服务供给质量时空格局及影响因素[J]. 经济地理，2022, 42 (6)：132-143.

⑦ 章晓懿，刘帮成. 社区居家养老服务质量模型研究——以上海市为例[J]. 中国人口科学，2011, (3)：83-92，112.

⑧ 林勋亮. 顾客导向的高速公路服务质量测量体系探索性研究[J]. 管理评论，2012, 24 (8)：135-144.

⑨ 陈振明，樊晓娇. 科技公共服务评价指标体系的构建[J]. 行政论坛，2014, 21 (5)：48-55.

文献筛选与数据分析,探索农村卫生服务质量评价指标体系的研究现状[①]。谢星全和朱筱屿分别利用多层线性回归和分层线性回归对基本医疗卫生服务及住房保障服务分别进行了质量评价[②]。杨林和杨广勇对山东省基本公共文化服务供给质量进行评价并分析其影响因素,研究发现城镇化水平及地方政府重视程度具有正向作用,但经济增长水平却具有负向作用[③]。目前国内学者对于公共产品或服务供给的整体性质量评价的研究相当丰富了,但具体到农村领域及某一领域来看,研究则相对较少,近年来取得的研究成果也稍显不足。

(五)关于推进农村公共产品供给高质量发展的路径研究

进入新时代,推动公共产品高质量发展已成为社会发展领域的新命题和新战略。一方面,人们对公共产品的要求和期待已经从过去的有没有转向为今天的好不好,对美好生活有了更多的期待。另一方面,公共服务的高质量发展已成为发展不平衡问题中需要重点关注的领域之一,因此迫切需要形成新的发展战略并系统地解决这一问题[④]。同时公共服务质量改进业已成为社会发展、政府治理变革、实现人民美好生活等诸多方面现实与理论的根本需求,不断提升公共服务质量成为各国政府共识与共同目标[⑤],这就引发了学者的诸多讨论。关于公共服务供给质量提升的研究,很早就有学者进行了研究。陈文博对国内外公共服务质量评价与改进的研究内容进行评述,提出在借鉴西方发达国家经验的基础上,可以通过不同机制的设计改进、影响因素分析、评价指标体系构建、评价技术的提高等方式推动公共服务质量评价与改进[⑥]。陈振明和李德国提出持续改进公共服务质量的三种方式即质量测定、质量认证、质量流程[⑦]。鄢奋提出从建立民主决策制度、保障资金的可持续性、提高政府采购水平、建立质量监管组织

① 尚文茹,李秀霞,魏莉莉,等. 农村卫生服务质量评价指标体系研究进展[J]. 中国卫生政策研究, 2017, 10 (3):61-69.
② 谢星全. 基本公共服务质量评价研究——以基本医疗卫生服务为例[J]. 宏观质量研究, 2018, 6 (1):44-54;谢星全,朱筱屿. 基本公共服务质量评价研究——以基本住房保障服务为例[J]. 软科学, 2018, 32 (3):29-32,42.
③ 杨林,杨广勇. 基本公共文化服务供给质量评价及其改进——来自山东省的实践[J]. 山东社会科学, 2020, (2):105-111.
④ 陈振明,李德国. 以高效能治理引领公共服务高质量发展[J]. 人民论坛, 2020, (29):61-63.
⑤ 杨钰. 中国公共服务质量改进的生态学建构[J]. 中国矿业大学学报(社会科学版), 2020, 22 (4):65-76.
⑥ 陈文博. 公共服务质量评价与改进:研究综述[J]. 中国行政管理, 2012, (3):39-43.
⑦ 陈振明,李德国. 公共服务质量持续改进的亚洲实践[J]. 东南学术, 2012, (1):102-112.

及完善质量保障法律体系等方面提高农村公共产品质量[①]。睢党臣等提出建立完善的信息沟通平台，树立顾客导向的新理念，提高服务人员的职业素养，提升政府的公信力，提高公共产品信息的透明性来提高农村公共服务的供给质量[②]。张慧芳和艾天霞认为可通过提高农村公共产品供给规模、质量及效率，从而激活农村内生发展动力，纠正资源要素配置的扭曲[③]。崔博等提出要科学认识我国农村公共产品供给效率低下、质量不高等问题，通过创新供给主体、完善监督监管机制、引入竞争激励机制、畅通农民需求反馈渠道等途径来实现农村公共产品供给质量提升[④]。

在建设服务型政府的目标导向下，我国在公共产品质量持续改进上取得了明显的进展。然而，进入新的发展阶段后，公共产品的基本供给已不能局限于满足人们的基本生活和生存需要，而是要进一步实现人们的生活质量及精神追求。随着人们对美好生活追求的提高，我国公共服务的供给范围要不断扩大，供给水平也要随之提高[⑤]。胡志平认为，随着新时期乡村振兴战略的推进，城乡二元结构将逐渐消失，政府将通过提供更多的机会来促进城乡一体化发展。因此，在农村公共服务发展的新阶段，政府行为的公共服务导向和供给绩效凸显高品质导向，日益满足农村居民对美好生活的需求，而提升公共服务高质量供给的路径，首先要拓展公共服务供给范围，其次是提高公共服务供给层次，最后是提高公共服务供给的精准程度[⑥]。李德国和陈振明认为要建设高质量公共服务的体系框架、打造高质量公共产品的示范区域、推动高质量公共服务的跨界融合、提升高质量公共服务的智慧动力，全面提升人民群众的获得感、幸福感和安全感，从

① 鄢奋. 我国农村公共产品质量及其保障问题探析[J]. 福建师范大学学报（哲学社会科学版），2013，（4）：10-13.
② 睢党臣，张朔婷，刘玮. 农村公共服务质量评价与提升策略研究——基于改进的 Servqual 模型[J]. 统计与信息论坛，2015，30（4）：83-89.
③ 张慧芳，艾天霞. 供给侧结构性改革与跨越"中等收入陷阱"——逻辑机理与路径选择[J]. 经济问题，2017，（8）：15-20.
④ 崔博，刘伟伟，黄英龙. 乡村振兴背景下农村公共产品供给质量提升路径研究[J]. 农业经济，2019，（11）：31-32.
⑤ 杨钰. 中国公共服务质量改进的生态学建构[J]. 中国矿业大学学报（社会科学版），2020，22（4）：65-76.
⑥ 胡志平. 中国农村公共服务供给变迁的政治经济学：发展阶段与政府行为框架[J]. 学术月刊，2019，51（6）：53-63；胡志平. 公共服务高质量供给与"中等收入陷阱"跨越[J]. 学习与探索，2019，（6）：64-72.

而构建高质量公共服务体系[①]。李燕凌和高猛认为农村公共服务高质量发展蕴含着城与乡的全景式关怀、质与量的阶段性适配、供与需的高效能平衡的结构视域倾向，因此要完善协同供给体系、健全多元主体资金投入机制、优化需求识别机制、创新信息技术赋能机制及强化"六位一体"质量保障机制来实现农村公共服务供给的高质量发展[②]。薄贵利和吕毅品认为建立健全基本公共服务质量标准体系，既要做到使基本公共服务的质量标准体系适应经济社会发展的需要，能够满足人民群众对基本公共服务质量和水平的要求，同时，又要达到或接近处于同等发展阶段国家基本公共服务的质量水平[③]。陈振明和李德国指出，质量是公共服务有效供给的重要因素，探索公共服务质量持续改善途径，应通过规范的绩效评价制度建立服务质量持续改善机制[④]。张启春和梅莹认为要确保公共服务供给质量监测的顺利实施，就应确立责任明晰的多元主体协同机制、供需平衡的主客观"双核"评估机制[⑤]。

（六）关于改进农村公共产品供给质量评价方法的研究

农村公共产品的供给质量与公众满意度密切相关，农村公共产品质量评价也是持续改进公共服务质量的重要手段。林闽钢和杨钰通过对公共服务质量评价研究相关文献进行综述，并提出健全公共服务需求的表达机制、构建公共服务质量评价的激励机制、探索公共服务质量评价的良性运行机制、推进各领域公共服务质量评价是中国公共服务质量评价的未来趋势[⑥]。陈振明和耿旭总结了中国公共服务质量管理的标准化、电子化、智能化，引入采购机制、设计质量奖等实践经验，提出政府质量管理还应建立质量文化，实行大数据战略，进一步发挥公民调查评论在素养提升中的功效[⑦]。

① 李德国，陈振明. 高质量公共服务体系：基本内涵、实践瓶颈与构建策略[J]. 中国高校社会科学，2020，（3）：148-155，160.
② 李燕凌，高猛. 农村公共服务高质量发展：结构视域、内在逻辑与现实进路[J]. 行政论坛，2021，28（1）：18-27.
③ 薄贵利，吕毅品. 论建设高质量的服务型政府[J]. 社会科学战线，2020，（2）：189-197.
④ 陈振明，李德国. 基本公共服务的均等化与有效供给——基于福建省的思考[J]. 中国行政管理，2011，（1）：47-52.
⑤ 张启春，梅莹. 基本公共服务质量监测：理论逻辑、体系构建与实现机制[J]. 江海学刊，2020，（4）：242-247.
⑥ 林闽钢，杨钰. 公共服务质量评价：国外经验与中国改革取向[J]. 宏观质量研究，2016，4（3）：90-98.
⑦ 陈振明，耿旭. 中国公共服务质量改进的理论与实践进展[J]. 厦门大学学报（哲学社会科学版），2016，（1）：58-68.

唐果等在探索国内学者研究公共服务质量改进研究成果的基础上，提出应加强经济性公共服务质量改善[1]。佟林杰和杨慧谦提出构建我国公共服务改进的助推机制应从简化机制、默认机制、纠正机制等方面界定[2]。杨钰提出公共服务质量改进是全球政府改革与创新的实践目标，目前我国已经形成了供给改善型、评价推动型、需求驱动型三种实践类型，未来应该从多维面向、动态机制、循环互动三个方面探索我国公共服务质量改进新范式[3]。翁列恩和胡税根指出要强化以公共服务质量循环为基础的过程控制，构建公共部门与质量感知之间互动与持续改进的机制，建立公共服务质量持续改进与发展的绩效评估体系[4]。

二、国外研究综述

（一）关于质量定义及内涵的研究

20 世纪初，美国工程师泰勒提出科学管理方法。1956 年费根堡姆提出了全面质量管理的概念，其主张在产品设计、生产、销售及使用等环节都应开展质量管理，确保用户对产品需求取得最大利益化生产。20 世纪 60 年代，学者指出质量是对需求的满足程度。20 世纪 80 年代末，国际标准化组织（International Organization for Standardization，ISO）制定了一系列质量管理和质量保证标准，帮助组织实施和运行质量管理体系，也是质量管理体系的一般要求和指南。质量的定义为反映实体满足直接需求与潜在需求的能力的特征总和。质量标准是产品质量水平的评价标准，可以提高社会资源的生产配置效率，从而更好地满足用户的产品需求[5]。20 世纪末期，随着政府部门从公共权力型向公共服务型转变，为提高政府服务能力和工作水平，商业领域的产品质量概念开始向公共服务领域拓展。Behn 强调，服务质量和市民需求的满足是政府评价标准的根本

[1] 唐果，林聪，阎永哲，等. 我国公共服务质量改进研究的现状、评价与展望[J]. 经营与管理，2018，（8）：148-151.

[2] 佟林杰，杨慧谦. 我国公共服务质量助推机制研究[J]. 合作经济与科技，2019，（9）：170-171.

[3] 杨钰. 公共服务质量改进：国际经验与中国实践[J]. 东南大学学报（哲学社会科学版），2020，22（2）：123-131.

[4] 翁列恩，胡税根. 公共服务质量：分析框架与路径优化[J]. 中国社会科学，2021，（11）：31-53，204-205.

[5] Castka P，Balzarova M A. Adoption of social responsibility through the expansion of existing management systems[J]. Industrial Management & Data Systems，2008，108（3/4）：297-309.

要求①。同时国外学者也对高质量发展进行了研究。Martinez 和 Mlachila
以非洲撒哈拉沙漠以南地区经济增长阶段的质量为研究对象，提出高质量
发展是一种强有力、稳定、可持续的发展②。Mlachila 等通过对发展中国家
的研究将高质量发展定义为增长速度快、社会友好型的可持续发展③。托
马斯和王燕认为针对人力、实物、社会、环境、自然等资本的投资是促进
经济高质量增长的重要因素④。

（二）关于公共产品供给质量的研究进展及现状

公共产品的供给行为，无论是在我国还是其他国家，都有着悠久的历
史，但是对公共产品供给的研究是在现代以后。英国学者霍布斯在《利维
坦》中强调，政府本身就是一种公共产品。这一时期的研究也指出了契约
对于公共产品的重要性。新古典综合学派的代表萨缪尔森将产品分为私人
消费品和公共消费品。根据商品消费是否具有排他性和竞争性标准，公共
产品可分为纯公共产品和准公共产品。根据萨缪尔森的定义，纯公共产品
指的是所有人都可消费的产品，同时也不会导致其他人对该产品的消费减
少。私人产品是可分割的，可以通过市场交易以同等方式提供。准公共产
品是介于公共产品和私人产品之间的产品，它不仅具有非排他性和非竞争
性的特点，而且具有外部效益较大的特点。萨缪尔森对公共物品的定义是
在制度安排上寻找一个有效的资源配置机制和公共与私人之间的分工。

国外对公共产品的供给质量的研究起步较早，有丰富的参考资料。早
在 20 世纪六七十年代，西方学者就开始探讨公共物品质量领域中公众感知
和公众参与的重要性。1994 年，90 岁的美国质量管理专家朱兰博士在美国
质量管理学会年会上明智地预言了即将来临的新时代：21 世纪是"质量的
世纪"。如今，这一预言已成真，质量正成为当前社会发展的重要动力。
从 20 世纪 80 年代开始，质量管理理论开始扩展到公共管理领域，一些西
方国家开始探索这一理论的推广和应用，逐步衍生出全面质量管理理论和
ISO 质量体系，因为它们将企业管理的程序和工具成功应用于公共管理领

① Behn R D. Why measure performance? Different purposes require different measures[J]. Public
　Administraiton Review，2003，63（5）：586-606.
② Martinez M，Mlachila M. The quality of the recent high-growth episode in Sub-Saharan Africa[R].
　IMF Workingpaper，2013.
③ Mlachila M，Tapsoba R，Tapsoba S J A. A quality of growth index for developing countries：a
　proposal[J]. Social Indicatiors Research，2017，134（2）：675-710.
④ 托马斯 V，王燕. 增长的质量（第二版）[M]. 张绘，唐仲，林渊译. 北京：中国财政经济出
　版社，2017.

域。关于公共产品质量优化主要涉及以下方面：一是服务质量的理论研究。Oliver 和 Swan 在研究产品绩效的感知过程中，具体探究了产品本身的机械性绩效感知及顾客感受到的表达性感知，这对服务质量的理论研究有着重要指导意义[①]。Grönroos 首次提出了服务质量的概念，即顾客购买服务的预期及享受到服务后的感知间的差异比较[②]。Parasuraman 等认为服务质量水平由用户对服务的期望与实际感知的差距决定，并基于期望与实际表现之间的差距值（服务质量差距模型，gaps model of service quality）计算首次提出了包含十个维度的服务质量维度模型[③]，后来进一步归纳为可感知性、可靠性、响应性、保证性、移情性的 Servqual 模型[④]。二是公共部门重视公众参与公共产品质量优化。随着新公共管理运动的兴起，公共部门开始大量引进私有部门先进管理经验，以提高公共产品供给质量。以登哈特[⑤]为代表的公共行政学者开始对新公共管理理论进行批判与反思，提出了以治理为中心的新公共产品理论，同时提出要重视公共产品质量优化。Holzer 等曾指出公众的满意度是公共产品质量提高的有效途径，公众对公共产品的质量评价可以引起公共部门的重视[⑥]。在此期间，欧美发达国家为提高公共产品质量，普遍认为公共产品的私人提供者在更易于衡量和监测的公共产品质量维度上表现更好，反之亦反。在这一理念的影响下，世界各国逐步采用公众满意度评估等途径，让公众参与公共部门服务质量管理的实践，促进公共管理领域公共产品质量的提高[⑦]。

① Oliver R L, Swan J E. Consumer perceptions of interpersonal equity and satisfaction in transactions: a field survey approach[J]. Journal of Marketing, 1989, 53 (2): 21-35.

② Grönroos C. A service quality model and its marketing implications[J]. European Journal of Marketing, 1984, 18 (4): 36-44.

③ Parasuraman A, Zeithaml V A, Berry L L. Servqual: a multiple-item scale for measuring consumer perceptions of service quality[J]. Journal of Retailing, 1988, 64 (1): 12-40.

④ Zeithaml V A, Berry L L, Parasuraman A. The nature and determinants of customer expectations of service [J]. Journal of the Academy of Marketing Science, 1993, 21 (1): 1-12.

⑤ 登哈特 R B. 公共组织理论（第五版）[M]. 扶松茂，丁力译. 北京：中国人民大学出版社，2011.

⑥ Holzer M, Charbonneau E, Kim Y. Mapping the terrain of public service quality improvement: twenty-five years of trends and practicesin the United States[J]. International Review of Administrative Sciences, 2009, 75 (3): 403-418.

⑦ Alonso J M, Andrews R. How privatization affects public service quality: an empirical analysis of prisons in England and Wales, 1998-2012[J]. International Public Management Journal, 2016, 19 (2): 235-263.

（三）公共产品供给质量评价的研究

公共产品质量评价技术的代表性度量模型有 Servqual 模型、Servperf 模型、Kano 模型等。在 Berry（贝里）率先提出的服务质量评价模型基础上，Cronin 和 Taylor 提出了 Servperf 评价模型，即绩效感知服务质量评价模型[①]。受 Fredrick Herzberg（弗雷德里克·赫茨伯格）的双因素理论启发，Kano 等认为用户满意度与产品质量可能呈非线性关系，于是提出了 Kano 模型[②]。目前西方公共管理领域的理论体系及管理机制已经发展成熟，不同学者根据自己的研究提出了相应的评价模型与方法，国外学者也围绕公共产品展开了具体领域的实证研究。Sahn 等研究发现医疗服务质量是农村居民日常医疗需求的关键因素，并建议将医疗服务质量的提高作为政府提供医疗公共产品的政策目标[③]。Stromberg 通过发放报告卡片来了解公民对政府医疗机构服务质量的满意度，从而评估政府部门的服务质量[④]。Filippetti 和 Cerulli 通过对欧洲 171 个地区的考察，了解当地的政府绩效及自治机制，研究发现低自治与高自治均对公共产品的质量提高有着正向作用[⑤]。Kyriacou 和 Roca-Sagalés 探讨了公共产品质量与财政分权的关联性，研究发现社会保障及教育的投入是提高公众对公共产品的满意度的有效途径[⑥]；Engdaw 通过对巴赫达尔市的调查研究，探讨了公共产品质量对行政区内城市居民满意度的影响[⑦]。

（四）农村公共产品供给质量提升路径的研究

Savas 认为，政府是公共产品的主要供给者，应将部分生产职能转移

① Cronin J J, Taylor S A. Measuring service quality: a reexamination and extension[J]. Journal of Marketing, 1992, 56（3）: 55-68.

② Kano N, Seraku N, Takahashi F, et al. Attractive quality and must-be quality[J]. Journal of Japanese Society for Quality Control, 1984, 14（2）: 39-48.

③ Sahn D E, Younger S D, Genicot G. The demand for health care service in rural Tanzania[R]. Working Paper, 2002.

④ Stromberg D. Radio's impact on public spending[J]. Quarterly Journal of Economics, 2004, 119（1）: 189-221.

⑤ Filippetti A, Cerulli G. Are local public services better delivered in more autonomous regions? Evidence from European regions using a dose-response approach[J]. Papers in Regional Science, 2018, 97（3）: 801-826.

⑥ Kyriacou A P, Roca-Sagalés O. Local decentralization and the quality of public services in Europe[J]. Social Indicators Research, 2019, 145（2）: 755-776.

⑦ Engdaw B D. The impact of quality public service delivery on customer satisfaction in Bahir Dar City administration: the case of Ginbot 20 sub-city[J]. International Journal of Public Administration, 2020, 43（7）: 644-654.

给私营部门或第三部门，明确其职责范围，形成公私部门良性的竞争环境，从而提效率、降成本，这也是有效提升公共产品质量的重要途径①。R. B. Denhardt 和 J. V. Denhardt 指出政府提供公共产品的基础是合作，核心是公共权利和价值观念，同时通过服务公民来实现公共利益的最大化②。Miller 总结出 12 种管理工具用来提高公共产品质量，其中全面质量管理、绩效管理、标杆管理、流程再造、企业运作等是常用的方法③。Qamar 指出农村公共产品的供给要以服务对象的现实需求为基础，同时要进行绩效评价与反馈，保证公共产品的有效提供④。

（五）国外公共产品质量改进理论

公共产品的质量提升归因于供给质量不高的现实，对实际问题的研究构成了理论基础。国外关于提高供给质量有如下几种代表性理论。一是提高有效公共产品质量的理论，如何提高公共产品的供给效率是这类理论致力于探索和解决的问题。根据效率追求是在组织内部实现还是在组织之间实现，效率导向型公共产品的质量改进可以分为内部效率导向型公共产品的质量改进及外部效率导向型公共产品的质量改进。内部效率导向型认为，政府是公共产品的主要供给者，也是公共产品质量提高的首要前提。外部效率导向型批判了政府在公共产品供给中的固有弊端，主张其他社会主体参与供给。企业、社会组织和公民可以在公共产品的供给中发挥重要作用，代表理论主要是戴维·奥斯本和特德·盖布勒的企业政府理论和萨瓦斯的公共物品私有化理论。二是民主公共产品质量提升理论。民主公共产品质量的提高以公民权利为出发点，认为关键是通过具体的手段和途径促进社会公平的实现，以提高政府的倾听能力，倾听不仅没有剥夺独特个体有利于普遍理想的品质，而且扩大了正义的范围，包括新的公共产品模式提倡积极的公民参与以改善公共产品。它主张公民权利的实现不仅要参加公开听证会和政策辩论，而且强调民主参与对话。三是满意型公共产品质量提升理论。公共产品有其特殊性，也有服务的共性。满意型公共产品质量提

---

① Savas E S. Privatization: the key to better government[J]. American Political Science Association, 1987, 83（1）: 256-271.

② Denhardt R B, Denhardt J V. The new public service: serving rather than steering[J]. Public Administration Review, 2000, 60（6）: 549-559.

③ Miller C M. Banishing bureaucracy: the five strategies for reinventing government by David Osborne and Peter Plastrik[J]. Political Science Quarterly, 2013, 113（1）: 168-177.

④ Qamar M K. Demand for services planning by villagers: a case study from Pakistan[C]. Proceeding of the Annual Meeting of the Neuchatel Initiative Group, 2004.

升理论旨在强调用户对服务的消费和享受后的评价。满意型公共产品的质量改进理论经历了从顾客满意到公民满意的两个不同阶段。顾客满意更侧重于对商业服务质量内在特征的界定，如果市民感到满意，那么我们就能更好地回答谁能提高公共产品的服务质量的问题，因为公众能够准确感知公共产品的实际质量。公民满意度是公共产品质量最重要的衡量和评价指标，其理论内容大多以商业机构顾客满意度理论为基础。

三、评述与展望

农村公共产品供给质量的提高是有效解决"三农"问题的关键。根据现有的相关研究成果和文献，国内外学者对农村公共产品供给进行了多维度、多领域、深入的研究，并取得了一定的研究进展。

首先，公共产品是公共管理研究的重要领域，公共产品具有非竞争性和非排他性的特点，其供给模式具有一定的独特性。其次，农村公共产品的有效供给是农业供给侧结构性改革的重要内容，在有效提高农村经济水平的同时改善农民生活质量，对于解决"三农"问题具有重要的现实意义，也是实现农业农村现代化的客观要求。此外，在农村公共产品供给质量方面，国内外学者对农村公共产品供给质量的需求分析、资源配置、效率评价等方面进行了研究，并对农村公共产品供给与乡村振兴战略的关系进行了初步探讨。在研究方法上，目前学者主要采用定性分析和定量分析相结合的方法，对农村公共产品的供给主体、供给机制、供给模式、供给数量和供给效率进行研究。但现有的研究还存在一些不足，主要表现在以下几个方面：一是研究体系还不够完善。尽管国内外理论界对农村公共产品供给过程中的各个维度进行了深入研究，但系统综合分析仍不够。二是研究深度有待加强。例如，在公共产品的资源配置研究中，国外的相关研究大多集中在国家或地区的公共产品供给上，对其农村公共产品供给的研究较少，与中国国情不符。但是根据国内对农村地区的需求，现有的研究大多将农村地区作为一个统一的整体来评价公共产品的供给质量，而对农村地区的次区域性、层次性和亚类型性的研究较少。因为中国东西部农村的发展存在差异。因此，基于区域差异的农村公共产品供给质量研究将具有更大的现实价值和意义。三是当前国内研究对供给数量和质量不足、制度不完善、区域不协调等问题达成共识，认为应从供给政策、供给主体、供给过程和供给水平四个方面促进农村公共产品的供给。然而，在当前"十四五"时期全面实施乡村振兴战略的背景下，以高质量发展为视角，对乡村公共产品供给质量现状、供给质量评价和供给质量改进的研究还有待进一步深化。

当前，我国社会主要矛盾发生了变化，人民对美好生活的向往日益增长，对农村公共产品供给也将有更高要求。在新时代的历史背景下，农民对生活型公共产品需求增加、对新公共产品的关注度也日益增长，同时公共产品供给质量也尤为重要。本书在现有研究成果的基础上，改进了研究中存在的问题，拓展了研究方法，并结合高质量发展理念等新的发展战略和要求，融合了乡村振兴、城乡一体化发展和供给侧结构性改革的新思考，继续对农村公共产品的供给质量进行更深入的研究。

第二章　基本概念与基础理论

农村公共产品属于公共产品的概念范畴，其本身带有公共产品的强烈色彩，同时也因为供给对象和范围的差异性，具有一些其他的突出特征，包括需求的多层次性、作用的强外溢性、供给的高依赖性、供给的低效性等。高质量发展是党的十九大首次提出的新表述，高质量发展既是一种发展理念、发展方式和发展战略，也是一种发展状态和过程，是将质量作为最高目标与内在取向的高级化发展，具有划时代意义与思想指导性。随着中国经济社会进入发展新阶段，高质量发展成为各领域、各行业共同的价值选题，农村公共产品供给也被赋予了高质量发展的时代内涵。

质量管理发展历史大致经历了几个发展阶段，其中传统质量管理主要依赖人的经验和技艺熟练程度来评估物品或产品质量情况，质量检验控制则是在第一次工业革命之后大规模生产中常用的质量管理手段，全面质量管理顺应了精细化生产和贸易流通的需要，强调全员、全过程、全系统的质量管理，卓越绩效管理是对全面质量管理的标准化、规范化和具体化，其核心内涵是强调企业要有创新意识和让顾客满意的理念。这些质量管理理论为农村公共产品质量提升提供了参考。在大力推进乡村振兴战略的大背景下，深入式推进农村公共产品高质量供给需要掌握与理解更多的本质内涵，包括以人为本的质量关怀、知情行合一的质量文化、多方共同参与的质量治理及全链条式的质量管理等，全面推动农村公共产品供给的深入式发展。

第一节　基 本 概 念

一、农村公共产品供给

（一）公共产品的概念与特征

西方经济学家萨缪尔森在 1954 年第一个提出了公共产品的概念，将其形容为"集体消费产品"，并认为这种产品带有"每个人对这种产品的消费，不能减少任何他人也对于该产品的消费"的特性①，由此点明了公共产品的重要特性——非排他性与非竞争性。萨缪尔森关于公共产品的论述引发了西方学者特别是经济学界学者的广泛谈论，并呈现出两大流派：一派是对萨缪尔森定义的进一步扩展解释，增加了公共产品具有不可分割性、公共性和生产相关性等特征描述，其中文森特·奥斯特罗姆夫妇的公共产品理论是典型代表；另一派则是公共选择学派对公共产品政治属性的突出描述，典型如詹姆斯·布坎南将公共产品定义为"任何集体或社团因为任何原因决定通过集体组织提供的商品或服务，都将定义为公共商品或服务"②，该定义强调公共产品的本质是一种制度安排。

综合分析，公共产品具有以下典型特征，这些特征是其区别于私人产品的重要标志，也是其供给方式的重要依据。

一是受益的非排他性。公共产品的非排他性主要是从受益的角度上来讲的，即某人在消费一种公共产品时不能排除其他人消费这一物品（不论他们是否付费），或者排除的成本很高。非排他性具体体现如下：其一是任何人不能排斥他人消费而独自占有某公共产品的消费，这在技术上或者经济上可能无法实现；其二是消费的非拒绝性，即使消费者不情愿，他也无法拒绝对效用范围内的某公共产品的消费；其三是受难以掌握被供给对象所消费的公共产品的数量多寡因素的影响，所有消费者消费数量均等的情况也有出现的可能性。同时，公共产品的非排他性这一特性在一定程度上也会令商品等价交换这一特性失去效用，当供给者无法通过市场交换平衡成本时，部分消费者的真实需求也会因此而隐藏起来。为了保证公共产品的有效供给，须通过政府和社会参与资源配置以弥补这种市场失效的可能。

二是消费的非竞争性。公共产品的非竞争性是指所有消费者都可以实现对公共产品的消费，且彼此的消费行为互不影响，不会导致彼此消费成本的增加或者减少。非竞争性的具体体现如下：①消费者所负担的边际成本增加度为零，其他消费者并不会因为消费者数量的增加而支付更多的费用；②消费过程中不会出现拥挤成本，即某公共产品的消费者数量变化并不会造成公共产品本身所产生的消费质量的变化。

三是效用的不可分割性。不可分割性是指公共产品本身的固有属性，它是服务于公共利益的，所有社会成员共同消费，公共产品不能被分割成若干部分给个别人或者个别组织使用，针对公共产品的消费并不能适用

---

① 段忠桥. 社会主义及其未来——约翰·罗默访谈录[J]. 马克思主义与现实, 2002, (1)：70-79.
② 布坎南 J M. 民主财政论[M]. 穆怀朋译. 北京：商务印书馆, 1993.

"谁付款，谁受益"这一准则，这也是公共产品的供给主体应当是政府或公共组织的重要原因，最典型的案例就是国防、外交、治安等公共产品。

四是供给的公益性。公益性是指公共产品的供给目的是解决人民的公共需求问题，而并非像商品那般追求经济等利益的最大化。这是因为，公共产品原本就是为了维护社会成员共同利益而生产和提供的，有着和整体利益相联系的天然关系。同时，公共产品在使用过程中由于消费对象的集体性和共同性特征，其产生的收益也必然具有公益性特征。此外，不管是作为组织还是个人的公共产品供给主体，其目的也都是维护公共利益，满足公共需要。公共产品的公益性要求不断优化和完善公共产品的供给，最终满足社会的公共利益。

综上所述，公共产品的四个特征很好地诠释了公共产品的内涵，而其中的非竞争性与非排他性更是公共产品最基本的两个特征，也正是基于对这两个特征的彰显程度的判断，公共产品也被人们划分为纯公共产品和准公共产品。纯公共产品同时满足这两个基本特性，准公共产品则是只满足其中一个特性，不满足上述特征则属于私人产品（表2-1）。

表2-1 公共产品、私人产品、准公共产品的异同

项目	公共产品	私人产品	准公共产品
效用方面	不可分割性	可分割性	可分割性
消费方面	非竞争性	竞争性	有限的非竞争性
受益方面	非排他性	排他性	有限的非排他性
供给方面	政府/社会团体	市场	政府+市场
案例	国防、义务教育	商品	教育、道路、公园

（二）农村公共产品特征与分类

农村公共产品是公共产品的重要组成部分，指的是满足农村社会的公共消费需求的产品或劳务，它具有非排他性、非竞争性和不可分割性等公共产品的基本特点。农村基层政府治理服务、农村地区教育服务、农村建设规划、农村生态环境保护等内容均属于农村公共产品的范畴，属于农村地区整体运作所不可缺少的部分。农村公共产品作为典型公共产品，具有受益的非排他性、消费的非竞争性、效用的不可分割性和供给的公益性等基本特征。同时，相比一般公共产品，我国的农村公共产品还具有以下特点。

一是需求的多层次性。不同层次之间的需求是相关联的，并且在整个

开发过程中需要保持一致性和可追溯性。我国地域广阔，农村位置分布边缘化、农业发展过于分散化均是造成农村公共产品供给出现供给层级化的重要原因。同时受地区间经济水平、社会文化风气、自然地域条件差异的影响，农村地区间的村民收入水准、科学技术水平及生活环境和条件参差不齐，导致不同地区对公共产品的需求存在显著差异。例如，在经济较为发达的地区，村民们往往更加关注教育、医疗、社会保障等公共服务，因为他们有更多的财力和精力来关注这些方面；而在经济相对落后的地区，村民们可能更加关注基本的生活需求，如饮用水、供电、道路等基础设施建设。

二是作用的强外溢性。农村公共产品的强外溢性指的是其能够充分发挥正外部性作用，优质充分的农村公共产品供给能够促进整个经济社会的健康发展。良好的供给有利于发展农村经济，改善农民生活质量，同时对扩大市场需求、增添国民经济发展活力大有裨益。例如，农村道路设施的硬化优化、农田水利供给的改善能够促进农业增产增收和农民富裕，为国内农产品市场增添动力，农村水利工程建设和生态环境保护不仅改善了农民的人居环境，还能辐射周边的生态系统，带来整体环境质量的上升。

三是供给的高依赖性。高依赖性指的是我国农业农村的发展对农村公共产品供给的依赖性极强，如果没有较好的供给效率和供给质量，农业农村的发展可能就会落后或者存在风险。例如，农田水利供给情况、农业科技的推广运用情况直接影响着农业产能增收，进而影响农业发展水平和农民生活质量。特别是随着农村与外界互联互通程度不断加深，农村对公共产品的依赖性也越来越强，这也凸显出农村公共产品的重要价值和特殊地位，对加强农村公共产品供给提出现实要求。

四是供给的低效性。农村公共产品与其他类型的公共产品相比，其供给上存在着明显的低效率特征，而出现这一特征的主要原因便在于我国农村分布分散、区域差异又极大，公共产品供给无法集中统一实现，而城市的高聚集性使得供给效率更高，回报率也远高于农村地区。例如，农村的水、电、网基础设施的建设难度和要求就大于城市，利用率却较低，导致农村供给效率不理想。供给的低效性与农村生产发展对公共产品的强外溢性和高依赖性形成冲突，使得加强和改善农村地区的公共产品供给至关重要。

从不同角度出发，可以将农村公共产品分为不同的类型，如从产品属性的视角来看，一般认为农村公共产品包括公共工程、公共教育、社会保障、医疗保障等（表2-2）。

表 2-2　农村公共产品按属性分类

序号	类别	范围
1	公共工程	大型水利工程、大中型水利枢纽、大规模植树造林、农村环保工程、农业生产和农产品流通及商品粮基地建设等
2	公共教育	农村九年义务教育、农村学校基建支出、农村扫盲、支援不发达地区的教育支出
3	社会保障	农村抚恤和社会救济福利事业、农村需救济群体的生活救济和生产自救扶持、农村福利机构的建立和福利设施的建设、自然灾害救济等
4	医疗保障	公共卫生和传染病控制等基本临床医疗服务支出、农村基本医疗服务网络建设等
5	行政机构管理费、事业单位事业费	农村基层政府运作所需管理费、农村农林水气象等部门事业费（如农业科研、技术推广、畜牧兽医、水利部门所需经费）
6	其他	社会秩序和法律维护所需费用等

　　另一种分类方式则是按照性质对农村公共产品进行分类，纯公共产品包括农村环境保护、农村通信网络基础设施建设等物质产品和农业科技服务、农村教育事业服务等公共服务，准公共产品则分为近乎纯公共产品的准公共产品、中间型准公共产品、近乎私人产品的准公共产品（表 2-3）。

表 2-3　农村公共产品按性质分类

类别	特征	分类	范围
纯公共产品	具有完全非竞争性、非排他性和非分割性	物质产品	农村环境保护、农村通信网络基础设施、农村道路、农田水利工程等
		公共服务	农村基层政府（县乡级）行政服务、农业科技服务、农村教育事业服务
准公共产品	具有不完全非竞争性和非排他性	近乎纯公共产品的准公共产品	农村义务教育、电力设施、农业科技成果推广、公共卫生、社会保障、病虫害的防治等
		中间型准公共产品	农村高中教育、水利设施、医疗、道路建设等
		近乎私人产品的准公共产品	农村电信、电视、成人教育、自来水等

　　依据受益范围，还可以将农村公共产品划分为全国性农村公共产品与地方性农村公共产品，前者辐射范围广，受益群体大，如农村基本制度和农村环境保护等，后者主要服务于农村地区的道路建设与农田水利设施支持等具体性工作；根据受益对象的不同，还可以分为有助于农村经济发展、农村社会进步、农村生态改善、农民福利水平提高等方面的公共产品；根据表现形式，也存在有形的农村公共产品与无形的农村公共产品等（表 2-4）。

表 2-4　农村公共产品狭义范围分类

序号	类别	范围
1	基础设施	交通物流、农田水利、能源供应、信息网络

序号	类别	范围
2	文化服务	文化资源保障、文化设施、文化活动、文化信息
3	生态环境	农业生产环境、农村生活环境、农村环境治理
4	科技服务	农业教育、农业科技研究、农业科技推广、农村科技信息
5	义务教育	师资力量、办学条件、教育经费、教育环境、升学情况
6	医疗卫生	农村医疗卫生资源、农村公共卫生服务、农村基本医疗服务
7	社会保障	农村社会保险、农村社会福利、农村社会救助、农村社会优抚

综上所述，农村公共产品涵盖范围极为广阔，其表现形式多种多样。从广义上来说，农村的经济制度、社保制度、基本教育制度等都可纳入农村公共产品的范畴。为了提高研究的针对性和实用性，本书所针对的农村公共产品主要是狭义范围上的，即为解决农村发展困境、提升农村居民生活水平的各种基础设施及基本公共服务。因而，在参考各位学者对农村公共产品分类研究成果的基础上，本书将农村公共产品聚焦于农村基础设施、农村公共文化服务、农村生态环境治理、农村科技服务、农村义务教育、农村医疗卫生服务、农村社会保障七个领域展开研究。

（三）农村公共产品供给主体与原则

关于公共产品供给主体，政府是最传统的公共产品的供给主体，也是曾经人们所公认的公共产品的唯一供给主体，但是随着经济社会发展和社会自主程度的提高，公共产品供给呈现出多主体趋势，私人企业、社区、社会第三部门和国际组织等越来越成为公共产品供给活动中的重要主体。

一是政府在农村公共产品供给中占据着主导性地位。作为普适性强的公共产品，具有成本高、规模大、周期长、收益低的特征，私人企业或者其他组织一般没有能力承担如此庞大的公共工程，而政府具有强制性、普遍性和社会代表性，拥有足够的潜能来动员大量的社会资源，其能力和条件能够满足公共产品供给活动的需要。一般认为，政府提供公共产品包括直接生产公共产品和间接生产公共产品两种类型，直接生产又包括中央和地方两个层面，如国防、消防、环境、科教文卫等领域的供给一般由中央统一提供，医疗、城市设施、煤气、图书馆、博物馆等则由地方负责提供。间接生产指的是政府与企业合作生产，其合作生产形式包括彼此签订合同、政府授予经营权、政府以参股或提供经济支持的方式帮助企业等。

二是私人企业在公共产品供给中的作用逐渐展现。私人企业同样有资格参与公共产品的提供，并且存在企业独立供给、与政府联合供给、与社区联合供给三种主要方式。私人企业作为供给主体的主要特征如下：首先私人企业提供的一般是准公共产品，因为企业一般不具备纯公共产品供给所需的大规模、高成本的负担能力；其次私人企业所供公共产品一般都会通过收费等排他性技术排除免费搭车行为，从而降低企业交易成本；最后私人企业供给需要建立制度保障，如对某公共产品的产权所有等，如此才能发挥私人企业供给的重要作用。

三是社区在地方性公共产品供给中具有重要作用。社区指的是拥有某种共同的文化联系及互动活动的人类群体的活动区域范围。社区是具有某种互动关系和共同文化维系力的人类群体及其活动区域，向该区域内提供公共产品具有先天优势。社区供给主要包括三种方式：一是产前契约的模式，即当社区居民需要某种公共产品时通过商议筹资再组织生产。二是组建居民管理机构模式，通过建立居民社会团体、社区企业联合体等机构减少前期的商议和决策成本，提高供给效率。三是自愿捐献形式，通过居民自愿捐献金钱或者付出劳动来提供社区内的公共服务，包括志愿小组、义工组织等，他们在扶助伤残、维护住宅安全等方面能够发挥良好作用。

四是非营利性组织在公共产品供给中具有独特效用。非营利性组织也称第三部门，是政府和企业之外的组织，包括志愿团体、社会组织和民间协会等，具有公民意识较强、贴近民心的典型特征，在参与公共产品供给活动中有着灵活高效的显著特点。随着社会的发展，非营利性组织在经济社会生活中的作用越来越凸显，其在提供准公共产品方面的能力也越来越得到重视，特别是在社会福利、社会慈善、医疗护理、环境保护等方面，非营利性组织能够发挥积极有效的作用，极大降低政府财政支出。

五是国际组织在公共产品供给中容易形成巨大合力。国际组织参与的一般是全球性公共产品的供给，即那些不局限于特定群体而是能使多国人民受益，并且不会损害后代人利益的公共产品。因为全球化程度的不断加深，国际组织在公共产品供给中的作用越来越重要，包括制定贸易金融等领域的国际法准则、人道主义国际救援和邮政电讯国际标准等，这些全球性公共产品能够促进国家之间交流合作，互通有无。

关于农村公共产品供给原则，农村公共产品供给受到我国经济社会发展水平及农村发展实际的影响，为了实现农村公共产品有效供给，需要坚持以下基本原则。

第一，能够满足农村基本的公共需要。公共产品要围绕农民的公共需要，从农民的基本需求出发。我国农村人口基数大，整体发展水平落后且不平衡，公共产品供给方面依旧存在短板，因此公共产品的提供首先是要满足农民最基本的需要，并且要随着经济社会的发展改善供给质量和水平。简单来说，就是要在统筹兼顾的同时突出重点。一方面，在农村公共产品供给中坚持"广覆盖、保基本"原则，改善农业生产条件，优化农村人居环境，让广大农民的基本生活水平有一个综合性保障甚至是提高；另一方面，农村公共产品供给还需凸显重点，在保证"多层次"的同时更要做到"保重点"，统合力量重点解决村民所遇到的最紧急的问题，提供农村最需要的公共产品，满足农民核心利益诉求。

第二，充分协调政府与市场的关系。为保证社会资源配置的有效性，农村公共产品供给必须正确处理好政府与市场的关系，面对当前地方政府功能有限及市场机制作用不明显的现实困境，要持续优化政府和市场的关系。通过明确自身角色定位、激发市场主体活力、加强与社会合作、创新管理体制和运行机制等方式，实现农村公共产品的有效供给，为乡村振兴战略提供有力支撑。同时，地方政府在纯公共产品上的供给能力也需要提高，在准公共产品方面则需要政府和市场形成合力，对于一些私人产品则完全可以通过市场来完成供给。总的来说，政府不仅要成为供给的主体，同时也要是供给活动的主要监督者。只有通过政府和市场的相互协调和有效补充，才能产生较好的社会效果。

第三，正确处理多主体供给关系。当前，我国农村公共产品的需求呈现异质性发展的趋势和特征，为了满足不同的利益需求，在政府主导供给的同时引入企业、社会组织、公益组织等多主体参与供给有着良好的现实基础。政府如何引导多主体参与公共产品供给，通过优化竞争机制实现主体间的有效博弈和多方共赢就显得非常重要。政府要提供能产生激励和约束作用的制度供给及实施保障，建立主体合作的权力共享机制、责任分担机制，以及合作伙伴的绩效评估机制和公众参与机制，保证合作供给的有效性与稳定性。

第四，正确处理好公平与效率关系。一般认为，经济活动中的公平是权利、机会、过程和结果等方面的公正性，其中分配中的公平性问题最受关注，而资源配置中的效率则是增加的利益足以补偿该过程中受损失人的利益。农村公共产品供给要做到公平和效率兼顾。公平是要维护广大农民的基本公共利益，确保农民所获得的公共产品均等化，效率则要促进供求平衡，提升资金使用率，以尽可能少的成本来实现对村民利益的最大化满足。

第五，要适应农村经济社会发展。一方面，农村公共产品的需求随着经济社会发展在规模和质量上都时刻存在着变化，产品的供给也要适应这种发展且变化着的现实需要，超前或者滞后于现实需求都是不合理不可取的，并不一定会助力当地经济社会发展。另一方面，整个供给活动要契合当地生产生活的特点，特别是要满足农业生产发展的需要。例如，在农业规模化、机械化程度较低，自然环境复杂的地方，公共产品的供给可能需要偏向农业科技的推广和使用，以提高农业生产效率为供给活动的目标追求，同时要增强农业生产抵御自然环境带来的风险灾害的能力。又如，供给活动也要与当地的文化特征相契合，农村文化是影响农村公共产品供给的重要因素，会在很大程度上影响农村公共产品供给的形式与种类等，针对所存在的农村居民的思想导向，如"不患寡而患不均""精打细算"等，要特别注重供给公平、信息透明和成本控制等。

二、质量与高质量发展

（一）质量的定义

质量一词的内涵较丰富，不同专家学者对其做出了差异化的定义，并且随着经济社会发展人们对质量的认识也不断拓展深化。

从表 2-5 可以看出，专家和学者对质量的定义主要从两个维度展开，一是产品或服务角度的可测度的特性，二是顾客角度的产品或服务满足使用和消费需求的程度，符合规格和满足需求组成了质量定义的两个层面。由此可知，质量的首要关键点是产品或者服务必须满足规定或者潜在需要，这种需要是动态、变化和发展着的，也就是产品或服务的适用性。质量的第二层次是在第一层次的前提下产品特征和特性的总和，也就是产品或服务的符合性。质量定义中的实体是指可单独描述和研究的事物，它可以是活动、过程、产品、组织、体系、人及它们的组合。

表 2-5　不同专家学者对质量的定义

序号	专家	定义
1	菲利普·B.克劳士比	产品或服务的质量是指它们可测定的特点符合规格标准
2	W.爱德华兹·戴明	质量必须用客户满意度界定，质量是多维的，不能用单一的特点来界定产品或服务的质量
3	阿曼德·V.费根堡姆	营销、工程、制造、维护的产品和服务特性的总和，通过这些特性，正在使用的产品或服务将达到或超过客户的预期
4	石川馨	质量是一种能让客户满足并且乐意沟通的特质
5	约瑟夫·莫西·朱兰	质量是一种合用性，即产品在使用期间能满足使用者的需求
6	沃尔特·A.休哈特	质量是产品好的程度，质量有主观质量（客户想要的质量）和客观质量（产品特性）两个方面

序号	专家	定义
7	田口玄一	质量是产品上市后给社会带来的损失
8	罗伯特·M. 皮尔西格	非思考过程承认的思想的言论的一个特点，因此不可能给质量下定义
9	彼得·德鲁克	质量就是满足需要

ISO 9000 对质量的定义是"一组固有特性满足要求的程度"，该定义未对质量载体做出界定，意味着质量可存在于不同领域或者不同事物之中，质量既可以是零部件、计算机软件或服务等产品的质量，也可以是某项活动的工作质量或某个过程的工作质量，还可以是指企业的信誉、体系的有效性。特性是指事物所特有的性质，且这些特性大多是可测量的。满足要求则是应该满足明示（如明确规定的）、通常隐含（如组织的惯例、一般习惯）或必须履行（如法律法规、行业规则）的需要和期望。

从以上对质量的论述，我们可从以下三个层面来理解质量的内涵：一是符合性质量，即以符合现行标准的程度作为衡量依据，符合的程度反映产品质量的水平，与之对应的是符合性质量管理，这种模式将检验作为一种管理职能独立于生产过程，配备专职专人来完成，因而有人论断质量是检验出来的。二是适用性质量，即以适合顾客需要的程度作为衡量依据，这是从使用者的角度来进行广义上的阐释，质量涉及设计开发、制造、销售、服务等过程。为了满足市场和顾客需求，企业需要对产品质量形成各个环节实施控制，产出满足市场要求的产品，因而产生了质量是管理出来的说法。三是满意性质量，质量被定义为"一组固有特性满足要求的程度"，同时包含符合标准的要求和让顾客满意的原则，这是一个全面质量的概念，强调了质量与成本的统一，强调了质量创新，包含了质量文化、质量道德内容。

（二）高质量发展

2017 年中国共产党第十九次全国代表大会首次提出有关发展的新表述——高质量发展，表明中国经济由高速增长阶段转向高质量发展阶段，并且已经成为发展经济学的一个核心概念。

从经济领域来看，高质量发展的内涵体现如下：发展目标上更加体现满足人民美好生活的需要，理念上需凸显创新、协调、绿色、开放、共享这几大特征，推动我国经济持续、健康、高质量发展，为实现中华民族伟大复兴的中国梦提供有力支撑。发展方式上要提高产品层次和技术层次，发展战略上体现经济质量、水平、层次的全面跃升。值得注意的是，高质量发展所说的发展质量不能仅理解为产品质量，其内涵外延更为丰富，还包括发展结构、发展模式、发展层次、发展形态、发展动力、发展活力、发展的福利效应，以及发展的全面性、充分性、均衡性、协调性、稳定性、可持续性等。应该说，进入高质量发展阶段是新时代我国经济发展的基本特征和根本要求。

从农村基础设施领域来看，高质量发展就是为满足农村居民生活及生产所提供的物质型公共产品，农村基础设施高质量建设是支撑乡村振兴战略的重要物质基石，它能够推进农业生产的现代化发展，提高农业生产效率，对农业供给侧结构性改革及农村居民生活质量提升都具有重要影响。农村基础设施建设对缩小城乡差距、促进城乡融合发展、推进城镇化稳步发展也有着积极作用。

从农村公共文化服务领域来看，高质量发展就是旨在提高农村公共文化服务水平，以给农村居民提供优质、高效、可持续的农村公共文化服务为奋斗目标，打通农村公共文化服务"最后一公里"。精神文化需求对于我国实施乡村振兴战略具有重要作用，农村公共文化服务为农村居民的精神文化需求和基本文化权益提供了强力保障，农村公共文化服务高质量发展包含资金投入与产出、文化设施、文化活动等诸多领域，随着信息化时代的到来，文化信息也成为农村公共文化服务高质量发展的重要组成部分。

从农村生态环境治理领域来看，高质量发展就是树立习近平总书记提出的"绿水青山就是金山银山"[①]理念，实现生态价值通过不同的方式和领域转换为经济价值，以绿色发展为导向，探索生态文明建设与高质量发展协同推进的新机制。从农业生产环境、农村生活环境、农村环境治理三方面改善农村居民生活条件，改进社会治理，优化农村环境，提高农村居民的幸福感及获得感。

从农村科技服务领域来看，高质量发展就是探索具有中国特色的新型农村科技服务体系，提升农村科技服务供给质量。科教兴农是促进农业全面升级、农村全面进步、农民全面发展的基本举措。当前我国农业农村呈现出新的发展态势，农业及农村的经济增长方式、农民收入增长方式和消费方式与最重要的农村公共服务供给方式发生了显著变化。农业科技服务体系是实施科教兴农战略的重要载体，是改善农业资源配置、实现农业现代化发展的重要手段。

---

① 2005 年 8 月时任浙江省委书记的习近平在浙江湖州安吉考察时提出的科学论断。

　　从农村教育领域来看，高质量发展就是围绕发展中国特色社会主义教育事业这一主线，具体来讲，就是要掌握好"方向盘"，在党的领导下坚持把立德树人作为教育评价根本导向；完善"结构网"，构建科学教育体系，把教育管理改革创新作为激发教育事业发展动力；坚持"一盘棋"，提升全国教育均衡水平，把提升服务经济社会发展能力作为教育任务；构建"交流桥"，通过国际国内教育联通，把扩大教育开放作为提升教育影响力的抓手。

　　从农村医疗卫生服务领域来看，高质量发展就是协同公共健康和经济社会发展，以提高公共健康保障水平为指导目标。为弥补医疗卫生领域的短板和不足，实施医疗卫生高质量发展能够优化医疗卫生资源配置，加强医疗卫生服务可及性和公平性，发挥医疗卫生服务的最大效率及能力，完善健全医疗卫生服务体系。农村医疗卫生服务高质量发展更是实施乡村振兴战略及实现社会主义现代化目标的基础性工作。

　　从农村社会保障领域来看，高质量发展就是针对当前我国社会保障水平与人民美好生活需要之间的差距，以构建更加公平、更具有可持续性、更加包容和具有弹性的社会保障制度为指导方向，及时更新发展理念，努力健全制度体系，扩大社会保障覆盖面，提高社会保障水平，全面建成全民共享、城乡互通、保障有效、监督合理的多层次、全方位、高效化的社会保障体系。

第二节　基础理论

一、习近平新时代高质量发展相关论述

　　党的十八大以来，习近平总书记围绕为什么要推动高质量发展、什么是高质量发展、怎样推动高质量发展等问题发表了一系列重要讲话，在十四届全国人大一次会议上，习近平总书记强调："在强国建设、民族复兴的新征程，我们要坚定不移推动高质量发展。要完整、准确、全面贯彻新发展理念，加快构建新发展格局，深入实施科教兴国战略、人才强国战略、创新驱动发展战略，着力提升科技自立自强能力，推动产业转型升级，推动城乡区域协调发展，推动经济社会发展绿色化、低碳化，推动经济实现质的有效提升和量的合理增长，不断壮大我国经济实力、科技实力、综合国力。"[①]这为我们全面认识和深刻理解高质量发展的科学内涵、核心要义

---

①　习近平：在第十四届全国人民代表大会第一次会议上的讲话[EB/OL]. https://www.gov.cn/xinwen/2023-03/13/content_5746530.htm，2023-03-13.

和基本要求提供了根本遵循。

习近平总书记关于高质量发展的重要论述,有着丰富的内涵和逻辑理路,它是习近平新时代中国特色社会主义经济思想的重要组成部分,可以从以下几个方面来理解。

一是形成于新时代的历史跨越和转折期。经历了改革开放40多年的发展,中国经济发展跨进新时代,有着新的时代诉求和使命,这是习近平总书记高质量发展重要论述的时代背景。中国的产业结构走向第三产业主导的方向,城镇化水平不断提升,经济发展模式从追求规模和速度转向追求质量和效益,同时在全球经济格局中的话语权越来越重。在这样的历史阶段,提出高质量发展的指导思想,是对国际国内经济发展形势和规律的科学洞见,并成为今后一个时期经济发展思路和制定经济政策的根本遵循。

二是阐明了高质量发展的科学内涵和逻辑理路。习近平总书记关于高质量发展的系列重要论述内涵丰富,形成了系统的思想体系。在内涵方面,保持发展的持续性,确保中国解决一切问题有着坚实的物质基础,同时要秉持高质量的发展追求,即在发展过程中要注重效率、效益、可持续性及公平性等,实现创新、协调、共享的发展;在原则方面,要坚持质量第一的原则,对于企业来说质量是立命之本,对于发展大局来说是要处理好质量和效益的内在一致关系。同时,高质量发展还必须坚持以人民为中心的原则,发挥利用好民众的集体智慧和力量及源源不竭的创造精神,实现全社会共享发展。此外,坚持党在经济工作上的集中统一领导原则也是必不可少的条件,只有这样才能够保证发展工作始终在社会主义方向而不偏移,发挥中国的制度优势和制度活力;在发展主线方面,要紧抓供给侧结构性改革这一主线,实现市场经济条件下供给和需求、社会主义生产力和生产关系、"看不见的手"和"看得见的手"、当前利益和长远利益等多个维度的统一;在发展路径方面,高质量发展要求切实、持续地提高全要素生产率,推动制造大国向制造强国的质量变革、中国速度向中国质量的效率变革、中国产品向中国品牌的动力变革。

三是彰显马克思主义鲜明的新时代价值。以人民为中心是马克思主义从始至终的价值追求,"无产阶级的运动是绝大多数人的,为绝大多数人谋利益的独立的运动"[①],而高质量发展也是坚持以人为本,发展是为民谋

---

① 马克思,恩格斯. 共产党宣言[M]. 中共中央马克思恩格斯列宁斯大林著作编译局译. 北京:人民出版社,2018.

利、与民共享、为民服务，是对广大民众共同期盼的积极回应，最终目标还是为了实现共同富裕。同时，高质量发展重要论述是基于新时代的战略全局出发提出的新发展理念，不仅回答了中国未来应该如何发展的问题，同时在国际上也呼吁命运共同体概念，推动高质量的全球治理格局和治理实践。同时，习近平总书记继承了马克思关于"人的能动作用"的论述，强调"必须坚持科技是第一生产力、人才是第一资源、创新是第一动力"①。

总体来说，高质量发展是一个看似简单实际内涵非常丰富的概念，体现了系统平衡观、经济发展观、民生指向观等价值内涵。它不仅是一个关于经济增长的命题，还包括与此紧密相关的社会、政治、文化等方面内涵。

二、乡村振兴与农村公共产品供给理论

（一）乡村振兴战略相关概述

习近平总书记在党的十九大报告中明确提出坚定实施乡村振兴战略，首次将乡村振兴上升到了国家战略高度，这一充满方向性、根本性、全局性和时代性的国家战略全方位描绘了一幅富裕、民主、文明、和谐、美丽的乡村新图景。2018年1月，中共中央、国务院发布《关于实施乡村振兴战略的意见》，围绕实施好乡村振兴战略制定了系列重大举措，是实施乡村振兴战略的顶层设计。乡村振兴战略最根本内涵是实现产业兴旺、生态宜居、乡风文明、治理有效、生活富裕。

产业兴旺为实现乡村振兴奠定基础。当前我国农村还存在生产力水平较低、自然资源开发有限、市场活力和规范不足、外部资源无法下沉等问题，唯有通过产业发展才能促进乡村生产力的发展，为乡村振兴提供物质保障。发展现代农业是其中的重点内容，作为农村地区的重要经济支柱产业，发展现代农业主要着手于对农业技术、生产组织、生产产品、生产管理等方面的创新，推动农林牧渔的转型升级，提升农业生产的效率与质量。在具体方面，可以通过发展新型职业农民、推动农业规模化经营及绿色农业等构建现代农业体系，同时要通过农业产业链延伸，促进三大产业的融合发展，为农村创造更多的就业和增收机会。

生态宜居为提高乡村发展质量提供保证。生态宜居是实现乡村人与自然和谐共生，提高农村居民生态福祉的保障。首先要实施人居环境治理，

---

① 习近平：高举中国特色社会主义伟大旗帜 为全面建设社会主义现代化国家而团结奋斗——在中国共产党第二十次全国代表大会上的报告[EB/OL]. https://www.gov.cn/xinwen/2022-10/25/content_5721685.htm，2022-10-25.

通过污水治理和污染防控，以及水、电、路等基础设施的完善，让农民拥有清洁干净的水源、空气和适宜的生活环境。其次要保护农村自然生态环境，留住乡村自然风光与传统风貌气息，从净化土地土壤、杜绝工业和城镇污染进入入手，以促进农业可持续发展和提升农产品质量安全。同时，还要配套完善的公共服务，提升农村居民获得感、幸福感，探索发展生态旅游、生态种养等，实现绿色资源的产业化、资本化，让绿水青山成为农村可持续发展的动力源泉。总的来说，生态宜居就是要探索出兼具现代元素与原生态有机结合的居住环境。

乡风文明为推进乡村高质量建设注入灵魂。乡村振兴战略实施过程中，注重乡风文明建设对于推进乡村高质量建设至关重要。乡风文明是为乡村振兴战略的推进提供重要精神力量的关键内容，是乡村建设的软件基础，要求农村既能够传承优秀传统文化，又能发挥先进文化的引领作用，通过公共文化服务的提供、农村文化活动的开展提升农村居民的精神风貌和道德素养。具体操作层面，乡风文明建设包括促进农村文化教育、医疗卫生等事业发展，遵规守约、尊老爱幼、邻里互助、诚实守信等乡村良好习俗的养成，将乡村传统文化与现代文明有机融合，形成良好的人际关系、有序的社会秩序及健康向上的精神状态。

治理有效是实现乡村善治的核心。乡村治理是国家治理的重要基础和有力支撑，也是实施乡村振兴和乡村善治的基石。乡村治理成效关乎乡村振兴质量与水平和乡村社会繁荣稳定。同时，有效的乡村善治能够带来良性的乡村秩序，对推动产业发展、保护生态环境产生直接作用。乡村治理有效，其一要构建起党领导、政府负责、社会协作、民众参与、制度保障的现代化农村治理体系，健全乡村治理体制；其二要强化乡村基层党建工作，提升村民自治水平，促进乡村平安稳定；其三要促进形成良好的党群关系和干群关系，协调好乡村个体利益与集体利益、短期利益与长期利益的关系，确保乡村社会秩序和谐，彰显活力。

生活富裕是乡村振兴的根本落脚点。生活富裕是推行乡村振兴的最终目标，是以提升村民生活水平为目的的。生活富裕是我国当前发展阶段为实现共同富裕目标所采用的基本形式，它同样体现了我国当前阶段的基本国情和主要社会矛盾，是对人民日益增长的美好生活需要的满足。为实现共同富裕目标，一是要促进农民增收，通过发展现代农业，推动第一、二、三产业融合，拓宽农民收入来源，提高农民收入水平；二是要巩固脱贫攻坚成果，推动已脱贫地区在发展规划、政策保障、工作机制等方面巩固脱贫攻坚成果，并积极推进与乡村振兴的有效衔接；三是要推进村民的全面发展，注重村民的素质教育，大力发展乡村教育事业，推行文明健康乡村建设，同步提升村民的文化水平与身体素质，并调整农村人才引进与培育政策，加强乡村人才队伍建设，吸引人才、留住人才，让乡村生活富裕的目标导向和价值追求早日实现。

关于乡村振兴规划体系，2018年底，中共中央、国务院印发了《乡村振兴战略规划（2018—2022年）》，规划以习近平总书记关于"三农"工作的重要论述为指导，按照产业兴旺、生态宜居、乡风文明、治理有效、生活富裕的总要求，对实施乡村振兴战略做出阶段性谋划，细化了工作重点，是各地有序推进乡村振兴战略的重要依据和方向指引。关于乡村振兴战略意义，党的十九大报告把乡村振兴战略与科教兴国战略、人才强国战略、创新驱动发展战略、区域协调发展战略、可持续发展战略、军民融合发展战略并列为党和国家未来发展的"七大战略"，足见对其的高度重视。国家战略是关乎国家布局的重要、长远的布置，是为解决国家发展关键问题的安排，而乡村振兴则是关乎我国农村发展、为缩小城乡差距、推进农村现代化发展的重要战略。因此，乡村振兴战略具有重大历史意义和现实价值。

乡村振兴战略有利于从根本上解决我国"三农"问题。乡村振兴战略的出现契机，本身便是中央对标解决国内农村存在的"农业不发达、农村不兴旺、农民不富裕"这一"三农"问题。通过牢固树立创新、协调、绿色、开放、共享的新发展理念，实现农业生产、农村居民生活与农村生态环境的三方和谐，推进农业、现代加工业与服务业的"三业"融合，最终真正实现农村基础设施现代化、农业现代化、农村居民思想现代化等各方面全方位发展的乡村振兴，建设美丽宜居新乡村。

乡村振兴战略有利于解决我国城乡发展不平衡不充分问题。当前我国最主要的社会矛盾已经转化为人民日益增长的美好生活需要和不平衡不充分的发展之间的矛盾，而农村地区所存在的农产品供不应求、农业生产质量有待提升、村民就业竞争力低下、新型农民队伍不够壮大、农村基础设施建设落后、农村生态环境恶化、政府资金支持力度不够、农村治理体系建设不完善等问题均是农村地区不平衡不充分发展的表现。推行乡村振兴战略不仅是解决我国农村地区人民日益增长的美好生活需要和不平衡不充分的发展之间的矛盾的必然要求，更是为了早日实现"两个一百年"奋斗目标与全体人民共同富裕目标的必然行动。

实施乡村振兴战略有利于弘扬和传承中国传统文化。一段时间以来，农村作为城市发展的原料产地和劳动力供应基地，廉价的工业原料及各类优秀人才源源不断地从农村输送到城市，城市呈现了爆炸式的发展，而农村则逐渐走向没落。农村的没落不仅体现在数量上，更体现在文化的传承、文明的延续上，传统文化的碎片化导致一些农民对乡村日积月累的乡情逐渐淡薄，乡村文化的公共性出现衰微的迹象。乡村振兴旨在通过乡村的建设发展激发乡村的内在潜能，塑造村庄的现代化风貌，提升乡村的产业结构和人口素质，改善乡村的环境质量和生活条件。因此，乡村振兴战略是对中华优秀传统文化土壤和种子的守护，是重构我国乡土文化的重大举措，也是弘扬中华优秀传统文化的重大战略，在我们民族文化传承发展的历史上具有重要意义。

实施乡村振兴战略有利于推进国家治理体系和治理能力现代化。党的十八大以来，全国各地在乡村治理领域取得许多成绩，治理体系不断健全，治理能力和水平快速提升，人民群众的获得感、幸福感、安全感不断增强，但是面对新时代的发展要求，我国乡村治理还存在一些问题和短板。实施乡村振兴战略是健全现代社会治理格局的固本之策。基层社会治理中的薄弱之处便是乡村治理，乡村振兴战略中的"治理有效"要求便是针对于此，可通过强化农村基层组织建设、建立健全乡村治理体系等行动构建起我国农村现代化治理格局，为村民安居乐业、农村有序发展提供保障。通过从基层党建引领、社会资源配置、社会矛盾化解和公共服务供给等维度进一步提升乡村治理能力和水平，有利于加快推进乡村治理现代化，进而深入推进国家治理体系和治理能力现代化。

乡村振兴战略会在党的十九大上被确定为国家战略，这不仅是基于我国现阶段的基本国情而定的，更是基于我国迈入新时代的客观发展要求所定的，它符合社会主义的共同富裕目标、符合全面小康社会的发展方向，是我国迈向社会主义现代化强国的必经之路。只有乡村得到了发展，中国才能真正得到前进的动力；只有乡土文化得到了传承，中国特色社会主义才能够历久弥新、不失色彩。

（二）乡村振兴与农村公共产品的关系

乡村振兴与农村公共产品供给之间存在着密切的关联，具体表现在以下几个方面。

产业兴旺需要科技型公共产品的支撑。乡村振兴实现产业兴旺，就必须充分发挥科技和人才的引领作用，整合各方面科技创新资源，不断完善农业科技创新体系、现代农业产业技术体系和农业农村科技推广服务体系，构筑产业兴旺的科技支撑。在信息化社会中，信息技术的成熟和信息设备的大众化，促使了信息技术应用广度及深度的发展，为了紧跟时代发展的速度，农村群众对于电子商务、通信网络等科技型公共产品表现出极大的需求量，所以针对农村群众渴望科技型公共产品供给的问题，一定要满足他们的要求，同时还要保证科技型公共产品的质量，在供给效率提升的同时，对供给渠道进行拓宽与完善，科技型公共产品可以改变农村地区落后的现状，提升农业生产效率，加快实现乡村振兴战略的速度。

生活富裕需要生活型公共产品的保障。随着改革开放进程的加快，农村地区也受到很大的影响，发生了很大的改变，主要表现在农民收入的不断递增及农民生活水平的不断提高。在此基础上，传统的公共产品供给主要是针对农村生产方面，而对于农村生活方面的非常少，不符合当下农村发展的实际情况。农民群众渴望更加优质的生产、生活环境，特别是对生活保障方面的需求不断增长。所以，政府在提供农村公共产品供给时，要加大医疗保险、养老保险等生活型公共产品的供给，更要保障供给的效率及质量。

乡风文明需要文化型公共产品的涵养。实现乡风文明的关键是重构乡村文化，大力建设新时代乡村文化。新时代乡村文化的培养不仅要扎根于农村本地的地方特色文化，继承和弘扬乡村优秀传统文化，也要契合现代文化精神和文化向度。只有尊重和传承具有地方性知识特点的传统优秀文化，乡风文明才能契合民众生活，激发乡村活力。只有契合现代文化精神，乡风文明才能融入现代文明。

生态宜居需要保护型公共产品的助力。当前我国部分农村生态环境形势非常严峻，包括工业污染、生活污水排放、垃圾处理问题等，要让农村生态宜居，就需要发挥生态保护型公共产品的作用，包括退耕还林还草工程、治理环境污染等农村环境保护工程。一是要树立城乡生态命运共同体理念，须将城市与农村的环境治理作为一个有机整体统筹规划与布局，坚决杜绝城市污染、工业污染向农村蔓延，坚决改变环境保护重城市轻农村的工作思维。二是要建立健全农村环境治理体制机制，加大对农村污染防治基础设施建设和资金投入力度。可以采取政府财政补贴、村民付费、社会资金参与的协作运行机制，强化农村地区的生活垃圾与污水处理等污染治理设施的建设；采用政府购买服务等合作机制，助力各种农村污染治理主体发展壮大。加强县乡等基层政府的环境保护责任意识，把农村的环保指标纳入当地政府政绩考核体系中，促进地方政府对农村环境工作的重视。

治理有效需要发展型公共产品的支持。农村地区的群众普遍存在知识储备有限、技术能力缺乏的问题，这就在很大程度上限制了农村地区的发展空间，农村现代化发展受到很多制约因素的影响，城乡之间的发展更加不平衡，也给农村治理增加了难题。在经济快速发展的同时，职业农民的队伍也得到了迅速扩大，他们渴望学习更多的知识与技术，对于自身综合能力的提升更是迫切。所以，义务教育、职业培训等发展型公共产品供给成为农村地区的迫切需要，只有符合新农村建设发展的公共产品的供给，才能有效促进新农村的发展。

（三）农村公共产品供给相关理论

多中心治理理论。多中心治理理论最初是由迈克尔·博兰尼提出的，他在《自由的逻辑》一书中对多中心进行了定义及探讨。博兰尼认为，多中心作为一种社会治理秩序，其内在理念是与单中心的一元式社会治理秩序相对应的，在多中心治理模式中，各种社会主体可以根据社会规则调整自身的定位及彼此间的关系，进而实现在独立、自由地追求自身利益的同时构建起自发式的社会管理模式[1]。随着社会科学的不断深入和发展，越来越多专家学者开始关注多中心这一研究视角。奥斯特罗姆夫妇将博兰尼的多中心概念引入公共事务的研究中，在对发展中国家农村社区公共池塘资源进行实证研究中，利用公地悲剧、囚徒困境、集体行动逻辑三个重要的公共经济学理论模型搭建起理论基础，并在此基础上创造出能够适用于公共事务治理与公共物品供给领域的多中心治理模式。多中心治理理论主张突破曾经围绕政府或市场所构建的单中心模式。在公共物品供给过程中，政府、市场、社会等各个参与主体应共同承担公共事务治理的职责，通过竞争性关系开展多种合作性与契约性事务，实现公共物品的有效供给和公共资源的最优化配置。

新公共服务理论。由 J. V. 登哈特和 R. B. 登哈特为代表的行政学者倡导的新公共服务理论，在对"以市场化为取向，推行绩效管理和顾客导向"的新公共管理理论的反思和批判中应运而生，以"促进公共服务的尊严和价值，将民主、公民权和公共利益的价值观，重新肯定为公共行政的卓越价值观"[2]为终极目标。新公共服务理论的核心理念是服务，通过服务供

---

① 博兰尼 M. 自由的逻辑[M]. 冯银江，李雪茹译. 长春：吉林人民出版社，2011.

② 登哈特 J V，登哈特 R B. 新公共服务：服务，而不是掌舵[M]. 方兴，丁煌译. 北京：中国人民大学出版社，2010.

给的形式维护公共利益。相较于新公共管理理论，新公共服务理论更适合现代社会发展和民主政治发展的需要。新公共服务理论的基本观点主要包括：一是政府的职责是服务。二是公共利益是目标而非副产品。公共行政人员在寻找解决方案的过程中应致力于建立集体、共享的公共利益观念，而非基于个人的利益选择。三是战略的思考和民主的行动。政府应通过民主的行动激发公民的自豪感和社会责任感，鼓励公民积极参与政府政策制定和社会管理，并让公民意识到政府是开放的和可接近的。四是服务对象为公民。政府应基于人民的需求和公共利益，平等地向公民提供公共服务。五是服务责任具有多样性。政府要主动承担为人民服务的责任，而政府内的行政人员同样也要受到公共利益、法律制度、工作职责等一系列制度和标准的规范与约束。六是重视人而不只是生产率。重视人在管理中的重要作用，认为管理系统等非人主体在管理行动中容易因注重效率而忽视公共利益，进而造成失败的结果，强调只有依靠互相协作、互相配合、相互尊重的运作方式才能最终达到预期目标。七是超越企业家身份，重视公民权和公共服务，与企业家以利己为中心的行事方式相比，公共行政人员应致力于促进公共利益的实现。

整体性治理理论。整体性治理理论是 20 世纪 90 年代发展而来的一种新兴治理理论，整体性治理的概念最早是由英国学者安德鲁·邓西儿提出的，随后由英国学者佩里·希克斯从理念的倡导、策略的提出和理论的深化三个方面着手，在其《整体性政府》《圆桌中的治理——整体性政府的策略》《迈向整体性治理：新的改革议程》等著作中进行了系统论证。作为西方公共治理的前沿理论之一，它的提出是为了解决新公共管理治理过程中的机构化和功能化行为所导致的部门碎片化，以及由此所造成的分散化、政策制定与执行的复杂化和部门协调困难等难题，以期达到政府内部的整体性运作和治理成效，最终实现善治的目的[①]。整体性治理理论是以公众需求为主导的治理理念，以信息技术为治理工具，以协调、整合、信任和责任为治理机制，在反思和弥补新公共管理导致的部门化、碎片化和裂解性的基础上逐渐形成的一种全新治理理论。整体性治理强调以社会公共利益为导向，提出以综合组织为载体，整合先进的网络与信息技术，协调和整合所有公共服务提供者，建立一种横向的组织结构，构建决策、执行、监督机制，从而提高政府组织运作效率。在治理过程上，主张实现治理主

---

① 韩兆柱，张丹丹. 整体性治理理论研究——历程、现状及发展趋势[J]. 燕山大学学报（哲学社会科学版），2017，18（1）：39-48.

体的多元化、治理对象的全覆盖及治理手段的多样化，并强调保持治理流程的连贯性与完整性，以克服治理过程中出现的公共服务的碎片化困境。整体性治理理论主张打破政府单中心治理格局，这同我国建立政府支持、社会协作、公民参与的治理体系具有高度的相性。

中国特色城乡关系理论。马克思城乡关系理论将城乡关系分为四个阶段：城乡一体、城乡分离、城乡对立和城乡融合[①]，从历史唯物主义角度论述了城乡关系取决于生产力的发展水平，并且随着所有制的演进而变化。由于资本主义国家中城市与农村地位存在着巨大的差距，这就导致其内部出现了严重的社会分层化现象，城市的经济发展水平与发展速度远远高于农村，而这种差距不断扩大的发展趋势也导致了资本主义国家内部城市与农村之间的关系越来越紧张，其立场也逐渐由统一转变为对立。基于这种形势，马克思通过对城乡关系的研究提出了揭露资本主义社会城乡发展不均衡本质的城乡关系理论，它基于工业发展的需要与城乡之间的对立矛盾及生产方式转变的趋势，辩证地阐述了城乡均衡发展所要面临的现实问题，并主张通过现代工业与传统农业的融合来推动城乡之间生产要素的流转，进而减小城乡之间的发展差距，最终解决城乡之间的对立问题，实现城乡共同发展。同时，马克思的城乡关系理论也认为，城乡之间的融合发展将是城乡关系发展的最终目标。城乡发展并不是空中楼阁，它既需要生产力发展所带来的下层物质基础，也需要生产关系变革所带来的上层政治建筑助力[②]。中国特色城乡关系同样也是如此，它的构建不仅需要立足于马克思城乡关系理论等众多相关理论所搭建的理论基础之上，更需要中国内部的各种城乡制度之间的相互协调来提供政治支持力。利用已有的理论基础与政治制度来构建框架、以实际行动中政府和市场在城乡关系发展中的作用为导向，以中国在长期发展过程中积累的中国特色社会主义实践经验为内部填充，最终形成中国特色的城乡关系理论。这样的理论不仅能够完美适用于中国现阶段的城乡关系发展工作、解决发展过程中所遇到的困境，更能保证中国在推动城乡关系发展的过程中始终保持中国颜色、保证发展方向不偏移。

城乡一体化理论。刘易斯于1954年首次提出关于发展中国家的部门构成的看法，他认为发展中国家内部同时存在着从事现代化生产的资本集中

---

① 赵天娥. 新时代城乡融合发展的多维审视[J]. 行政论坛, 2021, 28（4）：142-146.

② 中共中央马克思恩格斯列宁斯大林著作编译局. 马克思恩格斯选集（第一卷）[M]. 北京：人民出版社, 1995.

部门与从事传统生产的农业部门。在这一看法中，他还认为发展中国家经济发展落后的重要原因便在于其内部存在太多从事农业生产却未能产生边际劳动生产率的劳动力。针对这种问题，刘易斯主张将农业生产中的剩余劳动力转移到工业生产之中，增强工业资本的积累，进而瓦解发展中国家的二元式经济结构，最终帮助发展中国家脱离贫困①。二元经济结构理论是城乡一体化理论的基础，城乡一体化的研究方法则主要是曾经用于研究二元经济结构的结构分析法。结构分析法指的是在将系统分割为若干部分的基础上，对分割出的部分各自的变化规律及彼此间的关系进行分析，进而找到能够令各个组成部分均衡发展的同时，也让系统整体更加和谐有序的发展方法。在结构分析法解析下的二元经济结构理论主要认为发展中国家的工业与农业两大部门之间的发展不均衡是造成发展中国家经济落后的最主要原因，而解决方法便是打破这样的二元式结构，推动两个部门朝一个部门转化。城乡一体化理论正是承袭了这一解决思路，它将经济结构作为主要研究点，利用结构分析法寻找将城市与乡村这两个部分转化为一体的方法。城乡一体化的研究内容来源于二元经济结构理论，而人口流动则正是其所借鉴的重要内容。二元经济结构理论基于产业的角度将国家的经济系统划分为资本集中与非资本集中两大部门，而解决这两大部门之间发展差距的方法便是进行这两个部门之间的剩余劳动力转移。劳动力转移也是城乡一体化理论最主要的研究内容，转移农村剩余劳动力、消除城乡之间的发展差距是城乡一体化的主要研究内容之一。城乡一体化的政策主张来源于二元经济结构理论，推动二元转化为一元结构正是在二元经济结构理论中被提出来的。刘易斯认为经济发展的关键在于资本积累，而这一工作则主要依靠工业部门来进行。因此，刘易斯认为只要对工业部门的投入越多，那么资本的累积速度就越快，进而反向推进农村剩余劳动力更快速地转移，实现经济发展速度的提升。城乡一体化理论也认同二元经济结构理论关于二元转化为一元的发展思路，主张在发展过程中同等重视农业的转型发展及工业对农业发展的反哺作用，重视城市对农村发展的支持作用。

多元化福利理论。多元化福利指的是社会福利供给主体的多元化，它主张公共部门、营利组织、非营利组织、家庭和社区都参与社会福利的供给行动，而政府则主要转变为社会福利供给的规范者、监督者与购买者。多元化福利主要表现在以下两个方面：一是福利整体化。多元化福利理论

———————

① 郭剑雄. 二元经济与中国农业发展[M]. 北京：经济管理出版社，1999.

催生出了福利国家。首先要对福利国家概念予以澄清，福利国家是一个大家熟知但容易引起歧义的概念，特别是容易误认为福利完全是政府的行为。国家在提供福利上的确扮演着重要角色，但这并不代表社会福利仅由国家政府来提供。其次，它主张福利是全社会的产物，市场、社会组织、家庭组织、国家等主体都是福利的供给者，仅让国家来承担社会福利供给责任是错误的。市场、国家和家庭在社会中提供的福利总和即社会总福利。二是福利共享化。多元福利主义指的是由不同的主体共同协作完成福利规则的制定、福利资金的筹集及福利的提供等工作，但受各国的经济环境、意识形态上差异的影响，多元福利主义的构成及其功能的侧重点有所差别，如安德森的福利模式的三分法中，在第一种福利国家模式中，国家主张市场介入社会福利，不论是采取消极的最低保障，还是积极地补贴私人社会福利方案；在第二种福利国家模式中，则强调传统家庭的价值，国家介入的原则只有当家庭能量枯竭时才被允许；在第三种福利国家模式中，则强调国家对福利的承诺和责任，公民享有高水平的福利。不过，就算各个国家之间的侧重点有所不同，多元福利主义还是得到了广泛的认可，这不仅是因为它能够解释福利国家所遇到的危机，更是因为它能够为福利国家提供未来的转型发展方向。

三、传统质量管理理论和质量检验控制理论

（一）传统质量管理理论

质量的概念和内涵随着经济发展和社会进步在不断丰富，质量管理的概念也同样发生着变化。ISO 对质量管理的定义如下：是指确定质量方针、目标和职责，并通过质量体系中的质量策划、质量控制、质量保证和质量改进来使其实现所有管理职能的全部活动。我们理解为质量管理是指为了实现质量目标，而进行的所有管理性质的活动。

在农业社会的商品交换中，由于尚未出现专门的质量管理工具，商人之间的质量担保（从口头形式到印刷形式）可视作质量管理的原始形态，手工业时期商品质量需要靠手工操作者个人依据手艺和经验来把关，因而又称为操作者的质量管理。

中国封建社会发展历史中不乏质量管理的踪迹，秦汉时期的"度""量""衡"分别由不同职位的官员负责，反映出古代对质量管理的重视，先秦官员"大工尹"就是专为考察质量而设立的职位，出现产品质量问题该位官员就要被处罚或被治罪。北宋时期专设了军器监部门来管

理兵器质量，宋代鼓励商人组成行会，商铺、手工业者需加入行会同时对流通的一些商品进行质量把关。历代王朝通过建立机构、颁布律法来强化流通产品的质量管理，这种传统的质量管理主要是依靠经验和技艺熟练程度。

（二）质量检验控制理论

18世纪中叶工业革命之后，工厂大量出现，也带来了生产规模的大幅提升，进而在一定程度上推动了质量管理变革的出现，特别是随着工业社会的快速发展和成熟，这种变革也被加快推进。一是质量检验阶段，主要通过各种检测设备和仪表来对产品进行把关，以泰罗为代表的科学管理运动提倡在计划职能与执行职能中间增加检验环节，用以监督和检查计划、设计、产品标准，质量检验机构由此诞生。二是统计质量控制阶段，主要是将数理统计的原理运用到质量管理当中，采用控制图来预防废品的产生。质量管理也从事后检验变为事前预防，而控制图的出现则是产生这种预防作用的关键中介，1931年休哈特出版的《工业产品质量的经济控制》是第一部质量管理科学的专著。统计质量管理在第二次世界大战之后由于军工生产的大幅上涨而得到广泛应用。三是全面质量管理阶段，20世纪中叶随着科技进步和生产力的提升，各种复杂又精细的产品对安全性、可靠性、经济性的质量要求随之提升，同时随着经济全球化的发展，经济贸易往来中产品质量的问题备受重视，传统的质量检验和质量统计控制方法已经难以满足产品质量管理的要求，全面质量管理理论由此逐步形成，并且被世界各国接受。

四、全面质量管理理论与卓越绩效管理理论

（一）全面质量管理理论

20世纪中叶，美国质量管理专家朱兰提出了全面质量管理的概念，并将其解释为"为了能够在最经济的水平上，并考虑到充分满足客户要求的条件下进行生产和提供服务，把企业各部门在研制质量、维持质量和提高质量的活动中构成为一体的一种有效体系"。该理念迅速在美国和日本的工业企业中运用起来，全面质量管理的基本方法可以概括为一个过程、四个阶段、八个步骤（图2-1）。

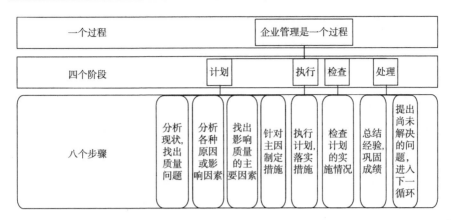

图 2-1 全面质量管理的基本方法

全面质量管理有三个核心内涵：一是全员参加的质量管理，即要求一个企业或者单位的全体员工都参与质量改进活动，坚持领导者、管理者到普通员工都参与的基本原则；二是全过程的质量管理，即从市场调研、原料采购、生产制造、安装储运、市场销售及售后服务等全过程都需要进行质量管理；三是全面的质量管理，即运用全面的方法包括科学的管理方法、数理统计的方法、现代电子技术、通信技术等进行质量管理，质量管理内容包括产品质量、工作质量、工程质量和服务质量等。

全面质量管理不仅强调团队的全体参与精神，同时还以顾客驱动作为经营的首要原则，将顾客是否满意作为衡量标准，而且不仅提倡提供物美价廉的产品，还坚持做好顾客服务。同时，在这个过程中不断改进优化产品和服务，从而保持市场竞争力。在产品设计制造过程中，实行防检结合，强调企业活动每一个阶段都是可测度和可审核的。在这样的质量管理作用下，企业的品牌战略也格外受重视，名牌被认为是企业产品高质量的象征，同时对名牌实施严格的质量管理。大体来看，全面质量管理和传统企业管理的区别如表 2-6 所示。

表 2-6 全面质量管理和传统企业管理的区别

项目	传统企业管理	全面质量管理
组织文化	个人主义、专业分工、独断领导、利润至上、追求生产力	集体努力、部分合作、教导授能、顾客满意、追求品质
沟通方式	下行沟通	下行沟通、平行沟通、多向沟通
意见表达和参与方式	领导裁定、建议制度	正当程序、民主讨论、表决通过
管理目标	过程管理、等级管理、包揽管理	结果管理、参与管理、服务管理
绩效评估	个人目标、由领导考核	团体目标，由公众、同事、领导考核，强调品质与服务

项目	传统企业管理	全面质量管理
管理目的	只对上级负责，完成自己的任务	以满足公众需求，建立为公众服务、对公众负责的顾客导向
管理思想	官本位思想，只对人不对事	全员参与、全过程控制、全面的质量管理

政府是公共权力的掌握者和运用者，公众是公共权力的所有者、授予者和监督者，为公众提供优质且让公众满意的公共产品和公共服务，是政府使用公共权力的重要依据。如果政府机构服务效率低下、规章烦琐、资源浪费，就会导致公权力的下降，借用全面质量管理思维来改善政府的公共服务具有突出的现实意义。

一方面，政府和企业在质量管理要求方面有共通性。机构臃肿、手续繁杂、铺张浪费等问题是传统政府管理给大众的印象，随着经济全球化发展、社会信息化变迁，传统的效率低下的管理方式无法满足时代需求，传统政府管理质量的提升势在必行。企业的全面质量管理主张将顾客放在中心位置，企业流程进行绩效控制，产品和服务质量前置预防，这种现代化的管理典范正是政府管理所需要的，特别是构建服务型、高效型政府是时代所需和民心所向，全面质量管理若借鉴到政府公共服务中，将有利于改善政府形象进而提升政府公信力。

另一方面，全面质量管理在政府公共服务中的借鉴价值突出。政府可从企业的顾客至上理念中吸取公众至上的内涵，重新树立以服务对象为中心从而提供优质公共服务的理念；全面质量管理强调产品和服务持续不断地改进，政府公共服务也需要与时俱进，才能随着时代变化和社会变迁满足公众的差异化需求；全面质量管理强调质量风险的前置和预防，政府在提供公共服务中也要做好事前的预防和控制，保证资源的合理分配，尽量让有限资源利益最大化，由此方可避免一些社会矛盾和风险，同时也因为服务质量和效能的提高减少了资源和精力上的浪费；全面质量管理提倡全员参与，而政府服务过程中也需要发挥好所有工作人员的主观能动性和创造精神，才能为公众提供优质的公共服务。

（二）卓越绩效管理理论

卓越绩效管理模式是源自20世纪80年代美国比较成功的企业管理模式，其本质是对全面质量管理的标准化、规范化和具体化，其核心内涵是强调企业要有创新意识和让顾客满意的理念。卓越绩效管理已经成为一种世界级的管理理念，中国在21世纪前后开始引进并推广该先进理念和经营方法，2004 年发布了《卓越绩效评价准则》国家标准，体现了中国借鉴和运用先进的现代企业管理经验的主动性。卓越绩效管理的核心价值理念体现在追求卓越的领导、顾客导向的卓越、组织和个人的学习、尊重员工和合作伙伴、快速反应和灵活性、关注未来、促进创新的管理、基于事实的管理、社会责任与公民义务、关注结果和创造价值、系统的观点 11 个方面，如表 2-7 所示。

表 2-7　卓越绩效管理理论内涵

序号	核心价值	内容阐释
1	追求卓越的领导	高层领导应确定组织发展方向、价值取向和绩效目标，确保企业或组织追求卓越的战略、管理系统、方法和激励机制，并对组织负责；个人要发挥表率作用，强化组织价值观和目标意识
2	顾客导向的卓越	树立组织绩效由顾客来评价和决定的理念，因此需要与顾客建立良好关系，及时回应顾客的投诉并积极改进，为顾客提供差异化、个性化产品和服务，同时要具备随时感知顾客需求变动的敏锐意识
3	组织和个人的学习	组织要根据环境变化提高自身的持续改进和适应能力，通过员工创新、产品研发、顾客反馈、实践分享和标杆学习来提高产品或者服务的质量；个人也要善于通过对新知识的获取来提升技能和创新能力，进而增加组织市场应变能力和整体绩效
4	尊重员工和合作伙伴	组织要重视员工权益和发展，创造公平的奖惩环境和提供合适的发展机会，鼓励员工共担风险共享利益；要善于与合作伙伴建立战略伙伴关系，建立良好外部合作关系，营造优势互补发展氛围，互为助力互利共赢
5	快速反应和灵活性	组织要有灵活应变能力，对市场需要有快速反应意识，缩短生产和研发周期，简化工作程序让产品及时"面世"，构造柔性生产线，提升员工复合能力，推动组织质量、成本和效率方面不断改进
6	关注未来	组织不能满足于眼前绩效水平，要考虑长远的可持续发展，让组织利益相关方都对组织发展前景充满信心，因此需要深刻关注市场趋势、顾客期望和社会变迁，及时改变战略目标和资源配置
7	促进创新的管理	在创新中建立组织竞争优势，善于对产品、服务和过程进行创造性改变，将组织绩效跃升到新的水平。产品、技术创新、组织经营各个管理过程都需要创新，需要高层领导积极推动和组员的踊跃参与
8	基于事实的管理	组织管理必须对绩效进行测量和分析，测量对象包括顾客满意程度、运行的有效性、产品服务性能和质量等，通过测量数据分析可以进行绩效的评价、决策、改进和管理
9	社会责任与公民义务	组织要有社会责任感和公共意识，恪守商业道德，服务公众利益，对可能影响到公共秩序和公众安全的潜在问题要有快速反应和应对能力。同时在条件允许情况下要善于参加公益事业，保护公共环境、珍惜公共资源、参与社会服务
10	关注结果和创造价值	绩效评价要体现出结果导向，包括顾客满意程度、产品和服务、财务和市场、人力资源、组织效率、社会责任等方面，这些结果能为组织关键利益相关方创造价值和平衡其相互间利益，通过为主要利益相关方创造价值，培育忠诚顾客，实现组织绩效的增长
11	系统的观点	卓越绩效模式强调以系统的观点来管理整个组织及其关键过程，强调组织的整体性、一致性和协调性。整体性要求组织有共同的战略目标和行动计划；一致性是各条款要求之间具有计划、实施、测量和改进的一致性关系；协调性要求各部门、各环节和各要素间相互协调

当前，政府部门在公共服务过程中存在的问题突出表现如下：缺乏长远战略目标、公共服务意识不强、服务行为规范性不足、权责界限不清晰、运动式服务、忽略民众切实需求等，这些问题制约着政府相关决策的科学性、执行的完整性，甚至对政府公信力带来负面影响，其根本原因在于缺乏一套能持续产生整体效果的机制，而这套机制应该能促进政府自觉进行自我体检、调整和康复。

卓越绩效管理不是仅针对管理问题的单项工具，而是能够推进组织管理体系系统性改进的一个工程。它推动组织管理朝着理想境界持续性自我调整，在调整过程中发现并解决问题，从而逐渐接近卓越。卓越绩效管理一个显著特征是对绩效要素进行分解并确定合理权重，结合人性化自我评估促进公共服务绩效体系的合理建立和持续优化，进而系统性推动组织确定目标、强化动力、改善管理和提高效能。对于政府部门的公共服务体系来说，卓越绩效管理理论无疑具有较好的适用性和参考性。

一是提升政府部门战略规划意识。一些政府部门或者政府官员战略规划意识薄弱，注意力重心放在了行政权力的行使上，长远目标往往寄望于上一级管理机构或者相关领导人身上。这种长期形成的固化政治生态也容易让个别管理者进行战略规划设想被当成是不务正业。将卓越绩效管理理论运用到公共部门，要求政府各级组织重视战略规划，尤其是在研究、制定和执行政策的过程中要有战略规划意识，这有利于克服因管理者或者领导人岗位调整而带来的工作"断档"，以及淡化行政系统的"人治"色彩。

二是增强政府公共服务中的顾客导向。卓越绩效管理理论特别重视以顾客为导向的绩效结果，并设计出具有良好客观性的测量指标，在企业管理中这些指标就体现为顾客满意度的调查、服务对象的等候时间、提供服务所需的处理时间、所接受并记录的建议等。将顾客导向的理念运用到政府公共服务当中，有利于推动政府组织优化管理技术、改善行事机制，及时弥补服务工作中的不足，让服务效应得以彰显。

应该说，在政府公共服务中建立卓越绩效体系具有现实的必要性和操作上的可行性，有利于清除政府公共服务中的一些顽疾，获得政治性和社会性的支持。

五、农村公共产品供给高质量发展理论

（一）农村公共产品质量内涵

质量是一组固有特性满足要求的程度，这是从符合标准和满足需求两

个维度来考量的。那么公共产品质量则是供给主体所提供的公共产品从其功能特性方面来讲是符合一定的标准和特性的，同时对于供给对象来说则是满足了他们的公共需求。或者说，公共产品质量指的是公共产品供给对公众需求的满足程度与公众满意程度之和。

对于农村公共产品供给质量，匡远配等进行了如下解释：农村公共产品供给质量表现为两个方面，即农村公共产品本身的属性及利益相关者的各种需求的综合，如农村公共产品本身的功能性、实际效用，以及利益相关者所需要的安全性、合法性等[①]。曾福生等则认为农村公共产品供给质量是农村公共产品本身及供给机制等各方面的统合[②]。鄢奋则在其研究中指出，农村公共产品供给质量不同于其他公共产品供给质量，它还包括了过程质量与社会质量等概念[③]。

综合国内外专家学者对农村公共产品供给质量的论述，本章认为农村公共产品质量，即农民作为公共产品的接受者和使用者，其对公共产品的期望和实际享受与感知到的公共产品之间进行比较的结果。农民亲身使用或者是消费公共产品，对农村公共产品的质量有一定的话语权，其感知和评判产品质量问题往往从现实需求出发，从农民视角来考察公共产品质量问题具有现实意义。

农村公共产品供给质量具有以下突出内涵。

一是范围的广泛性，指的是农村公共产品供给质量不只是体现为某种物质产品或者某项具体服务本身的特性和功能的质量，还体现为供给过程的质量。例如，农村医疗服务供给，除去医疗设施等物质基础，医疗人员的基本素质、医院环境的舒适程度、医疗过程的有序安全性能等内容，同样属于体现农村医疗供给质量的范围。

二是指标的综合性，指的是农村公共产品质量水平受到多重因素的共同影响，其评价指标也必然会出现多样化的特征，除了公共产品本身所需要的功能齐全和物美价廉等要求，产品公共使用的特性还促使农村公共产品在综合运用情况、民众的响应程度及供给活动的信息公开程度等方面也提出了高要求，在评价供给质量的时候也需要更多向度。

---

① 匡远配, 汪三贵, 陈红颖. 区划细分和贫困地区农村公共产品供给方向研究[J]. 开发研究, 2005, (1): 38-40.

② 曾福生, 匡远配, 周亮. 农村公共产品供给质量的指标体系构建及实证研究[J]. 农业经济问题, 2007, (9): 12-19, 110.

③ 鄢奋. 我国农村公共产品质量及其保障问题探析[J]. 福建师范大学学报（哲学社会科学版）, 2013, (4): 10-13.

三是概念的动态性，指的是农村公共产品供给质量不是一个静态的概念，而是动态发展着的概念，不同发展阶段对于公共产品供给质量的认知不同，也就是说供给质量是随着时代变迁和公众的认知水平的变化而不断起伏发展的。

四是动因的系统性，指的是农村公共产品供给本身是一个系统化的庞杂工程，供给质量受到各个子系统的影响，甚至是受到综合系统的影响，如供给决策是否民主科学、财政的支持力度是否充分、供给队伍的素质是否专业等都会影响公共产品供给质量。

五是标准的同一性，指的是虽然各个地区各个群体对农村公共产品的预期和需求不一样，但是质量标准必须具有同一性，这是实现供给公平的基本保证。

（二）农村公共产品供给质量问题

随着经济社会的纵深发展，我国农村公共产品在供给规模上不断上涨，供给效率也有所提升，但是当前农村公共产品的供给质量方面还存在一些问题需要关注，主要体现如下。

一是农村公共产品的功能不够齐全。公共产品功能是其含有的满足消费的技术特征，是公共产品整体性概念的基本体现。产品的整体性概念包括核心产品、形式产品、期望产品、延伸产品和潜在产品五种形态。那么，对于农村公共产品来说，核心产品就是农民在供给中所获得的基本效益和利益，主要体现为农村公共产品的使用价值；形式产品主要包括实现公共产品核心功能所需要的诸如品质、式样、商标和包装等的基本形式；期望产品指的是消费者所期望获得的与产品密切相关的一整套属性和条件，也就是农民所期望从供给中获得的产品相关综合信息；延伸产品是消费者在使用产品过程中附带获得的各种利益总和，具体到农村公共产品，也就是农村居民在供给中附带得到的诸如安装维修、技术指导之类的利益总和；潜在产品则指的是可能产生的或可能发展成为未来最终产品的潜在状态的产品。也就是说，农村公共产品一个完整的功能体现，可以从这五个方面来理解，某一个功能的缺失可视为产品质量不足的体现。当前我国农村公共产品一个显著的问题就是功能还不齐全，以乡村医疗卫生设施为例，基本的场所建设和供给已经实现，但是医疗设施却不能真正实现为农民看病的功能，人员不足、技术落后、设备粗糙的情况非常突出，并不能真正满足农民需求。

二是农村公共产品的有效性还不够强。产品的有效性是指产品的内容和结构与预期目标达到吻合且满足消费者需求的程度。农村公共产品的有效性不足，即不能满足农村的现实需求，也是供给质量的一种表现。这种有效性问题主要如下：供给特征带来的效益评估难，农村公共产品供给一般是辐射极大范围，覆盖大量民众，供给效益如何度量无法采用通用且科学的方法，供给效益变得难以评估；供给满足农民公共需求的程度普遍偏低，由于农民居民基本无法参与供给决策过程，供给结构和供给内容可能受部分决策者个人偏好的影响，部分供给活动可能受政府政绩工程需要的影响，并不是农民真实所需，带来有效性不足的问题。

三是农村公共产品安全性缺乏保障。安全系数是衡量一个产品质量好坏的标准之一，指的是公共产品的安全可靠程度，意味着产品受到伤害或者损坏的风险。一般来讲，产品质量的安全系数有一个允许波动的上下界限数值，处在这个数值之间都是安全的。之所以农村公共产品的安全系数偏低，是因为在农民的观念里，政府"免费提供"的都是"占了便宜"的，大家没有必要对公共产品的质量情况多加评论。这种民众监督意识的薄弱，以及供给决策制度本身容易滋生的漏洞，常常导致公共产品供给质量低劣，使得公共产品的安全性缺乏保障。

四是农村公共产品生命周期偏短。产品生命周期指的是产品从投入市场到更新换代或退出市场的过程，公共产品的生命周期即其投入使用到衰退或者是丧失基本功能的全过程，这也是产品质量从有效用到丧失效用的过程。由于农村公共产品供给大多缺乏市场竞争的压力及专业机构的监督和管理，一般也不会储备后续维修资金等，导致公共产品的生命周期普遍偏短。农村道路老化、水利设施失修等问题时常出现，影响了公共产品的体验感和使用效能，降低了产品质量。

（三）农村公共产品供给高质量命题

1. 质量人本论

十九届五中全会把"坚持以人民为中心"作为"十四五"时期经济社会发展指导思想和重要原则。坚持以人民为中心，就需要持续不断改善人民生活品质，提高经济社会建设水平，始终将最广大人民群众的根本利益作为一切发展行动的根本出发点，增强民生三感，推动人民思想素质与经济水平的共同发展，进而推进社会的全方位进步。习近平总书记强调，"走高质量发展之路，就要坚持以人民为中心的发展思想"①，高质量发

---

① 央广网. 走高质量发展之路[EB/OL]. https://baijiahao.baidu.com/s?id=1729039193629151076&wfr=spider&for=pc，2022-04-03.

展的目的是增进民生福祉，满足人民美好生活的需要，通过推动高质量发展，创造人民群众高品质生活。

公共产品是民生三感的重要保障来源，保障人民群众享有公共产品则是政府本身不可推脱的重要责任。高质量的公共产品供给更是必须注重民众的实际需求，这也是判别公共产品供给质量的重要标准，只有能够满足人民日益增长的美好生活需要、满足民生三感的保障需求的公共产品，才是真正高质量的公共产品，也只有这样的公共产品供给，才能够真正实现我国幼有所育、学有所教、劳有所得、病有所医、老有所养、住有所居、弱有所扶的目标。

上述思想构成了农村公共产品高质量供给的人本论指引，即要始终坚持以人民为中心的发展思想，始终将最广大人民群众的根本利益作为一切发展行动的根本出发点。因而，地方政府在进行农村公共产品供给之时，应当要铭记发展为了人民、发展依靠人民、发展成果由人民共享的观念，并将提供高质量农村公共产品作为自身的重要工作职责。在具体工作中，这一思想理念便主要体现为围绕农村居民的一生开展工作，在其不同年龄段和涉及的不同领域中都要尽量保证其获得相对公平的公共产品供给，将"高标准、严要求"落实于每一项行动之中，切实为提升农村发展水平、缩小城乡及人与人之间的差距等目标而努力。

2. 质量文化论

质量文化的含义是"以近、现代以来的工业化进程为基础，以特定的民族文化为背景，群体或民族在质量实践活动中逐步形成的物质基础、技术知识、管理思想、行为模式、法律制度与道德规范等因素及其总和"[①]。推动高质量发展，质量文化建设不可缺位。从国家层面看，质量文化是国民质量意识、质量精神、质量价值观和质量行为（包括生产和消费行为）的综合体现。中华民族历来重视质量，我们在长期的质量繁荣中形成了丰富优秀的质量文化资源，建设质量文化，必须立足中国特色社会主义的实际和中华民族的历史传承。因此，要解决质量治理的难题，我们不仅需要树立坚定的质量文化的自信与自觉，还需要深入发掘传统质量文化中的优秀基因，寻找质量治理难题的"文化解药"。

公共产品供给中的质量文化，是整个供给活动中所形成的质量意识、质量精神、质量行为、质量价值观、质量形象，以及供给主体所提供的产

---

① 吕晓冬. 企业质量文化建设刍议[J]. 中国质量万里行，2009，(12)：58-59.

品或服务质量等的总和。农村公共产品供给只有形成良好的质量文化，才能为公共产品高质量提供思想基础和精神动力。

一是构建质量情感。质量情感指的是人们对于质量工作的好恶习惯及情绪反应的统合。情感是人的心理活动的一种表现形式，是人的态度的一种外在反映，它与人的意识有着密不可分的关系。因而，质量情感的强弱也会影响质量意识的形成与发展、影响质量意识的前进方向。农村公共产品供给中的质量情感的养成，是优化供给成效、坚持以人民为中心的心理基石，是提升供给活动中农户满意度的影响因素。

二是树立质量意识。质量意识是潜在思想上的质量态度，态度改变思维，思维决定行为，行为决定结果。因此，农村公共产品供给中的质量意识不仅体现在供给主体的岗位工作中，也体现在政府组织供给决策的岗位工作中，是供给主体自觉地去保证所生产的交付农户需求的产品质量的全体意志力的集中表现。

三是规范质量行为。质量行为指的是人们对于产品、工作及服务等方面的质量进行的相应的反应或行动的统称，它是质量意识和质量情感的外在表现形式。农村公共产品供给要规范政府和社会组织等供给主体在公共产品供给过程中的质量行为，就是要回答各个主体应该发挥什么样的作用、主体行为如何划定、政府职能如何转变等问题。

四是搭建质量形象。搭建质量形象是提升农村居民生活品质和获得感的重要措施。通过在农村公共产品供给中补短板提质量，提升农村居民的生活品质和获得感，在这个过程中需要采取一系列措施，包括加强基础设施建设、提高公共服务水平、推动农业产业升级等。

3. 质量共治论

我国当前的公共产品供给质量还远不能满足人民日益增长的美好生活需要，其供给质量还有待提升。人民群众作为公共产品的受用群体，他们的实际需求是公共产品的供给发展方向，他们也更明白公共产品的供给前进路径在何处。因此，让民众参与公共产品的供给过程是实现公共产品高质量供给不可或缺的一部分，只有保障公民的知情权、参与权等，才能保证公共产品的高质量供给。

一是农户知情权。信息已经成为人们生活至关重要的一部分，而知情权则是民众获得各种信息的重要保障，是公民实现表达权、参与权和监督权的基础和前提。各级政府必须进一步提高执政为民的服务意识，高度重视农村公共产品供给中的信息公开透明问题，树立通过公开透明促进政府公共责任落实的现代治理理念，明确公共产品供给直接面向社会公众展示政府服务范围、规模、质量和效益的窗口。公共活动的公开透明，不仅能够让公众更加了解政府为百姓做了哪些实事，而且可以让公众清楚公共产品供给的过程，以及供给活动承接者的资质、能力和水平，监督供给过程中各方参与者的行为是否合法合规，并及时反馈自己的意见和诉求。信息公开透明是保障农民知情权的体现，在本质上不仅是展现了政府对公众负责，而且也是对公共资金使用的一种监督手段，还是构成政府治理体系和治理能力现代化的重要内容。在进行公共产品的供给行动前，必须建立规范且完善的群众咨询制度，基于民众的实际需求采取有效的政策与措施。

二是农户参与权。在现实工作中，部分地区农村公共产品供给存在着只重疗程不看疗效的情况。有些地方的考核问责，主要集中于检查学习和会议记录、文件与政策对应情况及通过宣传照片判断地方是否在推进相关工作，而不是主要核查工作成效。最根本的问题在于村民缺少公共决策的参与机会，这严重影响了农村居民的主体地位。因而，在公共产品的供给决策过程中必须建立起民众参与机制，为民众提供参与和表达的机会，防止政策在实施过程中偏离最初目标。

三是农户表达权。一些地方公共产品的供给和需求不匹配，脱离了农民的现实需要与最迫切需要。例如，有的村最迫切需要的是改水，有的村是改电，有的村是建路，每一个村的农民需求是不一样的。一些地方政府却忽视这些差异化的需求，按照自己的主观意图把路灯安装起来，把文化广场建起来，甚至还配有整套高标准的健身器材，这些其实并非农村居民所需的。这样的供给明显违背了以人民为中心的发展思想，因而需要充分保障农村居民的表达权，尽可能实现供需匹配。

四是农户监督权。实现公共产品供给质量的共治，还需要发挥农户的监督权。一些农民对自身的主体地位认知模糊，未能认识到自己是乡村治理的主体，抱着事不关己、高高挂起的心态。同时，涉及乡村公共产品供给的部门较多，点多面广线长，监管工作难以落到实处，一旦由一个人或少数人独占乡村公共决策权，缺乏农民作为主体以最直接的权力制衡、以面对面的权力监督，难免将导致腐败，即使从严查处也只能作为救济措施，严重浪费了公共资源，也影响了公信力。因此，建立起公共产品供给后的监督跟踪机制，实时对公共产品的供给质量进行跟踪监测，并对不合格之处进行通报、对出现矛盾之处进行调解，最终真正以监督为农村公共产品高质量供给保驾护航。

针对农村公共产品供给在设计上存在碎片化特征、供给总量的分布不够均衡、供给的方式比较单一、供需匹配程度不够高等问题，需要建立全链条、全流程供给质量管理机制，只有从产品的最初生产到售后服务进行系统化、流程化梳理，才能动态把握公共产品的供给质量。

在如何输入农村公共产品方面，主要是以供给对象的需求为导向，在供给实践中要尽可能针对不同地区、不同群体的实际而又理性的需要来提供差异化和精细化的公共产品。由于农村居民的需求往往是抽象而分散的，如何将感性而抽象的需求进行制度化转化则至关重要。在制定质量标准时，首先打通农村居民相关诉求的反映渠道，通过组织座谈、小组访谈、网络收集等方式获取意见和诉求，让农村居民的声音成为公共产品标准制定的重要依据。其次科学建立农村公共产品的标准体系，标准的制定不能过于盲目和主观，要从标准选择、论证、筛选、试运行、修正、确定等环节，综合考虑政治、法律、技术和环境等影响因素，同时制定好了的公共产品标准及时公开，让农村居民及时了解供给水平和供给质量，看是否达到民众心理预期。

在完善过程管理方面，要建立公共产品质量动态监测机制。精准实施供给，政府部门要与农村居民建立良好的"用户关系"，产品质量监测满足用户需求。其一通过加强政府部门内部管理厘清服务供给过程、流程和程序，厘清供给过程各环节的质量标准和要求，推进质量目标具体化、清晰化。其二要制定质量管理奖惩措施，对于优秀的质量供给进行正向激励，对于质量不达标的供给实施惩罚措施，防止随意性、碎片化供给带来的质量偏差。其三建立质量纠正机制，公共产品供给也需要售后服务，时刻关注农村居民对供给服务的投诉举报情况，将其视为质量改进的重要参考，增强产品供给中的回应性，提高供给问题处理效率，及时修复与客户的关系。其四畅通信息与数据联通机制，要善用大数据技术，建立以完整数据和客观事实为支撑的质量管理系统，促进人员、信息、流程、技术形成有效闭环，力求在偏好识别、群体甄别、服务定制、农户满意度等方面开展智能化运作。此外，还要重视转变服务供给逻辑，推动农村居民从产品和服务的体验者转向产品的共同生产者，在共同参与质量管理的过程中建立互动关系，提高农村民众参与分享、学习和讨论的程度，让公共产品供给从原来简单的技术过程和消费过程转变为一个价值建构的过程。

在持续改进公共产品质量方面，要建立科学的质量评估机制。公共产品供给是一个动态发展的过程，质量的改进也是一个持续的过程，其间就需要建立良好的、开放的、可持续的质量评估体系，促进公共产品质量不断改进。第一要积极引入第三方参与或者负责供给质量的评估，评估的视角主要放到农村居民对公共产品的评价方面，这样可以看出公共产品是否满足了民众的实际需求，体现以人民为中心的价值关怀。第二要合理设计评估路径，在评估过程中不仅考察民众的需求是否得到满足，还要在评估中善于发现农村居民对公共产品和服务的潜在需求，把握产品供给的优先次序等，考量民众对产品和服务的感知与期望，使其成为供给质量改进的关键。同时，要根据评估结果，将产品供给划分为不同等级，再根据不同的等级和要求制订相应的供给改进计划，推动公共资源合理且差序的投入。

第三章 我国农村公共产品供给历史脉络与现状

　　了解过去，方能感知当下，预见未来。本章主要对我国农村公共产品供给的历史脉络与现状进行梳理与分析，为后续工作提供研究基础。截至2022年末，我国已发布24个涉农中央一号文件，充分彰显出国家对农村发展的高度重视。我国在农村公共产品供给方面的实践与进展，突出体现在农村地区的交通、供水、供电、能源、通信、农村人居环境六大类农村公共基础设施的建设成果中，这在很大程度上推动着农村公共产品供给质量的发展。目前，我国农村公共产品供给取得了显著成效，公共产品的有效性主要源于产品效用、资源利用程度及公共产品供给的外溢性，基于此，我国农村公共产品在供给过程中注重回应性目标、配置效率目标及社会效率目标的有效实现，通过市场调节和政府干预以期改善农业生产条件、降低生产成本、提高农业生产力，从而推动整个农村地区的全面发展。

　　乡村振兴战略的实施为我国农村发展进一步指明了方向，而我国社会发展的客观规律进一步要求我国经济发展必须实现由高速增长向高质量发展的转变。在此背景下，要求我国农村公共产品供给也必须向高质量发展，是实现农业农村现代化和全体人民共同富裕这两大最终发展目标的重要途径。政府作为农村公共产品供给高质量发展的制度供给主体，在实现乡村制度的高质量供给过程中，必须遵循以乡村为导向、以农民为中心、渐进式改革的基本原则，同时要紧扣以人民为中心的发展理念、城与乡的全景式关怀及供与需高效能平衡的要求，以体现对农村公共产品供给高质量发展的人文关怀。

第一节 我国农村公共产品供给政策与实践演进

一、我国农村公共产品供给的政策流变

　　在公共经济学理论中，私人产品和公共产品是社会产品的两大类型。按照萨缪尔森在《公共支出的纯理论》中的定义，纯粹的公共产品或劳务

是这样的产品或劳务，即每个人消费这种物品或劳务不会导致别人对该种产品或劳务消费的减少。纯公共产品的特点包括非竞争性、非排他性及效用的不可分割性。公共产品可以看作一种制度的安排，一种政府通过一定的制度安排为公民提供的可以普遍享用的并且能够体现社会公平的各类物质或者服务产品①。中央一号文件是中共中央每年公布的第一个标准性文件，于 1949 年 10 月 1 日正式启动。因高度重视农业、农村、农民等方面的问题，中央一号文件已经逐渐成为当今中共中央、国务院解决"三农"问题的一个专有术语。2003 年 12 月，《中共中央 国务院关于促进农民增加收入若干政策的意见》提出：集中力量支持粮食主产区发展粮食产业，促进种粮农民增加收入；继续推进农业结构调整，挖掘农业内部增收潜力；发展农村二、三产业，拓宽农民增收渠道，改善农民进城就业环境，增加外出务工收入；发挥市场机制作用，搞活农产品流通；加强农村基础设施建设，为农民增收创造条件；深化农村改革，为农民增收减负提供体制保障；继续做好扶贫开发工作，解决农村贫困人口和受灾群众的生产生活困难 8 部分 21 条②。2014 年 1 月，《关于全面深化农村改革加快推进农业现代化的若干意见》提出：2014 年及今后一个时期，农业农村工作要以邓小平理论、"三个代表"重要思想、科学发展观为指导，按照稳定政策、改革创新、持续发展的总要求，力争在体制机制创新上取得新突破，在现代农业发展上取得新成就，在社会主义新农村建设上取得新进展，为保持经济社会持续健康发展提供有力支撑。完善国家粮食安全保障体系、强化农业支持保护制度、建立农业可持续发展长效机制、深化农村土地制度改革、构建新型农业经营体系、加快农村金融制度创新、健全城乡发展一体化体制机制、改善乡村治理机制③。2022 年 2 月，《中共中央 国务院关于做好2022 年全面推进乡村振兴重点工作的意见》提出：牢牢守住保障国家粮食安全和不发生规模性返贫两条底线，突出年度性任务、针对性举措、实效性导向，充分发挥农村基层党组织领导作用，扎实有序做好乡村发展、乡村建设、乡村治理重点工作，推动乡村振兴取得新进展、农业农村现代化

---

① 崔博，刘伟伟，黄英龙. 乡村振兴背景下农村公共产品供给质量提升路径研究[J]. 农业经济，2019，（11）：31-32.
② 中共中央 国务院关于促进农民增加收入若干政策的意见[EB/OL]. http://www.gov.cn/gongbao/content/2004/content_63144.htm，2003-12-31.
③ 关于全面深化农村改革加快推进农业现代化的若干意见 [EB/OL]. http://www.gov.cn/zhengce/2014-01/19/content_2640103.htm，2014-01-19.

迈出新步伐[①]。

二、我国农村公共产品供给的实践进展

农村公共产品主要是指在农业、农村及农民等相关领域兼具消费的非竞争性与受益的非排他性的产品或服务。本小节主要对农村公共基础设施及公共政策的供给实践进行讨论与说明。

（一）我国农村公共基础设施供给实践

农村交通建设。2005 年 10 月，建设社会主义新农村的历史任务在党的十六届五中全会上被提出，我国的农村交通建设被进一步提上日程。2006 年 1 月，交通部发布了《农村公路建设管理办法》，将农村公路建设所需资金纳入当地人民政府的财政预算，进一步推动了农村道路建设。2015 年 5 月，交通运输部出台了《关于推进"四好农村路"建设的意见》，农村道路建设得到进一步推进。2018 年 4 月，新版《农村公路建设管理办法》发布，明确提出农村公路建设过程中政府居于主导地位，县级人民政府则负主要责任。截至 2019 年底，我国农村地区的公路建设总里程超过了 404 万千米，占公路建设总里程的 80% 以上，我国累计投入超过 6 120 亿元用于乡镇、建制村的 230 余万千米公路的建设和改造，而具备条件的建制村、乡镇等在客车开通率方面分别达到了 99.45% 和 99.64%[②]。

农村道路网络建设突破了交通瓶颈限制，推动了农村经济进一步发展。以甘肃省天水市清水县为例，在"四好农村路"建设中，该县实现了乡镇、建制村在客车通行上的全覆盖，使得村民前往县城及乡镇所花费时间缩短了 25% 和 30% 左右。在产业公路建设方面其覆盖率高达 85%，对清水县农业产业发展及脱贫攻坚工作的开展具有极大的促进意义。

从现实情况看，虽然具备条件的乡镇及建制村的通硬化路、通客车这"两通"目标基本实现，且道路宽度和质量都得到进一步的提升，但是自然村的道路硬化和村内道路建设却依然不够完善，大多数省份的自然村通硬化路率还达不到 100%，交通道路养护及管理运营的制度建设与实施还不完善，重建设轻养护的问题也依然存在。基于此，2020 年的中央一号文件中对此专门做出部署："在完成具备条件的建制村通硬化路和通客车任

---

① 中共中央　国务院关于做好 2022 年全面推进乡村振兴重点工作的意见[EB/OL]. http://www.gov.cn/zhengce/2022-02/22/content_5675035.htm, 2022-02-22.

② 2019 年 12 月 17 日，交通运输部新闻发布厅，"脱贫攻坚"专题新闻发布会。

务基础上，有序推进较大人口规模自然村（组）等通硬化路建设。支持村内道路建设和改造"，因而我国农村道路建设的任务依然繁重。

农村供水建设。2006 年 3 月，国务院常务会议原则通过了《2005—2006 年农村饮水安全应急工程规划》，该文件旨在解决农村地区的安全饮水问题，改善和提高农民的生活条件及健康水平，促进农村地区的经济社会发展。随后，《全国农村饮水安全工程"十一五"规划》《全国农村饮水安全工程"十二五"规划》相继出台。在 2000~2004 年，中央财政划拨 97 亿元资金，使得农村地区 6 004 万人口的饮水问题得以解决。2005~2015 年，中央财政又投入 2 861 亿元建设农村饮水安全工程，解决了包括 5.2 亿名农村居民及 4 700 多万名农村地区学校师生的饮水安全问题，2016 年以后，农村饮水工程迈入巩固提升阶段。截至 2018 年底，农村各类供水工程累计建设 1 100 余万处，惠及 9.4 亿农村人口；农村集中供水率高达 86%，长期存在的饮水安全问题也基本得到解决，实现了从喝上水到喝好水的转变[①]。仅在 2018 年，我国投资在农村饮水安全巩固提升工程的资金就高达 573.6 亿元，使 7 800 多万名农村居民及 435 万建档立卡贫困人口的饮水安全质量得到了解决和提升[②]。

农村供电情况。我国从 1998 年起开始实施农村电网改造、农村电力管理制度改革及推进城乡用电同网同价的"两改一同价"政策。截至 2000 年，我国农村 80% 的地区配备了大电网，至此，全国 97% 人口的用电问题得到解决。截至 2004 年，我国已完成两期农村电网改造工程，惠及 4.8 万个行政村将近 1.5 亿农村居民，农户的用电价格从 0.76 元/度降到 0.52 元/度，下降了 31.58%。2015 年 12 月 23 日，位于我国青海省玉树藏族自治州的 9 614 户居民、合计 3.98 万人口实现合闸通电，标志着我国农村居民从此全部告别"煤油灯"时代，家家户户用上电的目标基本实现[③]。

为有效解决农村地区因居住分散而造成的用电成本过高问题，我国一直高度重视农村水电站建设。在 2004 年的中共中央一号文件中，就提出通过节水灌溉、人畜饮水、乡村道路、农村沼气、农村水电及草场围栏"六小工程"来进一步加强我国农业和农村基础设施建设。进入 21 世纪以来，我国各级政府对农村动力电网的改造和完善给予了高度重视。据统计，2016~2017 年，我国完成了三大工程建设：第一，完成了小城镇中心村的

① 董明锐. 农村饮水安全 让亿万农民喝上放心水[J]. 中国水利，2019，（19）：56-58.
② 中华人民共和国水利部. 2018 年全国水利发展统计公报[M]. 北京：中国水利水电出版社，2019.
③ 本刊编辑部. 壮丽 70 年 从"用上电"到"用好电"[J]. 农电管理，2019，（10）：1.

农网改造升级工程，惠及 30 个省（自治区、直辖市）、7.8 万个村的 1.6 亿农村居民；第二，完成了农村机井通电工程，17 个省（自治区）和新疆生产建设兵团的 1 万多个乡镇、1.5 亿亩①农田的 160 万个机井实现了通电；第三，完成了贫困村通动力电工程，3.3 万个自然村及 800 万名贫困村居民实现了动力电覆盖②。

农村能源建设。伴随农村经济水平的不断提升，农村居民对生活用能源的需求量也逐步增加。以发电煤耗计算法计算，2000 年农村生活消费占比为 39.15%，城镇为 60.85%，总消耗标准煤 5 838.58 万吨。2017 年，两者占比分别达到 42.22%、57.78%，总消耗标准煤 24 325.13 万吨。农村居民人均生活用能源的消费在 2017 年已经达到 417 千克标准煤，分别高于全国平均水平 1 千克、城镇居民水平 2 千克标准煤③。

农村通信设施建设。21 世纪以来，我国农村地区的通信条件得到逐步改善，基本实现村村通。据国家统计局发布的第二次全国农业普查数据，截至 2006 年底，我国通电话的农村数量达到 620 920 个，占到全部农村数量的 97.5%；第三次全国农业普查数据显示，2016 年底，通电话村数量高达 99.5%，同时显示有 82.8% 的农村安装了有线电视，近 89.9% 的农村接通了宽带互联网，25.1% 的农村设置有电子商务配送站点④。

农村人居环境建设。农村人居环境所包含的范围较广，前面所讨论的部分内容亦属于农村人居环境范围。此处则主要对厕所改造和垃圾、污水集中处理这两个方面进行说明和讨论。2005 年 10 月党的十六届五中全会召开，提出建设社会主义新农村，中央政府及各级地方政府相继投入大量资金用以改善农村人居环境。第二次全国农业普查数据显示，截至 2006 年底，农村地区实施垃圾集中处理的农村数量仅为 15.8%，完成厕所改造的农村数量为 20.6%。第三次全国农业普查数据显示，截至 2016 年底，实施生活垃圾集中处理、部分集中处理的农村比重达到了 73.9%，其中东部地区比重达 90.9%，中部地区达 69.7%，西部地区达 60.3%，东北地区达 53.1%。已完成或部分完成厕所改造的农村比重达到 53.5%，其中东部地区比重达 64.5%，中部地区达 49.1%，西部地区达 49.1%，东北地区达 23.7%。2018 年 2 月，中共中央办公厅、国务院办公厅印发《农村人居环境整治三

① 1 亩≈666.67 平方米。
② 张喆炯. 中国农村电网改造升级效果显著[EB/OL]. https://baijiahao.baidu.com/s?id=163758109 0258068585，2019-06-28.
③ 孔祥智. 全面小康视域下的农村公共产品供给[J]. 中国人民大学学报，2020，34（6）：14-28.
④ 参见国家统计局网站. http://www.stats.gov.cn/sj/tjgb/nypcgb/qgnypcgb.

年行动方案》，该方案提出"到 2020 年，实现农村人居环境明显改善，村庄环境基本干净整洁有序，村民环境与健康意识普遍增强"的行动目标，要求各级政府结合各地实际情况认真贯彻落实。2018 年全国农业农村厅局长会议的召开进一步要求农村人居环境整治由点到面全面展开，且截至 2018 年，83.6% 的户所在自然村实现了垃圾集中处理，比 2013 年提高 34.9 个百分点；农村居民使用卫生厕所的户比重为 56%，比 2013 年提高 20.4 个百分点[①]。到 2018 年底，北京、天津、山东、江苏、上海、广西、海南及四川 8 省份农村生活垃圾治理通过了验收，100 个农村生活垃圾分类和资源化利用示范县（市、区）中，将近 75% 的乡镇及 58% 的行政村启动实施垃圾分类工作[②]。

2020 年作为农村人居环境整治三年的收官之年，中央农办、农业农村部在同年 4 月组织召开了全国村庄清洁行动春季战役推进视频会，对结合爱国卫生月活动开展春季村庄清洁行动及 2020 年重点工作做出了具体部署，要求 2020 年底，东部、中西部城市近郊区等有基础和条件的地区要基本完成对农村户用厕所的无害化改造。

（二）我国农村公共政策供给实践

农村公共产品的政策演变从一定程度而言是权利与利益的转移和再分配，是与当时的时代背景、制度所构成的组合体系，而结合财政制度背景则可将我国农村公共政策的演变分为八个主要阶段。

互助组阶段。自 1949 年 10 月到 1952 年底，我国农村经济由生产力较低的小农经济占据主体地位，农民虽然拥有了自己的土地，但在工具和基本公共设施的运用方面却极为欠缺。土地改革后的农业个体生产，对于基础农业生产性公共物品的依赖性加强，但当时政府无力为农村提供更多实物型的公共产品，而土地改革之后土地、牲畜等生产资料的平均化，也让农村公共产品在供给方面难以维系，因此，我国政府号召农户加强合作。在这个阶段，国家采用"私有公用"及公共购买的措施，将本来属于农户私人的农具、牲畜等统一起来，实行合作使用的方式。面对劳动力不足的情况，则以劳动互助的方式进行弥补。互助组政策在当时的小农经济生产

① 国家统计局. 人民生产实现历史性跨越 阔步迈向全面小康——新中国成立 70 周年经济社会发展成就系列报告之十四[EB/OL]. http://www.stats.gov.cn/sj/zxfb/202302/t20230203_1900408.html，2019-08-09.

② 中国农业科学院中国农业绿色发展研究中心. 中国农业绿色发展报告 2018[M]. 北京：中国农业出版社，2018.

中起到了积极作用，但是面对大型公共工程、集体性教育、医疗及文化教育等问题，其作用则显得极为有限[①]。

初级社阶段。自1953年春开始，以生产资料私有为基础的初级社开始实施，它是一种农民合作的经济组织。在前期的互助组阶段发展期间，农业生产所需的工具、畜力及灌溉等最初级生产公共物品得到了解决，但是想要推动农业生产的进一步发展，就需要更高层级的生产工具，如大型农业器械及大范围水利设施等。鉴于小规模的互助组形式难以满足大规模农业生产，所以将当前有限的农户生产资料及劳动力进一步联合起来就显得极为必要。例如，大型农业生产器械可以采取多个农户联合购买的方式，同时将农村地区破碎化的小块土地进行整合统一，使有限的劳动力联合统一行动，并修建较大型水利设施，扩大其服务覆盖范围，在此种情况之下，初级社已然成为当时农村发展所必选的生产方式。初级社的发展和维持主要是以生产资料的私有制为基础，社员用各自拥有的土地入股，耕畜和大中型农具统一使用，而初级社劳动剩余则作为劳动及土地等主要生产资料的报酬。这一阶段的组织形态相比于互助组阶段显得更为稳定，并且从此阶段开始公共财产得到逐步积累，进而推动群体合作优势扩大，但是此阶段的土地及其他重要生产资料依然属于私有。

高级社阶段。高级社阶段始于1956年，相比于初级社，高级社的规模更大，其主要特点为耕畜、土地及大型农业生产用具等重要生产资料收归集体所有，而土地使用的报酬在此阶段被取消，替代为按劳分配的原则。初级社向高级社的发展实际就是对农业公共产品初级政策的进一步改进和发展。经过初级社阶段的发展奠基，从高级社阶段开始，农村基本公共产品供给职能已经可以得到较为全面的执行，农业生产基金、公积金等公共提留开始实行收取，而且承担了一定的社会保障功能。例如，对农村孤寡老人实行"五保"（吃穿住教养）。从1949年10月中华人民共和国成立到1957年，在众多困难重重阻碍的压力之下，通过把农村地区有限的人力物力等资源进行有效整合，在较短的时间内为当时的经济发展提供了所必需的生产资料，完成了诸多当时难以完成的任务并取得卓越的成绩，为推动农村经济发展迈入正轨提供了助力，农民的基本生产生活也进一步得到满足。高级社作为一种公共产品供给政策，促进农村经济发展硬件基础的积累，而农村地区的基本水利设施在此期间得到了有效发展，较大地改善了

---

① 高明. 我国农村公共物品政策演变: 论从制度外走向制度内供给的必然[J]. 华中农业大学学报（社会科学版），2012，（4）：1-6.

当时的农业生产条件。

人民公社阶段。自 1958 年开始，由于我国政府在城市全县及其他城镇乡村广泛推行了人民公社五保制度，人民公社和其他农村的生产经营团队已发展成了公共生活用品最主要的直接供应者和主要交通运输的供给主体，不仅直接负责城镇乡村建设和管理，而且对乡村、城镇的主要道路及水利设施进行了大力修建，并负责村里的"五保户"推广和普及相关农业技术，农村的义务教育、公共治安及村里面民兵的日常训练也由其负责，而农村"五保户"人员也由其进行抚养。在这一发展阶段，向企业生产车间收取居民公积金（或公益金）及采取劳动力分工形式是公共产品供给者所提供的两种主要费用分摊方式。人民公社在此阶段不仅作为生产性公共物品的供给者而存在，同时也是非农性公共服务的主要提供者，随着人民公社不断发展，其整体规模逐步趋向于基础政府，而这一历史阶段的主体性特征则主要体现在政社合一。本阶段农村乡镇的经济集体管理制度主要表现在全国各级政府村社一体化，农业生产所需的基本资源统归集体所有，所需公共物品及生产服务也将由各县的农村集体（生产队及人民公社）进行统一的管理和安排。由于当时重工轻农，加之地方财政收入略显薄弱，这就导致本来由人民公社进行供给的制度内公共建设物品出现了严重缺乏，使之不得不借助制度外的物品供给来维持正常的供给平衡。在实际当中，则是以大量的农村劳动力来代替资本，大量劳动力承担了农村、乡镇公共基础工程设施及服务项目的建设。由于当时我国规定农村居民公用生产物品的供给主要机构是设在我国农村地区的各级基层人民政府（一般包括人民公社和农业生产大队、生产队等），所以在对物品供给实行经济决策时所具体采取的方法也是自上而下式的，公积金及公益金这两项制度的实行，也说明我国农村居民将在隐性与间接中承受一定的经济负担，各地生产队则主要负责统一的组织管理与安排。所以，这一时期农村的公共物品供给主要是由政府有计划地安排，由上级进行决策。自1958 年我国开始实施人民公社，再到1983 年乡镇人民政府成立，总共经历了25 年的时间，而在这段漫长的历史进程中，人民公社也经历了一些包括"三级所有、队为基础"的调整，但是人民公社所发挥的主要职能却并未发生根本性的改变，在此期间，农村公共物品的供给也主要来源于组织动员方式的制度之外。

由家庭联产承包责任制到财政分税制阶段。1978 年以后，国家开始出台并逐步推行工农家庭联产承包土地责任补偿制度，这使得以劳动人口为主体的广大农民成为从事农业土地生产及经营农村劳务事务的经济主体，并且此刻的农民在一定程度上已具备劳动剩余索取权及对劳动收益的自由分配权。当时的农业管理体制也是积极倡导农民在交够国家、留足集体的收益之后，剩余的则由农民自己所有，这就在很大程度上激励了农民，使其生产积极性及生产力得到了有效提高。中共中央、国务院在1983年10月发布了《关于实行政社分开，建立乡政府的通知》，该通知规定了当前的首要任务在于政社分开管理，尽快建立以乡镇政府为主的基层政权管理机构，并争取在1984年底前完成这项工作。人民公社体制随着我国社会发展被历史所淘汰，但是我国公共物品制度外供给的本质却并没有得到改变，但是其消亡也对社会发展产生了一定的影响，如在人民公社时期覆盖面特别大的农村医疗制度也被逐渐瓦解，体制下的社员也开始由高度组织化向着自由化状态回归。在人民公社时期，农村公共物品的供给成本主要是从集体组织中予以扣除，集体组织与农民的谈判显得相对容易，随后在家庭承包责任制的实行时期，农村公共物品的供给成本则主要是以税费收缴的方式向农民进行收取，但是这种方式在一定程度上也存在弊端，因为这使得农民的负担增加。与人民公社阶段相比，农民需要承担的生产成本逐步呈现显性化，这就使得农村集体与农民的谈判难度增加，而农村公共物品的供给则主要依靠制度外供给，这就造成了我国农村公共物品供给在1984~1994年出现了严重短缺。

从财政分税制到农村税费改革阶段。财政分税制主要指的是在遵循公平与效率原则，对事权进行科学合理划分及中央与地方税收管辖权明确化的基础上，从各类税收所变现出的基本特征、税源大小及征收管理过程的难易程度出发，以此来对中央和地方两个税收体系进行划分和建立，这样可以实现税收分级管理，从中央和地方两方面分别发挥自身税收对宏观和微观经济的调节与管理，从而保证各级政府职能得到顺利实现的一种财政管理体制。1994年，党中央、国务院经过研究决定在全国范围内推进实施分税制财政体制。这也令我国基层的财政体制被打破，但在这样的调整下出现了中央对地方事权和财权给予错位的情况，拥有事权但缺失财权的地方政府在工作开展中面临一定困难，导致公共产品供给有心无力。本阶段农村公共物品政策与人民公社阶段相比并没有出现明显的改变，只是乡镇财政政策做出了一定的改变，而公共物品供给产生的成本则更多地落到了农民的身上，乡镇公共财政支出中的预算外资金在全部支出中所占的比例却在逐年增加，再加上预算外资金在筹集和管理过程中存在的失范与不透明，最后逐渐成为农民负担的主要来源，这种局面一直到2002年我国逐步取消农村的统筹费及村提留费之后才得到缓解。

农村税费改革初期。我国自 2000 年开始实施农村税费改革，从浅层意思来看是为农民减轻赋税压力，但深层次则是顺应市场经济的发展规律和依法治国的本质要求，是对国家、集体及农民之间关系的分配，由此可以看出本次改革也是我国整个国家层面在分配领域的一次重大改革。在 2002 年的时候，中共中央提出我国要在接下来的 3~5 年内实现农业税的全面取消。到 2005 年，全国各个省（区、市）全面实现了农业税的减免。本次农业税改革的实施在很大程度上减轻了我国农村农民的经济负担，使得农村地区的干群关系得到了良好的改善，并赢得了我国广大农民群众的赞誉。此阶段，在农村公共品供给政策方面，最为突出的变化则是供给主体向着更为单一化的方向发展，即由先前的政府与农民一起供给逐步向由政府单一方面负责供给转变，而农村制度外的资金筹措方式也被完全关停，不再使用，但这也造成乡镇政府对农村公共物品的供给能力略显不足。此次税费改革是对农村公共品供给的体制、机制等方面的深层次探索与改变，但由于当时的配套政策不完善，所以也就使得农村公共产品的供给在这一阶段显得较为滞后。

后农村农业税时期。这一时期主要是指在 2006 年以后，在这一阶段，为农村地区进行公共物品供给的政策体制开始逐渐发生重大转变，而更加高效合理的新政策也在这一时期得到建设和重构，先前农民负担的各种税费被逐步取消，并且劳动义务工和劳动积累工也被取消，这也使得今后农村公共物品的供给成本在需要向农民摊派时，必须做到与农民有效沟通，"一事一议"，不能专断独裁和决定。这样的做法也在一定程度上有效地减少了向农民乱征收费用的情况，农民的税费负担进一步得到有效减缓。2006~2010 年这五年规划期间，我国农村公共产品供给政策发生了重大变化，国家进一步加大了对农村地区公共事业的财政投入，在农村教育事业发展方面，实施了意义深远的"两免一补"政策；在农村医疗卫生事业发展方面，建立了对于农民而言至关重要的新型农村合作医疗制度，促进了农民看病难问题的缓解。同时，农村道路建设、农村通信工程建设及农村文化工程等在此期间都得到了快速发展，并取得了显著的成效。"十一五"规划的实施阶段，农民的负担得到了最大的缓解，我国农村的公共产品发展在此期间得到了最快的发展，我国在不断加大财政投入的同时，也在逐步向国家为主、农民为辅的物品供给形式转变。在中华人民共和国成立初期，我国经济发展所采取的策略主要是"农业哺育工业"，依靠全国农业生产助力我国工业快速发展，而到"十一五"规划阶段，我国工业发展已取得令人瞩目的成绩，国家据此将"工业反哺农业"的发展策略逐步提上政策议题。在此阶段，我国农村公共产品供给由财政主导的新态势逐步形成，工资性转移支付及农村税费改革转移支付的力度进一步加大，具体而言，我国对于农村的教育、医疗、养老保险等方面的投入明显加大。

三、我国农村公共产品供给的目标追求

公共产品的有效供给可以从以下三个不同角度来解释：第一个角度，是从人们的实际效用或个人喜好角度出发，对成本和收益进行比较，这一角度对效用的解释强调个体的主观感受。当个体认为获得的公共产品对其有作用时，该公共产品供给就是有效率的；相反，当个体认为获得的公共产品对其无益时，则认为公共产品的供给是低效或无效的。第二个角度，是基于资源的利用程度。在一定的技术条件下，公共资源经常被使用，实现了最大程度的利用，而不是被浪费的，因此通常用资源的投入与产出之间的关系来衡量公共产品供给的有效性。第三个角度，涉及公共产品供给的溢出效应或者说是其外部性，其中包括公共产品供给对私人投资和消费产生的引致或挤出效应，以及公共产品供给对整个经济社会和人文发展的影响程度。针对公共产品供给的三个角度，我们认为农村公共产品供给须达到三个目标[①]。

（一）农村公共产品供给的回应性目标

实现农村公共产品有效供给的回应性目标，是服务型政府的主要功能之一。回应性是指对于公民的诉求，政府要及时进行有效的回馈与反应。回应性有两个要求，一是对于公众的需求，政府要准确及时地识别、理解与挖掘；二是政府在了解公众需求后要采取有效的行为措施，回应、满足公众的诉求，与公众进行积极互动。

供给是需求的结果，是对需求的反馈。私人物品的需求可以利用市场机制，在合适的时间内通过价格信号较为及时地自动传递给供给者，但对公共产品的需求不是个体的、私人的，它在一定范围内具有整体性，因而公共产品的需求不能以价格信号的方式自动地传递给供给者。对公共产品需求的有效整合是实现公共产品有效供给的重要前提，回应性标准测度的内容就是公共产品供给者对公共产品需求的准确理解和有效整合。20世纪80年代发起的新公共管理运动，在公共服务的生产和供给过程中，引入顾客的概念和价值，以顾客满意为宗旨，用顾客满意度来评估公共部门的绩

---

① 贺林波，李燕凌. 农村公共产品有效供给的三维目标[J]. 湖南社会科学，2014，（2）：77-80.

效，使公共行政满足社会的需要、公民的需要，即要求公共行政具有回应性能力。同样地，在农村公共产品的供给过程中，供给主体也通过一定的机制及时响应和满足公众的需求，其提供的农村公共产品才是具有有效回应性的供给。因此，农村公共产品供给的终极价值标准是及时回应、有效满足公共需求，不断满足农村居民对美好生活的向往。

（二）农村公共产品供给的配置效率目标

配置效率是指以投入要素的最佳组合来生产出最优的产品数量组合。在投入一定的情况下，对资源进行有效的、合理的配置，效率将得到提高，产出将增加。在供需平衡关系上分配公共产品，对公共产品资源配置效率目标进行的研究，较早可追溯到林达尔均衡理论。林达尔运用局部均衡分析方法，从公共产品成本分担的角度，阐述了公共产品供给税收价格的形成过程。在林达尔均衡模型中，居民根据个人偏好为公共产品的替代供应方式"投票"，并收集居民愿意付出的税收支出，以此承担相应的公共产品成本。1969 年，萨缪尔森对林达尔均衡理论提出了不同意见，因为每个人都有将其真正边际支付愿望予以支付的共同契机，所以林达尔均衡产生的公共产品供给均衡水平将会远低于最优水平。萨缪尔森对公共产品最优供给进行了一般均衡分析，表明公共产品最优供给所需的条件是边际替代率之和等于边际转化率。事实上，林达尔均衡和萨缪尔森均衡都强调了居民个人需求偏好对公共产品有效供给的重要性。为了实现有效配置农村公共产品的目标，实质上要求政府提高农村公共产品配置效率，充分提高农村公共产品资源供应的有效利用率。

（三）农村公共产品供给的社会效率目标

对农村公共产品供给社会效率的分析是基于新古典经济学的理论。新古典主义强调公共投资对私人投资的积极外部影响，私人投资的边际生产率随着国家公共支出的增加而提高。一方面，公共投资促进基础设施的改善，促进技术进步和人力资本积累，扩大社会生产的可能性；另一方面，公共投资可以在宏观经济衰退时增加私人投资的信心，而公共财政对基础设施和服务的投入可以提高社会投资的预期，拉动社会投资和消费。事实上，农村公共产品的供给不仅要满足农村居民对公共产品的实际需求，也要考虑到公共投资或公共产品的使用效率，同时还要考虑农村公共物品供给对私人部门乃至整个宏观社会经济的影响。农村公共产品供给的社会效率目标，还突出体现在现代农业发展中对促进农业经济增长的作用越来显著，以及对农村居民的收入与消费均产生积极的影响作用。

总之，农村公共产品有效供给给农村经济带来积极的社会效益，促进农村社会文化的整体发展和农村落后面貌的改善。不仅可以促进农业生产力的发展，同时通过市场调节和国家干预的共同作用，农村物质资本、人力资本等生产要素的集成，改善了农业生产条件，降低农业生产成本，促进农业现代化发展。

第二节　乡村振兴战略背景下高质量发展新命题

一、乡村振兴战略下农村公共产品供给高质量发展的现实意蕴

党的十九大报告指出："我国经济已由高速增长阶段转向高质量发展阶段，正处在转变发展方式、优化经济结构、转换增长动力的攻关期。"[1]在乡村振兴战略的总要求中，农村产业兴旺居于首要地位，而高质量发展正是产业兴旺的基本路径。

（一）农村公共服务高质量发展的现实背景

中等收入群体将进入高收入发展阶段。1978 年我国国内生产总值（gross domestic product，GDP）为 3 679 亿元，2020 年跃升到 1 015 986 亿元，较 2019 年增长 2.3%，位居世界第二位，人均 GDP 为 72 447 元，超过 1 万美元，已进入中等收入国家行列[2]。

国家财政收入的快速增长为增加公共投资、改善人民生活提供了财政保障。国家统计局数据显示，与改革开放初期相比，我国农村居民纯收入增长百倍以上。2020 年我国农村居民人均可支配收入为 17 131 元，实际增长 3.8%。同期，我国农村居民人均消费支出由 116 元增加到 13 713 元，恩格尔系数由 57.5%下降到 30.2%[2]。根据联合国相关评价标准，我国农村居民的生活水平实现了从温饱到小康、从小康到相对富裕的两次历史性飞跃，"第十四个五年计划"是为 2035 年基本实现社会主义现代化奠定坚实基础的五年，首先要成功跨越中等收入陷阱。党的十九届五中全会上，习近平总书记再次强调，"经济、社会、文化、生态等各领域都要体现高

---

① 习近平. 决胜全面建成小康社会 夺取新时代中国特色社会主义伟大胜利——在中国共产党第十九次全国代表大会上的报告[EB/OL]. https://www.gov.cn/zhuanti/2017-10/27/content_5234876. htm，2017-10-27.

② 国家统计局. 2020 中国统计年鉴[EB/OL]. http://www.stats.gov.cn/sj/ndsj/2020/indexch.htm，2020.

质量发展的要求"①，要成功跨越中等收入陷阱，必须实现全面高质量发展，在收入分配、民生建设和公共服务方面取得进展。

社会主要矛盾发生变化。党的十九大报告做出了重要结论，我国的主要社会矛盾已经转化为人民日益增长的美好生活需要和不平衡不充分的发展之间的矛盾，其中最大的不平衡是城乡发展不平衡，最大的不充分是农村发展不充分。《中共中央关于制定国民经济和社会发展第十四个五年规划和二〇三五年远景目标的建议》进一步强调"优先发展农业农村，全面推进乡村振兴"，着力通过推动农村公共服务高质量发展，满足农村居民日益增长的美好生活需要，正是适应我国社会主要矛盾转变的历史必然。

"十四五"时期，国家强调要提高农村公共服务质量，为适应全球化和后疫情时代的新特点，我国经济发展的内生动力和安全维度以国内大循环为主体。农村是国内大循环的重要环节，农村基础设施和教育、医疗、养老、就业等公共服务的高质量发展，将有助于提高农村居民的生活质量，刺激消费活力，激活农村发展各种资源要素，打通国内循环的瓶颈，稳定"三农"基本局面，发挥"三农"压舱石作用。农村公共服务高质量发展，是统筹"两个大局"、激发国内循环内生力量的现实需要。

推动乡村振兴客观要求。全面建成小康社会之后，我国要向实现共同富裕的远景目标继续奋斗，而乡村振兴正是实现全体人民共同富裕的前提。实施乡村振兴战略有利于缓解农村发展不平衡不充分的问题，提高农业农村现代化水平，从而达到共同富裕的远景目标。然而，实施乡村振兴战略面临着较为落后的农村基础设施、匮乏的资源要素等挑战，为了应对这些挑战，我国应该坚持以改善农村居民民生问题为起点，促进农村公共产品和公共服务高质量供给②。

乡村振兴战略是新时代解决"三农"问题的纲领性部署。农村公共产品供给数量及质量的保障是"三农"问题有效解决的基本条件。为不断促进乡村振兴战略的实施，农村公共产品供给质量应不断提升，主要体现在以下几方面：一是提供充足的要素支撑助力产业兴旺；二是规划美丽乡村科学推动生态宜居；三是贡献科教文化的力量实现乡风文明；四是健全治理体系促进治理有效；五是增收与产业并举推进生活富裕。农村公共产品

---

① 人民日报. 必须把发展质量问题摆在更为突出的位置——习近平总书记关于推动高质量发展重要论述综述[EB/OL]. http://news.china.com.cn/2020-12/17/content_77022549.htm, 2020-12-17.

② 李实，陈基平，滕阳川. 共同富裕路上的乡村振兴：问题、挑战与建议[J]. 兰州大学学报（社会科学版），2021, 49（3）：37-46.

供给高质量发展要坚持城乡融合发展之路、质量兴农之路、乡村善治之路、文化兴盛之路、绿色发展之路，在这五条道路的指引下农村公共产品供给必然会成为乡村振兴目标实现最有力的支撑。

综上所述，在新的发展阶段，《中共中央关于制定国民经济和社会发展第十四个五年规划和二〇三五年远景目标的建议》提出"推动形成工农互促、城乡互补、协调发展、共同繁荣的新型工农城乡关系"，而农村公共产品和公共服务高质量发展是缩小城乡差距，促进乡村振兴战略实现，使改革成果更好地惠及农村居民的有效手段。

（二）遵循农村公共服务高质量发展客观规律

遵循城乡融合发展的客观规律。改革开放前30年，受城乡二元结构和传统工业化、城镇化发展战略的影响，国家财政支持农村公共产品和公共服务的范围与力度十分有限。城乡二元社会结构导致城乡分治，农村居民在就业、教育、医疗、社会保障、住房等诸多领域享受的基本公共服务明显滞后于城镇居民。党的十八大以来，国家不断加大对"三农"的财政支持力度，但公共财政投入的城市偏向仍然存在。以城乡教育支出为例，2021年，农村小学学校固定资产总值为 38 357 579.94 万元，比 2020 年增长1.49%；农村初中学校固定资产总值为 17 269 328.34 万元，比 2020 年增长2.41%。城区小学学校固定资产总值为 58 007 848.61 万元，比 2020 年增长13.36%；城区初中学校固定资产总值为 53 627 890.20 万元，比 2020 年增长 17.29%[1]。农村教育投入不足，导致农村家庭负担加重，打破城乡二元结构不是一日之功，制度变迁中的路径依赖仍将影响新型工农关系的形成。在以高质量发展为主题的"十四五"新阶段，必须遵循城乡协调发展的客观规律，以城乡全景关怀为重点，推进城乡公共服务一体化、系统集成与协调发展。

遵循质量适配性客观规律。改革开放以来，一方面，农村公共服务的质量和数量不适应特定的发展阶段；另一方面，在特定的发展阶段，国家对一些重点扶持的农村公共服务项目采取局部聚焦、短期放大、运动推进的发展模式，类似于大功率的"摇头扇"。短期内，政策风吹拂的公共服务领域的资金供给将大幅增加，但一旦风向转变，供给和投资的强度将不如从前那么强烈，甚至难以持续。因此，在以高质量发展为主题的"十四五"新阶段，既要注重农村公共服务质量增量的整体适应，又要注重不同

---

[1]　参见中华人民共和国教育部网站，http://www.moe.gov.cn/jyb_sjzl/.

公共服务水平或项目的协同适应。从质量适应性角度看，推动农村公共服务高质量发展，就是要将"摇头扇"式公共服务转变为"智能空调"式公共服务，保持持续稳定运行，通过有效的人机交互和环境感知，实现"温度"自动调节，真正提高公共服务质量和用户满意度。

遵循供需动态平衡性客观规律。目前，我国农村公共产品供给的实践中不仅存在优质供给不足的问题，而且供给与需求之间结构性错配问题突出。农村公共产品供给可持续发展离不开供需动态平衡状态的实现。供需动态平衡需要供给端与需求端共同发力，农村公共产品供给结构与需求结构要同时升级，供给端激发内生性增长活力和动力，需求端形成强大的农村市场。高水平的供给可以创造、引领、培育新需求，需求对供给又有牵引和导向作用，通过供给侧结构性改革和需求侧管理双向发力，畅通发展路径，打通堵点，补齐短板，形成需求牵引供给、供给创造需求的更高水平动态平衡，提升农村公共产品供给的效能。

（三）实现农村公共服务高质量发展目标

农村公共服务高质量发展的目标是提升农业农村现代化水平、实现全体人民共同富裕。新型工农城乡关系的形成要求我国必须努力推进农业农村现代化，这既是实现社会主义现代化建设过程一个必须实现的重大任务，也是党和政府在新时期"三农"工作过程中需要达到的核心目标，是乡村振兴战略实施的总体性目标。具体而言，我国社会主义现代化伟大目标的实现进度和实现质量与农业农村现代化的推进状况直接相关。农业农村的现代化，是我国迈向现代化过程中不可缺少的一部分；乡村振兴的实现，同样也是实现中华民族伟大复兴过程中非常重要的一部分。在《中共中央关于制定国民经济和社会发展第十四个五年规划和二〇三五年远景目标的建议》中，"优先发展农业农村，全面推进乡村振兴"的发展要求被提出，这进一步明确在推动我国现代化发展的道路上必须将"三农"问题放在重要位置。"十四五"规划实施期间，政府在农业农村工作方面做出了重大部署，预备在此期间完成三件大事：首先，完成扶贫成果的巩固，并推动现有成果效用逐步扩增，实现与乡村振兴的有效衔接，进而推动乡村振兴战略的全面实施，从而让亿万人民群众过上美好生活；其次，大力推动我国农业发展迈向现代化；最后，大力推动我国农村现代化，扎实推进乡村建设行动，持续加快对农村基础设施的建设与公共服务的提供，争取在规划期间取得重大进展。农业农村现代化的推进，应将力量集中在农业这块短板及农村这个难点，抓住重点办实事；应以"十四五"规划为着眼点，将农业农村优先发展作为当前的政策导向，并加强农村建设，重视其在我国社会主义现代化建设中的重要性；注重推进县乡公共服务一体化建设，促进我国农村公共服务向着更高质量发展。

实现全体人民共同富裕。中国特色社会主义的根本原则要求我们必须实现全体人民共同富裕，同时，这也是中国共产党所肩负的重要历史使命。党的十九届五中全会审议通过《中共中央关于制定国民经济和社会发展第十四个五年规划和二〇三五年远景目标的建议》明确提出，到 2035 年我国要基本实现"人的全面发展、全体人民共同富裕取得更为明显的实质性进展"这个长远目标，在改善人民生活品质的文件建议部分对扎实推进共同富裕也做出了着重强调，并且还提出了一系列重要而有实际意义的要求及措施，可以说这在党的所有全会文件中是首次出现。在实现共同富裕的过程中，需要聚焦于共同二字所包含的实质意义上，体现出城乡"一个人都不能少"的富裕理念，亦是建立在"每个人全面发展"之上的富裕，富裕既是物质、精神双层面的发展，又要求人民在数量和质量方面获得同步提升。在推动共同富裕的过程中，不仅要用人均 GDP 等数据对我国人民的共同富裕程度进行监测和度量，同时又要积极推动公共服务向着高质量发展，使发展结果更多更公平惠及全体人民。总体而言，为改善人民生活质量，该文件从人民收入、就业、教育、卫生及社会保障等方面入手规划了未来时间的发展路线图。农村公共服务的高质量发展，可以增强农民的获得感、幸福感及安全感，这有利于加强其对社会主义制度优越性的进一步认识。

二、乡村振兴战略下农村公共产品供给高质量发展的政策维度

（一）乡村振兴战略下的高品质制度供给主体

在乡村振兴战略实施背景下，政府作为高质量制度供给的重要主体，具有其独特性和唯一性。在"三农"发展需求变化的情况下，我国政府为推动农村高质量发展及其全面振兴的实现，具有针对性地提供了一系列的制度保障。高质量制度供给的主体主要为中央和各级地方人民政府，而地方政府在不违背中央的总体方针和目标的情况下，可根据各地实际情况精准施策[1]。

---

[1] 邱联鸿. 乡村振兴战略下高质量制度供给问题研究[J]. 新疆农垦经济，2019，（6）：15-20.

（二）乡村振兴高质量制度供给遵循的基本原则

乡村振兴的高质量制度供给作为一个以系统性、综合性及多层次性为一体的系统，在实际实施过程中必须要将以农民为中心原则及渐进改革原则融入其中。

新的时代背景下，我国在政治、经济、社会、文化及生态环境等方面发生了重大变化，而乡村振兴的高质量制度供给则就是依据这种变化而实施的。党中央要调整和改革农村的制度安排，适应新时期农业发展的新特点，适应新时期农业发展新形势。符合农村发展的实际情况和客观规律，是制度供给和制度创新的重要前提，解决当前制度问题，解放力量、解放思想，是农村再配置高质量制度供给的核心、实现农村全面振兴的活力。

在推动我国农村公共服务高质量发展的过程中，可以学习和借鉴国外农村治理的先进经验及制度，但农村制度供给的指导思想则要根据我国国内农村实际发展情况及客观规律进行制定，只有这样才能探索出有益于乡村振兴的一系列高质量制度。

农民中心原则。新时期我国解决"三农"问题的最主要策略就是实施乡村振兴战略，乡村振兴战略中五大总体要求的提出及农业农村发展的实施，最终的目的都是解决农民问题，意在为农民办实事，实现广大人民群众对美好生活的向往也一直是我国政府推动农村改革的最重要逻辑。我国政府在推动农村发展的过程中通过了一系列农村制度协议，但是在实际运行过程中，政府对"三农"方面的需求把握会出现不及时、不准确等现象，从而使得实际的制度供给与现实需求出现差异，这也就造成了部分农村地区的制度供给是无效果的。上述问题的出现究其原因主要是制度供给主体缺少对广大人民实际需求的认识，在制度实施过程中也没有依据现实民众的反馈进行适时调整，导致政策失效情况发生。因此，农村评议制度的最主要原则就是以广大农民为中心，并将保障广大农民权益作为出发点和支撑点，由此提供了一个具有高质量标准的制度保障。

渐进改革原则。在制度创新过程中，制度供给的渐进原则着眼于农村稳定，高质量的制度供给为农村可持续发展提供内生能量和活力，制度创新的底线和红线永远不会动摇农村稳定的基础。农村改革的核心在于农村制度的改革与完善，这也是当初我国在实施改革开放过程中不可忽视的组成部分。纵观世界历史上各个国家的改革，没有哪个国家的改革是一帆风顺、一步到位的，其本身是一个长期性、渐进性的过程。因而，在推动我国农村制度改革的过程中不能急功冒进，即在此过程中既要促进农业农村的发展，提高农民收入，同时也应注意农村社会的稳定。农村制度供给需遵循渐进改革原则，即要在制度改革中注重渐进创新，对于现有制度中不适应当前农村社会发展形势的部分予以改革和完善。

（三）乡村振兴战略下的高质量制度供给需求评判标准

有利于资源的整合和配置。制度环境是指一个社会、组织或国家所存在的法律、政策、规章制度、范例和文化等方面的组合，它是一个影响行为和决策的框架，塑造着人们的行为方式和行为结果。制度环境安排主要是指控制不同经济单位之间谈判或竞争的可能性的手段，制度是指通过相关国家法律对个人行为的严格要求和控制。创建新型高效供给体系是传统农业城市向现代发展方式转变的必然选择，制度供给必须以制定和发挥其作用为主体进行设计，制度和资金供应的最基本职能之一是整合和充分利用社会资源。党的十九大以来，我国提出了对农村发展具有深刻意义的乡村振兴战略。一方面，我国政府对农村企业管理制度等各项的制度供给进行完善，并对农业农村发展过程中未得到利用的资源进行整合，对农村地区实施的土地制度、集体产权制度、环境保护制度及扶贫资金支持制度进行改革与完善；另一方面，政府通过制定系列政策与制度，对"三农"予以高度支持，使各种社会资源开始向"三农"聚集和倾斜。乡村振兴的实现离不开高质量的制度供给，只有优质的制度供给才会将有限的社会资源进行有效的整合配置，从而创造出强大有效的社会合力。

有助于不同利益相关者之间关系的协调。高质量的制度供给其作用不仅在于有效地对资源进行整合和配置，同时还在于对不同利益相关者的既得利益进行公平、合理的协调。政府是乡村振兴战略的制度提供者，也是制度的主体，随着"三农"方面的发展需求不断变化，政府也由此制定和提出了一系列意在推动农村向全面化、高质量发展的制度保障，但随着农村的不断发展，各种因素都会发生变化，发展过程中所出现的各种问题都会在农民的利益诉求和制度需求方面得到体现，造成体制改革与农村发展长期不适应的问题，但在农村改造战略框架之下的体制供给则在相应的一段阶段内是相对稳定的。乡村振兴战略的实施，就是不断解决一个又一个难题的过程，在这种过程中会不断出现新的制度供应体系。同时，为了使系统能够更好地适应乡村振兴战略的内部运行，系统供给者会对相关系统进行及时修改。从协调利益关系的逻辑出发，乡村振兴战略中的制度供给将由"制度供给能够有效协调利益主体间的关系，制度供给保持相对稳定"向着新的矛盾转化，但已有的制度供给则无法有效解决，这也就使得新的制度需求出现，随后，制度主体又会根据实际需求提供新的制度，这就形成了一个完整的制度变更周期。该周期将乡村振兴体系的建设全过程体现了出来，也就是以问题为主要导向，使得供给者在缺少供给质量的情况下对制度和机制进行相应的改革，而通过对存在的制度与机制在复杂和不同的状况下进行不断创新，使不同利益相关者之间的权利、责任及利益关系得以明确和分担，从而发挥其优质体系供给的重要作用。

有利于调动和激发农业农村振兴的内生动力。乡村振兴战略的提出，离不开党中央对当前新时期、新形势的判断，也是为进一步推动"三农"发展而部署的一项重要战略，而其实施质量和实施效果则主要体现在农业现代化发展程度、生产水平状况、农村面貌、基础设施建设及农民收入、生活水平、幸福感等方面，但要实现这些方面所追求的目标，则主要在于要建立高质量的制度供给作为发展前提。当乡村振兴的内在运行机制与社会制度环境状况相适应，此时的制度供给就会是有效而高质量的，这将会使农民的积极性、主动性及创造性得到进一步的激发，并使乡村振兴的内在动力和活力得到有效释放。通常情况下，当制度供给和运行机制两者之间的相容性越高时，农民自身的积极性就会越高，创造性就会越强。自乡村振兴战略实施以来，制度建设就被党中央直接贯穿在战略实施的全过程。通过将产权制度完善，以要素市场化配置为重点，进一步激活主体、要素、市场等方面，对改革的系统性、整体性及协同性予以进一步增强，并在体制机制的不断创新中使乡村振兴的制度供给得到逐步强化，对这些制度环境进行优化和改善，将广大农民的积极性充分地调动起来，使其积极投身于美丽乡村、美丽家园的建设，并在此过程中充分发挥他们的创造力。农民通过在乡村振兴的全面建设中贡献自己的力量，使得他们对美好生活的向往在这个过程中得到满足。当前，我国乡村振兴战略正在如火如荼地开展，这也充分地说明高质量的制度供给可使乡村振兴的内在动力和活力得到有效的激发和释放。

三、乡村振兴战略下农村公共产品供给高质量发展的人本追求

（一）以人民为中心的发展理念

作为全世界有代表性的发展中国家之一，当前我国已经进入了改革的高质量阶段，我国努力提高人民的收入水平，并在为进入高收入国家行列不断努力；国内的主要矛盾也逐步转化为人民日益增长的美好生活需要和

不平衡不充分的发展之间的矛盾，2020 年我国实现了全面建成小康社会的奋斗目标，实现全面脱贫。我国作为农业发展大国，"农业、农村、农民"是我国长期以来始终关注的问题，人们对美好生活的需求不断增长，满足人们的需求是我国现阶段的一大目标，而农民作为我国发展中基础较差的一环，对实现这一伟大目标具有关键决定性作用。提高农民的生活水平离不开农村的经济建设，农村公共产品供给高质量发展必将带动农村生产效率和农村建设水平。农村公共产品供给高质量发展的核心就在于以人为本，当我国社会矛盾发生转变后，农民对公共服务产品的需求方面会发生变化，对产品质量的要求也会进一步提高，这与社会发展的客观规律相符合，有利于农业现代化的推进和全体人民共同富裕目标的实现，我国农村公共服务高质量发展的内生动力和现实要求是有逻辑所循的[①]。

习近平总书记指出，"高质量发展，就是能够很好满足人民日益增长的美好生活需要的发展，是体现新发展理念的发展，是创新成为第一动力、协调成为内生特点、绿色成为普遍形态、开放成为必由之路、共享成为根本目的的发展"[②]。在我国新发展理念的提出下，以人民中心的发展才是高质量发展的本质。与人民群众息息相关的教育事业、民生就业、收入水平、社会保障制度等公共服务质量虽然有所提高，但是还存在一些短板和不足，然而人民生活水平的整体提高和人民群众共同富裕的实现都需要我国公共服务达到高质量发展的标准，并把"幼有所育、学有所教、劳有所得、病有所医、老有所养、住有所居、弱有所扶"当作保障和改善民生的基本要求。

自我国提出高质量发展以人民为中心的发展理念后，农村公共供给的质量有了很大的提高，农村公共供给高质量发展工作取得了显著成果。国家统计局等相关部门发布的有关公共投资方面的数据显示，各级财政都在不断加大对农村建设的投入，其中我国 2019 年在农林水上支出为 2.22 万亿元，同比增长 7%。除此之外，财政方面对公共设施投资不断加强，完善了农村的基础设施建设，直至 2018 年，我国已经在农村打造文化读书室约 60 万个，并全面提升读书室的档次，助力乡村振兴；农村排水管总长24 000 千米，卫生专用车辆设备 28 000 套，公厕 35 500 座，初步实现农村

---

① 李燕凌，高猛. 农村公共服务高质量发展：结构视域、内在逻辑与现实进路[J]. 行政论坛，2021，28（1）：18-27.

② 人民日报. 必须把发展质量问题摆在更为突出的位置——习近平总书记关于推动高质量发展重要论述综述[EB/OL]. http://news.china.com.cn/2020-12/17/content_77022549.htm，2020-12-17.

用水方便。2019 年全国农村医疗卫生机构床位数为 4 455 416 张，比 2018 年增长了 192 755 张，同比增长 4.52%，行政村 53.3 万个，共建成农村医疗卫生室 61.1 万个，比 2018 年少了 0.6 万个，医疗卫生室人员总数为 144.6 万人，比 2018 年增加了 0.5 万人；我国互联网覆盖的范围广泛，全国行政村通光纤、通 4G 覆盖率即将达到 99%；我国对农村教育的重视程度一直很高，在完全实现农村九年义务教育的基础上，加大财政对农村教育的投入，并将教育经费向偏远地区倾斜，实现农村教育水平均衡发展；我国作为世界人口大国之一，在社会保障方面的发展已经取得一定的经验，2019 年我国享受医疗保险人数的覆盖率高达 95% 以上，基本养老保险的参保率为 30%；2019 年我国参与低保人数超过 4 300 万人，城市人均低保金额为 617 元/人，较 2018 年增长 7.4%，农村低保金额为 5 247 元/人，较 2018 年增长 10.4%[①]。

21 世纪初，农村中小学启动撤点并校工程，以优化教育资源配置、提高教育质量为目标，旨在改变农村基础教育不合理的学校布局，以期提高教育效率和教学质量，但农村地区的教师数量相对较少，且教育程度没有城市地区的高，这会影响教学质量。农村地区的学校设施和教材资源相对不足，学生的教育资源获取量比城市要少，另外与城市家庭相比，农村家庭的经济水平相对较低，家长可能购买不起学习辅导材料或者支付昂贵的教育费用，这也会影响农村地区的教育质量。我国于 2006 年开启了新农村建设，不少地方将资源过多地投入打造难以复制的个别"样本村"，这种追求高品质典范的做法，并不能提升农民的生活水平，也违背了全面协调可持续的发展理念。改革开放以来，类似这种因为没有牢牢把握以人民为中心理念而出现的中心偏向问题，在发展农村公共服务的过程中也存在。由于地区经济发展水平、财政收入、人口分布等因素的影响，公共服务资源向城市倾斜的现象仍较严重。农村地区面临着公共服务资源、配套设施等方面的短缺，部分地区欠缺基本公共服务设施。基于上述问题，应更加注重以人民为中心的发展理念，确保每一位农民都可以享受到优质的公共服务。我国在"十四五"期间提出农村公共服务供给高质量发展要以人为中心，以提高农村农民的生活水平为目标，以公平促进农民福祉为方向，以带动人民全体富裕为宗旨。

---

① 国家统计局. 2019 中国统计年鉴[EB/OL]. http://www.stats.gov.cn/sj/ndsj/2019/indexch.htm，2019.

（二）城与乡的全景式关怀

助力工农互补、城乡互促的协调发展新形式是城与乡全景式关怀工作的原色。农业、农村、农民如何发展，解决好其中的问题始终是国家发展的重要任务，中国共产党作为中国特色社会主义事业的领导核心，必然十分重视农业、农村、农民的问题，农业、农民、农村率先进步，促进传统农业向现代农业转变是我国实施乡村振兴战略的必由之路，也是发展中国特色社会主义的必由之路。传统的城乡结构已经不符合社会发展的需要，打造多元城乡结构融合协调发展、建立多元城乡发展机制才是当今城与乡发展的主流，让农村农民和城市居民公共享受一切发展成果。

推荐城市公共服务和农村公共服务发展共轨是城与乡全景式关怀工作的枢纽。城乡公共服务共轨的目标是缩小城乡差距，提高农村农民的生活质量，为切实缩小城市与农村之间的发展差距，就要加强政府的宏观调控。首先将可调控的资源更多地倾向农村，尤其是要提高农村公共服务供给的质量；其次将社会事业引入农村，带动农村经济，实现社会资本在农村的高覆盖率，让社会资本均衡分布在城市和农村；最后要建立健全城乡公共服务体系，让农村公共服务供给更加专业化。

落实发展成果由农民享有是城与乡全景式关怀工作的基础。顾名思义，对农村和农民的全景式关怀就是要对农民进行全方位、多领域、综合性的关照，不能只局限于关注农民农村现阶段的、基础的公共服务需求，要真正做到以人为中心，全面考虑农村和农民的发展需要。实现城乡一体化，不仅要在基础设施、公共服务等方面推进城乡对接，更要在产业发展、人才培养、文化传承等方面实现城乡互动，让农村和农民真正融入国家发展大局。在此基础上通过各项制度不断提高农村和农民的满意值、归属感、收获值，首先要鼓励和带动农民参与农村公共服务，让农民主动为乡村的治理做出贡献，增强农民在农村公共服务中的主人翁意识，此外利用公平公正的社会保障体系进行加持，从而实现对农民主体的全景式关怀。

（三）供与需的高效能平衡

供给与需求之间的平衡对农村公共服务高质量发展有着直接的影响，农村公共服务高质量发展离不开供给侧结构制度的创新和技能的加持，这是一个供与需两方面相辅相成、共同进步的过程。实现供给与需求之间的高效能平衡，是供给服务高质量发展永恒的话题，长远持续的供需平衡需要做到从低效能到高效能的合理转变。

农村公共服务供需关系的协同进化性。中国特色社会主义已经进入新时代，社会矛盾已经转换为人民日益增长的美好生活需要和不平衡不充分的发展之间的矛盾，转化的社会矛盾对农村公共服务中供给与需求之间的相互作用、共同进化起到了决定性的作用。为满足农村农民对农村公共服务的需求，供给侧结构性改革是大势所趋，通过创新改革为农村农民提供全方面、高质量的公共服务，建立健全农村公共服务的供需结构。政府协同市场和社会等主体共同发挥作用，完善农村公共服务供给与需求在协同演化过程中的平衡。

农村公共服务供需关系的双向互动性。如今，经济分化和群体分化不只存在于城市与农村之间，农村本身也存在高度分化、村庄里的分化、经济分化、资源分化等现象，基于这种形势，会使农村公共服务的提供工作难上加难，农村公共服务无法做到具体问题具体分析和精准服务，直接影响了农村公共服务供给的效率。虽然创新技术赋能为农村公共服务的双向互动搭建了桥梁，但要想提高农村公共服务的效率，还是要从本质上下手，让接受公共服务的主体对服务水平做出评价，做到需求者和供给者之间的信息及时流通，形成一种双向奔赴的良性关系。

农村公共服务效率与公平的双向制约性。高质量的农村公共服务不能是一种入不敷出的发展模式，我们不仅要注重效率和公平，还要确保供给侧制定的内容没有错，但同时也要思索不同资源之间的互相制约因素，确保供给侧做正确的事、做高质量的事、做高效率的事，因此在农村公共服务高质量发展要求下，必须厘清供给侧的供给成本和实际效用的成本效益关系。

第三节　我国农村公共产品供给与质量管理现状

一、我国农村公共产品供给侧的结构性分析

（一）供给侧结构性改革的基本界定

我国在 2015 年由财政局召开了中央财经领导小组的第十一次会议，习近平总书记强调，在适度扩大总需求的同时，着力加强供给侧结构性改革，着力提高供给体系质量和效率，增强经济持续增长动力，推动我国社会生产力水平实现整体跃升①。供给侧结构性改革旨在朝着高质量方向迈进，

---

① 习近平主持召开中央财经领导小组第十一次会议[EB/OL]. http://www.gov.cn/xinwen/2015-11/10/content_5006868.htm，2015-11-10.

供给侧结构的调整要借助改革的力量，另外要纠正供给侧结构性改革中存在的不足，对于供给侧结构性改革过程中出现的问题及时阻止，从而提高供给侧结构性改革的效率。人民对公共产品不断提出新的需求，要想在需求变化的同时提高生产效率，满足人民的公共服务需求，带动经济可持续健康发展，这就要求供给侧的结构具有灵活的变通性，并能及时有效地适应变化。总的来看，高质量、高水平的公共服务供给才是供给侧结构性改革的意义所在，为了给人们提供多层次、高质量的公共服务，可采取制度改革、金融改革、创新驱动等一系列措施，保证我国经济向前发展。

（二）供给侧结构性改革背景下农村公共产品供给的必要性

基于供给侧结构性改革的大背景，实现农村公共产品在供给制度方面的创新，具有十分重要的现实意义并且也是非常有必要的。首先，农村公共产品在供给制度上的创新，是能够实现补短板目的的核心路径，而补短板最根本也是最重要的就是补农村公共服务的短板。很长一段时间以来，我国很多农村在公共服务领域普遍存在供给质量偏低、供给规模较小及分配不合理等问题，这也在很大的程度上导致了城乡差距越来越大。所以，加强农村公共产品在供给制度上的创新就变成了解决以上问题最有效的办法，同时也符合了供给侧结构性改革的内在要求。其次，农村公共产品在供给制度上进行创新，也是促进农村经济增长的一个重要举措，推进供给侧结构性改革最根本的一个方向就是更进一步地解放社会和经济生产能力，促进我国经济可持续、稳定、健康发展。国内的需求量作为拉动经济增长的一辆马车，一直是我国促进经济改革的重中之重，而农村消费需求作为我国消费需求的重要组成部分，也自然而然地成为经济改革的重点部分。但是从客观角度来说，我国对于农村人口的消费需求一直处于一个比较低迷的状态，而造成这一现状最根本的原因就是农村公共产品供给的不合理，这直接就决定了供给侧结构性改革和加强相关体制的创新存在本质上的共通之处。

（三）农村公共产品供给侧结构性改革问题

农村公共产品供给方面结构性问题[①]。目前，农村公共产品供给内涵的结构性问题主要体现在供给内涵的选择偏差和滞后方面。第一，在政治绩效和社会经济发展产生效益的推动下，在对农村提供公共产品方面，主

---

① 何况. 中国农村公共产品供给侧结构性改革研究[D]. 吉林大学硕士学位论文，2018.

要供给者倾向于提供"硬产品"，因为它们见效快、易产出，而见效比较慢、有助于长远发展的战略产品比较会被忽视。第二，建设的大型公共基础设施比较多，建设农业基础设施的不足也很明显。因为中小型规模农田和水利设施建设的推广实行存在困难且有一定复杂性，再加上地方政府给一般的中小型规模农业和基础设施建设的鼓励不够。所以，解决农村公共产品供给内容中存在的结构性问题是需要我们研究的方面。

农村公共产品供给主体结构性问题。20 世纪 80 年代后，随着我国农村经济的飞速向前，农民的收入不断增加，生活水平不断提高，对农村公共产品供给的需要逐渐趋于多样化、个性化，但是发展的同时还存在一系列需要解决的问题，引起了社会各界的广泛关注。

首先，农村公共产品的主要供给者不够多元化。在计划经济时代，政府对如何平衡农村公共产品的关系、应该如何供给服务都起着决定作用。20 世纪 80 年代后，受农村经济效益差、公共产品供给专业程度不足等诸多因素的影响，非政府的公共产品供应者的发展备受阻力，主要的供应者还是政府。

其次，市场参与者还不发达。政府作为农村公共产品的主要供应者起到了十分关键的作用，其他各界主体参与的影响力微乎其微。美国著名经济学家肯尼思·戈尔丁明确指出了公共产品营销中平等准入和选择性准入的现象和问题，这就说明公共产品不一定由地方政府提供，有的可以由社会个体和个人直接供给，获取公共产品的渠道具有多种选择，通过发挥市场的作用获取部分公共产品成为最理想的途径。但目前农村金融服务市场不如城市完善，资金的流动也还不太稳定，这导致了农村地区公共服务的提供和发展不足。市场准入难度过高也是其他行业未能适应发展过程的主要原因之一。

最后，政府和企业以外的其他组织发展滞后，我国为农村提供公共产品的起步本身较晚，再加上除政府和企业以外的其他组织发展第三产业起步晚，使得第三部门为农村提供公共产品供给的发展滞后，除政府和企业以外的其他组织参与农村公共产品供给的程度较低，不能独立供给。此外，公众缺少对除政府和企业以外其他组织的了解，公众认可感和支持度低对其他组织开展农村公共产品供给等工作也造成了一定的限制，很大程度上阻碍了这些组织的发展。

农村公共产品供给方式结构性问题。如今，我国的经济和社会都处于快速发展的新阶段，随之而来的是人们对生活质量的要求不断提高，对包括公共产品在内的消费品的需求越来越大。然而，一直以来，我国农村公共产品供给模式本身存在结构性的问题，导致农村公共产品供给缺乏创新动力和竞争意识。农村公共产品供给的结构性问题是造成我国农村公共物品供给短缺和失衡的主要原因。我国农村公共产品供给方式结构性问题具体从三个方面体现：其一，政府仍然在农村公共产品供给中居于主导地位。由于政府在农村公共产品供给中承担了很大的责任，政府发挥调控职能的水平直接决定着农村公共产品供给体制是否能形成高质量、多层次的发展模式。由于政府的级别不同、责任分工不同，政府的职能也就不同，中央政府制定公共产品的供给制度，通过地方政府承接，将提供公共产品服务的责任具体落实，从这一角度来看，中央政府和地方政府是一对责任共同体。政府在建设非强制性的产品供给和转移支付的供给制度体制上还存在一些不足，所以只有政府主导型的农村公共产品供给模式能起到作用，这就导致了我国农村公共产品供给方式的结构性问题。其二，在中国土地进入碎片化时代的背景下，集中供地才能促进农业现代化，让土地的效益得到充分发挥，而一些政府在提供农村公共产品供给时还采取碎片化供给的方式，不符合时代发展的要求，缺乏灵活变通的能力和长远发展的眼界。其三，农村公共产品供给模式不够多样化是未来优化供给结构的主要落脚点。政府是公共产品供给最主要也是最有力的供给主体已然成为共识，其他供给主体提供参与渠道较少、积极性不高等问题致使农村公共产品供给主体单一，阻碍了农村公共产品供给主体多元化发展。

改革开放以来，我国区域经济得到快速发展，特别是东南沿海地区，但随之而来的是区域发展不平衡问题，公共产品供给也呈现出不均衡的态势。然而，东南沿海地区经济发展的背后，是国家政策的倾向和农村对城市发展的支持与贡献。中西部农村公共产品供给机制是农村公共产品供给出现区域性、结构性问题的重要原因，由于公共产品缺乏充分有效的供给，习惯长期自给自足，一些农村公共产品供给滞后于经济增长发达的农村地区。

二、我国农村公共产品需求侧的满意度分析

（一）满意度概念阐释

满意度起源于 20 世纪 60 年代的线下服务消费行业，顾客满意这一概念在西方国家于 80 年代逐渐兴起，农民满意度则来源于此。只有对顾客满意进行充分的解释和分析之后，才能更好地理解农民满意度。20 世纪 80 年代，以撒切尔内阁和里根政府为代表的西方政府首次提出了新公共管理

思想，他们指出在制定公共政策来给公众提供公共服务的过程中，政府扮演了出售者的角色，公众则扮演了消费者的角色，政府在制定相关优惠政策时应当将公众的满意状况作为一个重要依据，由此顾客满意度被各行各业广泛运用。

美国电话电报公司首先提出了顾客满意这一概念，并依据此来改进自身提供的服务，在实践中颇有成效，20 世纪 80 年代中期，美国政府设立了马尔科姆·鲍德里奇国家质量奖，该奖对顾客满意理论的广泛应用起到了巨大的推动作用，随后该理论的应用也逐渐扩展到公共产品领域，顾客满意度在私人物品的供给中被定义为顾客使用某种产品或服务的感受值与期望值进行对比后的实际程度。

现如今，顾客满意理论在各个行业中的应用越来越广泛，该理论也获得了长足的发展，在农村公共服务中，顾客满意理论的受重视程度愈来愈高，主要有两种方法来测量，第一种是顾客满意率。顾客满意率是指对服务质量评价为满意的顾客所占的百分比。这种方法计算简单，但也存在一定的局限性，无法测量一些多变量和复杂的现象。此外，也不能测量因素对总体变动的作用程度。第二种是顾客满意度指数。此种方法弥补了第一种测量方法的缺陷，它主要是运用计量经济学的理论来处理相关问题，不仅能够测量所有因素对总体变动的作用程度，还能够处理多变量的复杂现象。总的来说，这是一种全面地、综合地测量顾客满意度的方法，也是国内外学者应用比较广泛的方法。顾客满意度的应用不断扩展，在农村公共服务领域中，主要的服务对象是农民，因此我们称为农民满意度。

（二）农村公共产品整体满意度分析

农户对于生产型公共服务的满意程度要远远高于其他生活型公共服务[①]。学者使用利克特量表来了解农户对不同类型公共产品的满意度，并计算出各种公共产品满意度得分，结果显示乡村公共道路工程、新农合计划、医疗健康、广播电视网络、义务教育五种公共产品得分较低，农田水利设施、农村养老保险、田间小径、生产性科学技术引进五种公共产品得分较高。总体而言，农户对生产性公共服务和生活性公共产品的满意程度明显高于居民群众的满意程度。

为探究各种公共产品对农村居民的重要性并进行有效排序，学者采取

---

① 郭铖，涂圣伟，何安华. 我国农村公共产品供给与需求现状分析[J]. 调研世界，2011，（8）：14-17.

聚类分析中的系统聚类进行了分析，并将农村的公共产品分为了四个层次，第一个层次包含了养老保障、社会补贴、社会救济，以及对农村卫生状况和医疗健康环境起到显著促进作用的医疗保障类公共产品，而从无权重依次流转的结果我们可以发现，医疗保障和农村医疗卫生条件的改善显得更为重要。第二个层次主要包含的是与农村地区的基础设施建设等相关的公共产品，而依据无权重依次流转处置结果，则可以发现田间及乡镇道路修建的重要性要远高于农田、山间、水利工程建设的重要性。第三个层次则表明，生产技术的指导培训要比饮水工程和义务教育更重要。第四个层次则主要是农村农用电网的改造、农村生活垃圾的综合处理、农村广播电视网络工程建设及市场资讯与信息服务、计划生育、大规模病虫害监测与防治、文体设施建设和服务等。研究表明养老、社会救济；山林、农田及田间道路建设、水利设施建设、乡村道路建设；医疗保障及改善农村医疗卫生条件；生产技术指导和培训这四类公共产品在农村居民公共产品需求研究中出现的频率最高。

　　农民对农村公共产品的整体满意度不高。在对 184 名村民进行访谈后发现，61 名村民受访者对村里目前水、电、道路等公共设施的状况完全满意，占访谈人数的 33.15%；76 名村民的评价是基本满意，占 41.30%，对于现状不满意的受访者仅有 47 名村民，这说明受访者对当前农村地区的水电、道路等公共基础设施的建设状况比较满意。在对农村医疗、教育及卫生等的访问中得到的满意度为 59.02%，其中回答基本满意的受访者占43.72%；然而有 82.89% 的受访者认为需要增加对村里公共设施和服务建设的投入，认为不需要的仅有 17.11%。从以上数据可以看出，农民对当地水、电、道路、医疗、教育、卫生等公共产品的满意度较高，然而对以上公共产品完全满意的比例只有 20% 左右，而且受访者当中的大部分人认为政府应该继续加大对农村公共产品的投入，这从侧面反映出农村地区的大部分农民对公共产品供给的现状不满意，而这两种结论的偏差原因则有可能是出于问题的模糊性及当时受访农民的策略性回答。但是，从当前农民的需求所反推出的结果来看，农民对于当前所提供公共产品的满意度并不高，这个结果则更具有可行性。

　　（三）农民对于公共产品供给需求的变化①

　　生活型公共产品更符合当下农村发展的实际情况。随着我国在经济建

---

　　①　章晓雯. 基于乡村振兴的公共产品供给探析[J]. 农村经济与科技，2020，31（14）：223-224.

设、医疗、教育改革等方面取得巨大的成就，农村地区居民的生活质量也得到极大的改善。农村居民对于美好生活的需要具体表现为对更加良好的生产、生活环境和更加充分的生活保障的需要，因此政府在向农村地区居民提供医疗保险、养老保险等生活型公共产品的供给时，要更加注重效率和质量，切实提高农村居民生活的幸福感与满足感。

发展型公共产品有助于促进新农村的发展。农村居民普遍受教育程度低，从而缺乏专业知识和技术，这成为阻碍农村地区发展的一个重大因素。伴随着经济高速发展，职业农民的数量也快速增长，他们迫切需要补充知识、学习技术，提升自身的综合素质。所以，义务教育、职业培训等发展型公共产品成为农村地区迫切需要的公共产品。

科技型公共产品的需求突飞猛进。随着我国进入互联网时代，互联网+业态不断发展和完善，农村居民对于电子商务、通信网络等科技型公共产品的需求也在日益增长。因此在解决满足农村居民对科技型公共产品需求这个问题时，要兼顾供给效率提升和供给渠道的拓宽和完善，加快基础设施现代化提升与改造的速度，提高设施装备水平和科技含量，提升农业生产效率，为乡村振兴战略的实现奠定坚实的基础。

三、新时代我国农村公共产品供需的新要求

（一）强化融合理念，实现农村公共产品的全面供给

自党的十六大提出"城乡经济统筹发展"以来，党对"三农"问题愈加重视，党的执政理念也由原来的城乡一体化发展转变为城乡融合发展。党的十九大报告提出"建立健全城乡融合发展体制机制和政策体系，加快推进农业农村现代化"①，即指明了实现农业农村现代化的发展目标，也标志着城乡融合政策体系开始建立。农村公共产品的有效供给则是推动农业农村现代化的重要一环，是其重要的内容和基础。中共中央、国务院在2019年4月发布了《关于建立健全城乡融合发展体制机制和政策体系的意见》，该文件提出了我国在2022年、2035年及在21世纪中叶城乡融合的重要目标任务，并且对城乡融合过程中的主要领域进行了阐述，即城乡基础设施一体化发展、城乡要素的合理配置、城乡基本公共服务普惠共享、乡村经济多元化发展及农民收入持续增长等几个方面，也可以概括为城乡

---

① 习近平. 决胜全面建成小康社会 夺取新时代中国特色社会主义伟大胜利——在中国共产党第十九次全国代表大会上的报告[EB/OL]. https://www.gov.cn/zhuanti/2017-10/27/content_5234876.htm，2017-10-27.

要素融合、城乡基本公共服务融合、城乡基础设施融合、城乡产业融合和城乡居民收入融合。要进一步"推动公共服务向农村延伸、社会事业向农村覆盖，健全全民覆盖、普惠共享、城乡一体的基本公共服务体系，推进城乡基本公共服务标准统一、制度并轨"①。

"十四五"期间要聚焦以下三个重点：一是增加对中西部地区医疗保障的投入，建立健全城乡居民医保制度；通过相关政策支持来提高基层医疗卫生工作人员的待遇，鼓励医疗卫生工作者深入基层；加大对基层医院及乡镇卫生院和村卫生室的投入力度，切实提高农村基层医疗卫生服务水平。二是进一步重视城乡居民基本养老保险制度的统筹发展，建立综合性农村养老保障体系，多方面、多层次满足老年人照料需求。三是以县为单位，统筹规划城乡一体化基础设施，并建立健全相关建设管护机制，推动城市公共设施向乡镇和农村延伸，健全有利于基础设施长期发挥效益的体制机制。

（二）从投入、人才、改革等方面补齐农村公共产品供给的短板

2020年的中央一号文件要求，在"十四五"规划期间，需从以下三个方面发力补齐农村公共服务的短板。

（1）投入政策。首先，在文件中明确提出中央和地方财政要继续加大对"三农"方面的投入，在2020年中央继续增加对农业农村的财政支出，并确保当前的财政投入用来补齐全面小康过程中"三农"领域的突出短板；其次，对地方政府发行的用于支持乡村振兴的专项债券予以批准，并允许其有序扩大发行规模；同时，农村地方土地出让金中的一部分要用于农村脱贫攻坚、乡村振兴及农村地区的公共服务设施体系建设。

（2）人才政策。对各类人才下乡的渠道进行疏通，鼓励高学历人才下乡创业，吸引各类企业到农村投资发展；鼓励农村发展所需的工程师、医疗卫生人员、农业专业技术人员等到农村工作；将具有一年以上农村基层工作服务经历作为教师、医生晋升职称的硬性要求。在"十四五"规划期间以上政策要持续推进，并且形成稳定的制度。

（3）以改革推动补短板。通过改革引领发展，进一步深化农村集体产权制度改革，探索农村地区经济发展的多种可能性，鼓励农村招商引资，拓宽资金来源渠道，加强农村公共服务体系建设，从而确保农村基层组织稳定高效运转。

---

① 孔祥智. 全面小康视域下的农村公共产品供给[J]. 中国人民大学学报，2020，34（6）：14-28.

（三）把农村人居环境改善放在公共服务的突出位置

党的十八大以来，"新农合"、"新农保"、农村低保等制度均已建立，"十四五"期间根据实际情况加大政府财政对医保的投入力度，继续完善相关制度和政策成为主要任务。2018 年印发的《农村人居环境整治三年行动方案》在解决农村人居环境脏、乱、差的问题上取得显著成果，因此在"十四五"规划期间，农村公共产品的供给过程中要将农村人居环境的改善放在突出位置。2018 年《农村人居环境整治三年行动方案》的发布，对农村人居环境问题的改善起到了显著的作用，而在"十四五"期间，农村的人居环境要在此基础上实现进一步的提升，并且实现农村生活垃圾处置系统的全覆盖，而东部和西部有条件的地区则要实现垃圾分类处理的全覆盖。全面完成农村户用厕所无害化改造，厕所粪污全部得到处理或资源化利用，农村生活污水治理率达到 100%，村容村貌城市化，管理管护长效机制城市化。为此，一是要压实属地责任。农村人居环境整治是实现乡村振兴战略的重要基础，纳入地方"一把手"工程，要对各级政府的改革绩效进行全面评估，完善监督监管机制，推行目标责任制。二是要加强资金保障。农村人居环境整治不是一句空话，需要大量改革资金的支持，许多地方的人居环境整治支出占比越来越高，在解决乡村道路、公共场所、基础设施等深层次公共产品供给问题时，不仅需要加大政府财政投入力度，还需要社会各界的广泛参与。三是随着农民生活水平和条件的日益改善，农村地区居民长期形成的生活习惯也要随之改变，这不仅需要政府的引导，也需要传统媒体与新媒体相互配合，共同宣传和报道，在全社会形成重视农村人居环境整治的新风尚。

第四章 农村公共产品供给高质量发展理论分析框架

农村公共产品的供给是促进农村高质量发展的重要基础，是推进乡村振兴的重要方向。随着中国现代化进程的不断推进，农村地区在各个方面都面临着新的挑战和机遇，当前农村公共产品的供给存在一系列问题，如投入不足、布局不合理、管理混乱等，导致很多地方农村社区缺乏基础设施、公共服务和文化活动场所，限制了乡村振兴的步伐。针对当前农村公共产品供给不平衡、质量不高等问题，必须进行科学分析和探讨。如何更好地提高农村公共产品的供给水平，成为当前亟待解决的问题，因此高质量发展理论分析框架的建立具有重要意义。本章围绕"一个总要求、两个维度、三大支撑、四大支柱、五大赋能"，构建起一个完整的农村公共产品供给高质量发展的理论分析框架，为实现农村高质量发展提供思路和支持，如图 4-1 所示。该架构可以指导相关部门和地方政府在制定农村公共产品供给政策时，更加系统和全面地考虑农村公共产品供给的发展和提升问题，为促进城乡区域协调发展和缩小城乡差距做出积极贡献。

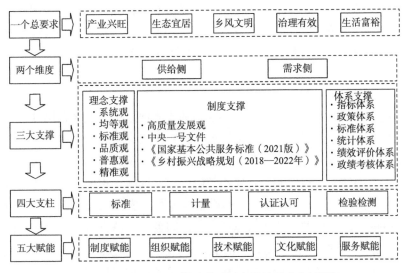

图 4-1　农村公共产品供给高质量发展的理论分析框架

第一节　农村公共产品供给高质量发展的目标体系

一、增强农村民生三感

在党的十九大报告中，习近平总书记首次提出并详细阐述了人民的"获得感、幸福感、安全感"，强调"保障和改善民生要抓住人民最关心最直接最现实的利益问题"，"使人民获得感、幸福感、安全感更加充实、更有保障、更可持续"。党的十九大以后，习近平总书记多次强调要稳步提高民生保障水平，不断增强人民群众的获得感。民生三感的提出，反映了中国共产党在新时期领导中国特色社会主义伟大实践中，对新时期主要社会矛盾变化和改革发展目的、归宿的进一步认识。四个深刻变革诠释了中国共产党在民生思想和民生理念上的新发展。

（一）主体视角的深刻变革

主体视角的深刻变革，即从政府单向给予到注重人民感受的转变，这具体体现了以人民为中心的发展思想。在过去，我们更多的是不断强调政府对民众的给予，仅考虑采取什么样的措施去保障和改善民生，以使得改革成果更多地惠及人民。党的十八大以来，在新时期推进中国特色社会主义的过程中，中国共产党始终坚持以人民为中心，把人民对美好生活的向往作为党的奋斗目标。民生三感具体表现为强调人民的主体地位，以人民的实际感受为指引，注重人民的实际感受。它不仅充分体现了中国共产党立党为公、执政为民的执政理念，体现了为人民谋幸福、为民族谋复兴的重大历史使命，而且体现了中国共产党以人为本的价值追求。

（二）民生领域的深刻变革

民生领域的深刻变革，即从小切口的重点问题扩大到大范围的全面报道，新时期社会主要矛盾的变化要求在民生领域实现这样的转变。进入21世纪以来，中国共产党在民生工作上不断取得显著进展，着力解决了人民群众最关心的、与自身利益切实相关的问题。同时，也要看到随着我国社会主要矛盾的变化，除了要重视供给侧结构性改革，着力解决发展不平衡、不充分的问题，也要关注需求侧的改革。随着人民群众对物质文化生活的要求陆续得到满足，精神文化生活的要求开始进入民众视野，他们对民主、法治、公平、正义、安全、社会稳定等环境的要求也越来越高。民生领域作为重点工程越来越受到政府的重视，重点民生领域"七有"工作的目标是让人民群众有收获感、幸福感和安全感，这也是整个民生领域乃至整个经济社会发展的方向和不断追求的目标。

（三）需求层次的深刻变革

需求层次的深刻变革，即从物质和精神层面升华到心理和情感层面，新时期社会主要矛盾的变化也体现了需求层次转变的重要内涵。依据马斯洛需求层次理论，人的需求主要可以分为五个层次，分别是生理方面的需求、安全方面的需求、情感方面的需求、尊重方面的需求和自我实现上的需求。马斯洛认为，一个国家大多数人所处的需求层次直接关系到一个国家的经济社会发展水平。随着我国经济社会发展，人民基本生活保障问题得到解决，物质文化生活条件得到改善，人民群众的幸福指数获得了极大的提高。在新的发展阶段，社会主要矛盾的变化和人民需求水平的不断提高警示我们单靠物质文化生活水平的提升是不能对整个民生三感的完善产生关键影响的，过去简单的线性关系已经不复存在了。所以在制定和实施民生政策时，我们要重点考虑人民群众心理和情感方面的需求，注重他们对美好生活的心理感受和情感需求，简单地认为随着物质生活条件的改善，人们的获得感、幸福感、安全感都会随之得到满足的想法是错误的，更是有害的。

（四）检验标准的深刻变革

检验标准的深刻变革，即检验标准的转变和深化，不断深化检验标准是实现改革发展目标任务的现实反映和有效路径。在过去，我们会将民生工程的覆盖面和有无突破作为检验民生工作成效的标准，而在新的时代，以往的标准已经行不通了。随着人们对美好生活的期待越来越高，民生水平的检验标准已经从"有没有"提升到"好不好"。因此，在实施改革发展政策措施时，既要从美好愿望出发，又要关注这些措施可能产生的效果；既要单独解决民生问题，又要充分考虑各种因素，综合施策来推动民生问题的解决；既要关心政策措施实施的最终效果，也要关注实施过程中对人民群众造成的影响。随着新时期社会主要矛盾的变化，中国共产党的执政方式和执政能力也必须发生变化。要注重把人民群众的三感作为检验和评价标准，并作为推进改革发展、保障和改善民生的试金石，使政策措施经得起民意、实践和历史的检验，否则检验标准的失灵不仅会对民生问题的解决产生不利影响，还有可能滋生出更多难以解决的问题，进而影响人民的意志、改革和发展的有效性与党的执政基础。

二、推动城乡融合发展

推进城乡协调发展是党中央结合我国新发展阶段的经济、政治、文化等各方面的发展水平以及新时期的各种新发展趋势、新发展矛盾、新发展机遇等各种国家发展实情的基础上，再结合国家经济社会发展规律所提出的一个发展工作方向。它对于我国未来的农村工作具有很强的指导意义，是帮助实现乡村振兴战略的重要助力工作。但想要做到城乡协调发展也不是一件容易的事情，我国农村地区的发展落后于城市地区，因而需要从各个方面来对其进行推动和助力，推进农村公共产品高质量供给的实现便是其中之一。推进农村公共产品高质量供给的实现能够从各个方面帮助减小城乡之间的差距，进而促进城乡协调发展。

（一）减少城乡收入差距

在农村公共产品供给中，作为主要部分的农村基础设施高质量供给与农业科技高质量供给可以说是直接关系到农村发展与农村居民收入的两类公共产品，它们的高质量供给将对农村地区收入的提高起到直接性的帮助。首先是农村基础设施高质量供给，它的实现能够帮助提升农村地区的交通、农田水利等基础设施的建设水平，一方面帮助加强农村地区与外部地区甚至是城市地区的交流联系，进而可以在一定程度上引进各种外界的商家甚至投资者进入农村市场，在开拓当地市场的同时也做到提升农村地区居民的收入；另一方面则是农业科技高质量供给，它的作用则体现在通过提供各种适合当地农作物种植与培育的农业技术来帮助提升当地农产品的产出数量与质量，进而实现对当地农业发展的推动，同时帮助提升当地从事农业生产民众的收入。

除了基础设施、农业科技等可以直接帮助提升农村地区居民收入的农村公共产品高质量供给外，文化、教育、医疗等其他方面公共产品的高质量供给同样也能够从侧面帮助提升农村地区居民的收入。以农村公共教育高质量供给为例，农村公共教育高质量供给的顺利实现将能够有效帮助提升农村地区学生的文化素质及思想品德等，进而为农村地区做好知识人才与高素质人才的储备，而农村地区这类人员队伍的不断壮大将能够直接增加建设农村地区的人员数量，帮助农村地区的基础设施及生产技术等"硬件"与"软件"应用的不断发展，在发展过程中农村居民的收入也能够随着农村的发展而逐步增加，进一步缩小城乡居民之间的收入差距。

（二）减少城乡居民生活水平的差距

农村公共产品高质量供给助力城乡协调发展的另一个直接体现便是减少城乡地区居民生活水平差距。农村地区的经济发展水平要落后于城市地区，因而在当地居民的生活水平方面存在着许多差距。例如，当今仍有一些农村地区还未实现自来水的全面供给，当地居民生活用水均来自自家使用抽水泵抽取的地下水或者井水；或者是部分农村地区的道路建设不足、道路损坏情况严重；或者是农村基础教育供给水平不高、教育质量与教育水平明显难以满足当地居民需求等，这些问题的存在造成了农村地区与城市地区协调发展的难以实现。现如今，我国推进农村公共产品高质量供给工作，对农村地区还存在的各种明显供给水平低下的公共产品进行改进与质量提升，这不仅帮助提升了农村地区居民的生活水平，更是为实现我国城乡之间协调发展打下了一个坚实的基础。

（三）减少城乡间经济活力的差距

农村公共产品的高质量供给能够助力农村地区消费水平的提升，进而减少城乡之间经济活力的差距。城乡之间难以实现协调发展的一个重要原因就在于城乡之间的消费水平存在明显差距，农村地区的经济活力要明显弱于城市地区。农村公共产品供给水平低就是造成农村地区消费水平与经济活力不高的重要原因之一。一方面，农村公共产品供给水平的低下会造成农村地区许多不必要的资金浪费，当地政府长期将大量资金用于不能够真正发挥作用的公共产品供给上，使得当地各种资金流动和消费也被迫降低，进而造成当地经济活力的低迷；另一方面，农村公共产品供给质量的低下在某种程度上会降低当地民众在本地农村地区的消费欲望，文化产品供给的不足将会禁锢农村居民的消费观，而基础设施等硬件设施供给质量的低下更是阻碍了当地居民的消费途径，长此以往，农村地区的消费水平与经济活力只会越来越低迷，进而造成城乡之间发展差距不断拉大。如今所开展的农村公共产品高质量供给工作正视城乡间所存在的差距，通过积极干涉的方式改善这一局面，从基础设施、文化服务、医疗保障等各方面开展的供给质量提升工作，不仅通过打开市场等方式来为农村地区居民提供更多的消费途径与机会，更通过调整思想认识的方式来刺激当地居民的消费意愿与欲望，从而盘活农村地区的经济活力，进而为城乡之间协调发展助力。

（四）缩减城乡居民间的认知差距

农村公共产品高质量供给还能够从思想认知层面来为城乡协调发展工作进行助力。城乡协调发展不仅需要在经济等物质层面做到统筹协调发展，更要在思想认知等精神层面做到协调一致。农村地区长时间落后于城市地区的发展，使得其不仅在基础设施等方面落后于城市地区，就连当地的信息传递和居民的思想认知水平等方面也存在一些差距。如果说基础设施等物质层面的公共产品高质量供给是实现城乡协调发展的物质基础与建设基底的话，那么文化与教育等思想精神层面的公共产品高质量供给便是推动城乡协调发展得以顺利实施的润滑油与维稳剂。一方面，在实现城乡协调发展的过程中势必会对农村地区居民的生活方式和生活环境等造成巨大的影响，在这种影响下提升农村居民的思想认识水平作用就会凸显出来，经过高质量公共文化、教育等公共产品和服务熏陶而提升了思想认识水平的农村居民将更能够从容应对这种变化，进而也在一定程度上帮助实现城乡协调发展的顺利对接。另一方面，通过公共文化、教育等思想层面的公共产品高质量供给来提升农村地区居民的思想认识水平后，将能够让农村居民在推进城乡协调发展的过程中积极配合和推进各项工作，进而发挥出维持农村地区与城市地区统筹协调发展的作用。

三、提升公共服务水平

（一）完善公共服务体系

党的十九大报告中指出要"完善公共服务体系，保障群众基本生活，不断满足人民日益增长的美好生活需要"[①]。人民群众生活质量的不断攀升催生了逐渐多样化的公共服务需求，如何去进一步完善公共服务体系也显得尤为重要。目前我国基本公共服务体系已有一个稳定的框架，但不同领域之间、多元主体之间的整合性还不够。农村公共产品供给高质量发展有利于带动区域基本公共服务全面发展，从工作条件、生活质量和生活环境等方面构建高质量公共服务体系的框架内容。

一方面，加快补齐农村地区的短板弱项，建设全方位覆盖的公共服务项目，合理调配公共服务资源，打造个性化公共服务体系。同时，高质量

---

① 习近平. 决胜全面建成小康社会 夺取新时代中国特色社会主义伟大胜利——在中国共产党第十九次全国代表大会上的报告[EB/OL]. https://www.gov.cn/zhuanti/2017-10/27/content_5234876. htm, 2017-10-27.

的农村公共产品供给更加强调人民的主体参与地位，加强突发公共事件中的应急保障能力，推动跨区域数据共享机制的完善，最大化提升公共服务的用户体验。另一方面，健全农村基本公共产品供给激励和监督体系，积极鼓励社会力量通过多种市场化运作的方式进入基本公共服务供给领域，将基本公共服务供给作为一项重要的考核标准纳入政府政绩考核系统中，不断注重基本公共服务供给效率的提高和基本公共服务供给结构的完善。框架体系是公共服务的目标定位，激励监督体系是公共服务的后期保障，这两方面水平的提高均有助于完善公共服务体系。

（二）落实公共服务标准

基本公共服务标准化建设是一项长期、系统的工作，基本公共服务标准涉及面广、涉及领域多。2021年3月发布的《国家基本公共服务标准（2021年版）》严格界定了公共服务的范围和标准。农村公共产品供给高质量发展，在一定程度上可以实现基本公共服务标准的规划和目标，为政府部门逐步调整和完善基本公共服务领域的相关标准提供众多参考意见。道路、电力、通信、农田水利等农村基础设施可以保障农民生活水平和农业生产稳定，同时降低生产运输交易成本，增加农户收入。教育、文化、医疗、生态、科教服务等农村公共产品有助于提升农村居民的受教育水平和健康水平，改善农村生活环境和农业生产条件。

农村公共产品供给的高质量一方面能促进农村生产力的发展；另一方面通过市场调节和政府干预的共同作用，有利于促进物质资本和人力资本等生产要素向农村集聚。健全农村公共产品需求表达机制，让农村居民从自身利益和需求出发，搭建反映农民真实需求意愿的自下而上的通道，为公共服务标准化建设提出针对性建议，从而提高社会公众的支持度。政府应制定明确的公共服务标准，包括服务内容、服务质量、服务流程等方面的要求，建立监督机制，对服务过程进行监督和评估，确保服务标准得到严格执行；应克服以村为界的管理格局，兼顾相邻区域的公共产品供给状态来协同合作发展。完善投诉处理机制，及时处理用户投诉和建议，及时纠正服务不规范的问题，提升政府能力建设，有效推动基本公共服务标准化。

（三）推进公共服务均等化

当前，我国城乡经济发展和资源配置存在诸多不平衡，基本公共服务难以在短时间内实现机会均等、过程均等、结果均等。不同的地方对基本公共服务公平与效率的重视程度不同，直接从整体上看，难以显现出更明显的改善效果。人口密度总体偏低将导致公共服务成本上升，而部分城市由于人口的过度聚集将会挤压基本公共服务，从而对公共服务产生拥挤效应，这是实现基本公共服务均等化目标面临的巨大挑战。虽然我国基本公共服务发展水平有所下降和波动，但总体水平仍在逐年提高，特别是东部地区增长速度明显，发展水平明显高于其他地区。未来，我国将继续加大基本公共服务建设的力度，推动全国各地公共服务水平的提升，让人民群众享有更加美好的生活。

要建立城乡供给均衡配置机制，加强基本公共服务对农村的供给，逐步实现标准和制度的统一。一是政府要发挥作用，实行差别化的政策措施，根据各地经济发展水平和人口情况，给予有针对性的扶持和优惠政策。调整开发重点和力度，保持率先开发东部的战略，同时要加大对东北部和中西部的支持力度，以东部的发展优势来带动其他地区的经济发展，不断促进各区域协调发展。二是促进转移支付制度不断完善，实现基本公共服务均等化。基本公共服务分配的初始格局是由与经济发展水平相对应的地方财力决定的，为了扭转这一不均衡的分配方式，转移支付是实现这一扭转的重要外部措施。政府要始终将实现公共服务均等化作为最终目标，通过政府间财政资源的再分配调整分配格局，再通过对转移支付强度和结构的调整，确保转移支付目标的实现。

四、形成质量生态系统

制定推进生态文明建设的政策措施，是党坚持以人为本、执政为民理念，履行政府提供社会公共服务基本职能的重要体现。习近平总书记提出的两山论——绿水青山就是金山银山，为新时期中国生态文明建设提供了理论指导和思想指导，为全球可持续发展贡献了中国智慧和中国解决方案。党的十八大报告首次将"美丽中国"作为未来生态文明建设的宏伟目标，提出要努力建设"美丽中国"，实现生态环境和资源利用的可持续发展，其中"美丽中国"战略的重要组成部分是农村生态文明建设。事实证明，对生态环境的重视是促进经济和环境保护共同发展的长远路径，为了追求经济利益而破坏环境的行为是短视的、不明智的。生态命运共同体理念强调城市与乡村的生态环境是彼此联系、相互作用的，因此在改善城市生态环境的同时也要加强农村生态文明建设，改善农村的人居环境，建设生态宜居的"大美乡村"。随着改革的深入，片面追求经济发展上升的数字是一种短视行为，人们越来越注重经济发展的质量，在追求经济发展的同时实现经济发展与环境保护的平衡是社会主义新农村建设的内在需要，也是"美丽中国"建设的必然要求。因此，促进经济发展与环境保护的协调，坚持走科学发展道路，已成为我国人民的共同愿望。

我国发展的现实情况决定把实现科学发展的难点和重点放在农村。重视农村地区的科学发展，实现人与自然和谐共生，才能为整个国家的科学发展奠定基础。科学发展本身内涵在于实现自然规律和人类活动的平衡，首先要尊重农村自然发展规律，在顺应规律的前提下实现一些人类活动，对自然资源进行合理利用，在生态环境可接受的范围内开展生产活动，实现人与自然和谐共生。当前，只有加快农村生态文明建设，在理念上逐步引导农民树立正确的生态观及人与自然和谐共生、可持续发展的科学观，行动上摒弃不环保、不科学的生产生活方式，才能实现对农村土地资源、水资源和生物资源的保护，也为农村的发展留下更多的发展空间。随着经济社会的发展，人们深刻认识到生态环境与生产力的发展密切相关，损伤生态环境实现的生产力发展是不长久的，保护和改善生态环境就是发展生产力。以往处理污染和环境保护二者关系所采取的手段是先污染后治理、先破坏后保护，虽然实现了一定的经济增长，但与恢复生态环境需付出的环境成本相比，是完全不值得和不对等的。生态文明建设的出现将人们带离了以往的老路，开辟了一条绿色发展的新路，有利于实现人、资源、环境、农业的良性互动。实现全面建成小康社会的目标，离不开对生态环境的保护，以实现经济与生态环境和谐发展，进而促进农村经济社会发展和农村生态环境建设同步推进长远目标的实现。

生态环境保护是经济高质量发展的重要动力，而高质量发展又对生态环境保护提出了新的更高要求，两者融为一体，密不可分。切实有效处理两者之间的关系，不仅有利于促进高质量发展，也有利于加快改善生态环境。党的十八大以来，以习近平同志为核心的党中央深刻认识到生态文明建设对污染治理、监管执法严格、环境质量改善速度等多方面产生的积极影响。党中央高度重视在推动生态环境保护方面发生的历史性、转折性、全局性变化的巨大成就，同时生态环境保护所付出的努力也为实现经济高质量发展提供了强大的推动力。人居环境发生了翻天覆地的变化，人们头顶的天更蓝了，脚下的草更绿了，江河湖泊更清澈了，良好的生态环境正成为全面建成小康社会的重要体现。实践充分证明，以破坏生态为代价的经济发展只是昙花一现，是无法实现经济长远发展的。某种程度上，生态本身就是经济，保护生态环境就是发展经济，增加自然资本。绿水青山就是金山银山，经济社会的发展不过是绿水青山发挥生态效益和经济效益的潜力和后劲。2019 年 8 月 20 日，习近平总书记来到中农发山丹马场有限责任公司考察，指出：“我国进入高质量发展阶段，生态环境的支撑作用越来越明显。”①坚持节约资源、保护环境的基本国策，坚持节约优先的原则，促进自然恢复，搞好山川治理，一定能加快生态文明建设，实现"美丽中国"的发展目标，一定能找到一条经济发展和提高生态文明水平相辅相成的道路，让良好的生态环境成为人民幸福生活的增长点和经济社会持续健康发展的支撑点。

第二节　农村公共产品供给高质量发展的内涵体系

一、围绕全面推进乡村振兴战略的总要求

党的十九大报告指出，中国特色社会主义进入了新时代，这是我国发展新的历史方位。基于新的历史起点应促进服务型政府的建立和发展，乡村振兴战略是农村发展的重要基础保障，农村公共产品供给高质量发展是有效解决农村"三农"问题的基本要求。同时，农村公共产品供给高质量发展的经济功能、生态功能、文化功能和社会功能与乡村振兴的生活富裕、生态宜居、产业兴旺、乡风文明、治理有效的总要求互相对应。农村公共产品高质量供给是乡村振兴战略的坚实基础和重要支撑，通过有效保障和改善农民生活，促进农民获得感、幸福感和安全感的提升，从而推动乡村振兴目标的实现。同时，农村公共产品高质量供给也是检验乡村振兴的重要标准，乡村振兴迫切需要农村增加公共产品供给总量，提高供给质量，完善供给机制。此外，通过实现总要求的目标，坚持农业农村优先发展，努力改善农村发展，乡村振兴将影响公共产品农村供给体系的有效运行，进而影响高质量供给水平，从而形成农村公共产品高质量供给与乡村振兴的内在协调互动机制。

（一）提供产业兴旺的关键要素

农村产业兴旺的短板在于我国发展最不平衡不充分的落后地区，目前还有一部分农村地区产业发展仍存在基础不牢固、水平不均等、质量不匹配等问题，同时农村劳动力和资金投入不足、产业废弃物的污染所带来的

---

① 人民网. 改善生态环境就是发展生产力（这十年，总书记这样勉励企业高质量发展）[EB/OL].
http://gs.people.com.cn/n2/2022/0822/c358184-40090435.html，2022-08-22.

环境问题，在一定程度上制约了产业兴旺的实现。农村公共产品供给可以为农村经济发展提供资金、技术、人力、基础设施、科技服务、生态环境等充足要素，高质量的农村公共产品供给可以实现从产业扶贫到产业兴旺的有效衔接。首先完善农村产业发展的基础设施，加强农田水利、交通、通信等基础设施工程建设，改善农村产业发展环境，促进乡村产品加工、商品流通与产业服务能力；其次改变农业生产装备技术条件，提供农村科技服务，升级农业科学技术，培育新型高科技企业，推广农业科技成果；最后通过提供基础教育来提高农村科技人才素质，创建农村产业品牌，实现农业高效发展、农产品高质量发展、产业融合发展的新业态。

（二）促进生态宜居的科学规划

新时代乡村振兴的行动指南重点在于生态宜居的助推，不仅强调乡村人居环境的优化和改善，更是要求从村容整洁到生态宜居。目前农村仍存在固体废弃物、农药化肥等环境污染及植被破坏、乱砍滥伐等环境破坏，在不断对环境进行修复和保护的同时也要提升农村居民对生产环境、生活环境、生态环境的满意度，以及满足其宜居需求。在生产方面，依托科技服务和技术供给制度驱动农业生态转型，促进绿色农业的发展，减少农用化学品的使用；构建生态产业体系，解决畜禽养殖的污染源，建立生态养殖体系，循环利用有机肥料；通过农村基础设施的供给，加快乡村绿化建设，发展生态农业和旅游等绿色产业，结合产业生态化和生态产业化的方式改善乡村生态宜居。在生活方面，设立村文化站和图书室，弘扬乡村生态文化，增加生态文明的宣传教育，引导农村居民主动参与生态保护工作，提升乡村生态宜居水平，推动美丽乡村建设。在生态方面，提高乡村生态承载力和绿色生态空间，完善生态系统管护体系，加强高标准高质量的农田水利工程建设，推进建设环境优美、设施配套和服务齐全的乡村宜居社区，提高村民的居住幸福指数[①]。

（三）建设乡风文明的科教文化

乡风文明的重点是通过开展各项工作来提倡科学文明的生产生活方式，引导村民自觉摒弃陈规陋习与落后思想，开展精神文明活动，提升农村居民的科学素养和精神风貌，但乡镇政府组织力量相对薄弱，村民的主体意识不强，不良社会风气根深蒂固，缺乏一定的文化自信和科学意识。

---

① 李周. 乡村生态宜居水平提升策略研究[J]. 学习与探索, 2019, (7): 115-120.

农村公共文化高质量供给是乡风文明建设的核心根脉，首先通过文化事业项目和文化遗产传承，因地制宜推进乡村移风易俗的主题实践活动，创作特色文艺作品提升村民的道德情操，从而强化公共文化服务效能。其次改造人居卫生环境的基础设施，综合治理生态环境问题，提供农田生态技术，从而引导村民养成文明生活习惯。最后农村基础教育的高质量供给可以有效提升村民的自主意识和综合素质，通过中小学校硬件环境的改善及教育资源的保障，从根本上解决思想政治教育问题。同时科技服务的提供可以加大农业技术能力培训力度，拓展村民的科学知识，从而夯实农村产业的经济基础，增强乡风文明建设的内生力量[①]。

（四）健全治理有效的机制体系

治理有效是乡村振兴的前提保障和关键突破口，乡村治理的现代化可以通过资源利用、人才引进、资金支持和社会服务来实现。乡村治理是乡村振兴的重要课题，在各种供给因素的帮助下，农村是乡村治理最关键的主体之一，要从过程引导和治理效果两方面实现乡村治理。农村公共产品供给可以提高村民的生活质量，增强农村产业的经济实力，通过网络通信等现代信息技术的供给，村民获取知识和信息更加便捷及时，有效保障村民的知情权、参与权与监督权，提升个人内在的治理能力。高质量精准的农村公共产品供给，可改善农村的道路交通，推进社会组织公共服务，优化乡村资源配置与利用，为村民提供就业创业机会。搭建电子政务平台和网络办事系统，运用乡村治理的技术产品，及时有效向村民发布政务消息，收集村民反馈的诉求与建议，使其参与公共决策的渠道更加广泛。电子政务平台和网络办事系统的运用，使得村民们能够更广泛地参与公共决策，也让乡村治理变得更加公开透明。这不仅有利于提升村民们的获得感和幸福感，也有利于推动我国新农村建设向更高水平发展。

（五）兼顾生活富裕的物质精神

生活富裕应统筹兼顾物质生活层面的富裕和精神生活层面的富裕，既要关注农村居民物质方面从宽裕到富裕的升级，也应提升精神层面的民生三感。传统的农村公共产品主要侧重于保障农村居民生活方面的基本需求，缺乏促进生活质量的可持续性有效举措。在乡村振兴战略的背景下，首先

---

① 刘欢，韩广富. 后脱贫时代乡风文明建设的现实价值、发展境遇及路径选择[J]. 西北民族大学学报（哲学社会科学版），2021，（2）：149-158.

农村公共产品高质量供给应结合经济高质量发展要求，完善城乡协同的基础设施，开发一、二、三产业融合的新业态，以产业发展带动农村居民增收，协调地区发展缩小收入差距，缓解高质量发展的不平衡。其次应推动落实惠民政策，增加农村居民政策性收入，提升农村居民可支配收入水平，释放农村的消费驱动力，同时形成与市场经济相适应的现代消费思维和生活方式，提高农民对农产品质量的责任心和信心，理性认识商业经营的困难与不足，提升精神文化消费能力和品位，营造良好的社会氛围。最后要坚持改善民生和强化社会保障，提高居民幸福指数，养成健康科学的生活习惯和作息，通过供给机制塑造农村居民精神富裕的真实性、现代性和方向性。

二、基于公共产品供给需求两个维度

针对当前我国农村公共产品供给所存在的总量不够充足、供需结构匹配失衡、供给管理不完善等问题，实现供需匹配是农村公共产品高质量供给的应有之义，公共产品供需匹配应具有以下基本内涵。

（一）分层分类的供给结构

一直以来，我国不同地区的农村公共产品供给在总量、水平和结构方面都存在着巨大的差异，结构失衡及效能较低是普遍存在的问题。一些地区农村居民极为需要的水利工程等基础设施供给不够充分，一些地区教育医疗方面的供给数量不足、供给水平偏低。同时，一些地区出现了以政绩工程为牵引的供给过剩现象，或者供给偏离实际需要的情况，这些问题难以产生预期供给效能。分类推进乡村振兴是《乡村振兴战略规划（2018—2022年）》提出的基本要求，也就是说，要对位于不同地区的农村进行分类，客观分析其在地理位置、资源条件、经济发展水平等多个方面存在的差异，按照需求的层次性、地域性因地因时制宜提供不同类型的农村公共产品，并对供给内容和供给对象进行先后次序的合理编排，这是实现供需匹配的基本保障。

（二）城乡融合的供给机制

《中共中央 国务院关于建立健全城乡融合发展体制机制和政策体系的意见》对不同历史阶段我国城乡融合发展的目标予以了界定，城乡融合的主要内涵包括城乡在资源要素、基本公共服务、基础设施、产业发展等方面的融合。在推动公共服务向农村延伸的过程中，需要补齐农村居民基本医疗保险等方面的短板,特别是加强对中西部地区农村人口的支持力度,同时还要不断完善城乡统一的居民基本养老保险制度,让农村居民也能享受多层次保障和照料服务。此外,加快建立城乡基础设施一体化的规划、建设和管护机制,推动公共设施向乡镇和农村的有效延伸,为农村公共产品的有效供给奠定基础。城乡融合的公共产品供给机制主要是弥补农村地区存在的缺陷和不足,这理应是供需匹配的基本前提。

（三）需求驱动的供给模式

目前我国农村公共产品供给的动力主要还在于政府主导的供给驱动模式,这种模式的一个重要缺陷就在于自上而下的决策方式容易导致供需的脱节,为了实现供需匹配,则需要建立以农村居民实际需求为驱动力量的供给模式。需求引导的供给模式需要将部分决策权重下移至作为消费者和受益者的农村居民,一方面,打破政府对公共产品供给的垄断局面,积极引入市场机制,同时可以将农村道路、村容整治等非纯公共产品交付给市场主体来承担,通过竞争机制降低供给成本、提高供给效益。另一方面,激发农村居民参与供给决策的积极性和主动性,村级组织要广泛宣传公共产品供给的政策和作用,落实"一事一议"制度,使村民能够真正地参与供给产品和形式选择的决策之中,将有特殊需要的地方和群体纳入考虑范畴,促进供给活动真正扎根农村、服务农村。

（四）技术依托的供给合作

党的十九届五中全会提出:"加强数字社会、数字政府建设,提升公共服务、社会治理等数字化智能化水平。"[①]新时代对于数字技术的重视和应用为农村公共产品供给高质量发展指明了方向,有效利用大数据、区块链、人工智能、云计算等数字技术对提升农村公共产品在供需匹配上的质量、水平和效能大有帮助。通过对数字技术的应用,政府可以通过信息平台实现跨部门、跨层级的数据信息识别、分析和研判,在此基础上推动精准施策,促进农村公共产品供给公平和效率提升。同时,通过信息平台各部门也能实现更顺畅的互动沟通,加强了部门间的信息流动速度和质量,进一步提升公共产品供给的质量和效率。除此之外,数字技术的应用和发展还能够推动各类社会主体、市场主体及时快速地加入农村公共产品供给

---

① 共产党员网. 中共中央关于制定国民经济和社会发展第十四个五年规划和二〇三五年远景目标的建议[EB/OL]. https://www.12371.cn/2020/11/03/ARTI1604398127413120.shtml, 2020-11-03.

当中，有效减少因信息不对称等因素带来的效率低下问题。大数据、物联网构建的服务平台不仅能有效扩大农村公共产品高质量供给的服务半径，也能有效缓解不同地区及城市与乡村间在经济发展水平和环境治理力度上存在差异而导致的不对等情况，促进跨区域、跨城乡供给的合作与共享是实现农村公共产品高质量供给的基本条件，也对进一步推进农村公共产品的供需匹配具有重大意义。

三、构建理念-制度-体系三大支撑

（一）理念支撑

我国社会主要矛盾的变化在农村公共产品供给上体现为农民对农村公共产品的质量有了更高的要求。提高农村公共产品供给质量既是满足人民对美好生活的向往，也是实现乡村全面振兴的重要举措，要实现这一举措，明确方向和思路显得至关重要。我们要以系统观、均等观、标准观、品质观、普惠观、精准观为指导原则推动农村公共产品供给高质量发展。

1. 系统观

党的十八大以来，我国在推进政治、经济等各个方面表现出来的思维与决策具有系统性的特征，注重通过具有科学性的系统思维推进党和国家治理体系的变革。农村公共产品供给不仅要解决数量不足的问题，更要注重提高质量，满足农民群众日益增长的美好生活需要。为此，需要运用系统思维进行全方位分析，从整体出发，把着眼点放在全局上，注重整体效果和效益。

第一，我国的农村公共产品供给体系具有开放和复杂的特征。农村公共产品供给是一个复杂的过程，在一定的政治、经济、文化和自然环境背景下，供给者通过三方机制，分别是政府的权威机制、市场的调节机制和自愿机制，收集和获取所需的信息、资源条件，在技术手段的帮助下实现信息分析和资源利用，以向农村地区提供所需公共产品和公共服务。从我国农村公共产品供给的长期实践来看，政府是公共产品供给的主体，为广大农村地区提供公共服务。但是，单一的政府供给模式可能产生供给的低效率，具体表现如下：一是政府在公共产品供给上的主体地位造成供给渠道单一，缺乏提高农村公共服务质量和效率的内在动力和外在压力。二是我国农村公共服务需求巨大，成本高，政府财力有限，财政压力也使单一主体的供给模式面临更大挑战。三是农民主体的长期缺位，在农村公共产品供给过程中农民作为供给对象并没有真正参与进来，意愿表达和监督权的行使没有得到保障。同时监督的缺失，政府在供给公共产品的过程中可能存在一些问题，导致公共产品农村供给资金管理混乱。总之，我国公共产品的供给体系是封闭的，但仍然是开放的。

第二，我国农村供给体系目前处于失衡状态。我国长期存在的城乡二元发展体制扩大了城市与乡村间的差距，也造成了农村公共产品供给的失衡。我国农村公共产品供给不仅存在总量不足问题，同时也存在结构失衡问题。城乡二元的供给体制导致我国农村公共产品短缺，尤其是用于农村基础设施建设、农村社会保障、农村基础教育等方面的公共产品常常是供不应求，无法满足农村正常发展的需要。同时，农村地区公共产品的供给还存在结构不平衡的问题，现实表现为供给不足与供给过剩并存。其一，基层政府服务供给供过于求，造成服务资源的浪费；其二，用于农业生产建设的公共产品供给不足。基层政府往往选择将有限的财力先用于看得见的"硬件"设施建设上，而农村公共产品中需要长期投资的"软件"设施供给没有得到政府的重视，常常处于无序状态。

第三，我国农村供给体系存在非线性效应。我国自上而下的农村公共产品供给决策机制导致农村需求表达渠道不畅，也导致了监管机制中农民主体的缺位。首先，农民公共产品需求的表达渠道不畅，无法实现政府与农民间的有效沟通。公共产品的供给决策和管理体系中农民的主体地位被忽略，无法调动农民参与的积极性，而农民参与的缺失可能导致无法从外部视角对农村公共产品的供给形成有效的监督和管理，进而导致公共产品的供给缺乏活力。其次，政府作为农村公共产品的主要供给者，在绩效评价的驱动下，忽略了农民真正的需求，在公共产品供给中侧重于基础设施等"硬"服务的供给，不利于农村公共产品供给的高质量发展。最后，由于信息不对称和不完善的管理体制，作为重要监督主体的上级政府和农民对地方政府的农村公共产品供给决策过程也无法实现有效的监督，对农村公共产品供给绩效无法实现有效评价。

2. 均等观

随着中国特色社会主义进入新时代，在推进国家治理体系和治理能力的实践中，基本公共服务问题得到极大的重视。党的十八大以来，国家制定出台了一系列有关基本公共服务均等化的文件，如《"十三五"推进基本公共服务均等化规划》《关于建立健全基本公共服务标准体系的指导意见》《基本公共服务领域中央与地方共同财政事权和支出责任划分改革方案》，这些公共政策呈现出基本公共服务越来越规范化、标准化，对农村公共产品供给的发展有了更高的要求，为农村公共产品供给高质量指明了前进的方向。

现阶段，我国基本公共服务体系建设面临一些挑战和问题，突出表现在城乡间、地区间基本公共服务存在非均等化现象。一方面，公共产品供给城乡失衡，主要是因为城乡二元结构体制。在这一背景下，政府在提供公共产品的过程中，主要是向城市倾斜，导致农村公共产品供给劣于城市，大量优质公共产品资源被城市占有，造成公共产品供给城乡失衡。现阶段，我国基本公共服务主要包括义务教育、公共医疗卫生、社会保障、公共就业服务。在义务教育方面，办学质量的差距是城市和乡村存在的主要明显差距，包括义务教育的经费投入力度、教师队伍水平及办学条件这三个方面。在公共医疗卫生方面，虽然城市和乡村的人均医疗卫生费用都有大幅度的增长，但城乡之间仍存在差距。在社会保障方面，我国城乡基本社会保障覆盖面逐步扩大，社会保障水平有了很大的提高，但是农村的社会保障体系建设发展相对缓慢。在公共就业服务方面，我国公共就业服务体系不断完善，公共就业服务也逐步纳入民生工程中的各大重点项目，但农民工等各种问题也日益凸显，特别是在城乡一体化建设进程中，保障农民的合法权益是目前急需关注的事情。另一方面，东西部地区农村公共产品供给不均衡。区域经济社会发展的不协调，使得西部农村基本公共产品供给不足，难以满足当地人民的需要，不利于当地人民素质提高，制约着西部经济发展。因此，平衡各区域间农村公共产品供给力度，对缩小区域经济发展具有推动作用，有利于公平公正地共享改革发展成果。

3. 标准观

习近平总书记指出："标准决定质量，有什么样的标准就有什么样的质量，只有高标准才有高质量。"[①]可见，标准化是质量提升的关键，在引导政府公共资源合理配置、促进公共服务均等化等方面发挥着极其重要的作用。

党的十九大报告中提出实施的乡村振兴战略 20 字方针"产业兴旺、生态宜居、乡风文明、治理有效、生活富裕"也是乡村振兴实现农业强、农村美、农民富的基础性标准。

---

① 中国共产党新闻网. 习近平在河南省兰考县调研指导党的群众路线教育实践活动[EB/OL].
http://fanfu.people.com.cn/n/2014/0319/c141423-24676829.html，2014-03-19.

标准的概念最初在行业管理中被提出，指的是对重复事物和概念使用相同的描述和规定，随后又延伸到社会治理领域，企业生产管理的科学方法也被引入公共服务领域。通过标准化方法和标准化技术手段，促进了公共服务的标准化和均等化，提高了公共服务质量。

在农村公共服务领域，标准化是指对农村基础设施、农村义务教育、农村医疗卫生、农村社会保障、农村文化服务、农村科技服务、农村生态环境等多个领域设立标准，针对农村基础设施建设、农业设备配置、文化和科技服务行为、业务办理流程、日常管理、基层政府绩效考核等方面，制定并实施一套财政定额标准。近年来，我国农村公共服务水平虽然有了很大改善，但仍然存在公共服务资源配置标准缺失、公共服务过程控制标准缺失、公共服务绩效评价标准缺失等问题。

（1）建立多方合作机制，推进农村公共服务规范化。农村公共服务领域包含内容及种类繁多，在工作时往往要进行多个部门的联动合作，如涉及基础设施建设、义务教育普及、生态环境改善、社会保障完善、医疗卫生水平提升等领域时，需要多部门、多级党委、政府等多个主体的共同参与。中央有关部门为加强各部门间的沟通协作、畅通沟通渠道和合作机制，联合相关部门推进了农村公共服务标准化工作联席会议启动试点工作，有效促进了各部门共同制订试点工作方案、工作规章和最后的验收标准，对地方试点工作起到指导作用。各级相关职能部门承担配合工作，负责相应项目的指导和一整个流程的组织，包括项目申请、项目建设管理和指导。作为试点的承担单位，地方政府主要扮演的是实操者的角色，负责具体标准的制定和实施工作，过程中要不断践行政府推进、部门牵头、各负其责的工作机制，整合多方力量，协调解决标准化工作中存在的一些重大问题。另外，专家团队的指导可以大大提升标准化工作的科学性和准确度，专家团队由在标准化、公共服务领域有理论基础和实践经验的专家组成，主要负责在标准化工作办法制定、标准体系建设、标准规范修订和实施过程中提供指导和帮助。新时代标准化工作要善于利用信息技术，加强信息化建设，建立规范的信息沟通机制，有利于实现不同地区和层级部门间的经验交流，为标准的对外推广提供了平台。

（2）对农村公共服务规范化开展初步研究，指明工作重点。研究整体遵循政府主导、群众参与、公益性、专业化的原则，首先由有关部门牵头开展需求调查研究，通过对农村公共服务需求的明确指明工作重点，再依据需求建立相关标准体系作为未来农村公共服务的目标及方向。根据急事先办、从关键点入手的现实原则，在基本公共服务质量和流程、机构设置、设备配置、人员编制、预算支出等方面，探索制定统一的最低公共服务标准和公共服务均等化的阶段性目标。地方政府要在符合当地实际的基础上，以国家最低标准和均等化目标为指引，开展公共服务标准的制定、修订和实施。对于试点对象，要按部门分类和整理好基层政府在农村公共服务方面的职能和工作，形成政府职能和任务体系的认定。在职能及任务的清晰认识基础上，框定出一个完整的标准需求系统。在标准公布与实施之间还存在一个重要环节，我们要对已公布的农村公共服务法规政策进行全面梳理和评价，有效部分直接纳入正式标准体系，缺失或过于抽象的部分纳入标准制定和修订计划。对农村公共服务规范化进行必要的前期研究，有利于对工作重点的把控和调整，提高标准体系的科学性。在此基础上，制定并形成完整的农村公共服务标准体系研究报告，为中长期扩大试点做好理论和技术储备。

（3）对农村公共服务规范化进行试点，提高地区适用度。在前期研究的基础上，对农村公共服务规范化进行试点，有利于对标准进行检验以扩大其适用范围。试点依据试点先行、稳步推进、先易后难、先点后面的原则，选取在地域类型和经济发展水平上具有明显差距的地区作为对象，通常在东、中、西部地区选择不同省份启动农村公共服务标准化试点。结合工作的现实情况和进展，以国务院农村综合改革工作小组办公室为主体进行农村公共服务规范化的试点工作，选取我国多个省份为对象，主要围绕农村公共服务、农村社会化服务、美丽乡村建设三个方面进行。试点是一个实践的过程，重点有三：一是目的在于积累实践经验，反哺理论进行探究；二是对完善和整合现有分散的教育卫生公共服务标准具有指导作用；三是通过对不同地区和不同经济发展状况标准适用性的对比，探究一条有效性及适用性都高的农村公共服务规范化路径。试点的实施单位为县市政府，不同地区的标准制定依旧要采取因地制宜的原则，县市有关职能部门在充分了解当地发展情况的前提下，根据职责定位和工作任务，制定、修订、实施适合地方发展的标准体系，地方标准的形成对于其他地区及全国都具有借鉴作用，为逐步扩大试点和制定我国统一标准打下基础。中央部门要不断总结试点地区成果和经验，分析差异的存在原因，为及时制定和出台全国统一的、行业统一的农村公共服务标准而努力，在一定范围内推广和应用有效的做法和标准。

4. 品质观

随着我国基本矛盾的变化，农民对农村公共产品的供给提出了更高要求，在公共产品供给总量不断提升的情况下对质量的强调已经成为农村公共产品供给面临的重大挑战。政府要坚持和完善中国特色社会主义制度，在提升国家治理体系和治理能力的同时注重农村公共产品的优质供给，构建新时期农村公共产品优质供给体系。

农村公共产品高质量供给具有三个方面的内涵：①从产品或服务本身出发，农村公共产品高质量供给是指供给的产品或服务本身质量高。在全国范围内，要求国家制定统一的、普遍适用的质量标准和规范来作为公共服务供给的顶层保障，具体指对全国公共服务重点领域如基础设施、义务教育、社会保障、环境治理、医疗卫生等领域的标准体系进行宏观层面的制定和实施，运用对标管理、全面质量管理等标准化方法，明确各领域公共服务供给的质量标准和评价体系，划分各部门对相关公共服务供给的管理责任和支出责任，从而在顶层设计中实现公共服务供给统一标准。结合各地区的实际情况，如所处地域特点、经济发展水平、城镇化水平、居民受教育程度等，制定相对差异化的标准，明确各地区、各部门公共服务供给的具体程序，确保地方政府能够按照中央政府制定的国家标准和地方标准执行，确保公共服务的数量和质量在各地区的供给。②从供需匹配角度而言，农村公共产品高质量供给是指产品数量和质量都能准确满足农民对农村发展的需求，在农村公共产品供给模式上准确表现为农民需求与政府供给两方的对等。在顶层设计标准下，充分考虑供给对象特别是欠发达地区和弱势群体的需求偏好能直接提升产品供给的准确性和满意度，可有效避免资源浪费。与推进政府公共服务标准化不同，品质观强调基层政府与农民间点对点的精确供给，通过精确界定政府部门各工作人员的职责范围和权限，推动部门间的协调配合，规范产品供给行为，提高公共产品供给质量，更好地满足农民需求。在公共服务供给决策过程中，要准确识别人民群众的需求偏好，提高公共服务供给的响应性和满意度。③在公平性上，农村公共产品高质量供给应更注重供给的公平公正，即实现不同发展水平的地域和人群都能拥有平等的机会与权利享用基本公共服务。公共产品供给的公平是实现公共服务均等化的前提，因此农村公共产品供给品质的提升对于公共服务均等化目标的实现具有重大现实意义。

5. 普惠观

党的十八大以来，为实现民生建设的普惠性，实施精准扶贫战略，党中央一直致力于"决不让一个少数民族、一个地区掉队"①，"决不让贫困地区和贫困群众掉队"②，并补充"最后一公里"的普惠民生。习近平总书记在重庆访问期间发表重要讲话时强调："全面解决好同老百姓生活息息相关的教育、就业、社保、医疗、住房、环保、社会治安等问题，集中全力做好普惠性、基础性、兜底性民生建设。要着力抓好安全生产、食品药品安全、防范重特大自然灾害、维护社会稳定工作，不断增强人民群众获得感、幸福感、安全感。"③普惠观强调了对弱势群体的关注和保障，以及促进全民共同发展的目标。要提高农村公共产品的供给水平，就要坚持普惠性原则。

一是供给对象的普遍性。2017年，国务院发布《"十三五"推进基本公共服务均等化规划》，表明中国社会福利面向全体公民，从特定的老年人、残疾人和儿童出发，打破了社会福利只面向老年人等弱势群体的局面，体现了"发展为了人民、发展依靠人民、发展成果由人民共享"的理念。

二是供给内容的全面性。人的需要具有时代特征，不同发展时期人们的需要是不断发生变化的，并受到生产力发展的影响。中华人民共和国成立初期，人们最紧迫的需求是生存的需求，党集中精力解决人民的温饱问题。改革开放以后，生存的需要已经得到充分满足，人们开始考虑精神文化的需要、自我发展的需要。社会发展新时期，需求再一步发生转变，人们对美好生活的需求正向高水平、高质量和更广阔的领域迈进，但发展不平衡、不充分的问题仍存在。习近平总书记强调，为人民谋幸福，是中国共产党人的初心。我们要时刻不忘这个初心，永远把人民对美好生活的向往作为奋斗目标④。因此，民生建设的内容是随着时代发展不断扩展和更新的，基本公共服务体系的内涵也应随发展不断充实。民生二字囊括了民众从出生到死亡的不同阶段、不同领域，保障民生就是要充分考虑到社会成员可能面临的各种困难并提供对应的帮助。《"十三五"推进基本公共服务均等化规划》全面确定了基本公共服务的范围，涵盖了八个领域，对应

---

① 国务院. 关于加快发展民族教育的决定[EB/OL]. http://www.moe.gov.cn/jyb_xxgk/moe_1777/moe_1778/201508/t20150817_200418.html，2015-08-11.

② 陕西：决不让贫困地区和贫困群众掉队[EB/OL]. https://www.gov.cn/xinwen/2015-02/13/content_2819137.htm，2015-02-13.

③ 习近平在重庆考察并主持召开解决"两不愁三保障"突出问题座谈会[EB/OL]. http://www.xinhuanet.com/politics/leaders/2019-04/17/c_1124379968.htm?agt=1745，2019-04-17.

④ 人民网.永远把人民对美好生活的向往作为奋斗目标[EB/OL]. http://gz.people.com.cn/n2/2020/0120/c369574-33732337.html，2020-01-20.

着八项基本生存发展权，满足人民劳有所得、老有所养、病有所医、学有所教、困有所帮、住有所居、文体有获、残有所助等贯穿一生的所有领域的需求。

6. 精准观

2013 年 11 月，习近平总书记首次提出精准扶贫是在湘西土家族十八洞村，指出扶贫开发贵在精准，重在精准，成败之举在于精准①。可以看出，精准是扶贫开发的关键，精准是扶贫成功的关键。具体说来，实现精准脱贫，要根据致贫原因，因人因户因村施策。即扶持对象精准、项目安排精准、资金使用精准、措施到户精准、因村派人精准、脱贫成效精准②。同样，在推动公共产品供给侧构造性乡村改革的过程中，精准供给也成为提升农村公共产品供给质量的必要手段。

精准供给是指事先明确合理需求，在活动开始时收集供给对象的真实需求，根据收集的信息对应组织生产，在活动中将供给产品有目的地定向供应，对活动全过程和各方面实施精确管理，以及事后对产品供给的满意度和绩效进行精确评估。它是一个动态的、渐进的、创新的过程，这一过程的精确完成将有助于实现公共服务资源的最优化配置，有助于公众最大限度地享受适用的、优质的公共服务，有助于不断提高公众的获得感、满意度和幸福感。

当前，农村公共产品供给仍存在一些问题。从供给方来看，第一，长期以来，在经济发展过程中，城乡二元结构导致在城乡公共服务供给中存在不均等问题，农民享有的公共服务明显滞后于城镇居民，满足农民群众基本需求的农村公共产品供给不足，产品单一、质量不高、发展不平衡。第二，政府对农村的公共产品供给存在缺乏精准性的问题。政府作为农村公共产品供给的重要主体，在农村公共产品的供给过程中存在随意性，主要根据自身的供给偏好和供给能力而不是在全面和准确掌握需求方特点与规律的基础上进行供给，导致所供给的公共产品与农民群众的服务需求存在偏差，农村公共产品供需结构错位。从需求方来看，随着国家对乡村建设与乡村振兴的不断重视，满足农民日益增长的农村公共产品高质量需求，是基层服务型政府建设的基本内容。然而，服务型政府的公共服务供给过

---

① 习近平"精准扶贫"擎起脱贫攻坚指路明灯 [EB/OL]. http://news.cctv.com/2017/02/28/ ARTID5SlUjbwfyBtFSXYOgUX170228.shtml，2017-02-28.

② 中共中央 国务院关于打赢脱贫攻坚战的决定[EB/OL]. http://www.gov.cn/xinwen/2015-12/07/ content_5020963.htm，2015-12-07.

程是一个复杂的公私利益的治理过程,公共利益与私人利益往往不能兼得,二者间是存在一定冲突的,并非所有私人利益都具有合法性、符合公共利益。因此,实现农村公共产品的精准供给靠表面简单的迎合是不可能的,而是要深入探究农民真实需求,在了解民众切身真实利益的基础上进行产品和服务的供给,推动形成公共利益的群体共识,并建立可执行的群体利益分配规范,精准供给是公共服务有效供给的关键。

(二)制度支撑

公共产品不仅是适应人民日益增长的美好生活需要的重要工具,而且还关系到经济结构优化、增长动能转换、发展方式转型等重大经济议题。新时代的公共产品供给应按照高质量发展的总要求,坚持问题导向,明确重点方向,理顺体制机制。从农村公共服务的供给制度来看,进入"十四五"时期,乡村振兴战略正以蓬勃之势全面推进中,我国农村公共产品供给高质量发展在关注增量供给、存量改革、结构优化和效能提升的同时,将更加注重全面覆盖,消除盲区;适度水平,持续发展;地域均衡,缩小差距;方式现代,精准服务,从而不断增加农村居民的幸福感、安全感及获得感。所以,为适应社会主要矛盾的转化,合理满足人民日益增长的美好生活需要,同时助力经济的质量变革、效率变革、动力变革,应坚持问题导向,围绕高质量发展这个总体系,明确新时代农村公共产品供给的发展方向,因此针对公共产品领域党中央及政府出台了一系列的相关政策文件。

1. 高质量发展观

由习近平总书记主持召开的中央全面深化改革委员会第四次会议通过了《关于推动高质量发展的意见》。会上指出,推动高质量发展是当前和今后一个时期发展的根本思路,制定经济政策、实行宏观调控的根本要求。要加快创造和改善制度环境,协调建立高质量发展的标准体系、政策体系、统计体系、绩效评价和绩效考核方法。要抓紧研究制定制造业、高新技术产业、服务业以及基础设施、公共服务等重点领域高质量发展政策,把维护人民群众利益摆在更加突出的位置,带动引领整体高质量发展。同时,强调建立更加有效的区域协调发展新机制,坚持和加强党对区域协调发展工作的领导,坚持新发展理念,立足发挥各地区比较优势和缩小地区发展差距。

2. 中央一号文件

中央一号文件原指中共中央每年发布的第一份文件,现在已成为中共中央、国务院重视农村问题的专有名词,也是党和政府指导"三农"工作的最高政策。2004~2022年连续十九年发布以"三农"(农业、农村、农民)为主题的中央一号文件,强调了"三农"问题在中国特色社会主义现代化时期重中之重的地位。2006年中央一号文件中首次出现农村公共产品提法。此后,在历年的中央一号文件中,每次提及农村公共产品,大多与农村基层政府和公共产品供给紧密相连,尤其在近几年的中央一号文件中农村公共产品被提及得越来越频繁。

在中央一号文件中,增强政府农村公共产品供给能力、提高政府农村公共产品供给效率、不断提升农村公共产品的供给水平以缩小城乡发展差距日益成为农村公共产品供给的核心政策主张。

3. 公共产品质量提升的具体措施

《国家基本公共服务标准(2021年版)》,明确了现阶段国家提供基本公共服务项目的基础标准。该标准涵盖了"七有",即幼有所育、学有所教、劳有所得、病有所医、老有所养、住有所居、弱有所扶,以及优军服务保障、文体服务保障"两个保障",共9个方面、22大类、80个服务项目。每一个项目都明确了服务对象、服务内容、服务标准、支出责任和牵头单位。坚持以人民为中心的新发展理念,以推动高质量发展为主题,以满足人民日益增长的美好生活需要为根本宗旨,按照守住民生底线、保障基本民生的总要求,要尽力而为、量力而行,着眼于人民群众最直接、最现实的利益,明确现阶段政府保障基本公共服务的范围和标准,为各级政府履行职责和人民群众享有相应权利提供重要依据,从而不断推进国家治理体系和治理能力现代化。

根据《加大力度推动社会领域公共服务补短板强弱项提质量 促进形成强大国内市场的行动方案》,坚持新的发展理念和以人为本的发展思想,按照高质量发展的要求,适应国家乡村振兴、科教兴国、健康中国、创新驱动发展战略,贯彻"巩固、增强、提升、畅通"八字方针,牢牢把握人民群众最关心的、最直接的、最现实的利益,正确处理好基本与非基本、政府与市场、供与求之间的关系,努力弥补基本公共服务的不足,强化非基本公共服务的薄弱环节,提高公共服务质量,切实完善基本民生保障网络,不断满足多样化的民生需求,努力增强获得感,在共建共享发展中实现全体人民的幸福和安全,使改革发展成果更加公平,惠及全体人民。

具体到公共服务的各个领域上，文化和旅游部、国家发展改革委和财政部在《关于推动公共文化服务高质量发展的意见》中强调了公共文化服务和产品高质量供给的重要性，表示推动公共文化服务高质量发展不仅是充实和丰富人民精神文化生活的有效路径，还是对人民群众基本文化权益的保障，能切实满足人民对美好生活不断增加的期待，而且对社会主义精神文明建设和深化文化体制改革具有重要推动作用。

（三）体系支撑

农村公共产品供给体系的建设是促进农村经济社会发展和改善农民生产生活条件的重要途径。为了实现农村公共产品的全面覆盖和高效供给，需要建立起一套完整的支撑体系。这个体系涵盖政策、标准、统计、绩效评价和政绩考核等多个方面，要求相关部门密切协作、有效合作，充分发挥各自优势，以实现农村公共产品供给体系的可持续发展。

1. 指标体系

高质量发展是"十四五"期间我国经济社会的发展主题，对我国社会主义现代化建设起着重要作用。构建评价农村公共产品供给高质量发展的指标体系，才能科学衡量发展水平并为完善高质量发展政策提供指导方向。高质量发展更注重民生事业发展，公共服务、生态环境等指标的重要性不断提升，更多地要求从长期与短期、宏观与微观、全局与局部等多个角度用质量效益指标来进行考核。在农村公共产品高质量指标体系构建上，应主要遵循代表性、可操作性和通用性三个原则。代表性原则：在选取评价指标时，应根据多个评价维度来选取最具代表性且能够指出关键评价信息的指标。可操作性原则：优先选取我国已有统计数据支撑的指标或者调研可得数据的指标，避免指标体系在实操中不受用。通用性原则：在国内国际双循环的格局下，优先选取可横向比较的评价指标，从而促进国际与国内不同区域的协同发展。

2. 政策体系

政策体系的建立可以规范和引导农村公共产品供给的发展质量。推动高质量发展应明确政策体系，结合数量型与质量型的政策来完善高质量发展的宏观、微观、长期、短期、社会等方面的政策体系，同步出台一系列提高农村公共产品供给质量的政策文件来进行管理和保障。同时政府可以制定传统公共产品转型升级与新型公共产品创新发展结合的高质量供给政策，加强科技服务创新，以互联网技术为支撑促进农村公共产品供给高质量发展。一方面，在尊重市场、尊重发展规律的前提下，遵循高质量发展的要求，形成遍及社会、环境、产业、货币、财政等多领域协同配合的农村公共产品供给政策保障体系。另一方面，突出强调政策体系的稳定性、准确性和科学性，政策制定要根据实际情况和发展趋势，避免政府职能的"越位"和"错位"；突出强调政策的普适性、可执行和可落地程度，摒弃浮于文字层面、无法落地的政策，提升政策体系的可行性和可操作性；突出强调政策体系的公开度与透明度，提升政策含金量，为农村公共产品供给高质量发展提供有力支撑和重要保障。

3. 标准体系

目前我国在公共服务标准化工作方面已取得一定进展，如《社会管理和公共服务标准化发展规划（2017-2020年）》《国家基本公共服务标准（2021年版）》等相关文件和政策，为有关部门开展公共服务标准化的工作提供了政策依据，但在农村公共产品供给标准体系建设方面仍存在明显不足。从理论角度来看，加强对农村公共产品供给高质量发展标准体系的理论研究不仅有助于我国农村公共产品供给标准体系的建设，对解决我国农村公共产品供给标准设立过程中出现的问题，如体系化及整体性缺失也具有借鉴意义。从实践角度来看，标准体系的建立为标准之间的借鉴、交流与协调提供了可能，有利于促进实践工作整体效应的产生。首先农村公共产品供给高质量发展的标准体系应表现为合适的增长速度和合理的地区差异，在保障数量增长的同时充分利用公共资源推动跨区域高质量发展，激发公共产品的服务质量和品牌项目，为长期发展提供保障。同时标准体系的建立不应只有政府单一主体发挥作用，也应鼓励市场等多个主体自发参与，形成多元主体参与的农村公共产品供给新型标准。一方面，要紧跟我国高质量发展所确立的标准和要求；另一方面，也要开阔视野，以国际性、先进性和公益性的战略眼光为指引，围绕乡村振兴领域制定供给标准，推进我国农村公共产品供给标准国际化。

4. 统计体系

规范全面的统计体系有助于科学分析、综合反映社会经济发展等方面的状况，是高质量发展评价的基础。2019年1月召开的全国统计工作会议明确指出，坚持以构建现代化统计调查体系为目标，切实提高统计工作能力和水平[①]。在统计机制方面，建立健全新型农村公共产品的统计调查制度和调查标准，推动大数据等科学技术的参与，对传统统计方法进行创新，逐步提高数据精确度和统计结果的可信度，实现统计体系的共建共享，从而提高统计工作能力和水平，以便各部门做出科学决策和判断。在统计对象方面，应注重经济效益、社会效益和生态效益等多元化指标，且更多关注农民本身就业、消费、教育、医疗等方面的统计，实现对农村公共产品供给高质量现状更为全面和真实的反映。在农村公共产品的测量方面，适当扩充统计数据来源，加强统计分析服务和数据解读，注重多元化的指标体系构建，既包括用于测度总量和速度的规模性指标，同时也应包括反映发展效率和发展结构的质量性指标，推动构建现代化的统计调查体系，从而进一步加强统计体系的标准化、客观化、多元化。

5. 绩效评价体系

绩效评价是一种综合性的科学评估方法，是指通过统一评价标准和量化指标，采取有效和合适的评价方法对行动所产生的效果进行测量和统计，以实现对行动目标完成情况的量化测度，对行动结果能形成更清晰和直白的了解。对于农村公共产品高质量供给而言，通过绩效评价能对实现高质量目标所形成的项目措施成果进行一种科学的综合性评价，对高质量发展目标的完成度形成数量化的呈现。绩效评价的理论依据是投入与产出理论，投入与产出比可以有效反映结果的实现情况，对最后数值的追求意味着我们要在一定程度上减弱对数量及速度的过度看重，而更重视质量与综合效益的提升，强调经济发展、社会建设和环境治理三者的协调有序发展。健全农村公共产品供给的绩效评估机制，制定法律法规规范，在统一的法律制度框架下实施农村公共产品供给高质量发展绩效评估，同时及时制定并适时颁布全国性农村公共产品供给的绩效评估指导准则是保证绩效评估有效性的基础。第三方绩效评估机构的参与使得绩效评价结果更具权威性，对高质量发展绩效评估主体、客体的权利与责任进行清晰划分，界定相应的评估范围和评估内容，统筹各个政府部门及社会机构开展绩效评估工作。加大政策补贴力度，加强政府和社会评估机构之间的互动，对相关专业人士的引进可以通过评估激励制度的设立来加大吸引力和提升活跃度。科学

---

① 参见国家统计局. 全国统计工作会议在京召开 李克强总理韩正副总理对统计工作作出重要批示 会议要求深入贯彻落实习近平新时代中国特色社会主义思想 为全面建成小康社会提供坚强统计保障[EB/OL]. http://www.stats.gov.cn/xw/tjxw/tjdt/202302/t20230202_1894374.html，2019-01-10.

制定评估技术方法，加强对国外先进理论和经验研究借鉴，综合运用多种评估方法，如定量与定性相结合、内部与外部评估相结合的方法，同时灵活使用多种评估手段，如抽样统计分析法、问卷调查法、模拟实验法、访谈法、专家评估法等多种方式，确保绩效评估结果客观、真实和准确。高质量发展绩效评估相关配套制度的建设也是确保绩效评估结果有效和科学的重要制度保障，农村公共产品供给高质量发展过程中各项政策的推进和实施少不了机制保障，各项服务承诺事项的兑现也需制度来落实。

6. 政绩考核体系

政绩考核体系所针对的对象是各级政府干部和工作人员，在政绩考核体系内选取适宜的指标来评价和衡量考核对象在推动高质量发展过程中所做出的努力和贡献，其产生的结果也是考核对象履职情况的重要依据。政绩考核体系的构建，应基于绩效指标的准确选取和绩效评价体系的科学组建，同时依据政府职能，构建出科学有效、公正公开、权责统一的政绩考核体系框架。农村公共产品供给高质量发展不能仅依靠经济发展来实现，政策的联动调节也十分重要。建立政绩考核体系，地方政府和干部正确政绩观的树立，完善干部考核评价体系，有助于规范政策的顶层设计，从而发挥政策的理论前瞻性和现实指导性，避免宏观调控中政策失灵等现象。政策考核体系的落实是高质量发展的关键，选取适宜和科学的考核评价模式，注重对考核结果的精确评估，对公共产品供给的发展机制和制度导向的明确起了重要的指导作用。首先，明确好政绩考核的目标，是为了让考核对象明确自身工作存在的不足，认清差距努力追赶，使得各级干部不断提升自身工作能力，推动工作任务量和质的全面提升；其次，对政府和市场的关系进行协调，厘清政府与市场之间的权责边界，在权责一致原则的指导下对农村公共产品供给质量的绩效考核指标进行权重赋值；最后，基于长远发展的需要，在保障发展特色的基础上，要不断完善分类差异化管理及探索试点示范的容错机制，确保稳步推进的同时为创新形式的出现提供更大的发展空间。

四、引入质量基础设施四大支柱

国家质量基础设施是指一个国家建立和实施标准、计量、认证认可、检验检测所要求的质量体系框架的集体，是促进高质量发展的技术支撑，是构建现代经济体系的重要举措。国家质量基础设施是一个新兴概念，是由世界贸易组织联合国际标准化部门、联合国工业发展机构在近年会议中提出的，其重点在于对标准、计量、认证、检验是一条完整的技术链条的强调。质量基础设施的现实应用是保障国民经济有序运行、鼓励科技创新发展的基础，也是提高国际竞争力、质量竞争力的基石，如交通、通信、水利、文化教育、医疗等基础设施，国家优质基础设施也是保障经济社会发展的基础。党和国家把四大支柱集中在质量检验部门，它是质量检验技术体系的主体，是质量检验工作的基础。

高质量的发展离不开高质量的技术。国家质量技术基础在工具层面能推动经济和社会活动秩序的建立，也是促进经济社会转型、实现集约发展的根本保证。第一，国家质量技术基础是构建社会经济活动最佳秩序的重要工具。标准、计量、认证、检验和试验已融入人类社会经济活动的各个领域，成为建立和维护生产秩序、贸易秩序、社会秩序、国家秩序乃至国际政治经济秩序的重要工具。由于国家质量技术基础关系国计民生、国家主权和国家核心利益，许多发达国家都将质量基础设施建设纳入国家战略。第二，国家质量技术基础是促进经济转型升级、实现集约发展的根本保证。先进的标准可以提高基础材料、基础零部件、主要设备、关键工序、最终产品及整个产业链的质量，为质量改进提供路线图，从而优化产业结构，提高产品和服务的附加值。第三，国家质量技术基础是推动技术创新的关键要素，是参与国际合作和竞争、维护国家核心利益的有力抓手。在经济全球化的背景下，标准、计量、认证认可、检验检测已成为国际技术语言。因此，高质量的发展需要巩固质量技术基础，不断塑造和增强在质量技术领域的基础，为高质量的经济发展提供支持，为产业发展和企业经营保驾护航[1]。

（一）标准

在国家质量基础设施中，标准是每一个要素活动的基础，为测量和合格评定提供了基本要求和准则。标准是实现计量工作价值传递和溯源的必要要求，一方面，计量本身需要在术语、计量器具、检定校正方法等方面制定标准，以保证计量工作的顺利开展；另一方面，计量需要通过标准的规定来实现标准化和可追溯性。标准是合格评定的重要依据和基本标准，从体系认证到机构认可，都要按照相关标准规范进行。当前，我国经济发展的基本特征是从高速增长阶段向高质量发展阶段转变。标准是检验检测工作的基本要求，是实现计量工作、量值传递的基本条件，是认证认可工作的重要依据，更是检验检测工作的基本规范。在生产控制方面，标准通

---

① 赵剑波，史丹，邓洲. 高质量发展的内涵研究[J]. 经济与管理研究，2019，40（11）：15-31.

过控制同一性来保证质量。国家政府通过质量基础设施各项基础手段的相互作用使得标准更有效地服务生产一线。在具体生产的过程中,技术的进步和消费者需求的变化对农村公共产品标准的适应性提出了更高的要求,因此标准具备可靠性与波动性,标准对供需之间的微妙平衡起着重要的作用,不仅如此,它还保障检验检测、认证认可等相关技术工作的协调稳定,在总体的、区域性更强的质量提升工作中提供必不可少的技术支撑。未来我国应该继续加强标准的精准供给,实现标准、计量、认证认可、检验检测等多个方面的高效协同发展。标准、计量、认证认可的相关技术机构可进一步创新工作机制,搭建信息共享平台,强化沟通交流,提高部门之间的协调效率,努力实现优势互补,拧成一股绳,为农村公共产品供给高质量发展提供更高效合理的标准基础设施。

（二）计量

当今,中国经济发展重心已经发生转变,从过去单纯追求发展速度转变为对发展质量的更高要求。计量作为国家质量基础设施的基础,不仅是促进高质量发展的重要条件,也是提升质量,甚至创造更高质量的重要保证。一方面,计量水平在一定程度上决定了农村公共产品的质量。高质量发展迫切需要提升农村公共产品的质量,而农村公共产品的质量有赖于准确的计量和高质量的计量数据。不断提升计量基准标准水平,构建国家现代先进计量体系,是提高农村供给整体质量、不断突破制约发展的核心技术桎梏的重要途径。另一方面,计量是度量有关能源、资源和环境的数据。农村供给的高质量发展,离不开能源、资源和生态环境领域国家计量标准体系的完善,离不开计量管理和技术水平的提高,离不开农村资源环境监管和服务能力的提高。今后,我国应努力完善现代先进信息技术,扩大信息技术的区域覆盖,整合资源环境计量数据,实时在线监测,实现对资源环境计量的有效监管。在实现计量行业高质量发展的同时,政府应充分考虑经济新常态下的趋势变化,找出切实有效的对策予以应对,确保该行业发展状况的良好性,增强计量工作在实践中的落实效果,满足丰富计量成果高效利用要求。同时,在计量行业高质量发展中应落实好与之相关的研究工作,了解相关对策的使用情况,促使该行业在经济新常态下可处于良好的发展状态①。

---

① 宁丽敏. 经济新常态下计量行业实现高质量发展的对策探讨[J]. 全国流通经济, 2020, (11): 67-68.

（三）认证认可

随着时代发展，认证认可开始进入人们的视野，它主要以企业组织作为服务主体，以市场治理作为原生定位，以建立需求方对认证对象的信任为主体工作，从供需两端发力，综合运用监测评估、评价分析与有效性保障等科学技术手段，通过符合性评定和公示性证明等活动的开展，旨在向市场传递具有客观公正性和科学专业性的有关产品质量、能力、信用等信息。认证认可在现实中的运用不仅能有效解决由信息不对称造成的资源配置失衡、效率和质量低下等问题，促进供求端与需求端的对等连接，又能加强供需两端的交流互动，提高双方活性，对双向反馈机制的建立和激励约束效应的形成大有裨益，有利于激发市场活力，保障现代市场体系的有效运转。认证认可作用于供需两侧，运用评价分析、检测验证与有效性保障技术，以企业为主体，以市场管理为基本定位，以建立供需双方之间的信任为基本任务。它通过合规评估、宣传论证等活动向市场传递供应商的基本信息，保证了信息的可靠性和客观性，不仅能有效整合供需，促进市场与供应商之间的信息对称，减少资源的浪费，同时也为供需两方之间的信息交流搭建了一个桥梁，有效的双向反馈机制的建立能极大限度地激发市场活力，保证现代市场体系的有效运行。以技术评价为主体，认证认可作为补充，二者同时发挥作用，不仅可以对落后产业、落后产能的技术进行评价，为后续的调整指明方向，为落后产能的淘汰和过剩产能的退出提供有力支撑，同时对新兴产业的发展也有着指导作用，通过评价和认证可以帮助了解新兴产业发展现状及面临的挑战，并通过技术限制和政策扶持措施等手段的实施，促进新兴产业市场竞争力的提升和技术发展的不断更新。同时，认证认可往往作为第三方评估手段，将认证认可技术与传统治理方式相结合，利用其自身所具备的兼顾全面、权威、可操作、共通、协调于一身的特点，并通过全面管理与过程管理相结合的模式促进协调发展，优化和创新传统的治理模式。

（四）检验检测

为了深入贯彻"放管服"相关要求，积极深化检测机构资质评定改革，不断创新检验检测的市场监管机制，提高相关部门检验检测服务水平，保障公平有序的市场竞争环境，提高市场竞争效率，激发活力，检验检测作为促进第二产业结构转型升级的重要技术手段，也是新一代信息技术产业质量水平的重要保证和前提条件，是产品质量水平得以保证的重要依据，主要有如下三点：产品原材料的强化实验、中试产品的可靠性和寿命测试试验及最终产品质量的检测检验。检验检测尤其是独立第三方的检验检测技术服务是消除相关信息不对称程度的重要手段之一。近年来随着我国经济高速发展，人民对生活水平及生活质量的要求越来越高，对产品质量的需求标准也随之水涨船高，对国家检验检测行业提出了更高的要求，在此大环境下检验检测行业的发展将会处于一个红利期，国家对于检验检测行业的监管力度也会越来越规范和严格。当然，我国目前的检验检测行业也面临着诸多挑战，整体服务水平仍然不够成熟，影响因素有市场机制、竞争关系、区域发展及科研发展水平、统筹发展水平等，我国检验检测行业要进一步发展进步，就需要把握住发展机遇，积极贴合我国国情，提倡平衡发展、国际化发展。

五、整合公共产品供给五个赋能

（一）制度赋能

制度是现代国家实现社会公正、保持社会安定必不可少的社会性事业，也是政府的重要职能之一。习近平总书记多次强调，"要强化制度执行力，加强制度执行的监督，切实把我国制度优势转化为治理效能"①。制度优势是一个政党、一个国家的最大优势，只有通过制度建设，才能将我国真正带入高质量发展阶段。解决"三农"问题，推动农村现代化，推动乡村振兴战略深入发展，需要制度保障。

（二）组织赋能

组织赋能是指在组织力量的协助下，综合运用各种手段，通过吸收组织资源和拓展能力帮助村民。目前，农村社会中有效活跃的组织主要是政府组织、合作组织和非政府组织。在提高农村供给质量的过程中，要善于凝聚各种力量，形成多个权力中心互相联系、互相监督、互相制约的农村治理网络体系。通过运用现代技术打造多种信息共享与交流平台，在农村公共事务治理决策中，吸收社会组织、市场组织参与决策过程。总之，组织赋能可以使村民与其他社会成员更加注重互利合作，使村民更好地形成融入农村的主体意识，促进农村社会治理的善治。

---

① 中国共产党新闻网. 提高制度的执行力[EB/OL]. http://cpc.people.com.cn/n1/2019/1113/c430519-31453490.html, 2019-11-13.

（三）技术赋能

中共中央办公厅、国务院办公厅印发了《数字乡村发展战略纲要》，提出要着力发挥信息技术创新的扩散效应，加快推进农业农村现代化，培育信息时代新农民。例如，农村网络基础设施、交通设施和物流体系的完善，能直接增强农村与外界的联系能力，促进农村与外界的物质、信息和知识交流，大大改善了农民的生产生活条件。通过推广废水处理、垃圾处理、卫生间改造等技术，可以大大改善农村环境质量，提高农民生活质量和满意度。把信息技术引入教育和医疗，不仅可以改变农村教育和医疗在硬件设施上的落后状态，还可以通过远程教育、远程医疗等方式弥补农村师资和医疗资源的不足，从而实现软硬件的双重改进。现代信息技术在农业农村经济社会发展中的应用为传统的乡村治理注入了新鲜血液，它不断赋予农村现实生活和生产能力。提高乡村治理能力的现代化水平，解决连通性和能力性乡村发展问题，对实现乡村振兴的战略目标具有重要意义。

（四）文化赋能

乡村振兴离不开文化振兴。《"十四五"文化发展规划》指出：统筹推进"五位一体"总体布局、协调推进"四个全面"战略布局，文化是重要内容，必须把文化建设放在全局工作的突出位置[①]。没有农村文化的繁荣，就难以实现乡村振兴的伟大使命。中国特色社会主义进入新时代，要立足新时代的重要历史地位，认真贯彻中央的决策部署，把加强乡村文化建设作为乡村振兴的灵魂工程，以社会主义核心价值观为指导，深入挖掘优秀传统农耕文化所蕴含的价值观、人文精神，注重文化的作用，以文化建设助力乡村振兴。

（五）服务赋能

服务赋能是指通过供需匹配精准定位村民的多样化需求，紧紧扭住供给侧结构性改革这条主线，同时注重需求侧管理，疏通渠道，补齐短板，畅通服务过程，实现供需精准匹配，以需求指导供给，供给反过来提升需求的品质要求，实现二者更高水平的动态平衡，提升农村公共产品供给高质量体系整体效能。现阶段，在我国广大乡村地区，政府仍是公共产品唯一的供给主体。政府在公共产品供给决策中基本采用自下而上的决策模式，

---

① 中共中央办公厅 国务院办公厅印发《"十四五"文化发展规划》[EB/OL]. http://www.gov.cn/zhengce/2022-08/16/content_5705612.htm，2022-08-16.

这不是基于农民的需求，而是取决于自己对公共产品供给数量和类型的偏好。因此，农民需求能否实现，直接关系到乡村振兴战略的实际有效性，也关系到整个乡村供给效率和质量的提升[①]。

第三节　农村公共产品供给高质量发展的途径与工具

一、畅通国内国际双循环

《中国共产党第十九届中央委员会第五次全体会议公报》提出，加快构建以国内大循环为主体、国内国际双循环相互促进的新发展格局。国内国际双循环的内涵有两点：其一，国内循环的基础和条件逐渐完善，发挥我国超大经济体的优势，加大国内循环，弱化对国际市场的依赖度并规避伴生的风险；其二，加大国内循环是为了以更高的水平参与国际循环，推动全球经济的恢复和增长。

针对双循环新发展格局的构建，党中央提出了根本要求和基本方法论，其中一个重要方面就是要统筹好国内大循环和乡村振兴的关系。从国家战略和顶层设计来看，本质上国内大循环的推动与乡村振兴的实现是位于同一路径上的，要先凝聚所有力量推进乡村振兴的实现，之后在同一路径上不断推动国内大循环，二者是相辅相成的。推动乡村振兴和国内大循环协同发展，有利于实现二者深度融合和有机衔接。原因有四：第一，全面推进乡村振兴有利于刺激内部消费，降低我国对国际市场的依赖，有效降低外部风险，刺激我国内部就业和经济发展，从而推动我国国内大循环体系的形成与稳固。这需要政府、企业和社会组织共同努力，形成合力，共同推进乡村振兴和国内大循环的建设。只有这样，才能实现乡村振兴和国内大循环的有机衔接，为我国的经济发展提供更为坚实的基础。第二，乡村振兴实现的农业产量和质量的飞速发展有助于提高我国本土农产品的市场占有份额，扩大本土农产品市场占有率，从而增加市场体量，减少对进口农产品的依赖，实现自给自足。第三，乡村振兴有利于提高和完善乡村的基础设施建设和信息化建设，农民收入逐步增加，刺激农民的消费意愿及活力，提高消费能力和购买力，拉动国内总体消费，促进国内大循环体系的构建。第四，全面推进乡村振兴，不仅解决农民就业难的问题，提

① 崔博，刘伟伟，黄英龙. 乡村振兴背景下农村公共产品供给质量提升路径研究[J]. 农业经济，2019，（11）：31-32.

供了更多的就业岗位和机会，而且有利于发展乡村本土企业，创造就近就业机会，激活本地就业市场。

双循环新发展格局与乡村振兴战略关系密切，乡村振兴战略是双循环的基础，双循环也将为乡村振兴带来资金、机遇等，二者相互促进，这种关系主要体现在双循环为乡村振兴提供机遇。在双循环新发展格局下，我国产业链、供应链等的建设会进一步完善，会在释放我国居民消费力方面持续发力，基础设施等的完善有利于乡村振兴战略的推行。乡村振兴为双循环提供市场空间，我国城乡居民尤其是农村居民对新兴高质量消费有较大的需求。

我国传统农业发展取得了不小的成就，但仍存在一些问题，如形成规模小、种植结构单一、抗风险能力弱等，传统农业产业链上下游缺乏交流互动，我国农产品的优势尚未得到充分发挥，没有创立我国特有农业产业的世界品牌，国内农产品难以满足现有的高质量需求，国外进口农产品在市场中所占份额仍然较大，农民种植意愿低迷。探索农业产业与其他产业的深度联合发展，促进农业生产方式转型，调整农业产业结构，降低我国对进口农产品的依赖，重视农业科技的发展，将现代化的增值方式如产业链、价值链和利益链等引入农业产业发展格局，将是在乡村振兴战略目标引导下的全动力、多功能、有机、可持续的现代农业发展方向。

基于我国农业发展持续向好的情况，积极推进一、二、三产业的融合发展，并在政策上给予支持，在财政上给予补贴，打造全产业链、全价值链，达到农业增值、农民增收的目标。引入"互联网+"，增强一、二、三产业的互联互通性。从微观层面来说，这种转型升级可以加强农村产业之间的互联互通，保障农民的利益；从宏观层面来说，加大农业与其他产业的融合力度，可以加强我国大部分农产品的竞争力，降低国内进口压力。因此，推进农业产业转型升级，深化农业供给侧结构性改革是发展现代化农业产业体系、构建双循环经济高质量发展格局的必然要求。

我国经济发展势头强劲，农村居民消费总量在不断增加，同时农村居民也追求高质量的消费。农村消费结构在不断改变，农村居民消费恩格尔系数近年来持续下降，而教育、娱乐、卫生和交通设施等深层次消费支出却大幅提高，农村居民的消费潜力巨大。农村居民的消费观念也在不断改变，有可能会成为农村消费新的增长点。科学技术进步使得互联网进入农村居民生活，网上购物等在农村地区不断渗透，线下实体店和线上电商平台相互补充，丰富了农村居民的消费选择，有效解决了信息不对称造成的价格竞争和服务竞争不足问题。农村消费市场的不断成熟和农村消费潜力的逐渐释放，为我国经济进行国内大循环提供了广阔市场空间，是双循环新发展格局构建的重要基础。

改革开放以来，我国农业生产效率和绩效增长的成就主要归因于资源有效配置。面对资源环境约束趋紧和农业发展转型，优化农业资源配置是实施乡村振兴战略与推进农业现代化发展的关键。然而，我国现实中的农村劳动力资源和土地要素市场化进程都比较滞后，农业资源重新配置的潜力并未得到充分发挥，双循环新发展格局可以为农业资源优化配置提供市场环境。我国城镇化的推进使得大量农村劳动力流向了城市，这些劳动力在获得新职业的同时，也成为保持农民身份并长期往返于城乡之间的"两栖人群"。农村劳动力"两栖人群"的长期存在是我国农村劳动力结构性失衡的客观反映，也是乡村振兴战略实施推进中不可回避的问题。游走在城乡间的农村劳动力虽然满足了我国城镇化进程中城市建设用工短期性需求，但从农村发展长远角度考虑，城市将大量农村劳动力抽吸出去，势必会造成乡村的衰落。大量劳动力流出，导致农村生产仍然处于自给自足状态，农业产业在整个产业结构中完全不具备竞争力，农业生产也逐渐被边缘化，最终结果便是农村衰落，形成农村越衰落劳动力越是外流的循环陷阱。此外，我国的青壮年劳动力主要集中在第二产业、第三产业领域，第一产业的农业生产领域主要以中老年劳动力为主，农业生产劳动力结构不合理问题异常严重。这些因劳动力外流引起的农村发展难题，其深层次原因在于我国始于小农户的农业生产缺乏市场，在其漫长的产业发展中逐渐丧失竞争力，成为经济发展中的弱势产业。然而，以国内大循环为主体的双循环新发展格局开启，为我国农业市场发展带来了新机遇，也使得农村劳动力资源能够通过市场进行优化配置。农业生产要素包括劳动、资本和土地等，我国农村劳动力和资本要素配置基本已经市场化，具体表现为农村劳动力的自由流动和农村资本通过各种渠道流向收益更高的地区和行业。然而，农村土地资源配置却是处于半市场化状态，因为农业用地总量掌握在政府手中，即农业用地总量是由政府计划的，并不是由市场配置的，农民可以根据不同农产品市场需求，决定不同农产品种植土地的数量，也可以根据自己的偏好和实际情况决定由谁种植，即农业用地内部在不同产品之间和种植主体之间的配置是由市场决定的。随着农村土地"三权"分置改革的开启，农村土地制度在坚持土地集体所有权的同时，保障了农户土地的承包权，搞活了农村土地的经营权，促进了农村土地流转市场化。但是农村土地流转市场很大程度上仍然处于分割状态，农村土地流转主要以熟人内部流转为主，并没有形成统一、公平的农村土地流转市场体系，农村土地"三权"分置改革的理想效果并未达到。不难发现,农村土地流转市场的开放体系还不够完善,新型农业经营主体的进入和信息交流仍有壁垒,造成农村土地流转市场存在诸多不确定性,阻碍了农村土地流转的效益和效率提升。双循环新发展格局构建可以为农业发展提供一个良好的市场基础,促使更多农业经营新型主体诞生,推动农村土地流转市场更加高效,农村土地资源配置更加合理有效[①]。

二、推动城乡一体化发展

(一)城乡一体化概念与阶段历程

城乡一体化是指要推动城市地区与农村地区在政治、经济、文化等方面的差距不断缩小直至消失的一种发展趋势。它作为我国现代化与城镇化发展的一个重要阶段,其中的每一项工作都是需要经过深思熟虑与统筹协调的。就我国目前来说,推进城乡一体化的发展进程主要还是通过政策的调整及体制的改革,如通过优惠政策推动各种现代产业在城乡之间的流动,以各种规划建设来逐步打破城乡之间的二元经济、体制结构等。通过这些行动的逐步开展,城乡之间差距的逐步缩小也将不再遥远,农村地区的居民享受与城镇居民相同待遇和服务的这一天也不会太久,而这也同样能够促进我国整个城乡社会的协调发展。

城乡一体化是指因生产力的发展而推动城乡居民的生产生活及居住方式逐步发生变化的一个过程。在这个过程中,城乡地区的人口、资金、技术等资源都会促进相互融合创新、互相推动助力等方面的发展,进而使得城乡之间的资源、布局、结构等方面都逐渐趋于均衡状态,城乡之间的发展差距也会慢慢消失。

在我国,城乡一体化最早是在 20 世纪 80 年代被提出来的。从这个概念被提出来开始,距今大概已经经历了三个阶段的发展演变:第一个阶段是改革开放后到 20 世纪 80 年代中后期,这个阶段是城乡一体化的提出与探索阶段;第二个阶段是 20 世纪 80 年代末期到 20 世纪 90 年代初期,这个时期我国政府开始着手于城乡边缘区的研究;第三个阶段是 20 世纪 90 年代中期至今,在这个阶段里,我国城乡一体化理论框架与理论体系已经开始逐步建立,相关的研究内容也日益完善起来。城乡一体化,它对于我

---

① 王博,毛锦凰. 论双循环新发展格局与乡村振兴战略融合发展[J]. 宁夏社会科学, 2021,(2): 82-89.

国而言是一场意义深刻的变革，它涉及我国社会结构的改变、人民思想观念的更新、人员户籍管理方式的重置、各类产业的布局与利益分配的转变，以及相关的各种政策调整，这不仅代表着政府工作方式的变化，更代表着我国体制机制的变化。

在城乡一体化的推进中，受影响最大的应当是农村地区，不论是农村地区的结构布局，还是人员管理，甚至资源配置等都会发生巨大的变化，而农村公共产品供给也是其中之一。当今情况下，农村公共产品的高质量供给已经成为我国农村地区公共产品供给的必然趋势，但想要真正实现农村公共产品的高质量供给却是需要多方面共同努力的，而推进城乡一体化发展在某种程度上正好帮助了我国农村公共产品高质量供给的实现。

（二）推进城乡一体化发展对实现农村公共产品高质量发展的推动作用

（1）推动多元供给体系建设，构建农村公共产品有效供给新格局。过去我国农村公共产品是由政府单方面提供的，不仅提供的方式、种类较为单一，地方政府面临的财政及民众意见等压力也很大。城乡一体化的推进将会让农村地区变得更加开放，从而让更多的企业、社会组织等主体能够有机会进入农村领域，并有机会参与农村公共产品的供给。除政府以外的其他多元主体参与农村公共产品供给的行列中来，不仅可以减少政府在农村公共产品供给方面的财政资金压力，同时他们所带来的一些不同角度的想法和思考也可以为农村地区的公共产品供给提供许多形式与内容的创新方向，如专业环保组织可以为当地政府进行农村生态环境治理提供各类专业性的建议，类似新乡贤这种主体的加入可以为当地居民提供多种形式的文化服务活动等，这些都能够让农村公共产品的供给在形式和内容上变得更加生动有趣，能够更好地满足农村地区居民日益多样化的文化服务需求，从而做到对农村公共产品供给质量的提升，为早日实现农村公共产品高质量供给助力。

（2）推动城乡二元结构的消亡，促使城乡之间农村公共产品供给质量趋于均衡。自20世纪50年代以来，由于优先发展工业战略决策的影响，我国形成了城乡相对分割独立的二元格局及公共产品供给模式，这也就造成了后面我国城市与乡村间发展差距的加大和城乡公共产品供给的失衡。在那个时期，我国城市地区的经济水平要远远高于农村地区，因而城市地区所供给的公共产品的质与量要远远超过农村地区。现在随着城乡一体化的发展，城市的资金、发展经验有了更多的机会流入农村地区，使得农村地区的经济发展水平越来越高，这不仅让农村地区与城市地区之间的差距逐渐减小，更令农村地区能够有更多的实力来提升当地的农村公共产品供给质量。

（3）创造良好的经济发展环境，为农村公共产品高质量供给提供物质保证。我国作为一个农业大国，农村地区不仅范围十分广阔，对农村公共产品的需求量更是巨大，但这仅依靠政府的财政是难以长久维持和发展的。如今，我国推行的城乡一体化行动就提供了打开农村市场的机会和平台，吸引了大量的企业和社会组织等主体投入农村公共产品供给需求市场中，他们的到来刚好给农村地区带来了大量的资金投入，并且政府各种政策的鼓励和支持更是为各种投资主体提供了良好的投资环境，可以说是为我国农村地区公共产品供给市场的长久繁荣提供了保障。有了这些主体的资金投入，我国农村地区的各种公共产品的供给就有了雄厚的资金保障，各种公共产品的供给与创新都能得到有力的支持。再结合如今农村地区居民对公共产品的多样化、现代化需求，良好经济发展环境使得农村公共产品的高质量供给将能得到顺利推进。

（4）提升农村居民自主意识，为从供需两侧提升农村公共产品供给质量提供支持。农村地区公共产品供给质量始终上不去的原因之一就是没有能够将供给侧与需求侧结合起来，不仅造成了资源的浪费，更是农村公共产品供给质量提升的阻碍。供给侧与需求侧没能好好结合的重要原因之一就是农村居民缺乏表达自身需求的意识和理念。在现在城乡一体化的进程中，随着各种城市地区文化及思想的涌入，农村地区居民的自我意识也得到了提升，他们开始变得更加愿意主动表达自身的需求意愿，而在这样的情况下，农村公共产品供给的需求侧将得到很大的发展，进而可以更好地同供给侧结合起来，从而在最基础的方向层面上帮助推进农村公共产品高质量发展目标的实现。

三、基本公共服务均等化

（一）基本公共服务均等化的概念

《国家基本公共服务体系"十二五"规划》的发布对基本公共服务的概念及服务范围进行了明确的界定。基本公共服务是以政府为主体，在区域差异的基础上，为保障全体公民的生存和发展而提供的基本公共服务，是适应我国社会不同经济发展阶段的公民权利。基本公共服务均等化不能简单地归结于平均主义，作为衡量我国政府财政周转效率和各地区整体推进效率的有效指标，重点是促进公民机会均等，在某一区域内经济活动和居民需求存在差异的情况下，确保该区域内所有公民享有同等的机会，确保每个人都有能力享受基本公共服务。它的实质应该是底线均等，影响因素包括社会经济发展水平、居民需求程度和政府财政实力，具有波动性和不确定性。

（二）基本公共服务均等化的政策演变历程

为了实现对我国快速增长的基本公共需求的满足、适应当今经济社会发展水平、保证公共服务的充分供给，基本公共服务均等化逐渐成为我国的一项重要政策。从政策目标的角度来看，基本公共服务均等化政策的演进历程可以总结为普惠化—均等化—优质化梯度递进的过程①。

第一阶段是以普惠化为特征的基本公共服务体系构建阶段，政府在这一阶段把基本公共服务职能纳入其基本职能范围，提出基本服务均等化由政府财政居于主导地位，对实现基本公共服务均等化的关键要素也有了初步认识。第二阶段是以均等化为特征的基本公共服务均等化逐步推进阶段，这一阶段陆续开展了基本公共服务的各类政策的单项试点，同时完成了部分基本公共服务项目的法律制定或修订工作，并将义务教育、医疗救助、养老保险等与民生息息相关的领域作为财政保障的核心重点，确保基本公共服务均等化实现路径的专业性、规范性和合法化。第三阶段是以优质化为特征的基本公共服务均等化提升优化阶段，这一阶段把基本公共服务均等化从原有的基本理念具体化为可操作的政策和措施，首次明确了实现基本公共服务均等化的时间节点和发展方向，建立了基本公共服务清单制度，形成了财力、人力、物力、技术资源的统一综合配置，切实提升了基本公共服务均等化目标的可实现性和可操作性。

（三）实现基本公共服务均等化对农村公共产品高质量发展的重要意义

（1）基本公共服务项目范围全覆盖，提高农村公共产品高质量供给标准底线。中央政府为明确基本公共服务的覆盖范围和指导原则，出台了《国家基本公共服务标准（2021年版）》。它是国家统一的基本公共服务标准的下限和最低要求，是根据我国当前经济社会发展水平和财政状况，结合地方发展的阶段性特点和财政承受能力确定的，这为今后各地区的农村公共产品供给指明了发展方向。地方政府可以根据各地经济水平和发展特

---

① 姜晓萍，郭宁. 我国基本公共服务均等化的政策目标与演化规律——基于党的十八大以来中央政策的文本分析[J]. 公共管理与政策评论，2020，9（6）：33-42.

点，制定和实施地方供给标准，实施可操作的公共物品项目标准，不断增强优质供给的可达性和便利性，保障人民生存和发展的基本权利，守住农村公共产品优质供给的标准底线。

（2）城乡公共服务一体化发展，促进农村公共产品高质量供给战略调整。目前，我国城市与农村的公共产品供给仍存在差距，政府在城市地区公共产品的财政支出远超过了农村地区。同时，在自然环境和基础设施相对较差的情况下，农村公共产品与城市公共产品也存在差异。我国取消农业税制度后，基层乡镇政府中存在的权责不明晰问题制约了农村公共产品的供给。同时，我国区域发展也存在较大的不平衡，经济发展缓慢的地区在很大程度上会导致公共资源的不足。在我国提出的实现基本公共服务均等化目标指引下，要对各级政府基本公共服务的责任单位和责任清单进行明确规定，中央和地方的支出责任主体也应确定下来，制定共同财力标准，保障基本公共服务。推进促进城乡居民公共服务一体化，统一城乡基本医疗保险制度，完善城乡义务教育经费保障机制，统筹城乡教育、医疗资源配置，把城乡发展有机结合起来，不再局限于从农村的角度思考农村发展问题，逐步缩小城乡公共产品供给中存在的差距，从而有效推动农村公共产品的高质量供给。

（3）公共服务标准实施新机制，推动农村公共产品高质量供给模式改革。在农村公共产品供给领域，资金使用不合理、成本过高、信息不对称等制约因素较为明显，对供给效率的影响较大。为追求基本公共服务均等化目标的实现和基本公共服务标准实施机制创新发展，我国开始探索实施新的公共服务标准，以推动农村公共产品高质量供给模式的改革。新机制旨在提高资金使用效率，降低成本，消除信息不对称，从而提升农村公共产品的供给效率。未来，我国将继续深化农村公共产品供给制度改革，推动公共服务标准实施新机制的完善和发展。通过创新供给模式，提高服务质量，增加村民满意度，我国农村公共产品供给将迈向更高水平，为实现乡村振兴战略提供有力支撑。在引入市场机制的同时，政府继续加大对农村公共产品供给的财政支持力度，通过法律手段调节政府财政投入在农村公共产品供给中的比重和比例。此外，还应鼓励社会力量参与，多方视角共同参与能够积极解决政府组织作为单一主体的弊端。同时还要建立畅通的农村公共产品需求表达机制，听取受众对象的真实需求，综合分析多方收集的有关需求的信息，第三方力量的参与也能完善农村公共产品供给的监督机制，促进农村公共产品多元供给主体模式的形成。

第五章 农村公共产品供给高质量发展的实证分析

在农村公共产品供给中，基础设施质量是农村发展的重要支撑和保障，关乎农村居民的衣食住行；公共文化服务质量是实现好、维护好、发展好农村居民基本权益的主要途径；生态环境保护的底色关乎农村社会经济高质量发展的成色，关系子孙后代的福祉和农村未来的发展；科技服务关乎农村地区能否成功转型，是农村经济健康发展的持续动力；义务教育质量关乎农村人才培养的根本，是农村地区社会经济发展的动力之源；医疗卫生服务质量关乎农村居民生命健康，是重大民生问题。

在新的发展阶段及乡村振兴战略的要求下，农村公共产品供给有了特定的背景和场域，因此本章选取了农村基础设施、农村公共文化服务、农村生态环境治理、农村科技服务、农村义务教育、农村医疗卫生服务、农村社会保障七个领域进行实证分析。

第一节 农村公共产品供给高质量发展研究设计与方法

一、评价指标体系构建原则

（一）全面性原则

构建农村公共产品供给高质量发展指标体系一定要考虑全面，衡量农村公共产品供给高质量发展的指标有很多，这是一个复杂的体系，根据现有的文献再次设计出新的农村公共产品供给高质量发展指标是应该尽可能将涉及的各个方面都包含到的，重建的指标要有可靠性和准确性。

（二）重要性原则

评价指标多种多样，选择最重要的指标是指标体系设计成功的前提，基于农村公共产品供给高质量发展的评价体系的选择有限，所以要对影响因素准确地进行筛选，选择出最合适、最重要、最能反映事实的指标。因此，在进行指标选择时一定要遵循重要性原则，同时重要性原则也有利于提高资源的利用效率，使得评价过程更加高效和可持续。

（三）代表性原则

指标体系的设置不是广泛的和随意的，必须要具有针对性和目的性。选择具有代表性指标的目的是，通过该项指标能得到哪些因素对测量主体产生影响，在影响农村地区公共产品供给高质量发展评估的众多指标中，定位选择到最有代表性的指标就变得十分必要。

（四）导向性原则

设计农村公共产品供给高质量发展指标的目的是通过指标测算的结果，反映出现在农村地区基本公共文化服务质量存在不足的区域和可以改进的问题，因此，这就要求指标在设计时就要有导向性，指标测算的实际意义是为了找出现存在问题的原因，从而引导政府通过修改政策、加大投入等手段解决问题，实现最终的目的，就是让在大众参与后对农村公共产品供给高质量发展的满意度提高。

（五）独立性原则

指标体系的建立涉及多个空间，这就要求各个空间具有独立性，且互不相关。这个原则能够保证评价指标的客观性和科学性，使得评价结果更加准确、可靠。同时，独立性原则也有利于降低评价过程中的主观性和误差，提高评价的公正性和可信度。这是为了体现在由同一性质引导的状态下，不同空间维度的指标在测算时也能反映出不同的性质，同时是其他指标不可替代的。

（六）可行性原则

指标的选取和体系的构建应立足于当前农村现状，不可出现臆想型的指标，并且指标应该是综合性的，能够全面反映出农村公共产品供给的情况，以确保指标能够有效地回答研究问题。本章秉承客观性来进行评价指标的选取。另外，本章所使用的数据均来自面板数据，因此所选取的指标应有相应的数据支持。

二、数据来源及实证方法

（一）数据来源

本章基于地域位置将中国划分为东中西三部分，并分别在东中西部的南北部各选择一个省区，最终确定出 6 个省区作为研究地区，即东部——山东、广东，中部——河南、湖南，西部——新疆、四川。

本章所使用的数据均源于面板数据且使用 2020 年相关数据。农村基础设施供给质量方面使用了《中国农村统计年鉴》、《中国统计年鉴》和《中国第三产业统计年鉴》。农村公共文化服务供给质量方面使用了《中国农村统计年鉴》、《中国统计年鉴》及省财政厅相关文件。农村生态环境治理供给质量方面使用了《中国农村统计年鉴》和《中国城乡建设统计年鉴》。农村科技服务供给质量方面使用了《中国统计年鉴》和《中国农村统计年鉴》。农村义务教育供给质量方面使用了《中国教育统计年鉴》。农村医疗卫生服务供给质量方面使用了《中国卫生健康统计年鉴》。农村社会保障供给质量方面使用了《中国农村统计年鉴》、《中国劳动统计年鉴》、《中国社会统计年鉴》和《中国民政统计年鉴》。

（二）实证方法

本章所使用的实证方法为综合指数法。综合指数法由于方法简便，是目前较为常见的脆弱性评价方法，已被应用于基本公共卫生服务、医疗质量管理等领域。借鉴各学者的研究成果，本章将综合指数法应用于农村公共产品供给高质量发展评价中，通过综合指数的计算，将错综复杂的指标体系简化为一个单一的评价指标，以简洁易懂的方式呈现出综合评价结果。

数据无量纲化。常用的线性无量纲化方法有标准化处理法、极值处理法、线性比例法、归一化处理法、向量规范化、功效系数法。根据现有学者相关研究中的理论推导和实证分析，本章认为在农村公共产品供给高质量发展综合评价中的最优方法是极值法，即使用极值处理法对原始数据进行无量纲化处理。

若评价指标 X_i 为正向指标，则其无量纲化处理方式为

$$\text{高优指标公式：} \quad P_{ij} = \frac{X_{ij}}{\text{Max}(X_i)} \tag{5-1}$$

若评价指标 X_i 为负向指标，则其无量纲化处理方式为

$$\text{低优指标公式：} \quad P_{ij} = \frac{\text{Max}(X_i)}{X_{ij}} \tag{5-2}$$

式中，X_i 为第 $i(i=1,2,\cdots,11)$ 个评价指标；X_{ij} 为第 $j(j=1,2,\cdots,31)$ 个省区在第 i 个指标下对应的数据；P_{ij} 为无量纲化处理后的数据。

各指标指数化。指标指数化公式如下：

$$y_i = P_{ij} \times W_{ij} \tag{5-3}$$

式中，y_i 为各指标指数化数值；W_{ij} 为各指标的权重系数；本章将 W_{ij} 统一设定为 1。

计算综合指数得分。根据标准化计算后的各个指标的数值，以二级指标为分组依据，对每个省区中各个二级指标内部各个三级指标的标准化数值进行相乘，得出各个二级指标的标准化数值，随后再将各个二级指标的数值相加，最终得出每个省区的综合指数得分。

$$Z = \sum_{i=1}^{n} y_i \tag{5-4}$$

式中，Z 为每个省区的综合指数得分。

第二节　乡村振兴战略下的农村基础设施供给质量

一、农村基础设施供给质量模型构建

（一）农村基础设施供给质量的文献资料来源

使用 CNKI 数据库检索网站进行检索，输入"农村基础设施"等关键词搜索相关文献，来源类别与年份不设限制，初步搜索有 6 378 条结果。为提高文献资料的准确性及规范性，将从以下几个方面进行文献资料筛选。

文献资料内容相关性：文献资料内容与"农村基础设施"密切相关，手动剔除书评、会议报道等与本主题无关的文献。文献资料权威性：文献来源类别必须是 SCI 来源期刊、EI 来源期刊、核心期刊、CSSCI 和 CSCD[①]，由于类别评定，有部分期刊不是上述类别，则查询文献发文时间与期刊评定为上述类别的时间，若发文时间在期刊评定时间范围内，也可纳入本章的文本分析中。

检索发现，共有 386 份文献资料符合筛选原则，时间跨度为 1992~2022 年，检索日期截至 2022 年 3 月 15 日（以下小节文献筛选方式同上）。

（二）农村基础设施供给质量相关文献的指标选取

农村基础设施是为发展农村生产和保证农民生活而提供的公共服务

---

① SCI：Science Citation Index，科学引文索引；EI：Engineering Index，工程索引；CSSCI：Chinese Social Sciences Citation Index，中文社会科学引文索引；CSCD：Chinese Science Citation Database，中国科学引文数据库。

设施的总称，包括交通物流、农田水利、能源供应、信息通信等生产和生活服务基础设施。它们是农村各项事业发展的基础，也是农村经济系统的一个重要组成部分。《中华人民共和国国民经济和社会发展第十四个五年规划和 2035 年远景目标纲要》中提出：完善乡村水、电、路、气、邮政通信、广播电视、物流等基础设施。随着农村基础设施问题越来越受关注，关于农村基础设施主题的研究也越来越多。

许庆等将农村基础设施建设分为水电气环保基础设施、交通信息类基础设施、科教服务类基础设施和福利保障类基础设施四个维度层，并用 30 个具体指标测度中国农村基础设施发展水平、区域差异及分布动态演进[①]。郭楚月和曾福生在研究农村基础设施影响农业高质量发展的机理与效应分析中，将农村基础设施分为生产性基础设施、生活性基础设施两大类，以及农田水利、农村电力、农村交通、农村医疗、农村通信五大类[②]。何翔在研究农村基础设施投资公平性与脱贫攻坚成果巩固关系中，将农村基础设施分为生产性、生活性、农村社会发展及生态环境建设四个方面，并设置了农村沼气产气量、农村宽带接入户数、农村卫生机构床位数等具体指标衡量农村基础设施拥有量[③]。张亦弛和代瑞熙在研究农村基础设施对农业经济增长的影响中，将关键变量农村基础设施细化为农田水利基础设施、能源供应基础设施、交通运输基础设施、信息网络基础设施、科技基础设施、教育基础设施、卫生环境基础设施 7 种类型，并选取了农田有效灌溉面积、农村用电量、等级外公路里程数、农业科技经费、农村居民家庭平均每百户移动电话拥有量等作为代理指标[④]。

众多学者的相关研究将农村基础设施这一对象分解为多个指标，再通过查阅资料和实地调查等来获得指标的建设现状，最后对其进行评价或影响分析，学者们的指标选取为本小节构建农村基础设施供给质量评价指标体系奠定了坚实基础，部分文献的指标选取如表 5-1 所示。

① 许庆，刘进，熊长江. 中国农村基础设施发展水平、区域差异及分布动态演进[J]. 数量经济技术经济研究，2022，39（2）：103-120.

② 郭楚月，曾福生. 农村基础设施影响农业高质量发展的机理与效应分析[J]. 农业现代化研究，2021，42（6）：1017-1025.

③ 何翔. 农村基础设施投资公平性与脱贫攻坚成果巩固关系研究——基于 2010—2019 年省级面板数据的实证分析[J]. 宏观经济研究，2021，（3）：160-175.

④ 张亦弛，代瑞熙. 农村基础设施对农业经济增长的影响——基于全国省级面板数据的实证分析[J]. 农业技术经济，2018，（3）：90-99.

表 5-1　相关文献中的指标选取（部分文献展示）（一）

作者	文献名	一级指标	二级指标	三级指标
许庆等	中国农村基础设施发展水平、区域差异及分布动态演进	水电气环保基础设施；交通信息类基础设施；科教服务类基础设施；福利保障类基础设施	水利、电力、燃气、环境；邮政、电信、互联网；教育、科技；卫生、社会保障和社会福利、文化体育和娱乐	农村有效灌溉覆盖率；公路密度；农村居民家庭平均每百户移动电话数等
袁丹丹	论乡村振兴背景下的农村基础设施建设	农村基础设施建设现状	农村生产性基础设施；农村社会性基础设施	能源；水利；交通；教育；医疗；文化
郭楚月和曾福生	农村基础设施影响农业高质量发展的机理与效应分析	生产性基础设施；生活性基础设施	农田水利基础设施；农村电力基础设施；农村交通基础设施；农村医疗基础设施；农村通信基础设施	有效灌溉面积；农村用电总量；公路总里程数；农村卫生室数量；每百户家庭移动通信设备拥有量
何翔	农村基础设施投资公平性与脱贫攻坚成果巩固关系研究——基于2010—2019年省级面板数据的实证分析	农村基础设施拥有量	生产性基础设施；生活性基础设施；农村社会发展基础设施；生态环境建设基础设施	农村沼气产气量；农村宽带接入户数；农村卫生机构床位数；农村幼儿园园数；农村文化站个数；水土流失治理；自然保护区面积；造林总面积；防护林当年造林面积
王昕宇和马昱	农村基础设施建设减贫效应研究——基于面板平滑转换模型的实证分析	农村基础设施建设发展水平	交通运输基础设施；水利基础设施；电力基础设施；文化基础设施；医疗卫生基础设施	农村公路密度；农村灌溉覆盖；农村人均用电量；农村医疗卫生密度
卓乐和曾福生	农村基础设施对粮食全要素生产率的影响	农村基础设施	农田水利基础设施；农村交通基础设施；农业电力基础设施	有效灌溉面积；公路总里程与各省份面积的比值；农村用电总量
张亦弛和代瑞熙	农村基础设施对农业经济增长的影响——基于全国省级面板数据的实证分析	农村基础设施	农田水利基础设施；能源供应基础设施；交通运输基础设施；信息网络基础设施等	农田有效灌溉面积；农村用电量；等级外公路里程数；农业科技经费；农村居民家庭平均每百户移动电话拥有量；村卫生室数量
邓晓兰和鄢伟波	农村基础设施对农业全要素生产率的影响研究	农村基础设施	道路基础设施；灌溉基础设施；农村电力基础设施；医疗基础设施	农村公路的密度；有效灌溉面积与农作物播种面积的比值；农村人均用电量；农村人均拥有的医疗从业人员

（三）农村基础设施供给质量的评价指标体系设计

在遵循评价体系科学、系统、可操作和指标数据可得的原则下，本小节参考其他学者对农村基础设施的分类标准，并考虑到本小节中农村公共产品的分类情况，将农村基础设施建设分为 3 个层次。第一层为目标层，综合评价农村基础设施供给质量。第二层为准则层，即交通物流基础设施、农田水利基础设施、能源供应基础设施、信息网络基础设施 4 个维度层，每个维度层有 3 个具体指标，共 12 个指标。第三层为指标层，分别为农村公路密度、农村邮政投递密度、农村邮政通信水平、有效灌溉覆盖率、除涝面积覆盖率、农村人均水资源量、每百平方千米农村水电站数、农村人均用电量、农村用气普及率、农村移动电话普及程度、农村宽带入户率、农村有线广播电视入户率。农村基础设施供给质量评价指标体系如表 5-2 所示。

表 5-2　农村基础设施供给质量评价指标体系

一级指标	二级指标	三级指标	指标说明
农村基础设施供给质量评价	交通物流基础设施	农村公路密度（X_1）（千米/平方千米）	（+）农村公路长度/省域面积
		农村邮政投递密度（X_2）（千米/平方千米）	（+）农村邮政投递路线/省域面积
		农村邮政通信水平（X_3）（次）	（+）农村每周平均投递次数
	农田水利基础设施	有效灌溉覆盖率（X_4）（%）	（+）有效灌溉面积/农作物总播种面积
		除涝面积覆盖率（X_5）（%）	（+）除涝面积/农作物总播种面积
		农村人均水资源量（X_6）（亿立方米/人）	（+）农村水库容量/乡村人口
	能源供应基础设施	每百平方千米农村水电站数（X_7）（个）	（+）乡村办水电站/省域面积×每百平方千米
		农村人均用电量（X_8）（万千瓦时/人）	（+）农村用电量/乡村人口
		农村用气普及率（X_9）（%）	（+）农村使用煤气、天然气或石油液化气等的人数占总人口数的比重
	信息网络基础设施	农村移动电话普及程度（X_{10}）（部/百户）	（+）农村平均每百户拥有移动电话数
		农村宽带入户率（X_{11}）（%）	（+）农村宽带接入户数/乡村人口
		农村有线广播电视入户率（X_{12}）（%）	（+）农村有线广播电视实际用户数/家庭总户数

注："+"为高优指标

二、农村基础设施供给质量评价的实证分析

（一）数据的标准化处理

由表 5-3 可知，广东农村邮政通信水平、每百平方千米农村水电站数、农村人均用电量、农村用气普及率、农村宽带入户率、农村有线广播电视入户率六个指标的标准化数值均位于第一位，其中农村人均用电量的标准化数值远高于其他省区，同时其余六个指标的标准化数值在样本省区中也处于领先地位。山东农村公路密度、农村邮政投递密度、除涝面积覆盖率

三个指标的标准化数值在样本省区中位于第一位，农村移动电话普及程度居于末位。河南农村公路密度、农村邮政投递密度、除涝面积覆盖率的标准化数值均位于前列，而农村宽带入户率处于末位。湖南农村人均水资源量、农村移动电话普及程度两个指标的标准化数值在样本省区中位于第一位，其余指标的标准化数值在样本省区中表现出中等地位。四川各指标标准化数值总体水平较低，其中有效灌溉覆盖率的标准化数值排在最后。新疆有效灌溉覆盖率、农村人均水资源量两个指标的标准化数值在样本省区中位于第一位，其他指标的标准化数值在样本省区中水平较低。

表 5-3　样本省区各评价指标的标准化数值（一）

项目	广东	山东	河南	湖南	四川	新疆
X_1	0.657	1.000	0.905	0.669	0.493	0.072
X_2	0.942	1.000	0.584	0.515	0.272	0.022
X_3	1.000	0.875	0.875	0.625	0.500	0.500
X_4	0.512	0.623	0.477	0.488	0.390	1.000
X_5	0.430	1.000	0.519	0.186	0.037	0.013
X_6	0.745	0.313	0.521	1.000	0.770	1.000
X_7	1.000	0.012	0.059	0.372	0.135	0.004
X_8	1.000	0.264	0.187	0.109	0.126	0.252
X_9	1.000	0.808	0.322	0.346	0.482	0.103
X_{10}	0.963	0.801	0.940	1.000	0.899	0.820
X_{11}	1.000	0.915	0.652	0.820	0.981	0.671
X_{12}	1.000	0.826	0.192	0.318	0.288	0.044

（二）综合指数法评价结果

结合计算出的综合指数（表 5-4），可以从各种数值中得到如下分析结果。

表 5-4　综合指数及排名（一）

地区	交通物流基础设施	农田水利基础设施	能源供应基础设施	信息网络基础设施	Z 值	排序
广东	0.619	0.164	1.000	0.963	2.746	1
山东	0.875	0.195	0.003	0.605	1.678	2
河南	0.462	0.129	0.004	0.118	0.713	3
湖南	0.215	0.091	0.014	0.261	0.581	4
四川	0.067	0.011	0.008	0.254	0.340	5
新疆	0.001	0.013	0.000	0.024	0.038	6

样本省区的 Z 值排名由高到低分别为广东、山东、河南、湖南、四川、新疆。广东农村基础设施综合指数排名第一，为 2.746，其次是山东，综合指数值为 1.678，新疆的综合指数值最低，仅有 0.038。

农村基础设施高水平地区为广东、山东，均位于中国东部沿海地区，其具有经济发达、位置优越和城镇化水平高的先天优势。广东能源供应基础设施、信息网络基础设施综合指数值最高。山东交通物流基础设施、农田水利基础设施综合指数值最高，但能源供应基础设施综合指数值较低。

农村基础设施中水平地区为河南、湖南，各评价指标均处于中等水平，均位于我国中部地区，中部地区大部分属于粮食主产区，近年来在农业发展政策的支持下，其农村基础设施发展水平虽然有所提高，但是也存在一些明显短板。

农村基础设施低水平地区为四川、新疆，均位于我国西部地区，其共同特点是经济发展水平先天不足，农村人口分布稀疏，并受到地理位置、地形地势等自然条件的制约，交通通信等农村基础设施建设难度大，投资成本高，导致农村基础设施长期落后。

三、农村基础设施供给质量的问题检视及原因分析

我国在推进城镇化过程中投入了大量人力、物力、财力，公共财政支出更倾向于支持城镇重大项目建设。在基础设施均等化的政策导向下，基础设施重城市、轻农村的情况有所缓解，但是农村基础设施总体投入不足的问题始终存在。当前，大部分农村地区已经拥有了较为完善的基础设施，但一些偏远落后地区，由于自然条件较为恶劣，基础设施建设难度大、投资成本高，农村交通物流覆盖范围有待扩大，农村农田水利基础设施发展仍然有很大提升潜力，且城乡间仍存在着数字鸿沟，其主要原因如下：基础设施建设协调性不足，农村基础设施项目通常公益性较强，投资将面临风险高、回报率低等问题，政府投资具有非农偏好，社会资本参与农村基础设施建设的意愿也较弱；金融机构也难以为基础设施项目提供稳定、充足、长期的资金支持，进而导致农村基础设施建设融资能力不足、投入总量较低。

近年来，农村基础设施数量明显增加，但有相当一部分基础设施质量不高，建设形式大于内容，整体服务能力偏低，部分基础设施长期处于有建无管的状态。例如，农村道路建设质量还需提高，部分水库不能发挥防洪、供水等作用，防御水旱灾害能力较低，主要原因如下：农村基础设施多数采用政府代建的方式，沟通渠道少、信息不对称、缺乏有效激励等，

难以准确反映不同地区农民对基础设施的真实需求，导致农村基础设施供需不匹配，农民在基础设施建设中参与度低，造成供需结构失衡。同时，农村基础设施重建设、轻运营的现象在部分地区仍有体现，政府主导的乡村振兴工程投入巨大，农村房屋、道路、公园等设施焕然一新，但是项目建成后缺乏运营的人力和资金，一些基础设施项目长期处于有建无管状态，项目建成后缺乏管护资金和管护机制，从而难以发挥公共服务职能或产生经济收益。

从农村基础设施发展水平来看，不同区域农村基础设施平均发展水平的大小表现出：东部>中部>西部，东中西部地区农村基础设施发展水平依然存在一定的差距。我国东部地区交通条件发达，技术优势明显，经济快速发展，相对来说处于较高水平，由于传统农业产业结构影响，中部地区农村基础设施的建设并不理想，与东部地区存在一定差距，而西部地区由于经济相对落后，农村基础设施发展进程较慢，处于较低建设水平，同时造成农村基础设施区域分布失衡的主要原因是经济发展差距直接影响农村基础设施投资水平。目前我国农村基础设施建设也存在区域不平衡性，东部地区的人均基础设施投资水平远高于中西部地区，甚至农村地区之间的基础设施投资差距也比较明显。继"东部地区率先发展"战略之后，我国陆续推出"西部大开发""中部崛起""振兴东北"等区域发展战略，试图缩小区域之间差距，但是经济发展不平衡、不充分问题始终存在，经济实力决定了不同地区的农村基础设施投资水平存在差距。

第三节　乡风文明要求下的农村公共文化服务供给质量

一、农村公共文化服务供给质量模型构建

（一）农村公共文化服务供给质量的文献资料来源

使用 CNKI 数据库检索网站进行检索，输入"农村公共文化服务""公共文化服务质量"等关键词搜索相关文献，初步搜索有 2 031 条结果。经过筛选，共有 114 份文献资料符合筛选原则。

（二）农村公共文化服务供给质量相关文献中的指标选取

在筛选出的众多相关主题文献的基础上，以定量分析法为依托，收集、整理与农村公共文化服务相关的资料，并以此为参考，为本小节所需建立

的指标体系提供方向指导（表5-5）。例如，陈忆金和曹树金自用户中心角度出发，在对公共文化服务质量进行评价的过程中，总结出公共服务质量模型，通过分析将其划分成三个维度，一是有形性，二是关联性，三是适合性，主要就是从服务及资源等不同层面入手，对质量感知进行分析，同时其因变量以用户满意度为主，能够将公共文化服务的具体成效体现出来，把用户在服务方面的感知当成是对服务满意度产生影响的主要因素，如有形性等，以此为依托，建立科学的模型[①]。杨林和杨广勇对公共文化服务评价进行分析，同时对其优化进行论述，研究对象以山东省为主，通过分析提到的每百万人艺术表演团体数、每百万人公共图书馆数、每万人文化机构从业人员等 8 个指标也为本小节提供了坚实的参考基础[②]。安耀祖在《农村公共文化服务绩效评价研究——以蓝田县焦岱镇为例》中选出了数个优选指标，如投入农村公共文化服务总金额、农村文化站供给率等32个指标，构建农村公共文化服务绩效评价指标体系[③]。众多学者的相关研究不仅搭建起了庞大的服务绩效评价指标体系，还为下一步构建科学的服务质量评价指标体系提供了坚实的参考基础。

表 5-5　相关文献中的指标选取（部分文献展示）（二）

作者	文献名	一级指标	二级指标	三级指标
陈忆金和曹树金	用户中心视角下公共文化服务质量评价研究	公共文化服务满意度	空间与设施；服务人员；资源与活动；公共文化服务的可获取性；用户满意度	服务设施设备数量是充足的；资源与活动数量充足；知晓公共文化服务活动开展的相关信息；对场馆和设施设备满意等
杨林和杨广勇	基本公共文化服务供给质量评价及其改进——来自山东省的实践	基本公共文化服务供给质量	服务项目；服务设施；服务保障	人均公共图书馆藏书量；每百万人艺术表演团体数；每百万人公共图书馆数；每万人文化机构从业人员等
刘里洋	公共数字文化服务质量评价指标体系构建——运用德尔菲法的调查分析	公共数字文化服务质量评价指标体系	数字资源；设施设备；服务方式；服务人员；服务效果	资源数量充足率；设施开发时间；服务系统安全性等

① 陈忆金，曹树金. 用户中心视角下公共文化服务质量评价研究[J]. 图书情报工作，2019，63（17）：60-68.
② 杨林，杨广勇. 基本公共文化服务供给质量评价及其改进——来自山东省的实践[J]. 山东社会科学，2020，（2）：105-111.
③ 安耀祖. 农村公共文化服务绩效评价研究——以蓝田县焦岱镇为例[J]. 西安建筑科技大学硕士学位论文，2021.

续表

作者	文献名	一级指标	二级指标	三级指标
贺彦煜	基于农户视角的农村公共文化服务满意度影响因素研究	农村公共文化服务满意度	管理规范性；服务专业性；便民可靠性；经济可获取性	公共文化服务组织信息发布速度和频次；公共文化活动对公众的吸引及参与率
黄蕾和徐盼	公共文化服务高质量发展的政策机理与实证分析	公共文化服务高质量发展	品质发展；均衡发展；开放发展；融合发展	公共图书馆总流通人次；公共图书册数；每万人拥有公共图书馆建筑面积等
韦楠华	公共数字文化服务绩效评价指标体系构建研究	数字文化服务评价指标	保障条件；资源建设；公共服务；服务效能	人均公共数字文化服务支出；年数字阅读讲座、培训、展览次数；读者服务区无线网覆盖率等

指标的选取，主要参考了杨林和杨广勇、安耀祖等研究的指标内容，本小节使用的指标重点就是对这些学者的研究成果进行学习与借鉴，此外，结合不同地区当前农村服务绩效评价的具体情况，将其中不合适的指标删除，主要从资源保障、文化设施、文化活动、文化信息四个维度，对农村公共文化服务质量的评价指标进一步明确。

资源保障。公共财政上涨，就代表着政府在农村方面的帮扶进一步增长，这对于农村基础建设的发展是有积极作用的，对于农村制度的改进与健全是有利的，可以促使农村将相应的人才留下来。构建基础设施，提升人民福利待遇，这对于农村人口增长是有积极作用的，同时还能够为乡村振兴打下坚实基础，能够使农村居民幸福指数大大提高，从财政倾斜向基础设施健全方向发展，从人才保留向富裕人口上涨转化，从而最终使共同富裕的目标得以实现。可以看出，在乡村振兴背景下，公共财政能够确保公共文化服务的发展，这是农村公共文化服务高质量发展、提升农民幸福指数的关键。彭益民对公共文化服务方面评价指标的作用进行验证，结合公共文化服务的具体现状，构建科学的指标评价体系，在这一体系中，包括的指标有一百个，其中总指标有一个，子系统指标有五个，如农村文化消费、服务业绩等指标[①]。

文化设施。文化设施是指提供文化服务和活动的场所或设施。文化设施不仅可以为人们提供文化娱乐和学习的场所，也是传承和弘扬民族文化的重要载体。同时，文化设施也有助于促进农村的文化发展和经济增长。对于公共文化活动来说，其深入推进的基础就是公共文化基础设施建设，

针对这一现状的调查是非常有必要的。王文锋和吴旖旎对典型的公共文化单位进行分析，主要有四个方面，如图书馆及文化站等，自投入到产出视角出发，针对公共文化服务实际情况，科学建立评价指标体系①。

文化活动。农民自办文化的形式可以有效激发农民在文化发展过程中的参与主动性，这样能够对农民公共文化理念进行有效培育，从而使农民的文化理念健康积极向上。结合相关数据对公共文化服务的具体实际深入分析，对于公共文化活动来说，最突出的方式就是政府送文化。现阶段，政府开始对公共文化活动进行组织，具体来说，主要以电影、艺术演出等为主。对这一类型的文化活动的组织，加上部分民间团队原有的活动，从某种程度来看，农民的生活将会更加多姿多彩。此外，除去文艺类的活动外，以篮球、足球为主的体育竞赛类比赛活动也开始频繁出现在农村农民的生活中。同时，在2010年，浙江省构建国内第一个评价指标体系，主要就是评价公共文化服务水平，通过长期的发展这一地区评价指标体系越来越完善。以具体服务现状为依托，对这一地区的评价经验进行学习与参考，总结构建了一个能反映实际现状具有特定指向的二级评价指标。

文化信息。尽管国内农村与城市文化，均是以社会主义文化为依托而构建的，都是典型的文化形态之一，成员的价值观正确，然而对于文化来说，它是社会物质生产同时产生的理念，由于自然环境不同、物质条件不同，文化也是不一样的，生产模式也是不一样的，文化形态也是不同的。所以，对于农村文化来说，它和城市文化还是有很大不同的。对于农民来说，在生产与生活方面大多受到村落区域的影响，农村地区信息更新速度慢，生活节奏不快。所以，文化中将一些落后思想包括在内，如玩乐及守旧思想等。对于公共文化服务来说，主要就是使农民可以全方位认识文化，可以对文化全面接收，同时与之融合发展。

（三）农村公共文化服务供给质量的评价指标体系设计

对与公共文化服务相关的资料、文章进行收集整理，对其进行深入研究，以此为依托，对相关单位的专家进行访谈后，初设农村公共文化服务供给质量评价指标体系，确定1个一级指标，4个二级指标，12个三级指标（表5-6）。一级指标为农村公共文化服务质量评价；二级指标为资源保障、文化设施、文化活动和文化信息；三级指标为人均公共文化服务支出、

---

① 王文锋，吴旖旎. 农村公共文化服务水平影响因素分析[J]. 合作经济与科技，2019，（20）：185-187.

公共文化服务投资水平、文化娱乐消费价格指数、每万人拥有乡镇文化站数量、每万人拥有文化馆办文艺团体数量、每万人拥有艺术表演场馆个数、每万人拥有公共图书馆建筑面积、文化站供给率、农村艺术表演团体演出场次、农村艺术表演团体演出观众人次、农村广播节目综合人口覆盖率、农村电视节目综合人口覆盖率。

表 5-6　农村公共文化服务供给质量评价指标体系

一级指标	二级指标	三级指标	指标说明
农村公共文化服务质量评价	资源保障	人均公共文化服务支出（X_1）（亿元/万人）	（+）农村公共文化服务支出/农村人口数
		公共文化服务投资水平（X_2）（%）	（+）农村公共文化服务预算支出/农村一般公共预算支出
		文化娱乐消费价格指数（上年=100）（X_3）	（+）当年文化娱乐消费金额/上年文化娱乐消费金额
	文化设施	每万人拥有乡镇文化站数量（X_4）（个）	（+）农村乡镇文化站总数/（农村人口数/10 000）
		每万人拥有文化馆办文艺团体数量（X_5）（个）	（+）农村文化馆办文艺团体/（农村人口数/10 000）
		每万人拥有艺术表演场馆个数（X_6）（个/人）	（+）农村艺术表演场馆/（农村人口数/10 000）
		每万人拥有公共图书馆建筑面积（X_7）（米²/人）	（+）农村公共图书馆建筑面积/（农村人口数/10 000）
		文化站供给率（X_8）（个/人）	（+）农村文化站数/农村村庄数
	文化活动	农村艺术表演团体演出场次（X_9）（万场次）	（+）农村艺术表演团体演出场次
		农村艺术表演团体演出观众人次（X_{10}）（千人次）	（+）农村艺术表演团体演出观众人次
	文化信息	农村广播节目综合人口覆盖率（X_{11}）（%）	（+）接收广播节目人口数/农村人口数
		农村电视节目综合人口覆盖率（X_{12}）（%）	（+）接收电视节目人口数/农村人口数

注："+"为高优指标

二、农村公共文化服务供给质量评价的实证分析

（一）数据的标准化处理

由表 5-7 可知，山东人均公共文化服务支出、公共文化服务投资水平、每万人拥有艺术表演场馆个数、农村艺术表演团体演出观众人次四个指标的标准化数值均居于第一位，而每万人拥有乡镇文化站数量居于末位；四川文化娱乐消费价格指数、每万人拥有乡镇文化站数量两个指标的标准化数值位于首位，但人均公共文化服务支出仅有 0.188；湖南文化站供给率的样本化数值在样本省区中位于第一位，其余指标的标准化数值在样本省区

中表现出中等偏上的地位；新疆每万人拥有文化馆办文艺团体数量和每万人拥有公共图书馆建筑面积的标准化数值最高，而人均公共文化服务支出和公共文化服务投资水平相比较低，仅为 0.031 和 0.117；河南农村艺术表演团体演出场次的标准化数值位于首位，其他指标的标准化数值在样本省区中表现出中等偏上的地位；值得注意的是，在经济发展水平较高的广东仅有农村广播节目综合人口覆盖率和农村电视节目综合人口覆盖率两个指标的标准化数值排首位，人均公共文化服务支出、公共文化服务投资水平、农村艺术表演团体演出场次、农村艺术表演团体演出观众人次四个指标的标准化数值都较低于其他样本省区。

表 5-7　样本省区各评价指标的标准化数值（二）

项目	山东	河南	新疆	湖南	四川	广东
X_1	1.000	0.175	0.031	0.152	0.188	0.264
X_2	1.000	0.346	0.117	0.470	0.391	0.335
X_3	0.992	0.997	0.997	0.992	1.000	0.989
X_4	0.314	0.418	0.819	0.676	1.000	0.350
X_5	0.443	0.679	1.000	0.361	0.511	0.516
X_6	1.000	0.918	0.478	0.898	0.772	0.810
X_7	0.813	0.572	1.000	0.662	0.600	0.968
X_8	0.840	0.853	0.870	1.000	0.703	0.832
X_9	0.457	1.000	0.067	0.224	0.119	0.111
X_{10}	1.000	0.819	0.022	0.214	0.095	0.112
X_{11}	0.993	0.996	0.987	0.990	0.985	1.000
X_{12}	0.995	0.995	0.986	0.996	0.993	1.000

（二）综合指数法评价结果

表 5-8 显示，山东农村公共文化服务综合指数排名第一，为 2.532，其次为河南，综合指数值为 1.998，广东的综合指数值最低，仅有 1.217；山东资源保障综合指数排名第一，为 0.992，河南、新疆、湖南、四川和广东的资源保障综合指数值与山东相比差距过大，差值均在 0.900 以上；河南的文化活动综合指数值最高，为 0.819，位于第二位的是山东，综合指数值为 0.457，新疆的综合指数值最低，为 0.001；但在文化设施指标层中，新疆的综合指数排名位居首位，其数值为 0.340，而山东的综合指数排名位于末位，仅为 0.095；从 Z 值来看，样本省区的排名由高到低分别为山东、

河南、新疆、湖南、四川、广东。

表 5-8　综合指数及排名（二）

地区	资源保障	文化设施	文化活动	文化信息	Z 值	排序
山东	0.992	0.095	0.457	0.988	2.532	1
河南	0.060	0.127	0.819	0.992	1.998	2
新疆	0.004	0.340	0.001	0.973	1.319	3
湖南	0.071	0.145	0.048	0.986	1.250	4
四川	0.074	0.166	0.011	0.978	1.229	5
广东	0.087	0.118	0.012	1.000	1.217	6

三、农村公共文化服务供给质量的问题检视及原因分析

对于农村公共文化服务来说，它有一定的基础性特点，能够使社会主义核心价值观传承发展，能够对公共精神进行有效培育，能够使乡村振兴深入推进。国内当前公共文化服务质量还有什么不足之处？是何种因素导致出现上述问题？

通过查阅资料，我们认为我国农村公共文化服务质量问题，具体来说有三个方面。

首先，农村公共文化服务基础设施尚有不足。虽然从三级指标 $X_4 \sim X_7$ 来看，我国政府要对国家政策快速响应，结合这一地区的经济现状，根据传统文化特点对公共文化服务发展深入推进，国内很多乡村的公共文化设施超过一处，但查阅资料后我们发现，农村公共文化设施类型不具多样化，使用率不高，想要使农民的需求得以满足是很难的。其中，通过数据分析结果来看，山东的公共文化服务基础设施较为薄弱。总体来看，农村文化设施同质化严重，载体较为单一，形式围于上文指标体系中所计算的乡镇文化站、公共图书馆等几种。同时由于在建设文化设施过程中以粗放式管理为主，很多文化设施没有得到有效利用，大多仍然是闲置的。

其次，农村公共文化服务的内容较为单调并且地区差异较大。从二级指标文化活动来看，群众文化活动方式不够多样化。从三级指标 X_9 与 X_{10} 来看，各地区的文化活动丰富度差异较大，湖南、四川、广东与山东、河南差异巨大。查阅资料后我们发现，很多村民积极参与在节假日开展的文化活动，这些活动有很多，不单有广场舞，还有很多健身活动，从内容来看，十分陈旧、不新颖，不管是演员还是观众，以老年人为主，青年人观看得并不多，青年人在文化活动中参与的主动性不高。镇村开展主题活动

不多，在举办文化比赛方面经验不足。一些有着地区特点的文化活动未有效传承下来，而基于互联网的新式文化活动由于群众文化水平较低、年龄较大而得不到学习与关注。

最后，农村公共文化服务参与主体单一。在选择二级指标资源保障和文化信息时我们发现，农村公共文化服务供给主体有四种类型，如政府及企业等。然而从现实情况来看，农村地区公共文化服务社会化主体的参与动力缺失，还是以政府为主体，同时企业等参与积极性不高，此外，不同类型主体间缺乏合作理念。虽然下发了很多公共文化服务政策文件，对社会力量在服务过程中的参与给予支持和鼓励，然而对于基层而言，成效不显著。在农村公共文化发展过程中，公共文化服务的供给方以政府为主体，这一方面得到广大人民的默许。

通过分析能够得出，对公共文化服务产生影响的原因主要有以下三点。

第一，政策导向导致公共文化投入尚有不足。文化必须通过特定的载体完成，如物质载体，其中最具代表性的就是文字、语言等载体，同时还有一些非物质载体，其中最具代表性的就是电影等。政府想要使公共文化供给率大大提升，一般来说，可以将成本不高、立竿见影的项目当成供给重点，如农家书屋等。上述服务项目在政府规划范围中，在建设标准方面有相应的要求，在投入时间及数量等方面也有相应的要求，因此大多数省区在 $X_4 \sim X_8$ 指标表现较好。然而，人们对客观条件的差异不关注，对村庄的社会经济发展不关注，没有重视村庄的类型，对村庄的地形没有全面考虑。从指标入手能够得出，对于技能培训及文艺表演等，必须长时间投入很多人财物资源，同时还可能会使很多的公共文化内容消耗，其成本非常高，综合指数相对于强依赖政府的文化信息指标较低。对于物质载体来说，它与非物质载体进行比较，政府的投入力度是不一样的，使得政府对数量给予关注，而没有对质量给予重视，使得这一冲突开始不断涌现出来，导致农村公共文化服务的质量薄弱。

第二，农村自主意识较弱且容易受政府影响，导致公共文化内容较为单调。从结果来看，文化活动在四个二级指标中综合指数最低。农村青壮年群体流失程度较高，老年群体不管是在思维方面，还是在行动方面，都有相应的滞后特点，为了使公民作用有效发挥，应总结公共文化供给与实际相分离的情况。所以，对于农民来说，他们的公民理念不强、表达渠道不顺，导致由下向上的文化内容，大多由于农民的表达有限而无法有效运行下去。此外，对于公共服务来说，其提供者以政府为主，而且是由上向下的，以决策为依托来完成，它有一定的绝对性，这一形式是将行政手段与政府运行有机结合起来。大多数农民在公共文化内容方面没有正确的认识，也不了解怎样将公共文化需求表达出来。他们仅是对政府提供的服务进行接收，这是公民主体性缺失的重要体现。

第三，社会化参与不足导致供给主体较为单一。从综合指数来看，广东、湖南与四川等南方省份综合指数较低，山东、河南与新疆等北方省区综合指数较高。公共服务是国家职能的重要内容，政府是执行国家意志的主体，也是公共服务的主要提供者。首先，政府在提供公共服务时，往往需要面对种种困难和挑战，需要兼顾效率和公平，既要充分发挥政府的主导作用，又要激发社会组织的活力，形成政府、市场、社会共同参与的良性局面。其次，政府的资源和精力是有限的，而农村公共文化服务的需求却是多元化的。这使得政府在提供服务时，难以面面俱到，有时甚至会出现供需失衡的情况。同时，政府鼓励政策少，企业在项目中的自主权易受影响。另外，对于供给主体来说，最关键的就是政策，其中的不同层级、部门间的权利和责任之间还不是特别的明确，使得领导与下属及部门间想要协调配合较难。例如，公共文化发展资金短缺，这必然会对公共文化服务的供给产生不良影响，同时对公共文化服务的监督运行情况缺乏考核，不利于单一主体发挥作用。

乡村振兴战略将两个方面的发展包括在内：一个是物质方面，另一个是精神方面。当前，国内农村公共文化服务体系建设取得一定成就，但在公共基础设施、文化活动内容、供给主体方面存在较多问题。政府只有坚持以人民为中心的工作方针，发挥市场的力量，做好有为政府，同时努力提高村民主观能动性，我国农村公共文化服务体系才会取得更大的成就。

第四节　乡村振兴战略下的农村生态环境治理供给质量

一、农村生态环境治理供给质量模型构建

（一）农村生态环境治理供给质量的文献资料来源

使用 CNKI 数据库检索网站进行检索，输入"农村生态环境""生态环境治理"等关键词搜索相关文献，初步搜索有 7 916 条结果。经过筛选，共有 137 份文献资料符合条件。

（二）农村生态环境治理供给质量相关文献中的指标选取

农村生态环境指的是农村地区居民所赖以生存和发展的农村地区自

然环境与社会环境的总称，它所涉及的领域十分广阔，农村地区的大气、土壤、水资源、化石能源等均属于农村生态环境的范畴。农村生态环境治理则是通过各种行动来遏制、修复人类活动对农村地区生态环境所造成的破坏，切实保证农村居民的生活环境质量，保护农村地区的自然生态。我国农村生态环境治理工作开展由来已久。从1919年，全国政协第一次全体会议《中国人民政治协商会议共同纲领》初步提出保护农业资源环境，至今我国已经开展了74年农村生态环境治理工作，74年间，我国农村生态环境治理工作的重点经历了以水土保持、农业资源保护为主的起步阶段（1949~1977年），以农业资源污染和乡镇企业污染控制为主的强化阶段（1978~1991年），以污染防治与生态保护并重的转型阶段（1992~2002年），以生态补偿和村镇综合整治为主的多元化阶段（2003~2012年），以生态农业和农业可持续发展为主的综合治理阶段（2013年至今）这五个阶段的调整。工作路径也在不断向污染产生源头治理方面拓宽与深入。在这长久的治理过程中，众多学者也就如何有效推进农村生态环境治理、如何提升农村生态环境治理效果进行深入研究。

本小节基于众多学者的研究成果，在筛选出的众多相关主题文献的基础上，进一步挑选出其中运用定量研究方法进行农村生态环境治理方面研究的文献，并以此为参考，为本小节所需建立的指标体系提供方向指导（表5-9）。例如，雷波等在《基于层次分析法的重庆市新农村生态环境质量评价模型》一文中利用层次分析法搭建出目标层-准则层判断矩阵，并在指标体系中设立农村生态环境质量评价体系这一一级指标，经济发展、污染控制、资源利用等6项二级指标，以及农民年人均纯收入、生活垃圾定点存放清运率、工业污染源达标排放率等28项三级指标，为农村环境质量的评价搭建了一个有效的分析指标框架[①]。王晓君等在《中国农村生态环境质量动态评价及未来发展趋势预测》一文中利用压力-状态-响应（pressure-state-response，PSR）模型与灰色GM（1，1）模型对农村生态环境质量进行动态评价，并以农村生态环境质量动态评价体系为一级指标，以农村生态环境质量压力系统、农村生态环境质量状态系统、农村生态环境质量人文响应系统3项为二级指标，以人口自然增长率、塑料薄膜使用量、水土流失治理面积等22项为三级指标，搭建起了农村生态环境质量动

---

① 雷波，张丽，夏婷婷，等. 基于层次分析法的重庆市新农村生态环境质量评价模型[J]. 北京工业大学学报，2011，37（9）：1393-1399.

态评价指标体系①。已有研究成果为本小节所要搭建的农村生态环境治理质量评价指标体系提供了坚实的参考基础。

表 5-9　相关文献中的指标选取（部分文献展示）（三）

作者	文献名	一级指标	二级指标	三级指标
雷波等	基于层次分析法的重庆市新农村生态环境质量评价模型	农村生态环境质量评价体系	经济发展；污染控制；资源利用等	农民年人均纯收入；生活垃圾定点存放清运率；工业污染源达标排放率等
孙勤芳等	农村环境质量综合评估指标体系研究	农村环境质量综合指数	环境要素；生态要素；人居环境建设；公众满意度	环境空气质量指数；饮用水水源地水环境质量指数；生活垃圾无害化处理率等
芮菡艺等	农村环境质量综合评估方法及实证研究	农村环境质量综合指数	环境空气质量指数；水环境质量指数；土壤环境质量指数等	环境空气质量达标率；集中式饮用水水源地水质达标率；土壤环境质量达标率等
王晓君等	中国农村生态环境质量动态评价及未来发展趋势预测	农村生态环境质量动态评价体系	农村生态环境质量压力系统；农村生态环境质量状态系统；农村生态环境质量人文响应系统	人口自然增长率；塑料薄膜使用量；水土流失治理面积等
孟旭彤和宋川	河北省北部山区农村生态环境治理及绩效评价	农村生态环境治理绩效评价体系	生态环境；生态经济；生态保护；生态人居	森林覆盖率；畜禽粪便处理率；水土流失土地比例等
郑满生和姜仁珍	区域农村生态环境发展水平评价与分析——以山东省为例	区域农村生态环境发展水平评价体系	农业生产环境；农村生活环境；农村环境治理	化肥施用量；农药施用量；节水灌溉率等
岳思妤等	甘肃省泾河流域2010-2019年农村生态环境质量分析及预测	农村生态环境质量评价	压力（P）；状态（S）；响应（R）	水资源开发利用率；水土流失程度；秸秆综合利用率等
傅建祥和郑满生	基于综合指数法的山东省农村生态环境发展水平测评	农村生态环境发展水平测评	生态资源；生态农业；生态宜居；生态治理	湿地面积拥有率；化肥施用量；生活污水处理率等
张丽和韦云波	乡村振兴背景下农村生态环境质量评价及管理对策——以安顺市3个行政村为例	农村生态环境质量评价体系	经济水平；污染控制；资源保护与利用等	村民年人均纯收入；生活垃圾定点存放清运率；清洁能源使用率等

通过研究文献发现，农业生产环境对标农业生产污染，农业生产环境的质量高低与农村生态环境治理质量高低存在紧密联系。一般而言，农村地区最主要的人类生产活动便是农业生产，而在农业生产过程中难以避免

---

① 王晓君，吴敬学，蒋和平. 中国农村生态环境质量动态评价及未来发展趋势预测[J]. 自然资源学报，2017，32（5）：864-876.

农药化肥、塑料薄膜、畜禽粪便等一系列污染物的出现，造成土壤酸化和板结、土壤肥力下降、有害物质污染地下水与河流、空气质量下降等一系列环境问题，因此将农业生产环境作为农村生态环境治理质量评价指标将是监督农业生产污染程度、关注农村土壤、空气及水源等自然环境所必不可少的一步。农村生活环境指的是农村居民日常起居生活所处的环境，其主要考察农村居民日常起居生活对农村生态环境治理质量的影响。农村居民常年在农村地区活动，他们的日常生活及行动便是影响农村生态环境的最主要因素之一，在国家提出乡村振兴战略，主张建设生态宜居乡村后，农村居民生活环境的质量更是得到了前所未有的关注，不仅因为它关乎农村居民的生活质量，更是关乎农村地区的整体生态环境治理工作质量的重要因素，因此本小节将其纳入农村生态环境治理质量的评判指标之一。农村地区如今普遍存在着专门针对农村污染而采取的行动，如污水、垃圾处理等，与通过调节生产与生活来辅助农村生态环境治理行动不同，这类行动直接与农村生态环境治理挂钩，是直接凸显治理行动与治理效果的重要指标，因此本小节综合国家所颁布的《农业农村污染治理攻坚战行动方案（2021—2025 年)》及其他学者的研究成果，将典型的环境治理行动综合为农村环境治理这一重要的评价指标。

（三）农村生态环境治理供给质量的评价指标体系设计

在认真研读并整合农村生态环境治理相关文献与政策文件的基础上，进一步研究与借鉴相关学者研究成果，并结合当下我国农村生态环境治理质量的研究重点及发展现状，将我国农村生态环境治理质量评价指标体系分为三个层次。第一层为目标层，综合评价农村生态环境治理质量。第二层为准则层，选取农业生产环境、农村生活环境、农村环境治理三个方面作为指标。第三层为指标层，根据准则层要求选取 11 个指标，分别为农用化肥施用强度、农村塑料薄膜使用强度、人均农用柴油使用量、人均农林牧渔总产值、人口密度、农村人均用电量、户用卫生厕所普及率、农村用水普及率、燃气普及率、污水处理乡村比、农村生活垃圾处理普及率（表 5-10）。

表 5-10　农村生态环境治理供给质量评价指标体系

一级指标	二级指标	三级指标	指标说明
农村生态环境治理质量评价	农业生产环境	农用化肥施用强度（X_1）（吨/公顷）	（—）当地农用化肥年施用量/当地同年农村耕地面积
		农村塑料薄膜使用强度（X_2）（吨/公顷）	（—）当地塑料薄膜年使用量/当地同年农村耕地面积

续表

一级指标	二级指标	三级指标	指标说明
农村生态环境治理质量评价	农业生产环境	人均农用柴油使用量（X_3）（万吨/人）	（−）当地农用柴油年使用量/当地同年农村人口数
		人均农林牧渔总产值（X_4）（亿元/人）	（−）当地农林牧渔年总产值/当地同年农村人口数
	农村生活环境	人口密度（X_5）（人/千米^2）	（−）当地农村人口数/当地同年农村耕地面积
		农村人均用电量（X_6）（万千瓦时/人）	（+）当地年用电量/当地同年农村人口数
		户用卫生厕所普及率（X_7）（%）	（+）农村地区厕所改造工作开展情况
		农村用水普及率（X_8）（%）	（+）农村地区自来水供给情况
		燃气普及率（X_9）（%）	（+）农村地区天然气供给情况
	农村环境治理	污水处理乡村比（X_{10}）（%）	（+）农村地区污水排放整治情况
		农村生活垃圾处理普及率（X_{11}）（%）	（+）农村地区居民生活垃圾处理工作开展情况

注："+"为高优指标，"−"为低优指标

二、农村生态环境治理供给质量评价的实证分析

（一）数据的标准化处理

由表 5-11 知，广东农村塑料薄膜使用强度、农村人均用电量、燃气普及率、户用卫生厕所普及率及污水处理乡村比这五项指标的标准化数值均位居第一位，而农用化肥施用强度与人口密度两个指标的标准化数值居于末位；山东同样作为东部地区的省份，其在农村用水普及率、农村生活垃圾处理普及率指标的标准化数值上最为突出，在六个省区中位居最高，并在农村人均用电量、户用卫生厕所普及率、燃气普及率、污水处理乡村比四个指标上的标准化数值居于第 2 位，而其他 5 个指标的数值则居于中下游的水平；四川在农用化肥施用强度、人均农用柴油使用量指标的标准化数值最高，分别为 2.697、5.819，在农村塑料薄膜使用强度、农村生活垃圾处理普及率两项指标的标准化数值处于第 2 位，至于人均农林牧渔总产值等其他 7 项指标的标准化数值则处于中游甚至中游偏下的水平；河南仅在人均农林牧渔总产值指标上的标准化数值最高（1.706），而其余指标的标准化数值均位于中游；湖南在这 11 项指标上的标准化数值都属于中游水平，没有出现最高值或最低值，仅在污水处理乡村比这一指标上的标准化数值均高于四川和新疆，但也仍旧低于广东与山东；新疆的人口密度最低，因而其人口密度指标的标准化数值最高（1.284），但其农村塑料薄膜使用强度、人均农用柴油使用量、人均农林牧渔总产值、户用卫生厕所普及率、

燃气普及率及农村生活垃圾处理普及率这 6 项指标的标准化数值均居于六省区之末。

表 5-11　样本省区各评价指标的标准化数值（三）

项目	广东	山东	河南	湖南	四川	新疆
X_1	1.000	1.685	1.058	1.569	2.697	1.785
X_2	3.027	1.416	2.650	2.478	2.805	1.000
X_3	2.878	2.248	3.442	4.589	5.819	1.000
X_4	1.583	1.413	1.706	1.398	1.506	1.000
X_5	1.000	1.262	1.001	1.137	1.004	1.284
X_6	1.000	0.264	0.187	0.109	0.126	0.252
X_7	1.000	0.968	0.786	0.866	0.874	0.647
X_8	0.901	1.000	0.840	0.677	0.780	0.976
X_9	1.000	0.808	0.322	0.346	0.482	0.103
X_{10}	1.000	0.853	0.431	0.523	0.279	0.317
X_{11}	0.856	1.000	0.464	0.505	0.856	0.443

（二）综合指数法评价结果

表 5-12 显示，最终农村生态环境治理质量综合指数最高的省区是西部地区的四川（66.586），其次是属于中部地区的湖南（25.230），而指数最低的是位于西部地区的新疆（1.947）。在下分的二级指标数值中，农业生产环境指标数值最高的省区是四川，为 66.305，而最低的则是新疆，为 1.785，其数值差距达到了 64.52，也是所有省区中数值差距最大的；农村生活环境指标数值最高的省区是广东，而最低的省区依旧是新疆，为 0.021；农村环境治理指标数值最高的省区是广东，为 0.856，而最低的省区仍是新疆，为 0.141。样本省区的 Z 值排名由高到低分别为四川、湖南、河南、广东、山东、新疆。

表 5-12　综合指数及排名（三）

地区	农业生产环境	农村生活环境	农村环境治理	Z 值	排序
四川	66.305	0.042	0.239	66.586	1
湖南	24.941	0.025	0.264	25.230	2
河南	16.471	0.040	0.200	16.711	3
广东	13.791	0.901	0.856	15.548	4
山东	7.577	0.260	0.853	8.691	5
新疆	1.785	0.021	0.141	1.947	6

三、农村生态环境治理供给质量的问题检视及原因分析

"十四五"规划明确提出要将提供优质的农村生态环境以满足农村人民日益增长的优美生态环境需要作为未来农村工作的重点之一，间接表明了"十四五"时期将会是我国农村生态环境治理行动的攻坚期、窗口期与机遇期。农村生态环境治理是关乎农村居民身体健康、农村地区粮食安全、农村地区自然生态的重要工作，而农村生态环境治理质量更是可用以评判农村环境治理工作效果的重要指标，对农村生态环境治理质量的研究能够为我国农村生态环境治理的未来工作重点及工作进程等提供重要的参考，帮助我国乡村生态宜居目标早日得以实现。本小节借由综合指数法对分别从我国东中西部地区挑选出来的六个省区的农村生态环境治理质量进行测算，其结果如表5-11、表5-12所示，而就其结果的重点解读及原因分析如下。

在农业生产这一方面的生态环境治理工作上，四川的工作成果远比其他省区要优秀。西部地区的四川作为农业大省，农林牧渔人均产值与其他几个省区的差距并不大，其主要在化肥及农用柴油的使用控制上优于其他几个省区。综合当地自然条件与经济水平来看，四川虽位于西部地区，但盆地地形却为其提供了优秀的自然条件，土壤肥沃使得农药化肥所需使用量减少，并且当地多丘陵地形，规模化机械操作不太便利，农用机械的操作也较少，使得其农用柴油使用量远低于采用规模化、现代化机械种植的地区。就数据处理结果来看，在农业生产环境的四个指标中，人均农用柴油使用量的标准化数值的极值差距最大，达到了1.23，这也证明了在农业生产之中，控制好落后式农用机械的使用量、减少柴油等重污染化石燃料将是从农业生产方面提升农村生态环境治理质量的重要步骤。同样处于西部地区的新疆，因其面积宽广加之气候适宜种植瓜果，因而在规模化农业机械的使用需求上较大，加之经济水平较为落后，使得以农用柴油为动力的落后式农业机械所占比例大于其他省区，对其生态环境的压力也较大。除此之外，过大的昼夜温差加之风沙等天气的存在也令新疆在农用塑料薄膜的消耗上远高于其他省区，这又是其生态环境治理工作面临的一个难题。国家颁布的《农业农村污染治理攻坚战行动方案（2021—2025年）》提出将化肥农药减量增效、农膜回收利用、养殖污染防治等列为重点领域也证明了农业生产领域的整治是农村生态环境治理的重点领域。

在准则层三项指标的综合指数中，农业生产环境指标的数值占比最大，农村环境治理指标次之，而农村生活环境指标数值占比最小。仅有2

个细分指标的农村环境治理所得的综合指数却高于拥有 5 个细分指标的农村生活环境，这从侧面证明了直接式的环境治理行动的重要性。本小节依据《农业农村污染治理攻坚战行动方案（2021—2025 年）》中提到的农村生活污水垃圾治理、黑臭水体整治等重点领域，将污水处理乡村比与农村生活垃圾处理普及率作为农村环境治理的细分指标，切实注重污水与生活垃圾这两个当前农村生态环境面临的最主要的污染问题。由表 5-11 可以看出，河南、新疆在农村生活垃圾处理普及率上远远低于其他省区，其标准化数值未超过 0.5，而在污水处理乡村比上，所选择的六个省区中河南、四川、新疆的标准化数值同样低于 0.5。从这两方面可以看出，我国农村污水和生活垃圾处理工作的形势还很严峻，并且污水处理工作的推进度比生活垃圾处理工作低得多。不论是东部地区还是西部地区，农村地区的现代化建设水平都不及城市，并且加之农村地区的污水污染来源包括了村民生活污水、受农药化肥污染的水源、受畜禽粪便污染的水源、农村地区工业工厂生产产生的污水等几大种类，不仅产生的污水量大，而且其产生源头十分分散，致使农村地区难以实现对生活污水、工业污水、农业污水等各种污水的统一管理与无害化处理。与污水这类难以做到全面监督、全面统一管控的污染物相比，对农村居民的生活垃圾的管理要相对容易一些，我国在农村垃圾分类处理、统一收运等工作上有了一套较为完整的模式，但却仍有部分农村地区未能实现生活垃圾的统一化管理，其主要原因在于当地的基础设施建设不足、环保宣传不到位、地方政府重视心理不足等。尽快弥补这些不足，构建农村污染治理系统化网络将是提升农村生态环境治理质量所必不可少的步骤。

农村生活环境指标的细分指标内部数值差距最大的是农村人均用电量与燃气普及率，其内部数值差距分别为 0.891 与 0.897。这两项指标均属于清洁能源使用范畴，这一数值差距的存在点明了我国农村居民日常生活中对于清洁能源的使用方面依旧存在不足。电能、天然气等清洁能源虽然成本较高，但较传统的木柴、煤炭、汽油等化石能源具有污染更少的优势，是帮助减少农村生态环境污染问题的重要帮手。由表 5-11 与表 5-12 可知，农村人均用电量与燃气普及率指标中数值差距最大的省区分别为广东与湖南、广东与新疆，并且在两项指标的综合指数上也呈现出东部大于中部大于西部的趋势，据此可以得出在清洁能源的使用上占据优势地位的是经济最为发达的东部地区，这也从侧面反映了财力资源的支持是影响清洁能源使用、农村生活环境质量的重要因素之一。

综上所述，我国农村生态环境治理质量的提升工作所要注重的应当是农业生产的低污染化、污水及生活垃圾的系统化治理、清洁能源使用的推广，以及在生态环境治理方面财政支持力度的提升这四个重要方面。在国家提出的生态宜居乡村治理目标及《农业农村污染治理攻坚战行动方案（2021—2025 年）》等重要文件的指导下，切实以更精准有效的资金分配来推动生态绿色农业的发展、推进污染治理系统的构建、提高清洁能源的使用普及率，从源头上减少农药化肥带来的水土污染、减少塑料等固体废弃物的数量、减少化石燃料造成的空气质量下降等问题，切实保障我国早日建成山清水秀、美丽宜居生态型乡村。

第五节　产业兴旺要求下的农村科技服务供给质量

一、农村科技服务供给质量模型构建

（一）农村科技服务供给质量的文献资料来源

本小节主要使用 CNKI 数据库检索网站进行搜索，输入"农村科技服务""农业科技服务""评价指标"和"绩效评价"等关键词搜索相关文献，初步搜索有 692 条结果，经过筛选共有 223 份文献资料符合筛选原则。

（二）农村科技服务供给质量相关文献的指标选取

由表 5-13 可知，胡扬名和陈军在《政府农村科技服务绩效及其影响因素实证研究——基于超效率 DEA-Tobit 模型》一文中提到二级指标经济发展水平、人力资源禀赋、农村基础设施建设等，三级指标包括地区人均 GDP、农村人均受教育程度、农村用电量等[①]。熊春林和符少辉在《基于 AHP 模型的农村农业信息化服务能力评价研究》一文中提到一级指标有农村农业信息化服务能力的形成基础和农村农业信息化服务能力的形成机制 2 个，二级指标有服务设施、服务队伍、信息资源、社会环境、激励机制、约束机制和保障机制 7 个，三级指标有设立信息服务站的村比重、农村信息员拥有量、农村信息员大专以上学历人员比重、农业科技人员拥有量、农经类广播电视播出时间和农民人均受教育年限等 25 个[②]。尹希果等在《农

---

① 胡扬名，陈军. 政府农村科技服务绩效及其影响因素实证研究——基于超效率 DEA-Tobit 模型[J]. 江苏农业科学，2018，46（22）：319-323.
② 熊春林，符少辉. 基于 AHP 模型的农村农业信息化服务能力评估研究[J]. 情报科学，2014，32（12）：109-114.

业科技成果转化信息服务评价指标体系的研究》一文中提到一级指标包括技术评价、经济与社会评价、法律评价,二级指标包括信息服务人员专业技能、各种信息服务形式的强度和效率等,三级指标包括信息服务人员平均受教育程度、网站的科技信息发布等[①]。

表 5-13 相关文献中的指标选取(部分文献展示)(四)

作者	文献名	一级指标	二级指标	三级指标
胡扬名和陈军	政府农村科技服务绩效及其影响因素实证研究——基于超效率 DEA-Tobit 模型	投入产出;影响因素	经济发展水平;人力资源禀赋;农村基础设施建设等	地区人均 GDP;农村人均受教育程度;农村用电量等
陈香玉等	农业科研院所科技推广效果及影响因素探析——以北京市农林科学院"双百对接"项目为例	农业科技推广效果	对接内容的实用性;对接方式的有效性;对接效果的显著性等	技术人员配备情况;对农户的辐射带动程度;专家提供技术服务的能力水平等
官波等	农业信息服务综合评价指标体系建设研究	农业信息服务体系评价	农业信息发布能力;农业信息服务基础设施建设水平等	农业信息调查人员占农村人口总数比重;农业信息服务平台覆盖率;农村宽带入户率等
熊春林和符少辉	基于 AHP 模型的农村农业信息化服务能力评价研究	农村农业信息化服务能力的形成基础;农村农业信息化服务能力的形成机制	服务设施;服务队伍;信息资源等	农业科技人员拥有量;农经类广播电视播出时间;农民人均受教育年限等
屈迪和罗华伟	农业科技推广机构绩效评价指标体系研究	农户满意度;资金运营情况;农技人员推广情况等	财政投入比例;推广范围;农技人员素质等	推广覆盖面积;受益农户数;推广业务费用比例等
魏德功等	梧州市实施科技特派员制度的运作模式与绩效评价	实施特派员制度绩效评价	政府部门支持;特派员素质;特派员的贡献	大专学历以上;推广"三新";培训农民等
尹希果等	农业科技成果转化信息服务评价指标体系的研究	技术评价;经济与社会评价;法律评价	信息服务人员专业技能;各种信息服务形式的强度和效率等	信息服务人员平均受教育程度;网站的科技信息发布等
任红松等	科技特派员制度试点工作绩效综合评价研究	科技特派员制度试点工作绩效评价	培训农民情况;带动农民情况;科技特派员下派情况等	培训农民人数;培训次数;发放科普资料等

(三)农村科技服务供给质量的评价指标体系设计

在精读并总结农村科技服务相关文献文本、政策文件的基础上,初设农村科技服务评价指标体系,确定 1 个一级指标、4 个二级指标、15 个三

[①] 尹希果,王鹏,李思经. 农业科技成果转化信息服务评价指标体系的研究[J]. 情报杂志,2008,(2):10-13, 16.

级指标（表 5-14）。一级指标为农村科技服务供给质量。二级指标为农业教育、农业科技研究、农业科技推广、农村科技信息。三级指标为农民人均受教育年限；拥有农业技术人员的村比重；农村中高级农业技术人员比重；每百个农村居民家庭劳动力中大专及以上人数；农业科技人员拥有量；科研经费投入占比；万人占有农业科研机构数；农业科技月宣传次数；推广技术、产品种类；农技推广服务机构平均从业人员数；农业专题类电视广播播出时间；农村科技信息服务平台覆盖率；农业信息数据采集频率；农村网民规模占整体网民比例；农用机械总动力。

表 5-14　农村科技服务供给质量评价指标体系

一级指标	二级指标	三级指标	指标说明
农村科技服务供给质量	农业教育	农民人均受教育年限（X_1）（年）	（+）反映农民受教育的程度
		拥有农业技术人员的村比重（X_2）（%）	（+）拥有农业技术人员的村数量/村总个数
		农村中高级农业技术人员比重（X_3）（%）	（+）农村中高级农业技术人员数/农村农业技术人员总数
		每百个农村居民家庭劳动力中大专及以上人数（X_4）（%）	（+）农村居民家庭劳动力大专以上人数/（农村居民家庭劳动力总人数/100）
	农业科技研究	农业科技人员拥有量（X_5）（人/万人）	（+）科技人员数量/（农村涉农人员数量/10 000）
		科研经费投入占比（X_6）（%）	（+）农业科研经费/政府涉农相关经费
		万人占有农业科研机构数（X_7）（个/万人）	（+）农业科研机构数量/（农村涉农人员数量/10 000）
	农业科技推广	农业科技月宣传次数（X_8）（次）	（+）年宣传次数/12
		推广技术、产品种类（X_9）（次）	（+）推广新品种种类、新技术次数
		农技推广服务机构平均从业人员数（X_{10}）（人/个）	（+）农技推广服务机构从业人员/农技推广服务机构
	农村科技信息	农业专题类电视广播播出时间（X_{11}）（小时）	（+）一天专项播出时间
		农村科技信息服务平台覆盖率（X_{12}）（%）	（+）设有农村科技信息服务平台的区县个数/全省区县总数
		农业信息数据采集频率（X_{13}）（次/年）	（+）一年内农业信息数据采集次数
		农村网民规模占整体网民比例（X_{14}）（%）	（+）农村网民数/网民总数
		农用机械总动力（X_{15}）（万千瓦时）	（+）用于农业生产的各种动力机械的功率之和,反映农业机械化水平

注：“+”为高优指标

二、农村科技服务供给质量评价的实证分析

（一）数据的标准化处理

由表 5-15 可知，山东农业科技月平均宣传次数和农用机械总动力两个指标的标准化数值位于首位，其余指标的标准化数值在样本省区中表现出中等地位。经济发展水平较高的广东农民人均受教育年限、每百个农村居民家庭劳动力中大专及以上人数、科研经费投入占比、万人占有农业科研机构数、农业专题类电视广播播出时间等九个指标的标准化数值均居于第一位，但农用机械总动力居于末位，标准化数值仅有 0.228。河南拥有农业技术人员的村比重、农村中高级农业技术人员比重两个指标的标准化数值在样本省区中位于第一位，而农业科技人员拥有量的标准化数值与其他样本省区相比较小，仅为 0.397。湖南拥有农业技术人员的村比重和农业科技人员拥有量的标准化数值均居于末尾，标准化数值分别 0.407、0.230，其余指标的标准化数值在样本省区中表现出中等地位。四川农业科技人员拥有量的标准化数值位于首位，而每百个农村居民家庭劳动力中大专及以上人数和农用机械总动力的标准化数值与其他样本省区相比较低，分别为 0.459、0.434。与其他样本省区相比，经济发展较慢的新疆仅有农技推广服务机构平均从业人员数的标准化数值位于首位，而每百个农村居民家庭劳动力中大专及以上人数，科研经费投入占比，万人占有农业科研机构数，农业科技月宣传次数，推广技术、产品种类，农业专题类电视广播播出时间，农村科技信息服务平台覆盖率，农业信息数据采集频率八个指标的标准化数值均位于末尾，分别为 0.425、0.348、0.427、0.726、0.465、0.683、0.851、0.400。

表 5-15　样本省区各评价指标的标准化数值（四）

项目	山东	广东	河南	湖南	四川	新疆
X_1	0.901	1.000	0.908	0.922	0.911	0.958
X_2	0.817	0.946	1.000	0.407	0.809	0.938
X_3	0.850	0.514	1.000	0.822	0.647	0.542
X_4	0.950	1.000	0.598	0.546	0.459	0.425
X_5	0.436	0.555	0.397	0.230	1.000	0.701
X_6	0.802	1.000	0.628	0.734	0.741	0.348
X_7	0.798	1.000	0.618	0.719	0.584	0.427
X_8	1.000	0.973	0.877	0.904	0.836	0.726
X_9	0.838	1.000	0.606	0.788	0.586	0.465
X_{10}	0.712	0.673	0.762	0.682	0.526	1.000

项目	山东	广东	河南	湖南	四川	新疆
X_{11}	0.984	1.000	0.810	0.867	0.730	0.683
X_{12}	0.987	1.000	0.897	0.954	0.864	0.851
X_{13}	0.800	1.000	0.800	0.600	0.600	0.400
X_{14}	0.956	1.000	0.964	0.942	0.751	0.880
X_{15}	1.000	0.228	0.954	0.601	0.434	0.267

（二）综合指数法评价结果

由表 5-16 可知，山东农业教育综合指数排名第一，为 0.595，其次为河南，综合指数值为 0.543，湖南的综合指数值最低，仅有 0.168；广东农业科技研究综合指数排名第一，为 0.555，而河南、湖南和新疆的农业科技研究综合指数值都非常低，分别为 0.154、0.121、0.104；广东的农业科技推广综合指数最高，为 0.654，位于第二位的是山东，综合指数值为 0.597，四川的综合指数值最低，为 0.257；山东农村科技信息综合指数排名第一，为 0.742，广东、四川和新疆的农村科技信息综合指数值与山东相比差距较大，差值均在 0.500 以上；从 Z 值来看，样本省区的排名由高到低分别为山东、广东、河南、湖南、四川、新疆。

表 5-16　综合指数及排名（四）

地区	农业教育	农业科技研究	农业科技推广	农村科技信息	Z 值	排序
山东	0.595	0.279	0.597	0.742	2.213	1
广东	0.486	0.555	0.654	0.228	1.923	2
河南	0.543	0.154	0.405	0.535	1.637	3
湖南	0.168	0.121	0.486	0.281	1.056	4
四川	0.219	0.433	0.257	0.123	1.032	5
新疆	0.207	0.104	0.337	0.055	0.703	6

三、农村科技服务供给质量的问题检视及原因分析

农村科技服务供给质量综合反映了农村的科技服务水平及管理水平，也是传统农业向现代农业发展的决定性因素，对农村科技服务进行综合评价一方面可以提高农村的科技服务质量；另一方面可以提高农民对政府的信任和满意度。

从农村科技服务评价指标体系的 15 个三级指标看，由表 5-15 可知，

各个样本省区农民人均受教育年限、拥有农业技术人员的村比重、农业科技月宣传次数、农技推广服务机构平均从业人员数、农业专题类电视广播播出时间、农村科技信息服务平台覆盖率、农村网民规模占整体网民比例评价指标的标准化数值都较高，绝大部分都在 0.7 以上，说明我国农村科技服务供给在农民教育、农村农业科技人员的配备、农业科技宣传及农村科技信息服务平台建设等方面是做得较好的。每百个农村居民家庭劳动力中大专及以上人数；科研经费投入占比；万人占有农业科研机构数；推广技术、产品种类；农业信息数据采集频率指标的标准化数值是山东和广东（东部地区）较高，河南和湖南（中部地区）次之，四川和新疆（西部地区）最低，由此可以看出因为我国幅员辽阔，各地区农业经济发展不平衡，东部地区农业经济发展比较快，一些西部地区相对落后，造成了东部地区、中部地区和西部地区在科研经费和农业科研机构建设上投入的差异，也形成了东部地区农业新技术和新产品推广次数及农业信息采集频率高于中部和西部地区的现象。

从农村科技服务评价指标体系的 4 个二级指标看，6 个样本省区的 4 个二级评价指标农业教育、农业科技研究、农业科技推广、农村科技信息的均值绝大部分都小于 0.6，表明我国的农业教育服务质量、农业科技研究服务质量、农业科技推广服务质量、农村科技信息服务质量分别处于一般质量状态，均有提升的空间。6 个省区农业科技研究的综合指数均较小，这说明由于我国农业科研人员拥有量和农业科研机构数较少，农业科研经费投入力度不够大，缺乏专业的技术人员和专项资金，导致农业科技研究服务质量较低。四川和新疆（西部地区）农村科技信息的综合指数相比其他四个省区太小，说明在西部地区科学技术还不够发达，由此影响了农村科技信息服务的质量。

从 6 个样本省区比较来看，东部、中部与西部地区的农村科技服务供给质量表现出较强的梯度特征，即东部地区农村科技服务供给质量相对较高，中部地区次之，西部地区较低。由表 5-16 可知，我国山东和广东（东部地区）、河南和湖南（中部地区）、四川和新疆（西部地区）农村科技服务供给质量评价综合指数的结果分别为 2.213、1.923、1.637、1.056、1.032、0.703，其中山东和广东分别是第一名和第二名，河南和湖南分别是第三名和第四名，四川和新疆分别为第五名和第六名。这表明东部地区农村科技服务供给质量要高于中部地区，中部地区高于西部地区。

通过上述分析发现，我国农村科技服务供给质量总体上一般，且东部、中部与西部地区农村科技服务供给质量表现出一定的梯度特征（即东部较高、中部次之、西部较低）。我国农业科研经费投入不足，农民和农技人员的农业教育培训工作需要加强落实，农业科技人员数量和农业科研机构数也不足，尤其是中高级农业技术人员的比重需要提高，国家对农业科技研究的投入力度和重视程度也应进一步加大，进一步落实农民的农业教育工作和农技人员的培训工作，加强对农民的农业教育和农技人员的培训，提升农民的科技意识和农技人员的专业素养。同时，东部地区应充分利用其雄厚的技术、资金、人才优势，加强农业科技研究，进一步提升农村科技服务供给质量，由此带动中西部地区的发展。中西部地区应根据自身条件，加大与东部地区的交流与合作，促进资本、人才和技术合理流动、转移和扩散，将东部地区先进技术、管理方法与中西部地区丰富的资源、劳动力更好地结合起来，发挥比较优势，实现东部、中部与西部地区经济协调发展和经济效率的整体提升，实现我国农村科技服务的高质量供给。

第六节　乡村振兴战略下的农村义务教育供给质量

一、农村义务教育供给质量模型构建

（一）农村义务教育供给质量的文献资料来源

本小节主要使用 CNKI 数据库检索网站进行搜索，输入"农村义务教育""公共基础教育"和"农村义务教育质量"等关键词搜索相关文献，初步搜索有 496 条结果。经过筛选，共有 104 份文献资料符合筛选原则。

（二）农村义务教育供给质量相关文献的指标选取

在筛选出的众多相关主题文献的基础上，进一步挑选出其中运用定量研究方法进行农村义务教育方面研究的文献，并以此为参考，为本小节所需建立的指标体系提供方向指导（表 5-17），如杨倩茹和胡志强在《基于DEA 模型的我国农村义务教育资源配置效率研究》一文中从投入和产出两个方面对我国农村地区的义务教育资源配置效率进行了分析[①]；李玲和陶

---

① 杨倩茹，胡志强. 基于 DEA 模型的我国农村义务教育资源配置效率研究[J]. 现代教育管理，2016，（11）：15-21.

蕾在《我国义务教育资源配置效率评价及分析——基于 DEA-Tobit 模型》一文中探讨义务教育资源配置效率，从人力、财力、物力等 5 个方面着手，设计 10 个指标进行分析[①]；肖江则在《基于结构方程模型的 Y 省城乡义务教育均等化水平综合评价研究》一文中使用结构方程模型构建城乡义务教育均等化水平框架，设置了设施设备投入、经费投入、师资投入 3 个潜变量[②]。刘炎在《我国基本公共教育均等化现状分析》一文中借鉴 OECD（Organisation for Economic Co-operation and Development，经济合作与发展组织）教育发展指标体系，从教育机会、资源配置和教育结果三个角度，选择毕业升学率、生师比、生均教育经费等 6 个指标，利用熵权法综合得分评价教育水平[③]；王晨苗在《京津冀基本公共教育服务均等化研究》一文中从教育资源、教育机会、教育环境、教育质量四个方面选取 26 个指标构建指标体系，利用 TOPSIS（technique for order preference by similarity to ideal solution，优劣解距离）法评价京津冀教育服务水平，得出京津冀基本公共教育服务水平差异在缩小的结论[④]；兰佳琦在《我国基本公共教育服务均等化及效率研究》一文中利用教育经费投入、教育师资投入、教育设施配置和教育服务成效 4 个因素分析我国基本公共教育服务均等化及效率评价[⑤]。

表 5-17　相关文献中的指标选取（部分文献展示）（五）

作者	文献名	一级指标	二级指标	三级指标
杨倩茹和胡志强	基于 DEA 模型的我国农村义务教育资源配置效率研究	农村义务教育资源配置效率评价	投入；产出	校舍建筑面积；教学仪器设备资产值；初中教师数量等
李玲和陶蕾	我国义务教育资源配置效率评价及分析——基于 DEA-Tobit 模型	义务教育资源配置效率	人力投入；财力投入；物力投入等（共 5 个）	专任教师；高学历教师；高职称教师等
肖江	基于结构方程模型的 Y 省城乡义务教育均等化水平综合评价研究	城乡义务教育均等化水平	设施设备投入；经费投入；师资投入	生均校舍面积；生均计算机数量；生均图书数量等
刘炎	我国基本公共教育均等化现状分析	基本公共教育均等化水平	教育机会；资源配置；教育结果	毕业升学率；生师比；生均教育经费等

---

① 李玲，陶蕾. 我国义务教育资源配置效率评价及分析——基于 DEA-Tobit 模型[J]. 中国教育学刊，2015，（4）：53-58.

② 肖江. 基于结构方程模型的 Y 省城乡义务教育均等化水平综合评价研究[J]. 纳税，2018，（5）：252.

③ 刘炎. 我国基本公共教育均等化现状分析[J]. 经贸实践，2017，（13）：27-28.

④ 王晨苗. 京津冀基本公共教育服务均等化研究[D]. 河北大学硕士学位论文，2018.

⑤ 兰佳琦. 我国基本公共教育服务均等化及效率研究[D]. 浙江工商大学硕士学位论文，2020.

作者	文献名	一级指标	二级指标	三级指标
王晨苗	京津冀基本公共教育服务均等化研究	京津冀基本公共教育服务均等化	教育资源；教育机会；教育环境；教育质量	专任教师；生均教学及辅助用房面积等
兰佳琦	我国基本公共教育服务均等化及效率研究	我国基本公共教育服务均等化及效率评价	教育经费投入；教育师资投入；教育设施配置和教育服务成效	公办幼儿园配置；生均计算机数；生均图书册数

（三）农村义务教育供给质量的评价指标体系设计

通过整理总结各政策文件对于农村义务教育体系的描述，进一步研究借鉴学者研究成果，并因地制宜结合我国农村义务教育质量发展特点，将我国农村义务教育质量指标体系分为三个层次。第一层为目标层，综合评价农村义务教育质量。第二层为准则层，选取师资力量、办学条件、教育经费、教育环境、升学情况五个方面作为指标。师资力量反映了各地区农村教师资源配置情况，通常来说高质量教师的多少和教育水平成正比关系；办学条件代表着各地区学校规模及配套设施情况，在大力发展素质教育的时代，学校应有能力提供相应场地、设施帮助学生全面发展；教育经费直观体现了各地区农村对义务教育的相对重视程度，是实现义务教育高质量发展的前提条件；教育环境说明了教育需求与教育供给之间的矛盾，《国务院关于统筹推进县域内城乡义务教育一体化改革发展的若干意见》指出，实施消除大班额计划，合理分流学生，从而促进均衡发展，因此关注基本公共教育服务需要关注教育班额；升学情况是体现义务教育水平高低的一个方面，虽然现代教育力争破除"唯分数论"，不能完全用升学比例高代表教育质量好，但在高考的"风向标"之下，升学情况依然是衡量教育水平的重要指标。第三层为指标层，根据准则层要求选取26个指标，分别是小学专任教师师生比、小学高学历专任教师占专任教师比、小学高职称专任教师占专任教师比、初中教师师生比、初中高学历专任教师占专任教师比、初中高职称专任教师占专任教师比、小学生均学校占地面积、小学生均校舍建筑面积、小学生均教学及辅助用房面积、小学生均体育运动场面积、小学生均藏书量、小学生均计算机台数、小学生均教学仪器设备值、初中生均学校占地面积、初中生均校舍建筑面积、初中生均教学及辅助用房面积、初中生均体育运动场面积、初中生均藏书量、初中生均计算机台数、初中生均教学仪器设备值、普通小学生均教育经费支出、普通初中生均教育经费支出、小学平均班额、初中均班额、义务教育巩固率、初中毕业生升学率（表 5-18）。

表 5-18 农村义务教育供给质量评价指标体系

一级指标	二级指标	三级指标	指标说明
农村义务教育供给质量指标	师资力量	小学专任教师师生比（X_1）（%）	（+）小学专任教师数/小学在校生数
		小学高学历专任教师占专任教师比（X_2）（%）	（+）本科以上学历专任教师数/小学专任教师数
		小学高职称专任教师占专任教师比（X_3）（%）	（+）副高级以上职称专任教师/小学专任教师占比
		初中教师师生比（X_4）（%）	（+）初中专任教师数/初中在校生数
		初中高学历专任教师占专任教师比（X_5）（%）	（+）本科以上学历专任教师数/初中专任教师数
		初中高职称专任教师占专任教师比（X_6）（%）	（+）副高级以上职称专任教师/初中专任教师占比
	办学条件	小学生均学校占地面积（X_7）（米²/人）	（+）小学学校占地面积/小学在校生数
		小学生均校舍建筑面积（X_8）（米²/人）	（+）小学校舍建筑面积/小学在校生数
		小学生均教学及辅助用房面积（X_9）（米²/人）	（+）小学教学及辅助用房面积/小学在校生数
		小学生均体育运动场面积（X_{10}）（米²/人）	（+）小学运动场面积/小学在校生数
		小学生均藏书量（X_{11}）（册/人）	（+）小学藏书量/小学在校生数
		小学生均计算机台数（X_{12}）（台/人）	（+）小学计算机台数/小学在校生数
		小学生均教学仪器设备值（X_{13}）（万元/人）	（+）小学仪器设备价值/小学在校生数
		初中生均学校占地面积（X_{14}）（米²/人）	（+）初中学校占地面积/初中在校生数
		初中生均校舍建筑面积（X_{15}）（米²/人）	（+）初中校舍建筑面积/初中在校生数
		初中生均教学及辅助用房面积（X_{16}）（米²/人）	（+）初中教学及辅助用房面积/初中在校生数
		初中生均体育运动场面积（X_{17}）（米²/人）	（+）初中体育运动场面积/初中在校生数
		初中生均藏书量（X_{18}）（册/人）	（+）初中藏书量/初中在校生数
		初中生均计算机台数（X_{19}）（台/人）	（+）初中计算机台数/初中在校生数
		初中生均教学仪器设备值（X_{20}）（万元/人）	（+）初中仪器设备价值/初中在校生数
	教育经费	普通小学生均教育经费支出（X_{21}）（元/人）	（+）教育经费总额/小学在校生数
		普通初中生均教育经费支出（X_{22}）（元/人）	（+）教育经费总额/初中在校生数
	教育环境	小学均班额（X_{23}）（人/个）	（-）小学在校生数/总班数
		初中均班额（X_{24}）（人/个）	（-）初中在校生数/总班数

一级指标	二级指标	三级指标	指标说明
农村义务教育供给质量指标	升学情况	义务教育巩固率（X_{25}）（%）	（+）初中毕业生数/九年前小学招生数
		初中毕业生升学率（X_{26}）（%）	（+）初中毕业生数/高级中等学校招生数

注："+"为高优指标，"–"为低优指标

二、农村义务教育供给质量评价的实证分析

（一）数据的标准化处理

由表 5-19 可知，在 24 个高优指标中，四川小学专任教师师生比、小学高职称专任教师占专任教师比、初中教师师生比、初中高职称专任教师占专任教师比、初中生均校舍建筑面积、初中生均教学及辅助用房面积、初中生均体育运动场面积、初中生均教学仪器设备值八个指标的标准化数值均居于第一位，而初中毕业生升学率居于末位，标准化数值仅有 0.260；广东初中高学历专任教师占专任教师比、小学生均教学及辅助用房面积、小学生均教学仪器设备值、初中生均计算机台数、初中毕业生升学率的标准化数值位于首位，但小学高职称专任教师占专任教师比的标准化数值仅有 0.171；湖南小学生均校舍建筑面积、初中生均学校占地面积、初中生均藏书量的标准化数值位居第一，而小学生均体育运动场面积及小学生均计算机台数的标准化数值排名最后；新疆普通小学生均教育经费支出、普通初中生均教育经费支出、义务教育巩固率的标准化数值最高，而小学高学历专任教师占专任教师比、小学生均校舍建筑面积及初中生均校舍建筑面积等指标均在末位；山东小学高学历专任教师占专任教师比、小学生均学校占地面积、小学生均体育运动场面积、小学生均藏书量、小学生均计算机台数的标准化数值位居首位，而义务教育巩固率居于末位；河南的各项高优指标与其他省区相比排名都靠中后；值得注意的是，在直观体现教育环境的 2 个低优指标中，小学均班额指标的样本省区排名由高到低依次是湖南、河南、四川、广东、山东、新疆；初中均班额的样本省区排名由高到低依次是四川、湖南、广东、山东、新疆、河南。

表 5-19　样本省区各评价指标的标准化数值（五）

项目	四川	广东	湖南	新疆	山东	河南
X_1	1.000	0.835	0.897	0.794	0.905	0.894
X_2	0.676	0.997	0.785	0.655	1.000	0.855

续表

项目	四川	广东	湖南	新疆	山东	河南
X_3	1.000	0.171	0.629	0.332	0.469	0.395
X_4	1.000	0.874	0.949	0.970	0.892	0.887
X_5	0.831	1.000	0.859	0.873	0.975	0.899
X_6	1.000	0.556	0.741	0.523	0.725	0.814
X_7	0.668	0.917	0.853	0.967	1.000	0.828
X_8	0.942	0.937	1.000	0.685	0.803	0.843
X_9	0.910	1.000	0.983	0.734	0.860	0.925
X_{10}	0.726	0.857	0.536	0.774	1.000	0.624
X_{11}	0.533	0.805	0.746	0.529	1.000	0.699
X_{12}	0.568	0.986	0.480	0.538	1.000	0.528
X_{13}	0.992	1.000	0.695	0.938	0.893	0.547
X_{14}	0.850	0.865	1.000	0.790	0.881	0.696
X_{15}	1.000	0.753	0.901	0.612	0.676	0.631
X_{16}	1.000	0.769	0.755	0.627	0.595	0.507
X_{17}	1.000	0.729	0.620	0.614	0.729	0.493
X_{18}	0.996	0.931	1.000	0.657	0.907	0.735
X_{19}	0.873	1.000	0.628	0.586	0.726	0.496
X_{20}	1.000	0.668	0.744	0.596	0.564	0.318
X_{21}	0.907	0.917	0.666	1.000	0.733	0.577
X_{22}	0.758	0.848	0.640	1.000	0.787	0.546
X_{23}	1.399	1.384	1.491	1.000	1.209	1.440
X_{24}	1.102	1.056	1.062	1.005	1.029	1.000
X_{25}	0.473	0.503	0.573	1.000	0.372	0.436
X_{26}	0.260	1.000	0.449	0.359	0.473	0.320

（二）综合指数法评价结果

表 5-20 显示，四川师资力量综合指数排名第一，为 0.562，其次为山东，综合指数值为 0.268，广东和新疆的综合指数处于末尾，分别仅有 0.069 和 0.076；广东办学条件综合指数排名第一，达到 0.133，新疆和河南的办学条件综合指数与广东相比差距过大，差值均在 0.129 以上；但新疆的教育经费综合指数最高，为 1.000，位于第二位的是广东，综合指数值为 0.777，

河南的综合指数最低，为 0.315；在教育环境的指标层中，除新疆外，其他省区的综合指数相差不大；广东升学情况综合指数排名位居首位，为 0.503，而四川、山东和河南的综合指数排名位于后三位，分别为 0.123、0.176 和 0.140；从 Z 值来看，样本省区的排名由高到低分别为四川、广东、湖南、新疆、山东和河南。

表 5-20　综合指数及排名（五）

地区	师资力量	办学条件	教育经费	教育环境	升学情况	Z 值	排序
四川	0.562	0.092	0.687	1.542	0.123	3.006	1
广东	0.069	0.133	0.777	1.462	0.503	2.944	2
湖南	0.267	0.022	0.426	1.583	0.257	2.556	3
新疆	0.076	0.004	1.000	1.005	0.359	2.444	4
山东	0.268	0.059	0.577	1.244	0.176	2.325	5
河南	0.196	0.001	0.315	1.440	0.140	2.092	6

三、农村义务教育供给质量的问题检视及原因分析

从整体来讲，各地区的义务教育质量差异不大。四川的综合指数排名最高，为 3.006，其次排名第二的是广东，综合指数值为 2.944；新疆排名第三，山东和河南的综合指数排名末两位，分别为 2.325 和 2.092。作为代表中部地区的样本省区四川，在六个省区中排名最高，其原因在于师资力量和教育环境在综合指数占有绝大优势。2017 年四川省人民政府出台《关于统筹推进县域内城乡义务教育一体化改革发展的实施意见》指出，到 2020 年基本消除 56 人以上大班额；极大地改善了教育环境，同时，这也顺应了人们对优质教育资源的需求不断增强，对因材施教和个性化教育的不断重视这一现象。再者，《关于统筹推进县域内城乡义务教育一体化改革发展的实施意见》还指出，城镇学校和优质学校教师每学年到乡村学校交流轮岗的比例不低于符合交流条件教师总数的 10%，其中骨干教师不低于交流轮岗教师总数的 20%。该项举措为农村义务教育提供了师资保障，缓解了农村师资储备不足的问题。广东排名第二，其中办学条件、教育经费及升学情况三项指标对其贡献较大，毋庸置疑，作为代表东部地区的样本省区，因具有经济发达、地理位置优越的先天优势，其义务教育质量自然而然较高。作为西部地区代表的新疆，教育经费是在六个省区中最高的，因此综合指数排名列位中间，但有一点值得注意的是教育经费投入力度大

并不意味着教育质量一定好。

从东中西部区域来看，东中西部地区在教育环境的综合指数上呈现出中部、东部、西部逐渐降低的趋势。究其原因，东部地区人口密度大，导致教育资源较为紧缺；西部地区，由于地广人稀，教育资源没有得到充分的利用，而中部地区相对人口密度集中的东部地区及人口稀疏的西部地区，其教育环境最好。教育经费的综合指数呈现出西部、东部、中部逐渐降低的趋势。究其原因，近年来国家加大对西部地区的教育支持，国家教育经费的投入是促进社会公平正义，让广大人民群众共享改革发展成果的表现。升学情况、办学条件的综合指数均呈现出东部、西部、中部逐渐降低的趋势；东部地区经济发达、教育资源优质等因素在一定程度上提高毕业生的升学率。在师资力量方面，呈现出西部、中部、东部逐渐降低的趋势，近年来国家所实施的西部计划规模逐渐扩大，大学生主动申请到乡村、到条件最艰苦的地方学校服务，有力地增强了西部地区基层的师资力量。

综合所述，政府应根据各省区或农村地区义务教育发展的不同水平和经济发展状况，有针对性地予以义务教育经费财政支持，在财政政策与经费投入力度上，应该更加向发展薄弱地区倾斜，从而缩小农村地区义务教育质量之间的差距。

第七节　供需匹配下的农村医疗卫生服务供给质量

一、农村医疗卫生服务供给质量模型构建

（一）农村医疗卫生服务供给质量的文献资料来源

本小节以 CNKI 数据库为文献检索来源。在高级检索模式下，以"农村医疗卫生服务""农村卫生服务""村卫生室卫生服务能力"和"基层卫生服务"等作为主题进行检索，初步搜索有 2 110 条结果。经过筛选，共有 1 029 份文献资料符合筛选原则。

（二）农村医疗卫生服务供给质量相关文献的指标选取

农村医疗制度的建立是一种全过程的制度安排。深入推进农村医疗服务制度的建设和健全，既可以推动农村医疗发展，又可以使全民享受基本医保。农村医疗卫生服务由农村医疗卫生资源、农村公共卫生服务和农村医疗服务构成。从宏观意义上说，卫生资源是指为人们进行医疗保健服务的各种社会服务，而在狭义意义上，医疗服务机构利用的医疗服务包括卫

生人力资源、物力资源和财力资源三大类。按照卫生部门的划分，农村医疗机构由县级市医院、乡镇卫生院、村庄卫生室组成。在我国，农村医疗资源主要包括人力、物力、财政等方面的资源。医疗卫生服务具有提供治疗和康复的功能，具体含义为对农村地区常见、多发疾病进行诊断和临床治疗，并提供康复指导。农村公共卫生服务的主要目标是提高农村居民的健康水平，涵盖了疾病（传染病与地方病）预防与控制、妇幼保健、环境卫生、计划生育等医疗服务。

近年来，国家和地方政府出台了一系列提高农村卫生服务水平和推进农村卫生事业发展的指导性文件。2015 年，《国务院办公厅关于进一步加强乡村医生队伍建设的实施意见》中提出："乡村医生队伍仍是农村医疗卫生服务体系的薄弱环节，难以适应农村居民日益增长的医疗卫生服务需求。""坚持保基本、强基层、建机制，从我国国情和基本医疗卫生制度长远建设出发，改革乡村医生服务模式和激励机制，落实和完善乡村医生补偿、养老和培养培训政策，加强医疗卫生服务监管，稳定和优化乡村医生队伍，全面提升村级医疗卫生服务水平。"其次提升村医学历水平，保障村医应该享有的各种福利待遇，基本建成一支素质较高、符合基本卫生服务要求的村医队伍，推动三级诊断系统的建设。除此之外还要建立健全农村医生制度，保障农民群众享受基本的健康保健。《国家卫生计生委关于印发2017 年卫生计生工作要点的通知》提出："提升基层卫生服务能力。研究制订基层医疗卫生机构基本服务能力指南和评价标准，启动实施基层医疗卫生服务能力提升年活动，继续推进建设群众满意的乡镇卫生院和社区卫生服务提升工程。"

《深化医药卫生体制改革 2022 年重点工作任务》提出："落实和完善村医待遇保障与激励政策。推进健康乡村建设，采取巡诊、派驻等方式确保村级医疗卫生服务全覆盖，有条件的地方可推进'县管乡用、乡聘村用'。加强基层医疗机构和家庭医生（团队）健康管理服务，推广长期处方服务并完善相关医保支付政策。有序扩大家庭医生队伍来源渠道，创新服务方式。优化基本公共卫生服务项目，提升服务质量。"

苏海军和姚岚在《公共卫生服务体系绩效评价指标框架研究》一文中主要参考了国家基本公共卫生服务项目规范、基本公共卫生服务均等优化指标体系、疾病预防控制区域绩效评估指标和医药卫生体制改革四项重点工作进展监测方案，将公共卫生服务体系分为投入、产出、结果三个一级指标，以及与其相关的二级指标和三级指标[1]。

崔颖在《西部地区村卫生室卫生服务能力评价指标体系构建研究》一文中运用文献情报分析、个人访谈、专题小组访谈、现场调查、模糊评判、信度效度检验、专家咨询方法经过专家咨询、专家访谈、实地考察，对西部乡镇卫生院三级评价指标体系、指标数据来源和评价方法进行了多次修订和完善[2]。西部村卫生服务水平评估包括服务条件、公共卫生服务、基本医疗服务和非医疗服务水平四个方面，突出了医疗服务人员的工作环境及技能水平。为保证农村基层党员的工作能力，提供相应的服务环境，他指出农村社区居委会的职能是以社区的公共健康和基层医疗为主体，同时指出了农村基层卫生机构的主要职能是基层卫生服务，而基层卫生机构的服务水平高是基层卫生工作水平高的原因。

张萍在《农村卫生服务能力的评价研究——以 J 省为例》中运用文献分析、专家访谈、专家咨询、界值法、主客观赋权法、信度效度检验方法旨在构建一个更为科学、有效的评估方法，对农村卫生服务能力进行评估[3]。

王志锋等在《中国农村基本卫生保健工作发展与思考》中将农村医疗卫生服务分为政府支持、农村卫生服务体系建设、基本医疗管理规范、基本公共卫生服务、卫生监督、妇幼保健、环境卫生、健康教育、新型农村合作医疗、居民健康水平 10 个二级指标和乡村医疗机构覆盖率、执业助理/执业医师占乡（镇）/村提供临床医疗服务人员的比率等 26 个三级指标[4]。

郭志远等在《乡村振兴背景下我国农村医疗卫生服务供给侧问题研究》一文中将农村医疗卫生服务质量划分为医疗卫生服务需要、医疗卫生服务供给、医疗卫生服务条件和医疗卫生服务产出 4 个二级指标，以及医疗保健应选取两周患病率、慢性病患病率、人均年患病天数、人均年卧床天数，根据千人床位、人均医疗费用和服务条件等因素，选择了医疗技术

① 苏海军，姚岚. 公共卫生服务体系绩效评价指标框架研究[J]. 中国卫生经济，2010，29（11）：74-75.

② 崔颖. 西部地区村卫生室卫生服务能力评价指标体系构建研究[D]. 华中科技大学博士学位论文，2009.

③ 张萍. 农村卫生服务能力的评价研究——以 J 省为例[D]. 吉林大学博士学位论文，2014.

④ 王志锋，贾金忠，简伟研. 中国农村基本卫生保健工作发展与思考[J]. 中国卫生政策研究，2011，4（10）：1-6.

人员、床位数、万元以上设备数量、工作场所数量等指标①。在医疗服务的输出方面，选取了三项衡量标准：住院人数、出院人数和经营收益。

李晚莲和聂俊婷在《农村基层医疗卫生绩效评价——基于湖南省 50 村的调查》一文中结合村卫生室功能及客户的特殊性，把农村医疗服务的战略目标具体为农村医疗服务体系基层医疗机构的经营过程，使医疗机构的终极目标变为可量化和可实现的指标②，确立了服务保障、患者、流程与标准、学习与成长四个维度的绩效评价体系。服务保障维度是指提供政策、法律、资金和基本建设等方面的支持，主要指标包括政策法律保障、优化经费支持、完善基础设施，进一步分解为社会属性的社会认可率、配套法律法规增长率、引进人才投入、公共卫生服务补助、硬件设施投入、医疗药物投入、基本设备、执业房屋、信息化平台覆盖率九个四级指标；患者维度是指减轻患者负担并提高患者满意度，主要指标包括减轻患者负担、提高患者满意度，进一步细化为诊疗报销比例、物理可及性、缺陷服务率、医患关系稳定率这四个四级指标；流程与标准维度是指规范执业流程并健全管理机制，主要指标包括优化执业流程、管理机制，进一步分解为门诊登记完整率、传染病报告有效率、急诊、急救及转诊和监管制度增长率五个四级指标；学习与成长维度的主要指标包括提高业务能力和完善队伍建设，进一步分解为参加岗位培训、中专以上学历比例、执业（助理）医师构成、每千人卫生人员数、增加收入、养老保障和绩效管理覆盖率七个四级指标。部分文献的指标选取结果如表 5-21 所示。

表 5-21　相关文献中的指标选取（部分文献展示）（六）

作者	文献名	一级指标	二级指标	三级指标
苏海军和姚岚	公共卫生服务体系绩效评价指标框架研究	投入；产出；结果	筹资机构；人员；基础设施和设备等	当年各级财政拨付的公共卫生服务经费（万元）等
崔颖	西部地区村卫生室卫生服务能力评价指标体系构建研究	服务条件；公共卫生服务；基本医疗服务；非医疗服务水平	设备设施；人力资源等	业务用房面积；基本设备配备比例等
张萍	农村卫生服务能力的评价研究——以 J 省为例	投入；产出	人员数量及构成；人员进修培训等	每千人口村医数；持有《乡村医生执业证书》村医所占比例等

①　郭志远，王国平，刘海荣，等. 乡村振兴背景下我国农村医疗卫生服务供给侧问题研究[J]. 锦州医科大学学报（社会科学版），2020，18（3）：46-51.

②　李晚莲，聂俊婷. 农村基层医疗卫生绩效评价——基于湖南省 50 村的调查[J]. 江西社会科学，2015，35（6）：198-203.

续表

作者	文献名	一级指标	二级指标	三级指标
王志锋等	中国农村基本卫生保健工作发展与思考	农村基本卫生保健	政府支持；农村卫生服务体系建设；基本医疗管理规范；基本公共卫生服务等	政府对公共卫生的财政投入；乡村医疗机构覆盖率；执业助理/执业医师占乡（镇）/村提供临床医疗服务人员的比率等
郭志远等	乡村振兴背景下我国农村医疗卫生服务供给侧问题研究	医疗卫生服务能力	医疗卫生服务需要；医疗卫生服务供给；医疗卫生服务条件；医疗卫生服务产出	两周患病率；慢性病患病率；人均年患病天数；人均年卧床天数；千人卫生技术人员数等
林建	乡村振兴战略下我国农村医疗卫生服务供需矛盾分析	农村医疗卫生服务质量	医疗网络和服务可及性；医疗能力	乡镇卫生院；床位；医务人员；村卫生室；卫生人员；人均寿命；婴儿死亡率；孕产妇死亡率
刘童	乡镇卫生院服务能力评价指标体系构建研究	投入指标；产出指标	资源配置；医院支出；公共卫生服务；诊疗及转诊服务；医疗服务效率；次均费用	在职卫生人员数；大专及以上学历人数；中级及以上职称人数；业务用房面积等

（三）农村医疗卫生服务供给质量的评价指标体系设计

结合我国农村卫生政策、文献资料，构建了农村医疗卫生服务的评价指标体系，并制定了 1 项一级指标、3 项二级指标和 15 项三级指标（表 5-22）。一级指标是农村医疗卫生服务。二级指标是农村医疗卫生资源、农村公共卫生服务和农村基本医疗服务。三级指标为农村每千人口村医数、村医拥有《乡村医生执业证书》比例、农村每千人口床位数、村医考核合格比例、医疗经费支出水平、基本设备配备比例、村卫生室建设达标率、健康档案建档率、疫苗接种合格率、老年人健康管理率、孕妇系统管理率、3 岁以下儿童系统管理率、门急诊患者次均费用、村医人均年诊疗人次数、村医人均年门急诊人次数。

表 5-22　农村医疗卫生服务质量评价指标体系

一级指标	二级指标	三级指标	指标说明
农村医疗卫生服务	农村医疗卫生资源	农村每千人口村医数（X_1）（人）	（+）村医数/（农村人口数/1 000）
		村医拥有《乡村医生执业证书》比例（X_2）（人）	（+）村医持有《乡村医生执业证书》人数/村医人数
		农村每千人口床位数（X_3）（张）	（+）农村床位数/（农村人口数/1 000）
		村医考核合格比例（X_4）（人）	（+）村医考核合格者/村医数
		医疗经费支出水平（X_5）（%）	（+）医疗经费支出/总支出

续表

一级指标	二级指标	三级指标	指标说明
农村医疗卫生服务	农村医疗卫生资源	基本设备配备比例（X_6）（%）	（+）已配置的基本仪器设备数/应配置的基本仪器设备数
		村卫生室建设达标率（X_7）（%）	（+）各省村卫生室评审标准
	农村公共卫生服务	健康档案建档率（X_8）（%）	（+）建档人数/村内常住居民数
		疫苗接种合格率（X_9）（%）	（+）疫苗接种合格例数/该种疫苗接种人数×100%
		老年人健康管理率（X_{10}）（%）	（+）本村年内老年人健康管理人数/年内老年人总数×100%
		孕妇系统管理率（X_{11}）（%）	（+）本村年内孕妇健康管理人数/年内孕妇总数×100%
		3岁以下儿童系统管理率（X_{12}）（%）	（+）年内三岁儿童系统管理人数/年内儿童总数×100%
	农村基本医疗服务	门急诊患者次均费用（X_{13}）（元）	（−）门急诊医疗费用总数/门急诊人次数
		村医人均年诊疗人次数（X_{14}）（人）	（+）村医年诊疗人次数/村医数
		村医人均年门急诊人次数（X_{15}）（人）	（+）村医年门急诊人次数/村医数

注："+"为+指标，"−"为低优指标

二、农村医疗卫生服务供给质量评价的实证分析

（一）数据的标准化处理

由表5-23可知，山东农村每千人口村医数指标的标准化数值居于第一位，而医疗经费支出水平和村卫生室标准化建设达标率这两个指标的标准化数值居于末位，分别为0.553和0.976；广东医疗经费支出水平、村医人均年诊疗人次数、村医人均年门急诊人次数这三个指标的标准化数值位于首位，但是农村每千人口村医数指标的标准化数值位于末位，仅为0.290；河南所有指标的标准化数值在样本省区中均位于中等地位；湖南门急诊患者次均费用指标的标准化数值位于首位，其余指标的标准化数值在样本省区中表现出中等地位；四川村医拥有《乡村医生执业证书》比例、农村每千人口床位数、村医考核合格比例、基本设备配备比例、村卫生室建设达标率、健康档案建档率、疫苗接种合格率、老年人健康管理率、孕妇系统管理率、3岁以下儿童系统管理率这十个指标的标准化数值位于首位；新疆的门急诊患者次均费用指标的标准化数值与湖南共同居于首位，但村医拥有《乡村医生执业证书》比例、疫苗接种合格率、村医人均年诊疗人次数、村医人均年门急诊人次数这四个指标的标准化数值最低，分别为0.422、0.958、0.169、0.131。

表 5-23　样本省区各评价指标的标准化数值（六）

项目	山东	广东	河南	湖南	四川	新疆
X_1	1.000	0.290	0.874	0.537	0.336	0.547
X_2	0.505	0.761	0.618	0.936	1.000	0.422
X_3	0.640	0.618	0.566	0.785	1.000	0.662
X_4	0.972	0.984	0.936	0.991	1.000	0.953
X_5	0.553	1.000	0.979	0.989	0.979	0.989
X_6	0.960	0.975	0.928	0.988	1.000	0.936
X_7	0.976	0.994	0.991	0.977	1.000	0.981
X_8	0.980	0.987	0.915	0.971	1.000	0.927
X_9	0.989	0.993	0.974	0.991	1.000	0.958
X_{10}	0.975	0.986	0.927	0.984	1.000	0.947
X_{11}	0.978	0.999	0.889	0.996	1.000	0.943
X_{12}	0.980	0.963	0.939	0.971	1.000	0.960
X_{13}	0.885	0.990	0.685	1.000	0.863	1.000
X_{14}	0.463	1.000	0.445	0.361	0.690	0.169
X_{15}	0.454	1.000	0.431	0.331	0.681	0.131

（二）综合指数法评价结果

表 5-24 显示，湖南农村医疗卫生资源综合指数排名第一，为 0.373，其次为四川，综合指数值为 0.329，广东的综合指数值最低，仅为 0.130；四川农村公共卫生服务综合指数排名第一，高达 1.000，其次为广东，指数为 0.930，河南的综合指数最低，只有 0.690；广东农村基本医疗服务的综合指数位于第一，达到 0.990，新疆与广东的差距较大。从 Z 值来看综合指数由高到低分别为广东、四川、湖南、山东、河南和新疆。

表 5-24　综合指数及排名（六）

地区	农村医疗卫生资源	农村公共卫生服务	农村基本医疗服务	Z 值	排序
广东	0.130	0.930	0.990	2.050	1
四川	0.329	1.000	0.405	1.735	2
湖南	0.373	0.915	0.120	1.408	3
山东	0.163	0.905	0.186	1.254	4
河南	0.257	0.690	0.131	1.078	5
新疆	0.132	0.761	0.022	0.916	6

三、农村医疗卫生服务供给质量的问题检视及原因分析

农村医疗卫生服务的质量是目前我国医疗卫生资源、公共卫生服务、基本医疗服务水平的重要指标。农村医疗保障制度建设是当前国家健康事业的头等大事，关乎农民的福祉、振兴乡村、促进乡村社会和谐发展。对农村医疗卫生服务质量进行综合评价一方面可以提高我国农村的医疗卫生服务质量，另一方面还能提高村民对其的信任度。全面指数法是利用统计学手段对各类物质、测量单元进行规范化，并将其转换成一个综合指数，从而对总体工作进行评估。各指标的综合指数数值愈高，则作业品质愈佳。该方法不需要特别的评估资料，具有较高的敏感性。

基本设备配备比例、村卫生室建设达标率、健康档案建档率、疫苗接种合格率、老年人健康管理率、孕妇系统管理率、3岁以下儿童系统管理率这几个指标的标准化数值相差不大且都偏高，说明在村卫生室基本条件及公共卫生服务方面全国差距不大。山东医疗经费支出水平显著低于其他省区，可能是因为山东农村医疗卫生服务体系水平不高。广东村医人均年诊疗人次数和村医人均年门急诊人次数相对较高可能是因为广东农村医疗卫生水平较高，人们愿意去村卫生室看病。河南和湖南大多数指标的标准化数值位于中位。四川各项指标的标准化数值都较高，尤其是农村公共卫生服务的各项指标的标准化数值都居于首位，可能是因为四川农村医疗卫生服务可及性较高，农村居民前往附近的村卫生室较为便利，方便村卫生室进行健康管理。新疆作为西部欠发达地区，其指标的标准化数值大多数都处于低位，与其地理位置及经济发展水平相关，村卫生室医疗卫生水平较低。

广东和新疆的农村医疗卫生资源指标的标准化数值较低，猜测原因是这两个省区的村卫生室数较少，所以指标的标准化数值相对于其他省区就较低。虽然广东每千人口村医数指标的标准化数值较低，但是其村卫生室的医疗卫生服务质量较高，可能与其地理位置及经济发展水平相关。新疆的医疗服务质量指数偏低，主要是由于新疆的医疗服务资源分布不均衡。新疆部分贫穷乡村虽然建立了医疗机构，但医疗设施、设备和就医条件都很差，药物品种不够全面；部分乡村医疗卫生机构目前仍存在着医疗资源配置不合理、不均衡、缺少高层次人才的问题，其中村医大部分为大专以上学历的大学生，有的乡村更是没有一个稳定的乡村医生，不能满足村民持续、有效的医疗卫生需求。农村公共卫生服务相较于其他两个维度，指标的标准化数值都较高，可能是因为新医改政策之后，孕产妇健康管理、3

岁以下儿童系统管理等工作按照《中华人民共和国母婴保健法》《中国妇女发展纲要（2001—2010 年）》《中国儿童发展纲要（2001—2010 年）》的要求得到贯彻执行。广东农村基本医疗服务指标的标准化数值明显高于其他五个省区，猜测原因可能是广东经济发展水平高，卫生费用也相对较高；其次广东村卫生室的服务质量也较高，广东农村居民对村卫生室的信任度也较高，愿意前往村卫生室进行诊疗。其他省区可能是由于村卫生室的医疗技术水平不高，人们更愿意去乡镇卫生院或者更高一级的县级医院进行诊疗。

　　从综合指数来看，广东最高，其次分别是四川、湖南、山东、河南、新疆，说明广东农村医疗卫生服务质量最高，这主要是由于广东全面贯彻落实《全国亿万农民健康促进行动规划》、《中共广东省委 广东省人民政府关于推进卫生健康高质量发展的意见》和《中共广东省委、广东省人民政府关于建设卫生强省的决定》，以及全国重点公共卫生工程和农村基层医疗保障计划的不断推进。高级预防接种、乙肝疫苗、卡介苗疫苗、百白破疫苗、麻疹疫苗接种覆盖率达 95%，妇幼保健和健康教育宣传工作取得了显著效果。从新疆的综合指数来看，新疆的医疗服务水平和质量都比较差，缺少发展农村医疗的经费，制约了农村医疗的发展。

第八节　乡村振兴战略下的农村社会保障供给质量

一、农村社会保障供给质量模型构建

（一）农村社会保障供给质量的文献资料来源

　　本小节在 CNKI 数据库检索网站输入"社会保障""农村社会保障"等主题搜索相关文献，初步搜索有 10 305 条结果。经过筛选，共有 1 029 份文献资料符合筛选原则。

（二）农村社会保障供给质量相关文献的指标选取

　　社会保障这个术语源自英国的社保体系，它最初是在美国于 1935 年通过的《社会保障法》中产生的，我国也在"七五"规划中采用了这个术语，但不同的国家对社会保障定义不同。社会安全是由政府进行法律上的物质支援所采取的各项制度的总称，安全是每一个公民都应该拥有的一种基本的权利，这是目前较为典型的看法。社会保障是以国家或政府为主体，通过国民收入的再分配，对公民在暂时或永久丧失劳动能力，以及由于各种

原因而导致生活困难时给予物质帮助，以保障其基本生活的制度。社会保障的本质是追求公平，责任主体是国家或政府，目标是满足公民基本生活水平的需要，同时必须以立法或法律为依据。现代意义上的社会保障制度是工业化的产物，以 19 世纪 80 年代德国俾斯麦政府颁布并实施的一系列社会保险法令为标志，经历了发展、成熟、完善、改革等不同时期，各国根据各自的政治、经济和人口环境等因素，形成了各具特色的社会保障制度模式。

农民的基本福利体系是国家、集体和农民共同的努力，为那些由于意外事件而临时或永久性失去工作或生存困难的农民，建立起一套由国家、集体和农民共同承担的经济保障体系，按照规定提高农村居民的精神生活水平。在我国由计划经济转向市场经济的过程中，必须充分了解农村社会福利制度对推动我国经济发展的重要性。

我国的农村社会安全体系是一个正在逐步发展起来的体系，其体系种类繁多，如农村社会救助、农村社会保险、农村社会福利和农村抚恤等，正是这些形式多样且相互联系、相互交织的社会保障方案构成了我国农村社会安全体系。在我国，社会保障制度由社会保险、社会救济、社会福利和社会优抚四大部分组成。

农村社会保险。近年来，我国政府高度重视农村社会保险工作，不断出台相关政策，致力于保障广大农民的基本生活需求。在政府的引导和支持下，农村社会保险制度逐步完善，保障范围不断扩大，让越来越多的农民受益。为了提高农民的参保积极性，政府出台了缴费补贴、税收减免等一系列优惠政策，同时，政府还加强了对农村社会保险的宣传和普及工作，通过各种形式让农民了解社会保险的重要性，提高其参保意识。在政府的积极推动下，我国农村社会保险制度不断完善，保障水平逐步提高，为农民提供了实实在在的实惠。然而，农村社会保险事业仍面临不少挑战，如保险覆盖面不足、保障水平不高等问题。因此，政府还需要继续加大投入，完善政策体系，推动农村社会保险事业持续健康发展，为全体农民提供更加全面的保障。

农村社会救济。农村社会救济是一种社会安全计划，其主要内容是为因灾难和危险导致无法维持生活的农村居民提供救济。它在我国的社会福利制度中扮演着无可替代的角色，往往被看作一个基本的安全保障网络。这一体系的首要目标是为一些生活条件不能保证的民众提供适当的救济，具体数额则是按照经济发展水平、物价水平及满足最低生活需要确定，经费来源是政府和民间捐助，在某种意义上保证其生存权利。该计划的主要受益者可划分为三大类型：一是具有一定的经济来源，但经济状况不能达到法律规定水平的人；二是由于缺乏劳动力而无法维持正常生计的人；三是突发灾害或家庭变故而导致短期不能继续正常工作的人。

农村社会福利。农村社会福利是指针对农村地区的居民提供的一系列福利和社会保障措施。它旨在改善农村居民的生活质量，为农村居民提供所需的基本社会保障，促进农村社会的发展和进步。农村社会福利的实施涉及政府、社会组织和公民的共同努力。政府需要制定相关政策、提供资金支持和监管，社会组织可以提供服务和支持，而公民也需要积极参与和享受社会福利的权益。通过提供全面的农村社会福利，可以促进农村地区的发展和提高农民的幸福感，缩小城乡差距。

农村社会优抚。《中华人民共和国宪法》第四十五条指出："国家和社会保障残疾军人的生活，抚恤烈士家属，优待军人家属。"这条法律所针对的，就是在社会福利制度下的福利计划。乡村社会福利是指根据法律法规和政策法规，由国家和各有关部门向符合条件的乡村居民提供物质支持和协助。在我国，农村抚恤是一项以优惠、抚慰、关爱、就业安置为重点的农村社会福利计划，是一种带有强制性的法律保证。与其他的农村社会保险制度不同，农村社会优抚主要面向受伤军人、因公残疾农民、退役军人及其家属、烈士家属、优抚对象家庭等特殊群体，而其他农村社会保障制度往往针对全体人民或广大的农村居民。

学术界对我国的社会治安问题有不同的定义，从宏观上看，主要是指社会缴费保险、医疗保险、社会救助、社会福利和特别保障等。目前，理论界普遍认同，农村的医疗保险和基本养老保险，这是当前国家急需建设的一套新的农村社会安全制度，部分文献展示见表5-25。郭翔宇和胡月在《乡村振兴水平评价指标体系构建》一文中提到健全的农村社会福利体制是促进农村发展的动力，必须不断地健全基本养老保险、基本医疗保险、最低生活保障等，以改善农民对美好生活的整体安全感[1]。聂建亮和吴玉凡在《乡村振兴战略背景下社会保障参与农村社会治理路径分析》一文中提到结合农村实际来看，社会保障包括社会救助、社会保险和社会福利和服务保障四大类[2]。社会救助是以农村五大保障制度、农村最低生活保障制度、实施救助、医疗救助等基本保障制度为主。社会保险是以农村为主

---

[1] 郭翔宇，胡月. 乡村振兴水平评价指标体系构建[J]. 农业经济与管理，2020，（5）：5-15.

[2] 聂建亮，吴玉凡. 乡村振兴战略背景下社会保障参与农村社会治理路径分析[J]. 济南大学学报（社会科学版），2020，30（2）：123-131，159-160.

的社会福利保障体系和医保体系。目前我国的农村社会保障制度是城乡居民的基础保障,而健康保障则是以新的农村合作医疗为重点。社会保障是一项以改善农村服务和服务系统为核心,以解决农民的生存需求为核心的一项社会政策。根据对象的不同,农村社会福利分为老年福利、残疾人福利、女性福利等。孔祥智在《全面小康视域下的农村公共产品供给》一文中提到农村社会保障服务包括养老服务、最低生活保障服务、残疾人生活保障服务和五保供养服务等多项内容①。刘丹丹在《我国社会保障研究的轨迹与前沿探析——基于 CSSCI 数据库 1998 年至 2018 年初的文献计量》一文中提到由于各国政治、经济、历史、文化等背景的差异,社会保障虽然在世界上没有一个明确的界定,但是从整体上看,可分为社会救助、社会保险、社会福利和社会优抚四个层面②。按照上述四个层面,她分别从运行机制、系统配置与运行、存在问题及影响等几个层面进行论述。唐娟莉和倪永良在《中国省际农村社会保障供给绩效的时空演变》一文中提到中国农村社会保障运行机制主要包括农村医疗保障、农村养老保障、农村社会救助和农村抚恤四方面,农村福利是很少的③。

表 5-25 相关文献中的指标选取(部分文献展示)(七)

作者	文献名	一级指标	二级指标	三级指标
温薇等	基于 EWM-DEA 模型的农村金融生态环境评价——以黑龙江省 12 个地级市为例	农村社会保障环境	医疗卫生与计划生育支出;农村医疗保险参保人数;社会保障和就业支出;农林水事务支出	
李华和祝秋思	缩小城乡收入差距哪种社保类型更有效?——基于财政社保与社会保险的比较分析	财政社保水平;社会保险水平	社会保障和就业水平;住房保障水平;养老保险水平;医疗保险水平;其他社保水平	社会保障和就业支出;住房保障支出;城镇职工基本养老保险支出;城乡居民社会养老保险基金支出等
郭翔宇和胡月	乡村振兴水平评价指标体系构建	农村社会保障水平	农村居民基本养老;医疗保险参保率;农村居民最低生活保障人均支出水平;农村医疗卫生人员配置水平	
尚青松和赵一夫	代际支持、社会保障与农村居民养老方式选择——基于 CHARLS 数据的实证分析	社会保障	新农合有无;新农保有无;社区服务有无;养老金数额	

---

① 孔祥智. 全面小康视域下的农村公共产品供给[J]. 中国人民大学学报, 2020, 34(6): 14-28.

② 刘丹丹. 我国社会保障研究的轨迹与前沿探析——基于 CSSCI 数据库 1998 年至 2018 年初的文献计量[J]. 武汉大学学报(哲学社会科学版), 2021, 74(1): 170-180.

③ 唐娟莉, 倪永良. 中国省际农村社会保障供给绩效的时空演变[J]. 河南农业大学学报, 2020, 54(1): 163-172.

续表

作者	文献名	一级指标	二级指标	三级指标
章成和洪铮	社会保障、包容性增长与居民消费升级	社会保障	养老保险有无；医疗保障有无；政府补助有无	
聂建亮和吴玉凡	乡村振兴战略背景下社会保障参与农村社会治理路径分析	社会保障	社会救助；社会保险；社会福利；服务保障	医疗保险制度；养老保险制度；五保供养等
孔祥智	全面小康视域下的农村公共产品供给	农村社会保障服务	养老服务；最低生活保障；残疾人生活保障服务；五保供养服务等	
刘丹丹	我国社会保障研究的轨迹与前沿探析——基于 CSSCI 数据库 1998 年至 2018 年初的文献计量	社会保障	社会救助；社会保险；社会福利；社会优抚	
王晶和简安琪	相对贫困城乡差异及社会保障的减贫效应	社会保障	社会保障覆盖率；社会保障水平	参与养老保险；参与医疗保险；参加失业保险；享受最低生活保障等
唐娟莉和倪永良	中国省际农村社会保障供给绩效的时空演变	农村社会保障供给绩效	农村医疗保障；农村养老保障；农村社会救助；农村抚恤；农村福利	新农合人均筹资额；农村社会救济费；农村社会救济人数等

（三）农村社会保障供给质量的评价指标体系设计

通过整理总结各政策文件对于农村社会保障体系的描述，分析国内外相关学者的研究，结合我国的国情和特征，将农村社会保障分为三个层次。第一个层次为对我国农村社会保障供给的质量进行全面评估。第二层次是参照层，以农村社会保险、农村社会福利、农村社会救助、农村社会优抚四个维度为参照。第三层次为指标层，根据参照层要求选取 16 个指标，分别是社会保险支出水平、农村养老保险覆盖率、农村医疗保险覆盖率、农村养老保险领取率、社会福利支出水平、农村养老机构专业水平、农村养老机构收养水平、农村福利机构专业水平、农村社会福利机构收养水平、农村社会救助支出水平、农村低保覆盖率、低保救助标准替代率、农村特困人员救助供养机构收养水平、农村优抚覆盖率、优抚医院安置水平、光荣院安置水平（表 5-26）。

表 5-26　农村社会保障供给质量评价指标体系

一级指标	二级指标	三级指标	指标说明
农村社会保障供给质量	农村社会保险	社会保险支出水平（X_1）（%）	（+）农村社会保险支出（新农保+新农合+工伤+失业）/公共预算支出
		农村养老保险覆盖率（X_2）（%）	（+）农村居民基本养老保险农村居民实际参保人数/年末农村常住人口数

一级指标	二级指标	三级指标	指标说明
农村社会保障供给质量	农村社会保险	农村医疗保险覆盖率（X_3）（%）	（+）农村居民基本医疗保险参保人数/年末人口数
		农村养老保险领取率（X_4）（%）	（+）农村居民基本养老保险实际领取待遇人数/参保人数
	农村社会福利	社会福利支出水平（X_5）（%）	（+）农村社会福利支出/预算支出
		农村养老机构专业水平（X_6）（%）	（+）养老机构年末职工人数/养老机构单位数
		农村养老机构收养水平（X_7）（%）	（+）养老机构年末收养人数/养老机构单位数
		农村福利机构专业水平（X_8）（%）	（+）福利机构职工人数/福利机构数
		农村社会福利机构收养水平（X_9）（%）	（+）社会福利机构年末床位数/社会福利机构单位数
	农村社会救助	农村社会救助支出水平（X_{10}）（%）	（+）农村最低生活保障支出/公共预算支出
		农村低保覆盖率（X_{11}）（%）	（+）农村居民最低生活保障人数/乡村人口数
		低保救助标准替代率（X_{12}）（%）	（+）农村低保标准/当地农村居民人均消费支出
		农村特困人员救助供养机构收养水平（X_{13}）（%）	（+）特困人员救助供养机构年末收养人数/特困人员救助供养机构数
	农村社会优抚	农村优抚覆盖率（X_{14}）（%）	（+）农村优抚人口数量/年末人数
		优抚医院安置水平（X_{15}）（%）	（+）优抚医院床位数/优抚医院数
		光荣院安置水平（X_{16}）（%）	（+）光荣院床位数/光荣院数

注："+"为高优指标

二、农村社会保障供给质量评价的实证分析

（一）数据的标准化处理

由表5-27可知，山东社会保险支出水平、农村养老机构专业水平、农村养老机构收养水平、农村社会福利机构收养水平和低保救助标准替代率五个指标的标准化数值均居于第一位，而农村低保覆盖率居于末位，标准化数值仅有0.278；四川农村养老保险领取率、农村社会救助支出水平和农村特困人员救助供养机构收养水平三个指标的标准化数值位于首位，但光荣院安置水平的标准化数值仅有0.245；湖南农村养老保险覆盖率、农村优抚覆盖率和优抚医院安置水平三个指标的标准化数值在样本省区中位于第一位，其余指标的标准化数值在样本省区中表现出中等地位；河南农村医疗保险覆盖率和社会福利支出水平指标的标准化数值最高，而农村社会福利机构收养水平指标的标准化数值与其他样本省区相比较小，仅为0.347；

与其他样本省区相比，新疆农村低保覆盖率和光荣院安置水平指标的标准化数值位于首位，但社会保险支出水平、农村福利机构专业水平、农村优抚覆盖率和优抚医院安置水平四个指标的标准化数值位于末尾，分别为0.351、0.483、0.115、0.107；值得注意的是，经济发展水平较高的广东仅有农村福利机构专业水平指标的标准化数值比其他样本省区要高，但农村养老保险覆盖率、农村社会救助支出水平、农村特困人员救助供养机构收养水平、农村优抚覆盖率和光荣院安置水平指标的标准化数值均低于其他样本省区。

表 5-27　　样本省区各评价指标的标准化数值（七）

项目	山东	四川	湖南	河南	新疆	广东
X_1	1.000	0.810	0.811	0.979	0.351	0.614
X_2	0.893	0.734	1.000	0.980	0.510	0.360
X_3	0.800	0.885	0.953	1.000	0.719	0.560
X_4	0.983	1.000	0.705	0.779	0.458	0.984
X_5	0.900	0.968	0.740	1.000	0.602	0.963
X_6	1.000	0.476	0.542	0.605	0.868	0.967
X_7	1.000	0.903	0.705	0.676	0.937	0.710
X_8	0.996	0.506	0.936	0.485	0.483	1.000
X_9	1.000	0.574	0.646	0.347	0.575	0.713
X_{10}	0.570	1.000	0.780	0.767	0.985	0.423
X_{11}	0.278	0.795	0.421	0.509	1.000	0.303
X_{12}	1.000	0.660	0.631	0.705	0.834	0.921
X_{13}	0.948	1.000	0.615	0.677	0.747	0.315
X_{14}	0.848	0.913	1.000	0.758	0.115	0.328
X_{15}	0.496	0.769	1.000	0.472	0.107	0.753
X_{16}	0.275	0.245	0.370	0.329	1.000	0.212

（二）综合指数法评价结果

表 5-28 显示，河南农村社会保险综合指数排名第一，为 0.747，其次为山东，综合指数值为 0.702，广东的综合指数值最低，仅有 0.122；山东农村社会福利综合指数排名第一，达到 0.897，湖南、新疆和四川的农村社会福利综合指数值与山东相比差距过大，差值均在 0.700 以上；新疆的农村社会救助综合指数最高，为 0.613，位于第二位的是四川，综合指数值为 0.525，湖南的综合指数值最低，为 0.128；但在农村社会优抚指标层中，

湖南的综合指数排名位居首位，其数值为 0.370，而新疆的综合指数排名位于末位，仅为 0.012；从 Z 值来看，样本省区的排名由高到低分别为山东、四川、湖南、河南、新疆、广东。

表 5-28　综合指数及排名（七）

地区	农村社会保险	农村社会福利	农村社会救助	农村社会优抚	Z 值	排序
山东	0.702	0.897	0.150	0.116	1.865	1
四川	0.526	0.121	0.525	0.172	1.344	2
湖南	0.545	0.171	0.128	0.370	1.214	3
河南	0.747	0.069	0.187	0.118	1.120	4
新疆	0.059	0.136	0.613	0.012	0.820	5
广东	0.122	0.472	0.037	0.052	0.683	6

三、农村社会保障供给质量的问题检视及原因分析

广东农村社会保障主要存在农村养老保险覆盖率低、农村医疗保险覆盖率低、农村社会救助支出水平低、农村特困人员救助供养机构收养水平低、光荣院安置水平低的问题。农村养老保险覆盖率低的原因可能是农村居民参保意识淡薄、政府相关宣传力度不够、保险实际保障效果不佳等。农村社会救助支出水平及农村特困人员救助供养机构收养水平低的原因可能是广东人口流动性强，外来流动人口多，加上经济发展水平高，对于社会救助的需求就比较低。新疆存在社会保险支出水平低、社会福利支出水平低、农村优抚覆盖率低及优抚医院安置水平低的问题，可能与经济发展水平、地区社会优抚现状及需求等有关。河南农村社会保障主要存在农村养老机构收养水平低和农村社会福利机构收养水平低的问题，这可能与河南居家养老及社区养老水平较高有关，由于河南老人受到传统观念的熏陶，他们想要在自己常年生活的地方居住，这种思想会随着年纪的增大而更加执着。那些有一定生活自理能力的空巢独居老年人，他们更愿意接受社区的居家护理。河南的发展和人均收入的增加使得老人的物质生活得到了一定程度的改善，但是在农村却出现了大量的空置房屋，农村老年人也开始选择有配套医疗设施和康复机构的养老服务机构安度晚年，农村养老和社会福利机构的发展潜力巨大。四川农村社会保障供给质量存在农村养老机构专业水平低的问题，其原因主要是养老机构和社会福利机构从业人员职业门槛低、素质不高、专业化水平低和缺乏激励等。数据显示，截至 2020 年末，四川 65 岁及以上老年人常住人口为 1 416.8 万人，占 16.93%，四川

人口已步入老龄，与 2010 年相比，增长 5.98 个百分点，高于全国 3.43 个百分点，位居全国第 3[①]。随着人口的不断老化，我国的人口长期均衡发展，医疗保障、老年保障等方面面临着越来越大的考验，四川亟待完善养老机构和社会福利机构专业化相关配套政策，加强对相关机构的投入和监督，促进四川社会保障水平及质量不断提升。湖南农村社会保障主要存在低保救助标准替代率低的问题，这可能是湖南低保标准低及农村居民人均消费支出不断提高导致的，低保水平是否合理与该体系能否成功落实有着密切的联系。过高的评价，既容易产生对社会的依赖，可能产生"搭便车"和"养懒人"等问题，又会加重政府的财政压力，这是由中央政府和当地政府共同承担的。在能保障居民基本生活的基础上，制定适宜的低保标准对于提升地区社会保障水平具有重要意义。在其他指标上均排名前列的山东在社会保障覆盖面上仍存在一些问题，如农村低保覆盖率低，其原因可能是山东社会救助支出一定，而低保救助标准替代率高，因此对低保覆盖面产生了一定的限制。

农村社会保险和农村社会优抚在供给质量上不存在明显的地域差异，不存在东部农村社会保险供给质量必然高于中西部的情况。在农村社会福利维度上有较为明显的地域差异，东部地区农村社会福利供给质量高于中西部地区，这可能与地区经济发展水平、城镇化水平、人口老龄化水平、农村居民收入与储蓄水平等因素有关。在农村社会救助维度上也存在明显的地域差异，但与农村社会福利正好相反，以四川与新疆作为代表的西部地区农村社会救助供给质量比中东部地区高，这可能与各省农村救助现状及需求、地区经济发展水平、政府对于社会救助的重视程度、中央财政拨款与地区失业率等因素有关。

广东与新疆的农村社会保险供给质量低的原因是地方政府的公共物品与服务供给因财力的限制，尤其是养老金的供给能力的匮乏而无法充分体现出公平性，很难保证不同阶段的经济收益，从而间接地影响每年的缴纳水平和补助水平的提高，使民众的购买意识降低，其覆盖率和水平也就难以提升。河南农村社会福利供给质量低，通过观察原始数据我们可以发现河南社会福利支出水平并不低，在六省中处于领先地位，造成其农村社会福利供给质量低的原因可能是河南社会福利投入资金使用效果不佳，没有产生实际社会效果，需加强对社会福利投入资金的跟踪，加强对养老机构及社会福利机构的建设和监督。广东农村社会救助供给质量低的原因可

---

① 资料来源：四川省第七次全国人口普查公报。

能是一方面广东经济发展水平高，人均收入水平可观，对于低保的需求度不高；另一方面广东对于社会救助性服务的投入不足。广东应加强对农村社会救助的重视，完善相应制度建设，加大对农村社会救助的投入，提升社会救助性机构的收养水平。广东和新疆的农村社会优抚供给质量低的原因各异。广东主要体现为光荣院安置水平低，这可能与地区优抚对象数量差异有关。新疆则主要体现为农村优抚覆盖率低的问题，猜测与其对于社会优抚的资金投入有关。

从综合指数 Z 值的排序来看。山东排名第一主要是其农村社会保险和农村社会福利综合指数较高，但其农村社会救助及农村社会优抚综合指数在六省中排名靠后，说明山东在社会保障供给质量上也存在很多不足之处，在保证农村社会保险和农村社会福利供给质量的前提下需加强对农村社会救助和农村社会优抚供给质量的提升。广东农村社会保障综合指数排名最末第一个原因是其经济发展水平高，保险缴费额度偏高，导致参保对象缺乏参保的积极性。第二个原因是虽然广东农村地区的居民收入水平较高，但他们的生活成本也相应较高。在高生活成本的压力下，农村居民对于养老金及医疗救助金的需求并不迫切，他们更愿意将有限的资金投入其他方面，如子女教育、购房等，以期获得更为直接和显著的收益，因此农村居民对于社会保障制度的依赖程度并不高。第三个原因是较长的缴费期与人口流动性大之间存在矛盾。

近年来，各省社会保障体系在制度建设、覆盖范围、保障水平、资金筹集、法制进程等方面都取得了重大进展，但从目前看我国的社保制度还存在一些不足。从当前的情况来看，我国的社保制度还不完善，存在与经济发展程度、社会治安状况等方面的差距很大，被各类社会保障制度覆盖的人员待遇差别大，社会保险统筹层次低，各项社会保障制度还有待完善，多层次社会保障体系尚未真正建立等问题，这些问题是今后健全完善社会保障体系所亟待解决的。随着我国人口老龄化进程加快，相关问题也随之出现，因此迫切需要建立一套健全的社会保障制度。随着我国经济的快速发展，我国的社保制度建设也面临着越来越大的挑战，农民工的流动需求也越来越大，社保制度的流动性也在不断提高，要进一步健全社保的运作和管理体系，使社保服务更加便捷、快捷、高效。

第六章 农村公共产品供给高质量发展典型案例剖析

农村公共产品的高质量供给作为提升农村居民生活质量的重要工程，它的顺利开展也是实现我国乡村振兴目标的重要助力。对于农村公共产品高质量供给的实现路径，我国的许多地区都在积极开展工作进行探索，并且大部分地区选择的是结合不同的方面来开展行动，如城乡融合方面、民生三感方面、供需匹配方面、生态涵养方面等。通过与这些方面的衔接与融合，许多地区从自身的行动中总结出了各式各样的农村公共产品高质量供给工作经验，这些经验不仅在当地能够发挥作用，更有很多是具备了可复制性与推广性的，而通过对这些工作经验的分析、总结与学习，我国农村公共产品高质量供给工作将会得到很大的推进，连带的，我国乡村振兴战略的推进进程也将能够得到加快。

第一节 农村公共产品供给高质量发展典型案例

我国农村公共产品供给是关系着我国农村发展的重要事项。为了能够早日实现乡村振兴的战略目标，我国的农村公共产品供给不仅要在数量上做到供给量充足，更要把这些农村公共产品的真正效用发挥出来，做到高质量供给。在这些方面，我国部分地区一直在通过自身的实践不断地进行探索，使我国农村公共产品供给的高质量发展有了很好的行动方向和借鉴经验。

一、基础设施互通模式：安庆"四好农村路"案例

为了实现乡村振兴这一目标，需要从农村经济发展、农村文化建设、农村公共服务等多个方面来一同努力，而我国当前推进的农村公共产品高质量供给工作无疑也是为乡村振兴事业而助力的。作为农村公共产品供给中发挥着最基础性作用的农村基础设施建设供给，它能够贯通乡村振兴中的各个方面，相互协同、共同为实现乡村振兴这一目标而发挥作用。本节

将结合案例分析在乡村振兴工作的背景下，如何让农村公共基础设施供给做到发挥出贯通作用的高质量供给。

农村基础设施建设是为发展农村生产和保证农民生活而提供的公共服务设施的总称，一般包括交通邮电、农田水利、供水供电、商业服务、园林绿化等方面。实现农村基础设施建设高质量供给不仅是推进农村经济发展的重要契机，更是帮助实现乡村振兴的重要基础之一。自改革开放以来，我国便开始注重农村地区的发展，而其中的道路等基础设施建设便是政府重点关注的部分之一，虽然通过政府和民众的努力，我国大部分农村地区的基础设施建设水平都得到了提升，但仍有部分地区还存在着基础设施建设数量规划不合理、设施建设与实际条件不相符导致建设资源、资金被浪费等问题。这些问题可以说是我国农村基础设施高质量供给的绊脚石，我国需要采取行动加以解决，努力做到"按需建设、建有所用"。

（一）安庆建设"四好农村路"的背景

安庆市农村地区的道路过去一直是处于一种晴天一身土、雨天一脚泥的状况，这不仅使得当地农村地区的居民出行不便，甚至连外地人到当地农村地区的意愿都很低，从而严重阻碍了安庆市当地农村地区的经济发展，解决安庆市农村地区的道路建设问题已经十分迫切。在这样的情况下，安庆市政府决定抓住交通运输部制定发布《关于推进"四好农村路"建设的意见》的机遇，在当地大力开展以建好、管好、护好、运营好农村公路为主要内容的"四好农村路"建设工作。

为了能够做好建设工作，安庆市针对当地情况制定了一系列的建设任务与目标。

建好农村公路。首先做到农村道路通畅，在完成这项工作的基础上按照轻重缓急，计划 3 年内安庆市农村公路扩面延伸工程量达到 7 057 千米，推进丘陵和山区等地规模大一些的自然村的道路硬化工程，争取在 2020年实现安庆市当地规模较大的农村地区硬化路全面贯通。当然，除了这些规模比较大的村落需要进行道路硬化工程外，安庆政府也鼓励当地其他地区的地方政府在结合当地实际条件的情况下对其他规模较小的村落也进行道路硬化建设。同时，安庆政府也会优先安排农村欠发达地区和行蓄洪区建设项目，确保在脱贫攻坚目标实现之前可以让范围内的农村欠发达地区的建设工程都完成，而当地拥有社会公共服务属性的国有林场道路建设同样也是不可忽视的一部分。

建制村及规模比较大的村落的道路硬化工程主要按照路基宽度不低

于 5.5 米, 路面宽度不低于 4.5 米, 根据实际情况合理设置错车道间距但基本上不能超过 300 米, 水泥混凝土路面面层厚度应超过 20 厘米、基层厚度应高于 18 厘米, 对老路进行加固和充填建设, 并且在进行施工时建设队伍务必要按照安全防护、排水防污等各种必要的安全与防护设施等标准来施工, 这些标准也是属于我国四级公路建设标准的一部分, 可以说是为当地的道路硬化工程提供了很明确的建设模板, 安庆政府将会对验收合格的项目安排省级补助资金来进行资金上的支持与鼓励。同时, 针对农村公路易发生交通事故等问题的情况, 安庆政府决定加大当地农村公路安全防护设施、"安全五小工程" (安装一排警示桩、一块标志牌、一排减速带、一面凸透镜、一盏爆闪灯) 等保护设施的建设力度, 强化县、乡公路安全隐患治理, 并继续实施农村公路危桥改造, 从建设工程上减少农村公路存在的安全隐患。

管好农村公路。安庆政府在全市建立起县、乡、村三级路长制体系, 通过明确的职位设置来确保各级政府和村委会对农村道路的管养责任的落实, 坚决贯彻农村公路管理的权责明确、分级管理、管养有效、奖惩有力原则。各县 (市、区) 和乡镇设立的路长职位主要由同级政府中的负责人担任, 而建制村的路长职位则是由村委会主任担任, 同时各县 (市、区) 和乡镇可根据实际情况将路长制延伸到辖区内的村组。除此之外, 安庆政府还设立了县、乡两级路长办公室, 用以统筹交通运输、财政、公安、国土资源、环保、安全监管、扶贫、水利、林业等部门职责, 以及解决农村道路管理所遇到的各种各样的问题, 进而通过建立起来的符合农村实际情况的农村道路专员管理体系来提升农村公路管理服务水平。针对这个专管员管理体系中的人员选拔与日常维持工作, 县 (市、区) 政府也有着专门的规定与标准: 安庆政府决定将各地方政府的上级及本级政府的专项财政资金用于各地方政府, 通过购买服务的方式来招聘农村道路专管员, 各乡镇对其工作进行考核管理, 原则上要求每个建制村要有 1 名专职的乡村道路专管员, 并且对于拥有本地户籍的建档立卡贫困人口、有公路建设养护经验的企业改制分流人员等, 政府可以优先考虑进行聘用。

安庆政府计划在 2018 年 9 月底实现当地县、乡、村农村公路 100%建立起路长制管理体系, 特别是县乡两级的路长制管理体系构建率必须达标。在规章制度的制定方面, 安庆政府同样计划辖区内的县 (市、区) 100%实现建立农村公路路长制的相关规章制度, 并且要在 2020 年时成功做到乡村道路专管员全面覆盖、相关爱路护路村规民约实现 100%制定率, 以及严防农村公路周边各种"脏、乱、差"问题的出现, 从而真正让当地在农村公路的建设与维护上实现"畅安舒美"的目标。

护好农村公路。为了能够实现农村公路养护市场化、专业化、标准化，安庆政府鼓励县（市、区）政府采取政府购买服务的方式来加强农村公路养护、提高公共服务能力；同时将农村公路养护市场准入门槛放宽，通过让当地的市场竞争机制保持公开、透明、法治，吸引社会资源主动参与的方式来培育农村公路养护龙头企业，从而形成带头作用。除此之外，还可以采用推行零星小修与日常保养划片区捆绑招标的方式来建立农村公路建养一体化模式。

要护好农村公路，就更要健全农村公路灾毁应急响应机制，加强建设各个管理系统的应急能力。对于当地的农村道路应急物资准备工作，地方政府主要采取统筹建设农村公路灾毁应急物资储备库、优化储备布局、加强应急物资与抢险设备管理等方式。除此之外，当地政府还依法对应急工程程序进行简化，对于造价 400 万以下的一般灾毁应急工程管养单位可以直接在现场确定修复方案并进行简易设计，进而组织施工，无须经过向上级寻求意见等烦琐的程序；而对于估算造价 400 万元以上的桥梁、大型挡土墙、滑坡等重大灾毁工程的设计和施工依旧依照遵照国家有关法律法规执行。县（市、区）政府通过省级统一招标、县级自愿参保、县乡村受益的方式来推进农村公路灾毁保险工作，从而推行灾毁保险制度，并且当地政府也与省交通运输厅确定的承保机构签订保险合同，确定省县两级财政来对保费分摊，其中对于不同的县还有着不同的筹集标准：属于国家农村欠发达县的需要自筹保费的 40%，而一般县则需要自筹保费的 70%。

除此之外，安庆市还开展了高品质示范农村公路建设活动，这项活动的内容主要就是"四个一"活动（主要内容是当地每个县在每一年都要创建出示范乡镇、示范公路各一个，并根据管理情况评选出优秀道路专管员与优秀道路养护工各一位）。安庆政府希望能够实现市有示范县、县有示范乡镇和示范路的目标，从而在具体地区能够形成一套可复制、可推广的经验机制，达到从点到面全方位提高我市农村公路养护水平的效果，进而更好地满足农村经济社会发展需要和人民群众出行需求。

到 2020 年，安庆市成功实现当地农村公路全面被列入养护工作行列中，并且被评为中等及以上等级的道路占当地农村道路总数的 85% 以上，同时当地县乡公路大中修的年均占比也接近 10%，日常小修及保养更是成功做到常态化。

运营好农村公路。通过加快县级、乡级及村级服务点等农村综合站场建设，来实现农村客运、物流、商贸、供销等多种服务功能的有序衔接和深度融合，充分发挥出农村公路的作用，在真正意义上实现一站多能、一网多用。同时，市政府也要继续深度拓展农村客运，做到让城乡客运一体化的公益属性得到最大限度的发挥，并利用这一契机让当地公共服务体系真正地被纳入城乡客运服务。除了这些内容外，安庆政府还可以对城乡道路客运经营主体的公交化、公司化进程进行引导和推进，让有条件的农村地区的居民在客运站与城市公交站点开放共享的进程中充分享受镇村交通。在这样的基础上加大运用交通运输来支持乡村旅游发展的力度，积极拓展当地有旅游资源的农村发展旅游一体服务。最终，市政府将通过上述行动来在当地的区域农村物流网络和干线物流网络中建立起完备的衔接体系与配送机制，进而真正在当地建成一个可以服务到县乡村三级区域的农村物流网络系统。

2020年之际，安庆市凡是具备条件的乡镇和建制村均实现了客车的通达；县城20千米范围内的城乡客运公交化运行率也成功达到50%以上；全市各县100%实现城乡道路客运一体化发展水平4A级及以上，且其中5A级占比约50%；新增2个城乡道路客运一体化示范县；当地形成县（市、区）-乡（镇）-村三级纵向农村物流综合运输服务链，其中县（市、区）级建设农村物流中心，乡（镇）级建设综合运输服务站，村级建设综合运输服务点。

（二）安庆建设"四好农村路"的保障措施

为了能够保证上述目标可以顺利实现，安庆市同样也制定了一系列相应的保障措施。

加强组织领导。安庆政府组织成立办公室位于市交通局的领导小组来推进"四好农村路"的建设。针对这个行动，各县（市、区）也要建立相应工作推进机制，制定具有可行性、实际性的实施细则，确保做到明晰任务、落实责任、行动有力。2018年12月，各县（市、区）将实施细则和具体情况报备至市领导小组办公室。同时，市交通局也要做好指导、考核和经验推广等工作，各个相关部门更要积极配合与协调，努力构建齐抓共管的合作局面，确保"四好农村路"建设的顺利实现。

加大资金投入。安庆市通过采用省级补助、市县整合、帮扶单位帮扶、社会支持、村级"一事一议"等多种渠道来解决农村公路扩面延伸建设工程的资金问题。这些渠道都有着各自不同的标准和条件：①省级补助，一般地区按照20万元/千米予以定额补助，而对于省级农村欠发达县、国家级农村欠发达县的补助标准则各自提高15%和20%。②对行蓄洪区内的建设项目按照一、二、三类行蓄洪区这三个类别分别给予 40 万元/千米、30 万元/千米、25 万元/千米的定额补助。同时在这样的基础上，安庆政府也提高了养护补助资金标准。农村公路养护工程补助资金按照"1572"补助标准进行设计和调整，调整后的补助标准为每年县道 15 000 元/千米、乡道 7 000 元/千米、村道 2 000 元/千米，并在这样的基础上根据"1051"标准设置了每年县道不低于 10 000 元/千米、乡道不低于 5 000 元/千米、村道不低于 1 000 元/千米的下限。

当然，在提高了补助资金的情况下，对补助资金的管理也就不可避免地需要加强，这样才能保证补助资金不会被浪费。在这样的趋势下，安庆政府要求县（市、区）政府通过增加本级财政中对农村公路行政管理职能行使的财政投入来加大对"四好农村路"建设的支持力度，从而帮助提高当地的农村公路管护标准及对农村运输的支持力度。县（市、区）财政部门要按照财务公开、分级负责、分级监管、专款专用的原则统筹安排省、市两级对"四好农村路"的定额补助资金，严格按照国家和省有关政策规定将省级补助资金全部用于工程直接费。对于具备条件的县（市、区）的"四好农村路"建设资金，需要在确保工程建设标准、质量、进度符合要求，资金规范使用的前提下，按程序报批后才可进行统筹安排。

开展示范创建。为了能够发挥出示范与带头榜样作用，安庆政府鼓励辖区内各个县（市、区）积极参与全国、省"四好农村路"示范县创建活动，力争在全市创建 3 个省级以上示范县，并鼓励桐城市争创全国"四好农村路"示范县，争创 2 个城乡客运一体化示范县。

加强监督考核。各县（市、区）每年的建设标准、建设工作目标与任务、建设工作的责任落实及建设资金的使用情况和建设道路的质量监测等相关要点的考核由建设领导小组办公室发布。县（市、区）政府同时也要注重对乡镇等下级政府组织的监督和领导，充分发挥出基层政府组织在推进农村道路建设过程中的重要作用。

重视实际效果。安庆市当地的相关政府部门要发扬求真务实作风，力戒官僚主义、形式主义，坚决对"四好农村路"建设工作做到因地制宜、精准对接、尽力而为、量力而行，真正把实事办实、好事办好，把这项民生工程打造成民心工程。

强化宣传引导。各地各有关部门要采用多个渠道、多种方式来对"四好农村路"的建设进行宣传引导工作，发挥好宣传对社会资本参与的引导、对建设工作中的好经验和好做法及涌现出的先进典型的良性作用，从而营造出大力推进"四好农村路"建设的良好氛围。

（三）安庆建设"四好农村路"的成果

经过政府部门的努力及当地民众的配合，安庆市的"四好农村路"建设取得了显著效果。以安庆市大观区为例，在"四好乡村路"建设期间，大观区政府始终将农村公路建设工作列入重要民生工程，坚持做到建好、管好、护好、运营好，创新工作举措，加快推进农村公路建管养运协调可持续发展，为"四好农村路"的建设提供了一个良好的开局，进而更有力地推动新型城镇化发展与城乡交通一体化的进程。通过努力，安庆市人民政府取得了如下成绩。

农村公路建设项目高标准完成或达到预期目标。大观区投入建设资金7 000万元，圆满完成滨江路、五一路等20余项农村公路建设工程，共计农村道路畅通工程87千米与农村道路扩面延伸工程42千米，全区农村道路、行政村双车道、四级公路覆盖率达到95%。同时，根据包括高新开发区、农村物流点及规模化农村旅游地区等在内的各种类型的农村人流密集处对便捷交通的需求，安庆市人民政府实施了农村公路与干线公路连通工程来将当地所有的三级及以上的公路贯通在一起。

提升农村公路管养质量。对于当地农村道路的管理与养护，安庆市人民政府坚持建养结合、以养为重的管理思路，切实做到对当地所有农村公路保质保量的管理与养护。2021年安庆市对1 000平方米的道路面积进行了小修挖补，进行标准化整修的路段长度总和约3千米，进行局部加固路肩的路段总共有1千米左右。同时，大观区交通部门也加强对乡村公路养护人员技术与日常业务的培训，并将其工作效果纳入季度考核体系当中去。

农村公路安保能力明显增强，完成农村道路安保工程标准化改造2千米。在建设美丽乡村的基础上，开展农村公路与干线公路搭接道口安全专题研究，提高对路域环境的治理，保障农村地区人民的出行安全，在具备条件的地方推行"路田分家""路宅分家"。结合"两站两员"和乡村道路专管员，加强对区内农村道路交通安全的管理，配合交警对超载、无证驾驶、违法载人等各种违反交通法规的行为进行劝阻和查处，并在日常工作中通过专管员来加强对交通安全教育与宣传活动的开展，进而做到对农村道路交通安全隐患的预防与及时处理，认真做好"看、查、劝、宣、纠、报、护、封"八项工作。

农村公路运营水平不断提升。在大观区政府的努力下建立起了联通全区所有乡镇的公交线路，其中还将皖河农场与当地的17个建制村连接起来，这不仅使得当地的农村公路运输服务网络得到了完善，更是促进"行有所乘"向农村延伸。通过对农村客运设施的建设，当地的农村地区已经建成了三座公交车首末站，让当地农村地区居民的日常出行变得愈发便捷。

当然，除了大观区以外，腊树镇、宜秀区等地区同样通过各种安排来实现了"四好农村路"。安庆"四好农村路"建设成果如表 6-1 所示。

表 6-1　安庆"四好农村路"建设成果

项目	农村公路扩面延伸工程	养护提升工程	公路安全生命防护工程	危桥改造工程
任务里程	2 235 千米	134 千米	700 千米	35 座
招标完成里程	1 055.14 千米	20 千米	31.297 千米	7 座
开工里程	748.166 千米	/	/	6 座
开工率	33.50%	/	/	17.14%
完工里程	416.41 千米	8 千米	/	5 座
完工率	18.60%	5.97%	/	14.29%

除此之外，近年来，安庆市当地还成功建立了 1 000 多千米具有扶贫效用的道路，并以此为契机成功在道路的沿线建立起了上百个产业园、种植基地及采摘园、农家乐等可以帮助带动沿线农村地区经济发展的商家与项目。"四好农村路"建设将农村的环境资源优势转变为经济发展优势，为农村欠发达地区带去了人气、财气。

（四）安庆建设"四好农村路"的启示

农村道路建设是我国农村基础设施建设的一个重要部分，而"四好农村路"便是帮助推进我国农村道路建设水平与质量的重要发展方向。它不仅是我国农村公共产品供给的一个重要部分，更是助力我国乡村振兴事业发展的重要工具，推进农村道路建设能够为我国乡村振兴带来各个方面的帮助。

促进产业兴旺与生活富裕。安庆市大力发展农村道路建设，这一举动可以促进农村生产力的提升，加快农产品的流通速度，降低运输成本，使农产品更容易进入市场，从而推动农业生产力的提高。带来更多的经济机会，农村道路建设可以使得农民能够更轻松地开展自己的企业或小生意，促进乡村经济发展，为农村居民带来更多的就业机会和收入来源。提高教育和医疗水平，农村道路建设可以使得教育、医疗资源更容易地传播到农村地区，提高了乡村居民在这方面的受益程度和质量。提升农村生活品质，农村道路建设不仅缩短了农民前往城市的时间，也为他们在自由出行、认识朋友、享受时尚等方面带来重要改变和提升。推动当地农村传统农业向现代农业转型，农村道路的建设能够帮助农村农副产品的生产逐步实现产业化、规模化、集约化，进而帮助当地农村地区的农副产品生产真正朝向现代农业跨步，让当地的农副产品附加值不断提升、农业生产利润不断加大，真正实现当地农村地区经济的不断发展。推动道路沿线地区旅游业及服务业等第三产业的发展，从而在一定程度上也帮助带动沿线农村地区经济的发展。道路交通的便利所带来的发展契机将会吸引许多在外求职务工的青壮年返乡就业创业，在为当地农村地区带来年轻力量的同时，更增加当地农村地区进一步发展的可能性。提高当地人民的就业率与收入，建设农村道路时需要大量的人员参与建设，这就为当地民众带来了就业机会，并进一步增加了当地居民的收入。

助力生态宜居，帮助当地农村规划建设与环境改善工作顺利推进。便于统一规划，推进城乡一体化发展，农村公路的建设将能够为村庄的布局建设提供规划中心线，进而让当地农村地区的村容村貌与特色建筑的建设发展都变得有序、统一，为实现美丽乡村建设与推进城乡一体化发展助力。便于沿线绿化、美化建设的统一规划、进行，在农村公路建设过程中，除了能够进行公路周边区域的环境整治外，也能够进行沿线村镇美化建设，两步共同推进能够有效改善村容村貌及农民的居住环境。便于提高农村基础设施条件，带动环境的综合治理，农村公路建设可以有效带动农村地区其他基础设施的建设与发展，如农村地区的水库、自来水及电网等，进而帮助提升农村地区的现代化发展程度，让农村地区居民的生活变得更加便利、舒适。除此之外，农村道路建设质量的提升还可以为农村地区各种生活垃圾及废弃物的收集与运输提供便利，从而帮助美丽乡村建设中生态环境整治行动不断推进，真正为农村环境整治提供有效助力。例如，浙江省政府结合中央提出的"绿水青山就是金山银山"的理念所推行的"美丽公路"项目，其目的就在于通过对当地农村公路建设所带来的环境效益进行充分的利用来帮助推动浙江省当地的美丽乡村建设进程。

帮助实现乡风文明和治理有效。安庆市的农村道路建设连接各个村庄与城市之间的交通，使农村地区更加便利和可访问。这不仅可以方便人们的日常出行，还可以提高农业产品的销售率，同时也有助于缩小城乡差距。良好的农村道路建设可以提高村庄和居民的安全感，安庆市建立防护性栏杆、维护良好的车行道等措施可以缓解悬崖和陡坡等危险路段导致的意外事件。此外，改善农村道路能够帮助减少泥石流等灾害对土地的损害，以及避免过度利用耕地和环境污染等问题。可见，改善农村道路能够促进经济发展、提升居民生活质量、促进社会发展及提高安全和防灾害能力，这对于改善农村地区的基础设施、居民福祉和社会发展具有积极的影响。农村道路建设也可以促进文化交流和社会凝聚力，在民间联系中打好基础，通过道路建设，可以拉近村庄之间的距离，丰富村民的娱乐和休闲活动，吸引更多的游客来旅游和考察，提升村民的文化素质和自我认知，让农村地区更加繁荣和美好；可以帮助增加当地农村群众与外面的沟通机会，改变农村群众的观念和想法，能够帮助提高农村群众的生活品质。通过加强乡村道路建设尤其是将原本的土路翻修为水泥路或柏油路后，可以大大改善当地居民过去出行不便的情况。同时，便利的交通能够推动农村地区教育、医疗、文化等基本公共服务的普及与使用，使学生上学更加方便、患者就医更加及时、民众参与享受各种文化活动也更加便捷，进而从各个方面提升当地民众的生活品质与幸福感。在当地农村的决策与治理方面也可以提供帮助，在建设农村道路时鼓励、邀请群众参与决策讨论、管理监督及建后养护等行动能够更好地调动村民参与村子治理的积极性。同时，更加便利的交通能够让村民参与村委会会议及其他管理活动时更加方便，这样更能够让村民参与当地的农村自治，有效促进乡风文明和治理有效。

为党在基层凝聚民心提供了助力。农村交通条件的改善带动了当地的经济收入、环境治理、村民的精神风貌及村民的生活品质快速发展与提高，这些方面的提高就使得当地人民的生活幸福感也在不断增加。村民生活幸福感提高的同时，其对作为农村道路建设的主导组织的党和政府的认同感也会不断增强。由此，当地农村的干群关系将不断融洽，党和政府在人民心中的形象也会不断拔高，不仅能够增加党和政府在当地群众心中的公信力，更能够为党在基层凝聚民心。在这样的基础上，党和政府以后在当地开展各项工作时将更容易得到民众的认同与支持，而工作的开展也将会更加顺利。

"要想富，先修路"，从这句众所周知的口头禅中我们就能看出，农村的道路建设对于农村发展的重要作用，而想要道路建设助力乡村发展的作用真正发挥出来，就不仅需要做到建设数量达标，更需要做到高质量建设。从以上的案例中我们可以总结出以下这些帮助实现农村道路建设高质量供给的要点[①]。

---

① 赵京，邓小兵，侯琳. 乡村振兴与"四好农村路"建设[J]. 综合运输，2018，40（12）：13-17，22.

端正政治态度，要坚定真正做好"四好农村路"相关工作的决心和态度。在如今这个重要的发展时期，地方政府更需要不断深入理解习近平总书记关于提升我国农村交通运输建设水平的相关重要指示，并积极关注中央关于推进"四好农村路"建设的各项政策，把开展"四好农村路"建设工作作为一项重要的政治任务，推进我国农村道路建设逐步朝高质量高效益不断发展，从而在农村道路建设中真正体现出高质量发展的要求与真谛。地方政府要在《中华人民共和国公路法》《中华人民共和国道路运输条例》等中央条例的基础上，结合当地实际做出符合当地状况的道路建设规划与标准。道路的建设是必须依照当地实际情况进行的，地方政府在推进建设时应当要做到建前广泛、深入地考察，综合分析各个村落的条件与路况，有的放矢地进行道路建设规划，努力做到在真正需要的地方进行建设，切实发挥每一条道路的作用。除此之外，地方政府也要对相关的监督考核制度进行完善，让"四好农村路"的建设效果成为当地政府政绩考核的重要内容之一。

注重现代化经济建设目标，结合新发展理念助力"四好农村路"的建设工作。首先，安庆市注重技术创新，采用新的建设技术和材料，提高道路的质量和运行效率。例如，采用智能交通技术，安装道路监控设备，实现路况实时监测和信息传输；利用新型材料，改善路面性能，延长路面使用寿命，减少维护成本。其次，安庆市注重生态保护，避免在道路建设过程中破坏生态环境，可以采用生态修复技术，将建设过程中损害的生态资源进行恢复和重建，确保道路周围的生态系统完整。最后，注重公共服务功能的提升，在道路建设过程中可以考虑增加各种便民设施，如加油站、厕所、公共电话等，满足人们的基本需求，并引导市民文明驾驶。农村道路的建设可以帮助减少农副产品因运输路途过于艰难而造成的外观、品质及新鲜度等方面的损耗，并帮助降低运输货物的成本，进而在运输方面为农村地区的电商行业提供坚实的发展基础，从而令当地农村地区的各类农副产品可以更快地投入各个市场中，实现当地农副产品销售利润的提高与当地农民销售收入的增加。除此之外，地方政府还可以充分利用城市地区原有交通线路来向周围进行辐射蔓延，从而更有效地将城市与农村地区连接起来，真正实现城乡交通一体化。因此，在推进农村道路建设时应当要充分进行考虑，以充分发挥道路建设对沿线农村地区带来的经济、文化等益处为导向来进行道路建设的规划设计，保证建设的每条农村道路可以发挥出运输、带动经济与文化发展等作用。

完善组织保障体系，构建党委与政府共同领导、各个行业与部门协同助力的系统化工作网络。地方政府在进行"四好农村路"建设时应当要有一个完整、系统的工作格局，由党委、政府通过实地考察后指明方向与建设规划，再由部门和建设行业进行具体建设工作，而在建设期间政府相关部门再实时进行监督工作。这样一套系统性的工作格局不仅能够保证农村道路建设工作顺利开展，还可以在很大程度上帮助提高农村道路的高质量建设。当然，除了监督建设施工以外，地方政府还应当要积极公开建设资金使用状况及建设工程进度，这样才能够真正得到民众内心的支持，从而更顺利地推进农村道路建设工作。

重视交通强国的目标，通过农村道路建设来加强我国农村的现代化发展。要想建设成交通强国，那么我国农村地区的现代化道路建设就是必不可少的。地方政府要加强对农村道路建设的规划，一方面通过结合《交通强国建设纲要》和我国中长期发展规划来把我国农村道路建设作为一项重要工程来认真对待，通过提升农村道路的数量与质量来更好地满足农村地区人民群众对美好生活的需要；另一方面，我国政府也要将网络化道路建设纳入规划之中，通过建设相互连接、相互贯通的农村道路网络来逐步扩大农村道路的辐射面积与覆盖面，进而加强农村地区间的交流、促进我国农村地区的现代化程度持续提升。

不断提升党和政府在新时代对农村交通建设工作的引导与担当能力。要实现农村公路建设的高质量发展就必须要充分发挥好党和政府在其中的领导作用，由党和政府做到把控方向、制定政策等工作，并结合实事求是、认真负责的态度在具体的农村道路建设过程中坚持与民众需求相匹配，从而在凝聚民心的同时更进一步提升建设的农村道路的质量。除此之外，政府还可以通过多元主体参与的方式鼓励社会力量等其他主体一同参与农村道路建设，在为建设提供新方法、新思路的同时，也将为人民服务、为国家富强而努力的精神广泛传播出去。

当然，我国农村基础设施建设并不只有农村道路建设，其他的水利设施、休闲设施等都属于农村基础设施的建设范畴，但和农村道路高质量建设一样，我国农村的其他基础设施都应当努力做到高质量建设，要通过政府的有效行动真正实现农村基础设施的"按需建造、建有所用"。

（五）基础设施互通模式的理论框架分析——基于多中心治理理论

多中心治理理论是由美国的埃莉诺·奥斯特罗姆（Elinor Ostrom）夫妇所创立的，其基本理念便是经由多个主体的合作实现，给予民众获得更好的公共服务的可能性。多中心治理为应对政府失灵和市场失灵问题，以自主治理为基础，通过竞争和协作形成自发秩序，利用第三部门自治机制提供公共服务的相对优势来实现公平与效率的良好契合，进而力求减少搭便车行为的出现，提高服务的效能水平，克服公共事务治理所面临的困境。此外，由于更贴近基层，第三部门更能利用其自身的灵活性切实有效地解决许多急迫的公共服务需求。多中心治理始终以保护公众利益、鼓励合作与竞争并存要求多个主体共同参与社会治理作为价值取向，并以此构建了网络型的治理结构，各主体可自由协调，实现共同治理。多中心治理理论为农村基础设施建设的供给质量提升指引了方向。多中心体制形成多个治理中心组成的网络治理结构，共同承担起提供农村基础设施建设的职能并在相互之间形成良性竞争，这对提升农村基础设施的供给质量具有重大意义①。

多中心治理理论坚持以最大化人民利益为核心目标。时代在发展，农村居民的需求也在不断变化，满足村民的核心需求势必会是提升农村基础设施建设供给质量的第一价值导向。

多中心治理理论提倡在最大化人民利益这一核心目标的指导下，多元主体同样要参与满足村民多样需求的治理行动。中国农村地区的人口数量很庞大，这就导致为农村提供公共产品同样需要很大力量，仅由政府进行提供难以跟上满足村民需求的增长速度，这就要求多方面社会力量、资金的加入。虽然在以往的供给过程中，社会力量也参与了农村公共产品的供给，但是由于缺少足够的主体地位和平等谈判的资格，许多企业和社会组织并不能充分发挥其作用，资源的配置和组织力量的整合存在阻碍。甚至有些地方，社会组织为农村提供一些公共产品的时候会因不能取得村民的信任而难以开展工作。现借助多中心治理理论来构建多元主体治理网络，将社会组织的管理、行动力与政府的地位、资金结合在一起，以政府购买服务等方式来实现对原有供给模式的优化。

多中心治理理论认为治理民主化是公共产品供给中不可缺少的内涵。多中心治理理论自其被提出之时便充分体现了其民主化的内核，它主张治理行动中的主体平等性。在农村公共产品供给决策的流程中，村民公共需求的轻重缓急、主要次要便是最主要的决策依据。多中心治理理论所强调的民主是政府、企业、农民、社会组织的代表能够平等地进行讨论、制定决策，而供给后的评估应交由农民群众完成，最后政府进行验收，以此提

---

① 李虹呈，罗利. 基于多中心治理理论对农村公共服务供给创新的思考[J]. 安徽农学通报，2017，23（15）：14-16.

高供给效率与质量。

多中心治理理论坚持法治化的监督形式。多中心治理理论虽然主张多方主体共同参与，但这样的参与不是没有秩序的混乱竞争，而是建立在制度框架下的有序治理。开展竞争与合作之时，为避免混乱恶性的竞争，势必需要构建完善的、法治化的多方监督体系，构建出统一的评估反馈标准。在农村公共产品的供给过程中也是如此，如政府与村民、政府与社会组织、村民与社会组织的相互监督和制约，这些主体间的相互监督能够有效避免供给过程中混乱情况的出现。除此之外，对资金投入等的管理监督，也都需要用到法律制度来规范和制约，利用法律给予参与治理的不同主体进行监督的权力，才能为农村基础设施建设供给质量提升工作提供制度保障。

二、供需精准匹配模式：攸县"门前三小"文化工程

想要实现农村公共产品的高质量供给，那么供需的精准匹配就是绝对不容松懈的部分，只有真正做到"按需供给、供有所需"才能够算是做到最基本的高质量供给。在农村公共产品供给中，每一项公共产品的供给都绕不开这一要点，因而本部分将选择农村公共产品供给中对供需精准匹配要求度最高的农村公共文化服务供给作为研究对象，结合相关案例来分析如何在供需精准匹配的要求下实现农村公共文化服务的高质量供给。

农村公共文化服务指的是为满足农村地区居民的公共文化需求，由当地的组织机构使用公共权力与公共资源所提供的公共文化产品的各类服务行为及其相关制度和系统的统称，主要内容包括了广播电视村村通、文化信息资源共享、乡镇综合文化站和村文化室建设、农村电影放映、农家书屋等重点文化惠民工程及其他各类文娱活动等。农村公共文化服务供给作为推动农村地区精神文明发展的重要方式之一，它也一直是我国农村工作中的重要部分，但农村公共文化服务作为一个和意识形态更贴近的部分，它的供给效用很不容易把控。一旦对农村公共文化服务供给效用失去把控，不仅会造成资源的浪费，甚至还可能对我国农村地区的精神文明建设起到负面作用，进而阻碍我国乡村振兴事业的顺利推进。因此，推进我国农村公共文化服务高质量供给已经是一个必然的研究趋势，甚至在党的十九大报告与《国家乡村振兴战略规划（2018—2022 年）》中也均提到了要提升农村公共文化服务供给质量，由此可见推进农村公共文化服务高质量供给工作的重要性。

（一）攸县开展"门前三小"文化工程的背景

攸县为湖南省株洲市辖县，位于湖南省东南部，因其境内有着便利的交通而又被称为"衡之径庭、潭之门户"。攸县凭借其便利的交通而不断发展，不仅经济实力大幅提升，更是成功跻身 2013 年中小城市新型城镇化质量 500 强县。不过，当地经济虽然发展迅速，可在文化方面却明显出现了短板。在攸县当地，村民的业余生活主要为打牌等娱乐活动，文化生活非常贫乏，这对于我国推进乡村振兴战略也是一大阻碍。为此，攸县积极开展行动来推进当地文化服务的提升。

（二）攸县开展"门前三小"文化工程的步骤与内容

湖南攸县人民政府在推进提升当地农村公共文化服务供给质量的工作过程中，始终坚持以民众的需求为根本出发点，在结合当地实际条件的情况下决定开展以"高桥书屋"为借鉴原型的"门前三小"文化工程，期望通过这项工程可以真正实现当地农村公共文化服务的高质量供给[①]。

以"三个坚持"为行动原则。攸县位于湖南省株洲市，是其辖区范围内的一个县城，受当地传统的发展形势影响，本地人口中的大部分青壮年都选择外出工作，而留下来的多是儿童及老人。在这样的情况下，虽然当地经济在近几年中逐步发展了起来，但本身的文化服务供给却并未能跟得上，导致当地人民对于文化活动拥有强烈的渴望。也正是意识到了这两点问题，攸县人民政府决定以当地一位名为夏昭炎的新乡贤所创建的"高桥书屋"为模仿范本，力图通过开展"门前三小"文化工程来满足当地农村地区民众的文化需求。在工程推进期间，攸县人民政府始终将"三个坚持"作为开展行动的基本原则。

第一，以民众的需求为工作出发点。攸县人民政府在开展"门前三小"文化工程时充分尊重当地民众的意见，积极听取民众的建议，在相关的设施建设、开展形式等方面坚持把当地民众的需求作为工作的基本出发点，努力调动当地民众的参与积极性。攸县人民政府还充分利用当地的闲置房屋等资源来进行"门前三小"文化工程中活动基地的建造，力图通过这种方式在节约资源的同时，拉近文娱活动与民众之间的距离。

第二，充分吸取典型案例的经验。攸县人民政府在当地推行的"门前三小"文化工程是借鉴当地的一个村镇中所开展的"高桥书屋"而创立

① 湖南攸县："门前三小"搭建农村文化大舞台[J]. 中国经贸导刊, 2021,（4）: 44-46.

的，其中"高桥书屋"在推进当地文化服务提升的过程中所采用的以点带面、挖掘资源、对口活动及利用新乡贤的影响等一系列相关活动都是攸县人民政府在推行"门前三小"文化工程时所能够借鉴和参考的。攸县人民政府在"门前三小"文化工程的推行过程中也确实做到了吸收借鉴、推陈出新，成功将"高桥书屋"中的长处加以吸收理解，并推出了创立文化品牌，以新乡贤和老党员、老同志作为活动引领者，创建多元主体管理网络等各种符合当地实际的工作内容。

第三，充分发挥多元化的作用。在开展"门前三小"文化工程的过程中，攸县人民政府并没有采用过去单一主体、单一形式的方式来进行文化服务的供给，而是与时俱进，充分发挥多元主体的作用，利用公民、文娱组织等多元主体的共同参与来开展自主分散兴趣活动、唱跳娱乐活动、文化知识讲座、读书分享会等形式多种多样的文化活动，切实做到让当地农村居民的文化生活丰富起来、让当地的文娱活动变得多元化起来，让民众可以"足不出户"就享受精神世界不断丰富起来的乐趣。

明确工作方向和责任，助力文化工程顺利开展。攸县人民政府在推进"门前三小"文化工程的过程中，始终做到对自身责任及工作方向的重视，坚决防止文化工程流于形式、不能真正发挥作用。

首先，要以实际情况为准，拒绝出现强行步调一致。对于"门前三小"文化工程的开展，攸县人民政府虽然为其制定了工作方向及相关的补助方法，但在具体工作指标和工作进度上却没有进行统一的规定，这正是攸县人民政府在这次行动中的闪光处之一。对于当地而言，虽然范围内的村落都属于农村地区，但不同村落之间文化风貌、经济状况甚至民众需求都是存在着不同之处的，攸县人民政府正是认识到了这些不同之处的存在，所以才会对每个村落的"小书屋、小讲堂"等文化场所的建设标准不做硬性规定，只要其通过验收便进行补助和授牌。这样一来，不仅可以让各个村落的"门前三小"文化工程的建设做到符合当地民众的需求，更能够防止不符合地方实际条件的建设标准对地方村落造成负面影响的情况出现。

其次，要充分发挥多元主体的作用，防止文化活动内容过于单一。"门前三小"文化工程相较于攸县地区过去的各类公共文化服务，其最大的特点就在于充分结合了多元主体的作用，将民众、社会组织等各类主体都纳入了农村公共文化服务供给的范畴中来，改变过去政府单一主体供给的模式。在"门前三小"文化工程中，攸县人民政府不仅积极鼓励当地民众参与各种文化活动，同时还鼓励当地的党员同志、文艺工作者、大学生志愿服务者其至是医疗卫生部门工作人员一同参与文化活动的供给队伍，进而开展歌舞活动、义诊上门、知识讲座等各类形式多样的文化活动，让当地的文化活动真正地充满生机。

再次，要把重点放在工程的实效上，防止面子工程的出现。"门前三小"文化工程是为了能够切实提升当地农村居民的文化生活质量而被推行的一项工程，如果不能够落到实处，那么这项工程就失去了它最重要的意义。攸县人民政府正是认识到了这一点，所以在工作过程中坚持每一步都落到实处，不论是将当地闲置房屋改造为文化活动场地，还是结合民众需求开展多种当地民众喜闻乐见的文化活动等，都是攸县人民政府为了能够让"门前三小"文化工程发挥实效而开展的行动。

最后，要构建完备的管理网络体系，避免文化工程出现问题。攸县人民政府为了防止"门前三小"文化工程的实施与持续效果出现不达标的情况，便利用当地其他主体的力量一同制定了完备的管理体系，即由攸县人民政府建立当地各类文化设施使用和管理规范后，组织当地有志于为本地文化服务发展而助力的老同志、新乡贤等各类人员一同加入文化活动举办与文化设施使用的管理队伍中来，一同构建出多元主体参与的立体管理监督体系。这样的形式一方面充分调动了当地民众对于"门前三小"文化工程的参与热情，让他们能够在活动中获得充分的满足感和参与感；另一方面还可以充分保证日常监督、轮换值班等各种监督管理工作的顺利开展，进而真正为当地"门前三小"文化工程的持续生效保驾护航。

（三）攸县开展"门前三小"文化工程的结果与意义

在当地政府与其他主体的一同努力下，攸县的"门前三小"文化工程取得了不错的效果。

首先，在活动场地建设方面。到 2019 年为止，攸县当地农村地区的民众共计主动腾出了 806 间闲置房屋和 9 600 多平方米的闲置土地用以建设文化小书屋、小讲堂及小广场。有了民众的支持与配合，攸县人民政府也在到 2019 年底为止的时间内在当地农村地区成功建设了 676 个"门前三小"文化工程，其中门前小书屋、小讲堂共建设了 1.72 万平方米，而文化小广场更是建设了近 21.9 万平方米，并且还成功建设了 60 多个示范点。

其次，在建设资金筹集方面。截至 2019 年，攸县人民政府财政部门一共为当地的"门前三小"文化工程投入了近 1 200 万元的资金，并且除了政府财政部门投入以外，攸县当地的民众甚至是外出务工与经商人员也积极投身于"门前三小"文化工程的助力队伍之中，在短短几年内就筹集了

8 000多万元资金用于当地文化工程的开展与推进。

最后，在文化活动开展方面。从"门前三小"文化工程启动之日开始到2019年底，攸县当地的"门前三小"文化工程已成功拥有了18.6万册左右的书籍、8 000多件体育健身器材及2 000多个歌舞、体艺队与各类知识演讲团队，并且在攸县人民政府的努力下，当地的文化活动开展形式也在日益多样化。

在"门前三小"文化工程具体实施当中，攸县有关部门和老百姓还一同通过行动对当地农村公共文化服务中存在的三个重点问题进行了解决。

第一个问题是文化服务场所由谁来建。在攸县人民政府推行"门前三小"文化工程过程中始终坚持自下而上的行动方式，在行动过程中充分尊重民众的意见，并且每一个建设工作的开展都是与民众协商的结果，如攸县人民政府除了制定"门前三小"的场地建设中最基础的范围内人员数量、建设规模及同民众家庭的最远路程不能超过多少等各种标准以外，其他的建设形式、人员选定、具体定址等工作都是交由当地农村老百姓自己做主，让场地的建设能够真实反映民众的想法，从而希望此项工程能够更加符合民众真正的需求。

第二个问题是怎样使用建设好的场地。在建设了"门前三小"文化工程中小书屋、小讲堂、小广场等相关的活动场所后，攸县人民政府为了避免让这些场所出现"建而无用、用而无效"的情况，便决定将活动场所的管理权交由当地有志于为文化服务发展贡献力量的党员干部、老同志及新乡贤等，除了定期考察以外，其他的使用权、监督管理权全部由这些人员自行与当地民众协商而定，进而让这些文化场所与设施的作用可以充分发挥出来，防止其流于形式。

第三个问题是政府部门该做什么。过去，攸县人民政府在推行农村公共文化服务供给的过程中一直充当着单一供给主体的角色，这不仅影响了供给内容的多样性发展，同样也给自身造成了巨大的负担。因而，在"门前三小"文化工程中攸县人民政府从单一的供给主体转变成了领导者、策划者与服务者。在这项文化工程中，攸县人民政府主要做三方面的事情：一是把握文化服务供给内容的大体方向不偏移，始终以弘扬社会主旋律为基本要求；二是制定文化工程建设中的各种基础标准与规则，确保各个农村地区的文化服务供给水平不会出现极大的差距；三是设立专门的民意收集渠道，在推进"门前三小"文化工程的过程中充分听取当地民众的意见并加以整理和采纳，切实保证行动能够满足民众的需求。在这三方面的行动努力下，不仅政府推行"门前三小"的行动变得更加顺利，连带农村公共文化服务供给的内容与形式也变得更加多样、更贴近民众的需求。

（四）攸县开展"门前三小"文化工程的经验启示

攸县所开展的"门前三小"文化工程可以说对于提升我国农村公共文化服务质量有着很好的借鉴意义。

按需供给，充分发挥每一份资源的作用。我国的农村公共文化服务供给质量上不去的主要原因之一便是没有做好文化服务的供需匹配工作，只有提供人们需要的文化服务才能真正做到提升文化服务质量。攸县在推行"门前三小"文化工程时便是坚持自下而上的推进模式，这样的推进模式就可以做到以实际需求为导向开展工作。在工作期间，攸县人民政府按照群众自行建设、自主管理、自我服务的原则，鼓励当地民众充分利用闲置房屋、旧学校教室等空闲资源来进行"门前三小"文化活动场地的建设。这样不仅能够将闲置资源利用起来，还可以在一定程度上减少不必要的资金浪费。同时，由于是民众对建设进行自主规划和管理，最终形成的文化服务设施及活动等都将是十分符合当地民众的需求的。这样供需匹配起来，农村公共文化服务的供给质量才能够真正得到提升。

多元参与，让文化服务真正做到多元化。随着社会的发展，农村地区的居民对于文化服务的需求也越来越呈现多样化的趋势，因而推进农村公共文化服务供给多样化发展也是提升农村公共文化服务供给质量的必要措施之一。在推进文化服务的过程中并非只有攸县人民政府单方面提供，而是积极号召当地居民及新乡贤等其他多方主体一同参与农村文化供给和建设。在推进"门前三小"文化工程时，除政府提供了党课、法制等主体的文化服务以外，当地教育师资库成员、医疗卫生部门工作人员、文艺从业者、大学生等各类人员也积极开展电影放映、戏曲表演、知识讲座等形式多样的文娱活动，一同助力"门前三小"文化工程发展壮大。

注重实效，拒绝大包大干与追求高级。想要提升农村公共文化服务供给质量，就必须扎根于农村，结合当地实际来进行供给工作，切不可一味照搬照抄、搞形式主义。攸县的"门前三小"文化工程是贴近民众、身处农村民众之中的一项农村公共文化服务供给质量提升工作。在这项工程上，攸县人民政府坚决做到实事求是、立足群众，既不做统包统干的大面积同步工程，也不为了追求现代化、先进化而直接将各种城市文化照搬到农村公共文化服务中。攸县人民政府坚持做到以民众需求为导向，充分听取民众意见，并将其他主体一同纳入文化服务供给行列之中，力求在结合地方文化特色的基础上不断推进公共文化服务内容的多样化。这些行动原则也使得当地所供给的公共文化服务中充满了令民众备感亲切的"土味"，这样的氛围也使得民众更加愿意参与当地文化建设的队伍，从而让当地的文化味也越来越浓厚。

加强管理，防止文化建设终流于形式。在推进农村公共文化服务质量提升的过程中，政府还应当建立起一个合理的管理与监督网络，集合各方力量，保证宣传的文化基调不偏移。攸县人民政府在推进"门前三小"文化工程的过程中，为了防止修建的文化设施无人使用、图书无人翻阅、体育器材成为摆设等问题的出现，专门对每个村落的"门前三小"活动开展情况设置了相应的考核标准，期望能够通过严格考核与激励补助双管齐下的方式来调动地方"门前三小"文化工程管理人员的工作积极性。在这项基本工作中，攸县人民政府还号召本土乡贤以及有志于为当地文化事业发展贡献力量的老同志、老干部等积极参与"门前三小"文化工程的管理工作，共同组建起一个多方参与的管理网络。最后，在当地政府的组织下，全县担任"门前三小"文化工程管理工作的"四老"人员达1 769名，年龄最大的甚至超过了80岁。另外当地还制定了轮班换岗、轮流值日等管理工作的相关规则，切实保障当地"门前三小"文化工程管理工作的科学性与规范化。

（五）供需精准匹配模式的理论框架分析——基于新公共服务理论

21世纪初出现的新公共服务理论是对新公共管理理论的辩证否定。登哈特提出了新公共服务理论，他认为："政府的职能是服务，强调以公民而不是顾客为服务对象，提出要将公民置于首位，注重对公民的服务。"[①]他强调政府在解决公民面临的问题上的作用，政府以公民的需求为导向，建立起尊重公民、有效满足公民需求的合作交流机制，提高行政效率。在新公共服务理论中，公共利益不是所有公民个人利益的总和，而是基于共同价值观的考虑，是政府和公民的共同目标，因此政府决策者应努力发展集体共享的公共利益概念。政府有责任坚持以社会利益为目标，建立服务型政府，创造公民沟通和表达需求的社会环境，培育健康科学的价值观，营造民主氛围，尊重正义和平等，尊重宪法和法律。政府通过承担公民权利的代表者、公共资源的管理者、民主对话的倡导者、社会组织的监督者等角色来为公民利益服务。新公共服务理论的价值理念与我国农村公共产品供需精准匹配模式的建设研究有一定的契合性，具有较强的指导意义。

---

① ［美］登哈特. 新公共服务：服务而不是掌舵[M]. 丁煌译. 北京：中国人民大学出版社，2010.

新公共服务理论强调政府的职能转变。新公共服务理论强调，政府不能站在控制者的角色去进行公共服务，而是要明确其服务职能，以公共利益的实现为目标，帮助公民主动表达自身利益诉求，并通过各种方式满足利益诉求。运用新公共服务理论构建农业公共产品供需的精准匹配模式，一方面，政府需要转变思维方式，摒弃传统的控制者角色，不应该承担全部责任，而是提高农村公共产品质量的服务者、合作者和中介者。党的十九大以来，习近平总书记提出必须加快政府职能转变，进一步实施"放管服"改革，建设服务型政府。另一方面，政府要强化服务意识，提高服务质量。政府通过制定明确的发展规划，提高对农村公共产品供给的关注与投入，确保农村居民能够享受更好的基础设施、教育、医疗和文化服务等，推动农村地区的发展和可持续进步。特别是农村公共文化产品的高质量发展，既要符合人民群众的公共利益，又要进一步满足公民的文化需求，提供更好的公共文化服务，保障公民的基本文化权利。新公共服务理论提出的政府职能转变，有助于政府重新认识其在发展高质量农村公共产品方面的作用和角色定位。

新公共服务理论以公民为中心，以公民权益为基础。根据新公共服务理论，政府在提供公共服务时，必须明确服务对象是公民，而不是具有购买力的消费者，这是实现社会公平的有效途径。根据此思想，服务提供模式也发生了新的变化，政府应该扩展公民参与公共服务从决策到实践整个过程的渠道，加强交流，鼓励公民参与，确保实现公民权利。运用新公共服务理论构建农村公共产品供需精准匹配模式，一方面明确村民的主体地位，使其能够实现价值；另一方面激发村民建设公共产品供需精准匹配模式的责任感，要切实倾听村民的实际需求，提高村民参与各个环节的积极性，充分认识到村民在建设供需精准匹配模式方面的重要性，推动供需精准匹配模式的可持续发展。研究农村公共产品的供给，不仅要基于政府的文化供给，还要基于农民的文化需求，根据供求原则确定农村公共文化产品有效供给的内涵。新公共服务理论以公民为中心，其核心价值符合今后农村公共产品供给的发展方向，有助于突破农村公共产品高质量发展的瓶颈。

新公共服务理论坚持公共利益的实现和协商式的治理机制。新公共服务理论强调政府应该是各方利益的组织者和公共环境的创建者，通过建立平等的对话平台来聚合社会各方利益，促进彼此沟通，促进彼此理解，推动公共利益的实现。将新公共服务理论这一治理机制应用于农村公共产品供需精准匹配模式的建设发展过程中，要搭建一个关于农村公共产品供给和需求的平等对话、协商平台，让各方在这个平台上自由表达。各方可以表达自己模式建设的问题和观点，促进各方利益的相互理解，最终最大限度地实现社会的共同利益。新公共服务理论的协商式治理机制有利于促进农村公共产品供需利益各方进行充分互动，进而实现更多高质量、群众喜闻乐见的产品和服务的提供，推动农村公共产品高质量发展。

新公共服务理论强调对人的价值的重视和对责任多样性的认识。基于新公共服务理论，我们必须强调人的价值，以尊重他人为行动准则。因此，从新公共服务理论视角来看，农村公共产品供需精准匹配模式的建设要充分地尊重工作人员和服务人员，加强人才队伍建设。此外，新公共服务理论对政府责任进行重新定义，认为其具有复杂性。政府不仅要遵守宪法和相关法律，还要关注公民的喜好、需求，以及相关的职业标准和劳动标准。因此从新公共服务理论角度出发，构建农村公共产品供需精准匹配模式要求管理者和工作人员必须充分理解其责任的复杂性，既要按照国家关于农村公共产品高质量的建设标准为农村公共产品提供设备和设施，又要关注公民的文化需求，根据实际文化需求提供更好的服务，满足不同的文化需要。习近平总书记指出："更好满足人民精神文化生活新期待。文以载道、文以传情、文以植德。我国文化供给的主要矛盾已经不是缺不缺、够不够的问题，而是好不好、精不精的问题。"[①]这要求文化职能部门必须自觉贯彻服务型政府的要求，树立公共文化服务理念，配置公共文化服务设施，增加公共文化产品和服务供给数量，提高供给质量，切实提高公共文化服务效能。

三、生态文明涵养模式：罗源"秀美山川"行动

农村生态并非简单指农村的自然环境，它是对农村自然环境、经济状况、政治环境、文化氛围等一系列相关情况的总称。农村自然生态环境作为其中最基本、最基础也是最不可忽视的一部分，与其相关的农村生态环境治理供给这一农村公共产品供给类别的质量提升工作同样也是需要引起重视一个部分。本部分将结合相关案例来分析在推进农村地区生态不断发展的背景下，如何实现农村生态环境治理的高质量供给。

农村生态环境治理供给是指通过对农村地区自然环境问题进行整治以期实现对农村地区自然生态环境恢复的一类公共产品的供给。这一类公

---

① 中共中央党史和文献研究院. 习近平关于社会主义精神文明建设论述摘编[M]. 北京：中央文献出版社，2022.

共产品的供给主要包括农村生活垃圾处理、水污染问题处理、传统旱厕整改及村容村貌建设等内容。它是一项与我国美丽乡村建设任务息息相关的工作，更是与农村居民生命安全和身体健康紧密联系的一类公共产品。正如习近平总书记所说的"绿水青山就是金山银山"，只有做到与自然环境和谐共生，才能够真正实现农村地区的繁荣发展，让乡村振兴目标的实现得以早日到来。

（一）罗源县推行"秀美山川"行动的背景

生态环境治理承载着广大农民对幸福生活的美好期盼，也是我国现如今十分重视的方面。福州市罗源县曾经也面临着严重的环境问题，但当地政府进行的治理行动总是不能起到长久有效的治理效果，使得当地农村长期以来深受污染之害。因此，在国家大力提倡进行美丽乡村建设、深入治理农村生态环境之际，罗源县抓住机遇进行了一系列工作来治理当地的生态环境。

（二）罗源县推行"秀美山川"行动的具体步骤与措施

在中央发布的国家生态文明试验区建设改革任务的指导下，福州市罗源县制定了一系列相关的制度与方法来帮助治理当地的生态环境。

建立公司企业排污权交易制度，以收费方式减少排污量。罗源县人民政府对包括罗源县北美水务有限公司（罗源城区污水处理厂）、宝钢德盛不锈钢有限公司等当地所有需要进行排污的公司企业发出通知：从 2017 年 1 月 1 日起将会对当地所有工业类新建项目的总量指标排污权实行交易制度，同时还会对其进行更加严格的审核与管理，希望当地设计工业类项目的公司都能开始主动进行减排工作，在减少其为污染物排放所花费的资金的同时，更能为当地生态环境治理贡献一份力量。罗源县人民政府工作报告（2023 年）指出："全面完成宝钢德盛、罗源闽光等 4 家重点企业超低排放改造，提速时代包装、德胜能源等 7 家企业 VoLs 2.0 治理。"

构建环保网络，系统、全面推进环保工作。罗源县人民政府组织人员在当地着手构建环保网络，要求通过方案制定、建设平台的方式来对当地农村的环保工作进行网格式划分，最终要在当地形成 12 个三级网络和 194 个四级（村级）网络。当然，建立了环保网络后，相应的管理人员和工作职务也不能缺少。根据环保网络的建设结果，罗源县人民政府决定在环保网络中设置环保监管网格员、网格责任人、乡镇（街道）环保负责人及县环境监察、中队下沉挂钩执法人员等职位来负责环保网络的有序运行。同时，罗源县人民政府在这些职位的人选确定后还对其进行了相关的培训，力图保障相关工作能够顺利进行。

成立专门的小组，落实中央环保督察意见。中央环保督察组在对罗源县进行考察的过程中一共向当地政府发送了 44 件信访投诉件和 12 份档案调阅通知单，其中详尽地向罗源县人民政府讲述了当地生态环境治理工作中还存在的问题。为此，罗源县人民政府专门成立了督察意见落实小组。这个小组由罗源县委书记担任组长、罗源县县长担任常务副组长、县政府各分管副县长担任副组长、县直各相关部门负责人为成员，秉承着坚决一点、快一点解决好群众反映强烈的生态环境问题的态度，坚决落实中央环保督察组所提出的意见，把解决问题、全面提升环境治理水平和改善环境质量等工作融入落实督察意见的过程。

健全空气质量保障机制，提升当地空气质量。罗源县人民政府针对当地废气排放引起的空气质量问题制定了《提升罗源县环境空气质量行动计划 2017 年度实施方案》和《罗源县轻微污染天气应对办法》。这些文件所提及的空气质量提升工作主要包括：①对当地的燃煤锅炉进行整治。燃煤锅炉以煤炭等化石燃料为主要能源，其本身就容易造成严重的空气污染，加之许多锅炉的制作技术和质量比较落后，就更容易使得煤炭燃烧不完全而产生出更多的有害气体，因而对当地的锅炉进行整治工作是必不可少的。截止到 2017 年，罗源县的 12 家燃煤锅炉企业 22 台锅炉，已经有 17 台锅炉完成淘汰或改燃工作，5 台锅炉已停用。②对当地使用中的黄标车进行有偿式淘汰。如今，随着经济发展，罗源县当地私家车的数量也在不断增多，而其中就有一部分的车辆属于黄标车。黄标车作为尾气排放污染量大、浓度高、排放稳定性差的一类车辆，可以说给当地空气质量造成了很大的危害，因此政府应当立即采取措施对黄标车进行叫停和淘汰。当然，对黄标车的淘汰工作不能仅只是对黄标车进行封查，政府应当要为被淘汰的黄标车拥有者提供合理的补偿，只有这样才能在进行黄标车淘汰工作时不至于受到黄标车主的强烈反对。截至 2017 年 8 月 31 日，罗源县共计淘汰黄标车 72 辆，发放补贴 97.4 万元，完成全年任务的 84.7%。③对重污染行业实行改造升级，解决空气污染重点源头。针对钢铁冶炼等重污染行业，罗源县人民政府要求全面提升其设施水平，其中包括通过全部拆除钢铁企业烧结（球团）机烟气脱硫旁路来实现"一机一塔"的脱硫模式、通过进行第一粗炼厂铸铁机新增除尘系统和精炼厂二次除尘及三次除尘系统等改造工作来进行企业除尘设施升级等。除此之外，罗源县人民政府还要求所有企业对其露天堆放的原料、煤炭等采取除尘措施，坚决在当地做到"净

车出厂""净车出港"。④加强对当地污染的监督与惩罚力度,保证污染
治理长久有效。罗源县环保局给机尾、转炉等容易出现污染超标的烟气出
口安装了烟气在线监控设施,通过互联网对企业污染物排放情况进行实时
监控。同时,县环保局还专门安排了日常巡查监管,一旦发现有企业出现
污染排放超标的情况,将立即按照规定对其进行处罚并勒令违规企业立即
整改。

将环境保护与刑事司法结合起来,展现对生态环境保护的重视。罗源
县法院、检察院、公安局、环保局四部门联合发布了《罗源县生态环境与
资源保护行政执法与刑事司法衔接工作机制》,将当地环境保护事务与刑事
联合起来,通过与省检察院、省网络信息中心建立共享信息录入来加强对
罗源县当地的环境保护工作的支持力度与对各种破坏生态环境行为的惩罚
力度,做到从法律制度乃至人们的意识层面来加强当地生态环境的治理。

(三)罗源县推行"秀美山川"行动的效果

通过罗源县人民政府及民众的努力,罗源县的环境治理取得了巨大的
进步,治理体系也得到了建立。

2017 年 9 月,罗源县人民政府决定通过采用公私合作的模式将道路卫
生清洁、生活垃圾收集转运、乡镇污水处理和静脉工业园 4 个项目以公开
招标的方式外包给中标企业,并且其基础建设也由中标企业投入。在这样
的模式下,当地政府也将成功从巨大的环保工作压力下解放出来,专心于
对中标企业的行动及环保效果的监督,从而大大提高当地环保工作的效率。
2017 年 10 月,美城环境在公开招投标中获胜,通过在当地每个村子都设
立一个保洁点及数量与村子大小成正比的保洁员的方式来进行罗源县的城
乡保洁、垃圾转运、垃圾分类推广等服务。在工作开展的初期,美城环境
在全县就配备 300 多名村庄保洁员及 4 200 个分类垃圾桶。

2017 年 10 月,包括"清洁家园""清澈河流""蓝色海湾"这些项
目在内的"罗源县秀美山川行动计划"通过了专家和政府的评审。该计划
由罗源县秀美山川家园事务服务中心承接并向社会招标,最后将由罗源县
住建局与成功中标的企业签订服务购买相关协议。除了这个最主要的协议
以外,中标企业还需要和县水利局及辖区范围内的各个乡镇政府签订相关
子协议。截至 2018 年,罗源当地的凤山、白塔等乡镇均已被纳入罗源县秀
美山川家园事务服务中心的管理之中。

在对当地农村地区生态环境的监管方面,罗源县秀美山川家园事务服
务中心设置了 16 个环保监控点对当地农村地区实时进行监控,管理员可以

通过电脑随时控制、切换监控点的摄像头，以便清晰地观察污水处理站的池中是否干涸、村道上有没有垃圾、海滩边有无海漂废弃物等。

在罗源县空气质量治理方面，经过当地政府的严格整治，2017 年 1~8 月，罗源县空气质量指数为 3.14，城区空气质量达到空气质量二级标准，二级以上天数为 238 天，达标率为 97.94%。一级达标天数为 125 天，占 51.44%，二级达标天数为 113 天，占 46.50%。

（四）罗源县推行"秀美山川"行动的经验启示

农村生态环境是我国自十八大以来一直关注的一个重要方面，它作为我国乡村振兴战略的一部分，其能否得到有效治理和乡村振兴战略的成功与否息息相关。随着涉及的主体越来越多及人们的环保意识逐渐加强，农村生态环境的治理也渐渐成为需要多个主体共同参与的一项行动。案例中的罗源县人民政府通过行动与安排逐步实现了当地生态环境的有效治理，他们的行动向我们提供了当今情况下农村生态环境治理的一些有效经验。

地方政府要转变自身认知观念，切实担负起农村生态环境治理主导者的责任，坚决贯彻"绿水青山就是金山银山"的绿色发展理念，在发展农村经济的同时更要兼顾当地的生态环境。就具体措施来说，地方政府可以从四个方面来开展工作：第一，加大对农村生态环境治理的资金与人力资源投入。农村生态环境治理作为农村基本公共服务的一种，虽然现在鼓励村民和社会组织一同参与治理行动，但它开展日常行动的最主要的资金与人力来源还是在政府的。因此，政府财政与人力支持力度的加大对提升农村生态环境治理行动是很重要的。第二，建立完善的法律体系，让农村生态环境治理变得规范化、法治化。新《中华人民共和国环境保护法》对农村生态环境治理的相关规定和标准都仅只是一个大概而已，缺乏实用性和可操作性条款。因而，针对这个情况，各省制定了针对性强、操作性强的法律，如河北省出台《乡村环境保护和治理条例》、湖南省出台《农业环境保护条例》，通过明确的条款对地方政府责任、地方企业义务及个体农民权益等进行准确而清晰的界定，让农村生态环境治理真正实现有法可依。当然，在相关规定和制度确立起来之后，我们还需要通过《生态环境损害赔偿制度改革方案》等严厉的惩罚制度来为这些制度的执行进行辅佐和护航，这样才能真正让这些制度的作用发挥出来。第三，对农村生态环境治理行动做好督察与问责。在借鉴中央首轮环保督察经验的基础上，将农村生态环境治理目标与效果纳入各地政府相关干部的绩效考核及农村生态环境治理的督查范围内，真正做到将地方农村生态环境治理常态化、规范化。第四，引导社会资本参与农村生态环境治理，主动探索多主体共同治理。地方政府以特许经营、奖励、补贴等形式，积极引导企业或个人通过推进项目或投资的方式参与农村生态环境治理的基础设施建设。一方面，对那些表现良好的、无违规行为的企业给予信贷、税收等方面优惠，对其产品给予正面信用评价；另一方面，对那些生产排污的企业本着谁污染、谁治理原则，及时给予其相关警告和通知，并依法征收高额的污染治理和环境修复费用。

让地方企业认识到自身所担负的生态环境保护的社会责任。地方政府应当要引导当地的企业树立起"绿水青山就是金山银山"的发展理念，让其积极投身于在发展中保护好当地生态环境的行动中来。为此，地方政府可以采取如下措施：一是引导地方企业的企业文化朝向绿色发展。绿色企业文化是指企业信奉并付诸实践的，以可持续发展为目标的一种企业文化，它不仅关注企业经济效益，更注重企业在环保、社会责任等方面的表现。这种企业文化对地方企业的生产设备、生产工艺甚至是生产工序等都提出了升级至对当地生态环境造成的破坏为最低程度的要求。想要构建这样的企业文化还需要企业对内部成员进行宣传教育和培训，培养内部成员的环保意识与责任素养，只有这样才能让企业在正常发展中始终保持绿色与可持续发展原则。二是提升管理人员的水平与素养。当管理人员的水平和素养整体提升后，他们就能够更加清楚地认识到保护生态环境的重要性，并在之后的管理活动中有意识地建立有助于环境保护的管理体系，进而将企业的相关发展与经营活动导入绿色发展模式中，从而降低对农村生态环境的破坏。三是当地企业应主动向公众公开环保信息。《中华人民共和国环境保护法》所规定的企业在环保信息公开方面的责任与义务是保障民众对企业的生产与经营活动所造成的环境影响的重要监督渠道。一旦地方企业拒绝向民众公开环保信息，就会造成公众与企业之间的环境信息壁垒，进而导致民众对其环保行动的监督作用受到削弱，很容易使得地方企业的环保自觉性降低。因此，地方政府一定要对企业的环保信息公布提出明确要求，充分发挥出民众对企业环保行动的监督作用。

强化民众自身的环保主体意识。农民作为农村地区最主要的群体，他们的生活就与当地的自然生态环境息息相关，可以说他们就是农村地区自然生态环境状况恶化的最直接受害者，也正是因为这层关系的存在，使得农民也应当是保护农村生态环境的重要生力军。我国许多农村地区都曾经长期处于经济落后的状态，使得当地农民的环保意识普遍比较淡薄，有时甚至部分农民还会在日常生活中不自觉地对环境造成破坏。因此，在进行农村生态环境治理行动时，地方政府应当要采取行动提升农民的环保主体意识，真正让环保队伍壮大起来。为此，地方政府可以采取以下措施：其一通过宣传教育来不断唤醒和提高农民的环保意识与素养。在这个信息化的时代，地方政府对民众的宣传教育不应当仅局限于开展会议等传统形式，而应当要积极利用电视、网络等人们常常接触的新兴媒体来进行环保教育和宣传，真正做到将环保宣传深入农民日常生活的方方面面。通过在农村地区营造出良好的环保氛围，来让农民的环保意识真正得到唤醒和培养。同时，地方政府还可以采用环保知识宣讲动画小视频等生动有趣、民众乐于接受的方式来进行环保知识的普及，从而不断提升当地农民的环保知识储备、提升农民的环保素养。其二要让农民清楚自身的环保主体地位，进而发挥出农民在农村环保行动中的生力军作用。农民生活于农村地区，其本身就是当地生态环境的直接影响者之一。因此，地方政府应当要通过行动来让当地农民清楚认识到自身在环保行动中的主体地位，这样就可以利用农民对当地农村的相关情况十分了解这一显著优势来有针对性地采取生态环境治理措施。当然，在运用农民所带来的优势的同时，地方政府也要注意对当地农民的生活理念的引导。地方政府不仅要引导他们学习和掌握发展绿色农业的相关技术，更要推动他们培养出良好的生活习惯，从而减少农民的日常生活对生态环境的污染和破坏。

　　加大对非政府组织的支持力度，鼓励多元主体共同治理农村生态环境。在当前环境下，越来越多的非政府组织开始关注农村生态环境治理，是我国进行农村生态环境多元主体共同治理的重要一环。我国参与农村生态环境治理的非政府组织普遍存在着组织资金不足、规模较小等问题，因而非政府组织还需要自身采取行动去弥补这些不足之处，只有这样才能真正发挥出其在农村生态环境治理中的作用。首先，非政府组织要主动寻求政府财政支持以外的资金来源渠道，提升自身的资金实力。地方政府的财政支持虽然能够为非政府组织提供一定的帮助，但如果非政府组织需要积极开展各种常态化环保行动的话，政府财政支持始终还是有些难以维持的，因而非政府组织可以在获取地方政府财政支持的同时，在不违反法律的情况下通过向社会上较大的公司甚至外国环保团体等组织寻求捐助等方式来扩大自身的资金实力。其次，非政府组织之间要加强彼此之间的联合与协作。参与农村生态环境治理的非政府组织虽然单个组织的规模和实力有限，但彼此之间可以通过合作来组合成一个规模庞大的联合组织，这样就可以有效解决非政府组织规模较小的问题了。除此之外，非政府组织还可以通过逐步加强自身的影响力和知名度的方式来不断吸引民众加入自己，从而扩大自身的规模。最后，在合法的情况下，非政府组织可以加强与相关政府部门及国外相关组织的合作，通过信息共享、经验交流学习等方式来提升自身的生态环境治理能力，从而尽力避免在治理行动中出现屡次走弯路、治理效果不佳等情况的出现①。

罗源县的行动可以说是给我国其他地区的生态农村环境治理提供了很好的示范，但需要注意的是，生态环境治理是需要根据当地实际情况进行的，各地区不应盲目照搬罗源县的行动，否则可能会适得其反。各地要在全面了解当地生态环境状况的情况下，充分调动各个相关主体进行生态环境治理，这样才能真正做到对症下药，起到治理的效果。

（五）生态文明涵养模式的理论框架分析——基于整体性治理理论

整体性治理理论产生于 20 世纪 90 年代，其出现的契机在于新公共管理理论的式微与信息技术的发展兴盛。由于全球化趋势的不断加强，各个国家之间的合作也逐渐变得愈加密切，倡导专业化与分权的新公共管理理论逐渐与社会的发展潮流出现不适合、不匹配之处②，因而在当时的国家社会发展下迫切需要一种能够适应跨部门、跨界、跨域协调工作的治理理论，整体性治理理论便在这种需求下应运而生。整体性治理理论并不反对新公共管理中提出的专业化，而是主张在专业化的基础上，加强不同部门之间的协作和整合，实现更加高效的公共管理③。整体性治理理论的实践需要各部门之间建立有效的沟通渠道和协作机制，并采用结果导向的思维方式来满足公民的需求和期望。整体性治理理论主要包括三个重要部分，即以公民需求为主导的治理导向，以信息技术为主要方式的治理手段，以及将协调、整合、责任作为重点内容的治理机制，借由三者对治理功能、层级、公私部门关系及信息系统等方面存在的碎片化问题进行协调与整合式的解决，最终推动整个治理整体不断从分散走向集中、从部分揉为整体、从破碎转为整合，真正为当地公民提供不分裂、无间隙、整体化服务的整体治理模式。结合农村生态环境治理的实际情况，整体性治理理论能够较好地解决农村生态环境治理碎片化、低效化等问题。

整体性治理理论以政府的公共服务职能及社会管理职能为关注重点，以公众需求、公共服务为中心，借助多种整合方法促进公共服务各主体之

---

① 张志胜. 多元共治：乡村振兴战略视域下的农村生态环境治理创新模式[J]. 重庆大学学报（社会科学版），2020，26（1）：201-210.

② 竺乾威. 从新公共管理到整体性治理[J]. 中国行政管理，2008，（10）：52-58.

③ 孙科技. 教育政策执行碎片化的整体性治理研究[D]. 华东师范大学博士学位论文，2018.

间的有效合作，力求为公众提供无缝隙的公共服务，呈现价值理性。农村生态环境治理属于比较典型的公共事务，其本身与农村居民的日常生活、整个生态环境的质量都有着紧密的联系，再加上出现的问题大多存在成因复杂、利益相关体多元等原因，进而要求了在对农村生态环境进行治理之时必须充分考虑各方面的因素，引入现代化的治理手段和工具[①]，并与各方主体进行通力合作，提升农村生态环境治理质量。

整体性治理理论倡导在层级基础上构建横向的综合组织结构，增强政策实施过程中的中央控制能力，为跨部门联系与合作创造条件，解决过度分权导致的问题。例如，政府部门在农村生态环境治理中所进行的职责分工与落实机制，便需要将层级治理与跨部门横向合作治理两种治理机制进行有机结合才能形成高效化治理网络。这种纵向到底、横向到边，命令式治理与合作性治理相互融合的治理模式，反映了农村生态环境治理问题的复杂性，也进一步说明了构建从治前决策到治理实施再到治后维持整个过程的整体性治理模式的重要性与必要性。

整体性治理理论以整体性为取向，借助信息技术建立跨组织、跨部门的治理结构，不仅在政府内部形成综合组织结构，同时更强调在政府、市场与社会三者之间构建协同运转、通力合作的治理关系，有效应对碎片化问题。农村生态环境治理乃是涉及政府、企业与公众等众多主体的一项工作，在治理过程中不仅需要发挥单一主体的作用，更要求各治理主体间进行有序协调互动，因此在整体性治理过程中协调治理与合作治理都是重中之重，即治理过程不仅有政府行为，也要有市场行为，还得有公众参与的合作行为，并且其中市场机制的作用尤其重要。这种在整个行动过程中都以整体性为中心取向的多元共治方式，即农村生态环境的整体性治理模式，它突破了单一主体的生态环境治理模式，满足了当今农村生态环境治理的新要求，为提升农村生态环境治理质量提供了莫大的助力[②]。

四、人技结合服务模式：云南"农科教结合"供给案例

农村地区的发展除了要依靠各种现代化产业的带动以外，农业的发展也是不可忽视的一部分。在当今时代下，传统农业生产方式已经逐渐不太能够满足实际发展需求了，因此需要对其进行升级和改进。要实现农业的

---

① 刘瀚斌. 从管理到治理，意味着多大变化?——从四个维度初探现代环境治理体系[J]. 中国生态文明，2020，（2）：23-24.

② 沈贵银，孟祥海. 多元共治的农村生态环境治理体系探索[J]. 环境保护，2021，49（20）：34-37.

现代化升级与发展，农业人才与技术就是不可或缺的。农业人才与技术的来源多种多样，如国家指派科技特派员、科研人才下乡进行调研帮扶等，而农村公共产品供给中同样也包含了这么一个部分，即农业科技服务供给。想要实现农村公共产品的高质量供给，那么实现农业科技服务的高质量供给将是必不可少的部分。本部分也将结合案例来对新时代农业发展要求下，如何实现农业科技服务高质量供给的相关内容进行分析。

农业科技服务供给主要包含了农资供应、农业生产、农技推广、动植物疫病防控、农产品流通、农业信息化、农产品质量监管及农业金融保险服务等方面的内容。农村的主要发展方向还是在农业上，对农村地区的农业技术供给将能够帮助我国农村更好地发展高产高效的现代化农业，从而推动农村地区的经济发展，助力乡村振兴事业。

（一）云南推行新型农业社会化服务模式的背景

我国现在的农业社会化服务体系建设面临着现有服务体系难以满足农民需求、农业服务公益性薄弱、农业服务专业合作组织凝聚力不强等急需解决的问题，云南省也不例外。因此，云南省人民政府也在积极寻求解决办法，而包含云南农业大学、云南省高原特色农业产业研究院等主体在内的专业组织则通过实际行动率先探索出了云南省建立农科教相结合新型农业社会服务体系试点项目，希望能够创造出一套适合经济水平较低的、具有推广复制性的新型农业社会化服务模式，并争取能让这套新模式可以逐步推广、发展成为国内尤其是西南片区具有重要影响力的农村综合改革新模式。

（二）云南推行新型农业社会化服务模式的内容与步骤

打破院校的隔墙，让高校成为农业服务的后盾。云南农业大学在政府的支持下协同云南省高原特色农业产业研究院等其他专业组织和部门进行探索实践，为的是建立有高等院校、科研院所、涉农企业、农民专业合作社等各种社会力量参与的农科教相结合的新型农业社会化服务体系，从而更好地为农业产业服务。为了能够建立起这样一个体系，云南农业大学带头从科技支持、示范基地建设、农业技术推广三个方面进行行动，通过联合省内外的农业研究所、农业技术专业研究人员、农业相关院校等农业研发专业主体构建农业生产产前、产中、产后系统，全面、产学研相结合的多维技术推广服务体系，农业技术推广示范基地和创新服务组织载体，以及首席科学家-科技服务团队-示范基地-各类组织-农户一体化服务体系等。同时，云南省高原特色农业产业研究院还选取了云茶、云花、云药、云咖啡、食用菌、高原葡萄酒、高原优质鸡这 7 个产品单元作为首批试验项目，通过建立系统性、一体化的农业社会化服务体系，来为当地高原特色农业的发展打出一条更符合时代与市场的发展道路。

破解"最后一公里"难题。针对云南省花农们存在的生产经营规模小、生产地分散、花卉生产科技支撑不足、社会化服务不健全及基层公益性机构服务能力弱等问题，云南省采用建立新型花卉社会化服务体系、促进科技与生产成果转化、实现花卉种植与销售等方面全面升级的方式来加以解决，力图通过建设首席科学家技术服务团队、科技支撑平台、国内领先的示范基地、专家工作站及技术服务组、专业技术培训项目等相关平台和团队来逐步构架出云花新型社会化服务体系，争取打破农业科技社会化服务的"最后一公里"。

在线农业迸发活力。当前，越来越多的人开始尝试用网购的方式来购买农产品，而这就为云南高原特色农业带来了新的发展出路——在线农业。为了抓住网络所带来的发展机遇，云南省高原特色农业产业研究院带头建立了高原特色农产品大数据中心，力图通过将农产品基地、农产品生产、农产品检测、农产品销售、农产品科技服务这五个重要方面同网络接轨，逐步向在线农业靠近，形成在线农业服务体系，促使云南农业走出自己的绿色有机发展之路、市场营销创造之路和高原特色农业品牌塑造之路。在推进在线农业建设工程时，云南省高原特色农业产业研究院还带头根据云茶、云花、云药等 7 大高原特色农业产业的发展需求优先建设这 7 大高原特色农业的在线服务平台。

云南省高原特色农业产业研究院建设的在线农业服务平台是集资源查询统计、分析处理、在线监控、智能农业管理等功能于一体的在线农业平台，不仅可以帮助农民做到实时监测作物生长状况、收集并预测天气信息，还可以向消费者提供高原特色农业相关信息的展示，以及让消费者可以实时进行产品生产情况的追溯，帮助高原特色农业在消费者心中树立起绿色、健康、有保障的良好形象，从而帮助云南高原特色农业在全省甚至是全国开辟出更大的市场。

（三）云南推行新型农业社会化服务模式的效果

2016 年，在云南农业大学、云南省高原特色农业产业研究院等组织的共同努力下，云南省已初步构建起以首席科学家团队为技术支撑、科技创新平台为依托、龙头企业为骨干、合作经济组织和农民为基础，系统化、一体化的农科教相结合的新型社会化服务模式，并取得了较好的效果。云南新型农业社会化服务模式建设效果如表 6-2 所示。

表6-2　云南新型农业社会化服务模式建设效果

项目	农业社会化服务成果转化的"最后一公里"难题破解	在线农业网络平台建设
建设成果	①建立了由 1 支首席科学家技术服务团队、4 个科技支撑平台、3 个国内领先的示范基地、5 个专家工作站及技术服务组、9 个专业技术培训项目组成的云花新型社会化服务体系 ②积累了 200 多个优良花卉品种 ③在泸西县建成我国唯一的灯盏花 GAP 基地，累计增收 10 亿元 ④在晋宁县建立了食用菌标准化栽培基地，优质菇率提高了 20% 左右 ⑤云南农业大学在全省完成 12 个高原地方优质鸡示范基地建设，培训技术骨干 562 人次，养殖示范基地实现年出栏高原优质地方鸡 80 万只	①完成了虚拟机平台、云服务平台、网络服务系统平台、视频系统平台、农业数据库等软硬件购置，完成了大数据中心机房改造和升级，开展了硬件集成研究、软件研发和技术规范研究 ②云南茶叶网购销量全国第一，占全国茶叶电商 70% 的份额，鲜花饼、菌子、火腿等农特产品网上销路看好
发挥的作用	帮助农业社会化服务能够更好地应用于农村地区，切实让当地农民享受更优质的农业科技服务，进而提高当地农业生产能力	帮助当地农村更好地与时代发展相对接，提高农村现代化程度的同时更帮助当地农业生产收入的不断扩大

注：GAP：good agricultural practices，良好农业规范

　　云南省探索新型农业社会化服务模式所取得的这些成果向全国展示了高质量的农业社会化服务所带来的益处是巨大的，我国应当继续进行这方面的探索，努力提高我国农村地区的农业社会化服务质量。

（四）云南推行新型农业社会化服务的经验启示

　　对于农民来说，现代化的冲击对他们而言影响最大的就是农业技术了。时代的发展使得曾经较为低效落后的农业技术不断被淘汰，加之农民又缺乏对新技术的了解与学习，使得许多农民在农业生产方面的收入不断下降，这就使得农民对于新型农业技术的需求不断上升。正是为了应对这个情况，我国农村公共产品供给中就存在着农业科技服务供给这一重要方面。但需要注意的是，农业技术服务的供给与其他公共服务的供给一样，只有结合实际情况来有针对地进行供给才能实现技术效用的最大化，而云南农业大学的做法就很好地为我们提供了思考与行动路径，从案例中我们同样可以总结出一些经验方法。

　　立足当地实际，有针对地开展技术研发与培训。农业技术的研发从来不是无根之木、无源之水，每一项技术的研发都是需要立足实际、不断进行试验才能得出的，而地方农业技术更是如此，它更需要研发者结合当地实际和特点来有针对性地研发或改进技术，使之能够更好地实现农业作物

经济效益或生态效益的提升。云南省农业科学院花卉研究所就是联合其他四家企业组建国家观赏园艺工程技术研究中心，从生产者、中间商、消费者三个层面针对云南当地的花卉来开展技术研发。这样的研发方式就属于有针对性的做法，包括云南省农业科学院花卉研究所在内的这些机构组织并不是从自己的角度去一味地研发各种奇花异草，而是从实地、多角度地对云南的特色花卉进行研究，再结合市场需求来开展针对性研发，通过技术的针对性提升来不断扩大云南花卉在市场上的优势，进而帮助花农来获得更多的收益。

农科教相结合，构建系统的新型农业社会服务体系。农民需要新型的农业技术来提高作物收成，而农业技术服务的提供者则需要实际场地来进行技术研发的试验，在这样的情况下，双方实际上是可以有一个很好的结合的，像案例中的云南省就是采用这种方式。从案例中云南省的做法就不难看出，想要真正提高农业社会化服务的质量，就必须要坚持做到与农民的需求相结合，要根据当地的自然条件、经济水平有计划地开展农业社会化服务，如以水稻种植为主的地区就不应当进行高粱这类作物的农业技术培训服务、经济条件十分落后的地区就不应当一味地推行利用高新农业设备来发展农业。想要真正做到高质量地提供农业社会化服务，农科教相结合无疑是个很好的选择。利用首席科学家-科技服务团队-示范基地-各类组织-农户这样一个一体化服务体系来进行农业社会化服务，不仅可以做到以当地条件为基础的有的放矢的服务，更可以不断根据农业科技实地应用效果反馈来实时地进行调整与升级，使所提供的农业技术服务更加契合当地实际情况，进而推动当地农业发展。在这样的状况下，农业社会化服务才能真正实现高质量发展。

结合时代趋势，找出农业发展新方式。在信息化时代的背景下，越来越多的人开始尝试用网购的方式来购买农产品，这就使得农业的发展也需要逐渐与互联网结合起来，形成在线农业。案例中的云南省就抓住实时机遇，通过建立在线农业平台来使当地的农业发展与信息网络接轨。这样的做法也为我国的其他地区做出了示范，它告诉我们在当前这个时代下，要推进农业的发展就需要跳出固有的思维方式。在线农业作为农业跳出固有发展方式的经典例子之一，向我们展示了它的许多优势，如网络平台的建立除了可以帮助农民更好地、实时地大范围检测农田状况、收集并预测当地的天气状况，还可以为消费者提供对农产品的产地进行溯源检测服务等。这些功能不仅能够让生产者、经营者、研发者更好地了解消费者与市场需求，从而适时调整生产重点、实现生产效益最大化，更能够让消费者全面了解产品特点、信息及进行个人的反馈，从而吸引更多的消费者，而这就是跳出传统农业发展方式所带来的好处。因此，对于农业发展，我们应当要紧跟时事与时代，抓住机遇去探索新发展思路，切不可因循守旧、不图进取。

农业的发展是需要随着时代一起进步的，尤其是在现代化的进程下、信息化的冲击下，农业的发展面临着前所未有的机遇与挑战。因此，我国更需要做好农业社会化服务的有效供给工作，建立多样化的服务模式，满足不同农民的需求。新型农业社会化服务需要针对不同类型的农户提供不同形式的服务，要争取抓住时代的机遇，努力推进我国农业生产技术的改进与创新，从而为我国乡村振兴事业提供有力的保障。

（五）人技结合服务模式的理论框架分析——基于新公共服务理论

新公共服务理论是美国登哈特夫妇于 21 世纪初提出的一个全新的管理模式和理念，该理论是在批判和完善新公共管理理论的基础上产生的，"是关于公共行政在以公民为中心的治理系统中所扮演的角色的一套理念"[①]。新公共服务理论以公民为中心，以服务为理念，注重维护公共利益。新公共服务理论主要有以下几个基本观点：一是政府的职责是服务而非掌舵。把服务理解为一种责任，可以帮助我们更好地关注居民的需求，促进居民满意度，从而推动业务发展。二是公共利益是目标而非副产品。在制定和执行决策时，应该优先考虑公共利益，而不是个人或特定群体的私人利益，这种做法有助于确保资源的合理分配和社会正义的实现。三是战略的思考，民主的行动，正确策略的执行需要依靠广大群众的积极行动。四是服务于公民而不是顾客。政府应公平和平等地提供服务，回应公民的需求和利益。五是责任并不是单一的。政府应主动承担起为公民服务的责任。政府作为公民的代表和管理者、应当以诚信、透明和服务为导向，将公民的利益置于首位，以实际行动履行为公民服务的责任和担当。六是重视人而不只是生产率，强调依靠人来管理的重要性。通过管理系统进行管理虽然可能会提高效率，但是却可能在未达成共同利益时导致失败，只有通过相互尊重、相互适应、相互支持的方式来运行才有可能获得成功。七是超越企业家身份，重视公民权和公共服务。超越企业家身份，意味着不只是追求商业成功和利益最大化，而更注重社会责任和公共利益，这包括

---

① 叶响裙. 公共服务多元主体供给：理论与实践[M]. 北京：社会科学文献出版社，2014.

重视公民权并积极参与公共服务，为社会发展做出贡献①。

总的来说，新公共服务理论强调公民权利、社会平等正义和政府责任，强调政府必须为公民服务，必须兼顾公民利益。将新公共服务理论应用于云南"农科教结合"供给案例的研究之中，为政府在科技服务供给的过程中提供了借鉴。政府是公共服务的提供者。在新公共服务理论下，政府应明确自己的职责，加强自身对服务的认识，关注农村科技服务的权利需求。在提供以人为本的公共服务过程中，政府应提倡社会各界要积极履行各自的职能，积极参与解决农村科技服务供给问题，为农村提供相应的公共服务，逐步提高服务质量和供给效能，满足农村地区对科学技术服务和科技知识的需求。政府应提供信息和智能化服务，采取多种方式将智能科技应用于社会各界，不仅只是让农村少数群体而是让农村地区所有居民都能获得便捷的科技服务。新公共服务理论是以公民需求为中心的管理理念，是以服务公民和社会利益为核心的新型公共服务模式。根据新公共服务理论，公共管理者致力于构建一个服务公民、授权公民、执行公共政策、管理公共组织的具有强大领导能力的公共机构。构建农科教融为一体的新型农业社会服务体系，应以农户为中心提供服务，同时突出市场的作用。

五、城乡融合供给模式：昌吉"城乡教育共同体"案例

城乡融合是指把工业与农业、城市与乡村、城镇居民与农村村民作为一个整体，统筹谋划、综合研究，通过体制改革和政策调整，促进城乡在规划建设、产业发展、市场信息、政策措施、生态环境保护、社会事业发展的一体化。这样的发展过程不仅是将城乡之间的各种政治、经济文化情况简单融合在一起，更是要通过这样的融合过程来推动城乡的政治、经济、文化等内容朝着更好的方向不断发展。当前我国所追求的农村公共产品高质量供给同样也是需要借助城乡融合这一契机的。在这个过程中，属于农村公共产品供给范畴的基础设施、文化服务、医疗保障、义务教育等公共产品都会出现城乡融合的趋势。本部分则是选择其中的农村义务教育部分的城乡融合案例来分析城乡融合供给为提升农村公共产品供给质量带来的作用。

作为农村公共产品供给中重要部分之一的农村公共教育服务供给，其主要涉及的供给内容包括面向农村地区公民的各种收取费用水平极低，甚

---

① 何铨，张湘笛. 老年人数字鸿沟的影响因素及社会融合策略[J]. 浙江工业大学学报（社会科学版），2017，16（4）：437-441.

至不收费的教育或者培训活动，其中大致可以分为义务教育（基础教育）、职业类教育及成人类教育三个类别。义务教育（基础教育）也被叫作九年义务制教育，它主要是面对农村地区 6~16 岁的儿童及少年所开展的一类教育活动。目前我国义务教育所涵盖的范围主要是小学和初中，但并未被纳入其中的幼儿与高中教育实际上也应该是属于基础教育中的一部分的。职业类教育则是针对未能够顺利向上升入更高一级的农村地区的初中和高中学生所提供的一类教育服务，其主要内容包括对这类学生进行各类行业或者劳动活动的专业技术与知识的教育。至于成人类教育，顾名思义就是面向农村地区全体居民的教育类型，它没有年龄的限制，只要是当地居民都可以参加，而其中所教授的内容也更偏向于全面化，并不仅仅是各类课本知识的教授，更多的是属于先进思想、文化及各类农业技术等。作为农村公共产品中十分重要的一个部分，农村公共教育服务供给不仅能够帮助培养农村人的学识与思维、为国家的人才未来打下基础，更能够帮助提高农村人民的整体素质，帮助农村在精神层面实现振兴，但不得不说，当今农村教育依旧还存在着教育质量不足、教育效果微弱的情况。为此，我国地方政府应当要积极采取行动去加以改善，确保教育能够发挥出应有的效果。

（一）昌吉推行"城乡教育共同体"模式的背景

昌吉市是新疆境内的一个地级自治州首府，属于昌吉州府所在地。受当地的地形、位置及经济社会发展状况等多种要素的长时间影响，昌吉市当地农村地区的公共教育服务供给存在学校管理不善、教学水平落后、民众就读意愿不强等问题，致使当地农村家庭纷纷选择将自家上学的孩子送往城市范围内的学校就读，这也就在某种程度上造成了当地城乡教育水平差距不断拉大。这种教育不均衡问题一旦持续下去，将为当地乡村振兴工作带来巨大的阻碍，不仅会令当地农村地区的文化教育水平无法发展起来，甚至会对当地农村发展的人才资源支持产生影响。因此，昌吉市为了解决这个问题，决定开展行动对当地的农村基础教育模式进行改变和创新。

（二）昌吉推行"城乡教育共同体"模式的具体步骤与措施

面对当地这种城乡教育水平差距过大、教育资源分布不平衡的问题，昌吉市人民政府决定通过"优质校"吸纳"薄弱校"的方式来构建城乡中小学发展共同体，充分利用当地发展效果良好、教育水平高的优秀学校的感染与带动作用，让农村地区的学校可以与城区优秀学校进行联动互助，进而促进城乡之间教育资源分布的均衡化发展，并在此基础上推进农村地区学校的办学水平、教育质量等方面的不断提升，使当地农村地区的学生可以更方便地享受优质公共教育服务[①]。

整合资源，打破学校间的"隔墙"。针对当地农村公共教育服务供给存在的问题，昌吉市人民政府决定利用存在的问题来打破城乡公共教育服务间存在的壁垒，通过对城乡公共教育服务间界限的打破来让城市地区优秀的教育资源可以直接进入农村地区，进而来推动农村地区公共教育服务质量的提升。

建立城乡公共教育服务一体化模式。昌吉市当地一共有 7 所中学、23 所小学，其中一半以上的小学集中在城区，而中学则是全部集中在城区。对于这样的布局情况，昌吉市人民政府专门成立了昌吉市城乡学校共同体建设工作领导小组，昌吉市教育局局长则担任领导小组的组长负责统筹一系列事务。在领导小组的安排下，当地所开办的全部 30 所学校都被纳入城乡教育共同体建设规划中，其中小学共同体规划了 10 个，而中学共同体也规划了 2 个。这些学校被纳入规划以后，都会依照学校管理体制一致、教学设施共享、教学资源互助、学校课程多样、教师互动交流、监督评价严格及完善奖惩机制等一系列的相关要求来进行教育活动，切实推进城乡之间教育资源的交流共享。

改变农村学校过于薄弱的现状。昌吉市人民政府还从改善农村学校基础设施方面着手解决农村地区学校过于薄弱的问题。通过向上级申请资金补助的方式，2019~2020 年昌吉市已经成功申请了累计 692.8 万元的补助资金用于改善当地农村地区学校的基础设施建设。

提升对农村困难学生的补助力度。农村地区居民家庭条件过于困难也是影响当地学生上学的重要因素之一，虽然过去已经针对当地困难学生提供了上学补助，但其效果仍有不足。为此，昌吉市人民政府决定利用申请资金中的一部分专门用来对当地农村地区家庭条件困难学生进行更大力度的资助。这些助学金的资助对象包含了当地幼儿园学生在内的各类各级困难学生，并且昌吉市人民政府将这项工作交给了市教育局来专门负责，切实确保上学补助可以真正"用对地、起效果"。

改善农村教师的待遇水平。农村地区教师待遇水平过低也是造成昌吉市农村地区公共教育服务供给质量不高的原因之一。受低水平待遇的影响，当地的教师从事农村地区教育事业后所领取的工资总是出现难以维持家用的情况，因而当地的教师更倾向于前往待遇更好的城市地区学校进行教育

① 新疆昌吉：构建城乡教育共同体共享优质教育资源[J]. 中国经贸导刊，2021，（4）：57-59.

工作，这也就造成了农村地区教师数量过少、教育水平与质量难以提升等问题。为此，昌吉市人民政府建立了城乡统一的教师工资体系，将农村地区学校的校长、老师等纳入体系中，确保其工资水平不会低于当地公务员的工资水平，并添加了各种福利补贴、住房保障基金等优惠条件来切实提高当地农村地区教师的待遇水平。

构建城乡交流共享机制。昌吉市人民政府在推进建设当地城乡学校共同体时，也乘机利用这个机会在当地建立起了城乡之间的教育交流共享机制，通过举办教学课程交流共享、教师定期交流学习、学校领导定期轮换监督等各种方式来在当地逐步构建起一个城乡之间的教育交流网络，推进优秀教育资源在这个网络间不断流转，进而充分提升当地农村地区公共教育服务供给的质量。

推动城乡教师开展深度交流。昌吉市人民政府在其构建的城乡教育共同体中建立了轮岗与支教两种城乡教师交流模式，而这两个模式中主要涉及的主体是城乡地区学校中的各个教师、领导及管理人员，这些人员将在城市学校与农村学校间采用互换交流的方式来推动农村地区的教育水平不断提升，如城市学校的老师会到农村学校进行授课经验交流、城市学校领导会去农村学校进行挂职管理、农村学校的教师也会到城市学校参加各种教学经验及知识的培训和分享等方式都可以起到很好的提升作用。除此之外，昌吉市人民政府还利用这个契机提出了城乡教师结对互助模式，即让一个城市学校的老师与一位农村学校的老师进行结对，结对的老师就可以通过各种网络平台及信息交流方式等实时进行教学工作难题互助、教学经验交流和课程分享等各种活动，进而更好、更有效地促进城乡学校之间的实时交流，推动城乡学校之间的互帮互助、共同发展。

推动优秀课程在城乡之间流传共享。昌吉市城乡教育共同体的另一个作用就体现在了当地课程资源的有效利用。一方面，昌吉市人民政府要求当地学校利用构建的城乡教育共同体网络及现代信息技术，将各类优质课程资源投放到交流网络中，充分实现对优质课程资源的有效利用；另一方面，昌吉市人民政府通过调查和整理信息，就学校课程方面向当地城乡地区的学校提出了教学公开课、专家旁听课等各类课程的定期开展次数与时间的要求，并要求老师在课程后要实时撰写心得和总结，切实保证城乡学校的课程质量不断提升、学校教师的教学水平稳步提高。

让优秀教师与领导充分起效。昌吉市人民政府在提升农村公共教育服务供给质量的过程中也提出了一项充分发挥优秀教师与领导的作用的工作模式，即"名师、名班主任、名校长"工程。这项工程可以算作是前面城乡教师与领导交流模式的进一步细化与延伸，其主要包括两个部分：首先是教师与班主任部分，昌吉市当地的各个学校尤其是城区的学校会挑选出一批优秀骨干教师组成"骨干教师流动蓄水池"。这些教师将会被安排前往农村地区中教学水平尤其落后的学校进行授课，并在这个过程中带动当地教师一同进行授课经验交流及学生班级管理方式的学习，通过优秀教师的亲身引导与示范来带动农村地区学校教师的教学水平不断提升、班级管理能力不断提高，进而实现农村地区公共教育服务供给质量的提升。其次则是校长等领导的部分，一方面，当地教育局会组织校长等管理人员培训班，除了能够让当地学校的校长等管理人员交流学校管理工作的心得与经验以外，还会组织这些学校的领导人员定期到发达地区的优秀学校进行参观学习；另一方面，当地教育局还会安排当地城区学校的优秀学校领导到当地农村地区发展水平低的学校进行任职，而农村学校管理能力优秀的人员也会有机会被调到城区学校任职，这就推动了当地城乡之间学校发展水平逐步趋于平衡。

完善监督体系，确保农村教育质量。虽然昌吉市采用建立城乡教育共同体的方式来推动当地农村地区公共教育服务供给质量提升的方式是经过调查与分析后得出的方法，但想要让其真正长久地发挥作用，监督与激励机制也是必不可少的部分。正是意识到了这一点，所以昌吉市人民政府还建立了完善的监督体系来保证当地农村公共教育服务供给质量提升工作的顺利推行。

共同体与学校评价挂钩，预防部分学校消极对待工作。昌吉市人民政府在推行当地城乡教育共同体建设工作的时候，便将共同体建设与学校质量考评挂钩，让共同体建设实施情况成为当地学校质量考评的重点之一，并对不同发展等级的学校设计不同的考评指标。对于工作达标甚至优秀的学校进行表彰和奖励，而对于那些消极对待建设工作甚至推诿自身责任的学校则会进行相应的通报批评，并且会在来年加大考评严格度，切实防止共同体建设工作流于形式。

加强对教师的激励与监督，让轮岗制焕发光彩。一方面，昌吉市人民政府在轮岗制方面建立了专门的激励机制，对愿意到农村落后地区进行教育工作的教师提供金钱福利及岗位职称评定等方面的奖励，吸引当地城区的优秀教师主动参与当地农村的教育发展行动；另一方面，昌吉市人民政府就轮岗制中教师的安排与考评设计了专门的考评与选拔标准，一是希望能够选拔出真正优秀且有强烈责任感与奉献精神的教师投身于农村教育事业之中，二是为了避免部分想要利用奖励机制来投机倒把、谋取利益的人员进入农村公共教育服务供给质量提升工作队伍之中，进而保证教师队伍的纯洁性与有序性。从这两方面入手，当地政府也会努力推动教师轮岗制成为当地教育体系中的一项常态化工作。

（三）昌吉推行"城乡教育共同体"模式的效果

在学校维修建设方面，昌吉市人民政府带领当地各个学校在推进农村公共教育服务供给质量提升的工作过程中成功完成了包括硫磺沟镇中心学校、阿什里乡中心学校等十几所小学及勇进村、思源村、幸福村、阿根村等 7 个村子的幼儿园的建设工作，顺利地完成了这些学校的门卫室建设、校舍改造及教学楼的升级甚至是翻新等工作。

在对家庭困难的学生资助方面，一直到 2020 年 3 月为止，昌吉市人民政府一共向当地学前到高中阶段的所有家庭困难的学生提供资助共计 82.172 6 万元。

在教师、书记教学轮岗方面，截至 2019 年，昌吉市当地稳步推进城乡教师与学校领导轮岗制，当地所有 69 名学校校长、书记中轮岗人数达到 28 人，轮岗率已经达到了 40.58%。至于当地学校的教师，当地城区优质学校中共选出 114 名教师到当地的十几所农村学校中进行轮岗任职，并且当地的十多所农村地区学校也调出 130 名左右的教师进入城区市直小学、中学进行交流学习，学校发展势头一片良好。

在教师与教学交流方面，到 2019 年为止，在昌吉市人民政府的带头下，当地一共举办了 72 场城乡教师交流学习活动，并且在城乡教育共同体网络中传播和分享的各类精品课程也多达 192 节。对于教学课程与质量的监督和检测，当地教育局也丝毫没有放松，短短几年内，便开展了 12 次大面积统一的质量监测行动。

（四）昌吉推行"城乡教育共同体"模式的启示

在昌吉当地建立的"城乡教育共同体"模式中，我们可以看出当地政府在提升其辖区内农村地区的义务教育供给质量上的努力。对于他们的行动，我们可以对这么几点进行学习和总结。

首先，建立城乡教育均衡发展的理念。我国许多农村地区的义务教育发展水平始终呈现出落后于城区的态势，这除了农村地区本身就经济水平要落后于城区以外，还有一点可能就是当地政府本身对于农村地区的义务教育水平与质量的重视程度不足。昌吉市之所以会开展"城乡教育共同体"模式，本身也是因为地方政府意识到了当地农村地区与城区之间义务教育存在不均衡的问题，会对当地农村地区的发展造成巨大的阻碍。因此，要推进农村义务教育供给质量提升，那么就需要首先树立起城乡教育均等化的理念，加强对农村地区义务教育的重视。

其次，保证农村学校基本设施达标。想要提升农村地区义务教育的质量，那么就需要做到基础硬件设施达标。许多农村地区的居民会选择让自己的孩子到距离更远的城区内去上学的原因之一便是因为城区内的学校拥有更好的硬件设施，使得他们的孩子可以拥有更全面、生动的教学环境与氛围。因此，农村地区的学校在建设与改造中虽然不能够都按照最高规格的教学设施来进行建设和布置，但该有的基本设施也不能少，不能因为硬件设施的缺乏而使得当地农村地区的义务教育内容出现缺失部分。同样的教学环境与条件下，农村地区的学校不仅距离更近，而且费用成本也会更低，这些都是能够在激发农村地区学生就读农村学校积极性的同时还降低农村地区居民的负担的重要因素。

再次，构建城乡教师交流学习机制。与农村地区义务教育质量息息相关的因素，除了学校的硬件基础设施以外，还有一个则是学校的教学水平，而教学水平的高低则是与教师、教学活动这两个方面挂钩的。在教师方面，同城区学校相比，农村地区学校的老师普遍还是存在着数量不足、教学针对性不强等方面的不足；在教学活动方面，农村地区学校的教学活动则是在多样性、专业性等方面要逊色于城区学校的。因此，想要提升农村地区义务教育质量就必须要提升农村地区学校的教学水平。昌吉市针对这个方面，主要是采取了建立教师交流机制和优质课程共享的方式。一方面是通过建立教师结对交流与轮岗机制来实现对农村地区教师队伍的扩大和教师教学水平的提升；另一方面则是通过教学课程资源共享来实现对农村地区学校的课程优化。这样的城乡互助、"高优校"辐射"薄弱校"的发展模式，不仅能够起到推动农村义务教育质量提升的作用，更是让当地教育资源得到最大化利用的良好方式。

除此之外，昌吉市所采用的学校领导轮岗制也是促进农村义务教育供给质量提升的一个好方法。通过建立明确的考核制度，轮换的学校领导会对上一任领导的学校管理工作进行考核与总结，当地政府再在结合自己考核结果的基础上对学校及相关个人进行表彰与批评。这样的一种监管方式将可以在很大程度上避免农村地区学校领导出现懈怠管理工作的情况，进而为农村义务教育供给质量提升工作保驾护航。

（五）城乡融合供给模式的理论框架分析——基于中国特色城乡关系理论

改革开放以来，城乡二元结构给国家社会经济发展带来了巨大障碍。党和政府为改善城乡关系，打破城乡二元结构，进行了广泛的实践探索，提出了一系列城乡关系理论。党和政府结合不同发展阶段面临的主要问题和不同时期的发展需求，提出了城乡统筹发展理论、城乡一体化发展理论及城乡融合发展理论。城乡统筹发展理论的核心是政府主导、通过各种制度和政策的管理、通过城市辐射带动农业农村发展，逐渐改变城乡二元体制下重工业轻农业、重城市轻乡村的发展观念，实现城市与乡村的共同发展。在城乡统筹发展时期，我国加大了对农业、农村和农民的投资，实行农业免税和一系列农业补贴，对城乡规划和产业发展进行了一系列政策调整，取得了一定成效。由于城乡统筹发展仅依靠政府的作用，农村虽然取得了一些发展成效，但是依然消除不了城乡差异。之后提出的城乡一体化发展理论包括基础设施建设、产业结构调整、城乡规划、环境改善等，体现了城乡发展过程中相互依存、互补的理念。城乡一体化发展思路，以改变我国长期以来对农村和农业发展的忽视为出发点，解决日益严重的"三农"问题，这是对城乡统筹发展理论的丰富和延伸。在城乡关系发展的大背景下，农村发展的不平衡和不充分已成为最严重的问题。城乡一体化发展理论和城乡统筹发展理论已经不能适应新时期我国社会矛盾发生转变、亟须新发展的需要，中国城乡关系理论迎来了新的挑战，这也是城乡融合发展理论产生的基础。城乡融合发展理论强调农村与城市并行，促进城乡产业、要素、空间、生态和环境融合。城乡融合发展理论对我国城乡公共产品融合发展模式具有重要意义。

一方面，城乡融合发展理论重视城乡间的平等地位。在城乡融合发展中，要求打破传统的城乡二元结构，消除城乡之间的隔阂，实现资源共享、要素流动、产业互动，形成城乡一体化发展的新格局。就农村义务教育产品供给而言，城乡在产品供给数量和质量上有着相当大的差距，相较于城乡义务教育融合发展提出的要求，许多地区的城乡义务教育差距并没有发生根本性变化。教育均衡发展的概念应该涵盖教育各个方面，在个人层面上，表示所有学生在教育机会上相对平等；在学校层面上，要求学校间的硬件和软件资源分配均衡；在社会方面，要求社会劳动力的总体结构和水平与社会经济发展步伐一致。教育资源均衡配置是个人健康发展、学校持续发展、社会稳定发展的奠基石，教师资源是教育资源的核心，直接决定着教育的质量，对社会的稳定与经济的发展具有重要意义。因此，教师资源在区域、城市、学校乃至群体之间的均衡布局有利于教育的均衡发展，最终形成城乡义务教育融合发展模式。

另一方面，城乡融合发展理论强调形成城乡要素双向流动格局。在城乡统筹发展和城乡一体化发展的时代，农村人口向城市单向流动，空心化、人口老龄化和消费市场萎缩严重制约着农村发展。城乡融合发展理论通过改革人口管理体制、农村金融体制、城乡管理体制，促进城市人口和资源向农村转移，形成城乡要素双向流动格局。之前，大部分教育资源都流向了地理环境好、公共基础设施发达的城市，农村义务教育面临着巨大的阻碍，城乡义务教育差距扩大，农村义务教育可持续发展面临严峻挑战。因此，为有效缩小城乡教育水平差距，实现均衡发展，政府应合理规划城乡教育资源，构建城乡一体化的义务教育体系。促进城乡义务教育要素的双向流动，不仅包括硬件资源，而且要加强城乡教师资源相互沟通学习，实现城乡义务教育融合发展模式的可持续发展。

六、民生三感提升模式：宁武"县乡医疗一体化"案例

民生三感主要是指幸福感、获得感和安全感，它是如今我国各项民生工作的重要考核与测度标准之一，作为民生工作之一的农村公共产品供给同样与它有着紧密的联系。我国政府现大力推行的农村公共产品高质量供给工作的目标之一是提升农村居民的幸福感、获得感与安全感。本部分主要结合案例分析注重民生三感中的安全感对于实现农村医疗卫生服务高质量供给的作用。

农村医疗卫生服务是关系着农民身体健康的重要工作，也是与民生三感中的安全感息息相关的一个部分。随着农村新型合作医疗的施行，我国农村医疗取得了长足的进步，但是就目前的情况来看，我国的农村医疗状况仍然存在不少问题，城乡医疗卫生事业发展不平衡，资源配置不合理，农村卫生工作比较薄弱，医疗保障制度不健全，农村的"看病难、看病贵"等问题依然存在。为了能够解决这些问题，实现真正的农村医疗保障服务有效供给，我国的一些地区同样是在这些年间不断进行探索，进而总结出了许多有用的经验方法。

（一）宁武推行"县乡医疗一体化"的背景

宁武县农村地区过去一直存在着医疗卫生保障条件差、看病不容易等问题，让当地村民深受影响。因此在国家推行地方基层医疗改革的时候，

宁武县人民政府就决定利用这个机会跟随中央的方向指示，积极开展当地的医改工作，进而推动当地农村地区医疗保障服务供给质量不断提升，实现当地城乡之间医疗保障服务供给的逐步均衡。

（二）宁武推行"县乡医疗一体化"的行动内容与措施

面对当地农村地区医疗保障服务供给水平远不能满足当地农村地区居民需求的情况，山西省宁武县人民政府便决定以推进"县乡医疗一体化"作为整体工作方向，从当地的城乡医疗服务制度、农村医疗服务模式及医生待遇等方面来采取系统化、科学性的措施进行当地农村地区医疗保障服务供给质量提升工作①。

创新模式，从基础上提升医疗服务质量，建立农村医疗"30分钟"模式。面对当地农村离散化严重、农村人口不断减少等问题，宁武县人民政府决定通过采用打破原有村卫生室设计原则、破除村子范围限制卫生室服务范围的方式推动当地农村地区公共医疗保障服务的全面提升。首先，宁武县人民政府利用各种日常工作的契机深入当地464个行政村中，对当地的常住人口、村卫生室最远服务半径及民众就医花费时长等各种相关问题的数据进行收集。其次，在这些调查数据的基础上宁武县人民政府根据当地实际情况制定出了建立农村医疗"30分钟"模式的方案。农村医疗"30分钟"模式是对当地农村卫生室的改革，其主要是指将按照500名及以上的常住人员且与这些人员的路程距离最大不超过30分钟的原则来对当地的村卫生室进行重新安排与布局。这样的布局情况下，当地村卫生室的服务范围将不再受到村子范围的限制，进而真正做到以民众的需求为导向，实现医疗服务的供需匹配，推进当地农村卫生室标准化进程。过去，宁武县农村地区的村卫生室大部分都不是按照正规标准来设立的，不仅行医地点不属于村里集体产权，甚至许多村卫生室还存在着卫生条件不达标、基本医疗服务实施困难等问题。为此，宁武县一方面加大对当地村卫生室建设的资金支持；另一方面也号召当地村委会等领导利用当地的闲置房屋进行改造，双管齐下，力图让当地重新规划的农村卫生室尽早全面达到面积不小于60平方米且门诊、药房、注射室等不同科室分开的基本标准。

强化队伍，提升医生医疗水平与工作热情。宁武县当地农村地区的医疗水平普遍低于城市地区的一个重要原因就在于农村卫生室医生的医疗水平不足。一方面，当地农村地区的许多医生并未进行过正规、系统的培训，

① 山西宁武 资源整合破解基层卫生服务不均衡之困[J]. 农村工作通讯，2020，（10）：48-49.

对先进的医疗技术与知识都缺乏了解；另一方面，当地农村地区的医生工资及待遇水平等都比较低，导致许多医生都不太愿意到农村卫生室任职。正是这两个方面的原因，使得宁武县农村地区的医生队伍始终难以壮大，进而影响了当地基本医疗保障服务的供给质量。为此，宁武县人民政府决定从这两个方面入手，采取行动改善当地医生队伍的困境：县乡联动助力提升农村医生医疗素质与技术。宁武县人民政府一方面与当地县卫健局合作，以当地城区医院医生考核标准为参考，结合农村实际设立了当地农村卫生室医生身份与技术的一系列考核标准，要求当地农村卫生室执业的医生必须通过相关考核与测试，取得执业证书并在政府登记注册以后才可继续在村卫生室任职行医，从而以这样的方式来实现当地农村医生队伍的规范化、科学化管理。另一方面，宁武县人民政府还推进城乡间的合作发展，主动鼓励医学专业毕业生、优秀医务工作者到当地农村卫生室工作，实时保证农村医生队伍中新鲜血液的注入。除此之外，宁武县人民政府还积极号召县城中退休到农村地区养老的老牌医生到农村卫生室中挂牌兼职，一来可以壮大当地农村医生队伍，二来还可以由老牌医生向年轻医生传授医疗经验和技术，从而提升农村医生整体的医疗水平并实现新老医生队伍的顺利过渡。当然，除了由城区选派、招募医生到农村卫生室就职以外，宁武县人民政府也联合县级或乡镇级医疗机构为农村医生提供医学教育及培训课程，切实提升农村医生的基本医疗服务能力。提高农村医生待遇与保障水平，宁武县人民政府在保证中央与省级经费对接和规划良好的情况下，将当地农村医生队伍建设的各种相关费用纳入了财政规划中，让当地提升农村医生工资水平、鼓励医生外出学习提升医疗技术及农村医生退休养老服务等工作的资金可以得到稳定保障。宁武县人民政府还出台相关规定，不仅禁止任何部门或个人以任何名义要求农村医生缴纳或分摊国家规定和自身职责以外的费用，同时还设立了专门的奖励机制，用来为当地在基本医疗服务供给、突发事件应急救助等方面做出突出贡献的农村医生进行表彰和奖励，进而在从多方面提升当地农村医生的工作积极性的同时，也吸引更多优秀的医疗人才加入当地的农村医疗保障服务供给质量提升队伍中。

升级设施，为农村医疗保障服务质量提升提供基础支撑，构建农村卫生室三年建设计划。宁武县人民政府为提升当地农村医疗保障服务供给质量，决定从2017年开始进行为期三年的农村卫生室改造项目。通过结合国家规定的农村卫生室规格标准与当地实际情况，利用改造当地闲置房屋或者重建的方式来实现当地农村卫生室全面达标。提升设备设施配备水平，宁武县当地农村医疗保障服务供给质量不高的原因除了医生自身医疗水平的影响外，农村卫生室中缺乏各种医疗设备进而导致其只能提供最基本的医疗服务也是一个重要原因。为此，宁武县人民政府结合当地城区医院的设备配置及对农村地区医疗需求的调查，决定从 2017 年开始为当地农村卫生室逐步配备上电脑、打印机等办公设备，以及血压计、消毒灯、血糖仪等各种常用的 31 种医疗设备，并且还为每个新农村卫生室开通互联网医保刷卡方式，在提升农村卫生室医疗服务水平的同时，也为民众提供比以往更实惠、便捷的医疗服务，切实提升民众的幸福感、满足感。

（三）宁武推行"县乡医疗一体化"的效果

通过宁武县人民政府与当地医疗机构及民众的齐心努力，当地的农村医疗保障服务供给质量得到了明显提升，其中的部分表现如下。

提升农村医疗基础设施，实现农村医疗基本建设全面达标。在当地政府的努力下，其所投入的用于建设农村卫生室的 531 万元财政资金都得到了妥善的运用，当地除了 101 个农村卫生室得到了维修和翻新外，更建造了 18 个新农村卫生室，并且这些卫生室都配备了互联网医保刷卡服务，以及标准办公设备和血压计、血糖仪、消毒灯等医疗设备，成功在当地构建起了农村医疗"30 分钟"模式。

农村医生队伍壮大，农村医生医疗水平显著提升。宁武县在设立了农村医生规范化管理相关制度后，当地农村地区的医生工作变得更加有序和规范。在人才吸引与招募工作的努力下，宁武县的农村医生队伍结构更加趋于年轻化，20~40 岁的医生占据了 60%左右，而高于 60 岁的农村医生则全部退休养老。这些医生中中专及以上学历的人数占据了 96%左右，不仅让当地农村医生队伍更加年轻化，更让当地的医疗服务水平及专业性都得到了显著提升。这足以说明宁武县的农村医生队伍得到了有效的培养和支持，能够为农村地区的医疗服务提供更好的质量和水平。

当地村民基本医疗服务得到有效保障，村民幸福感与满足感明显增强。宁武县人民政府推进的农村医疗保障服务供给质量提升工作的最终目的就是要真正让当地居民享受高质量的医疗卫生服务、实现对民众健康的有效保障，而在其行动下当地农村居民已经有 10 万余人可以享受便捷医疗服务，甚至其中还有 4 万名情况困难、行动不便的村民可以享受定期上门检查与问诊服务。这些服务的出现可以说是给当地居民的健康保障提供了一项有力的支持，而民众对当地政府工作的认同与支持积极性也因而得到了大大的增强，这也为当地实现乡村振兴打下了一份坚实的基础。

（四）宁武推行"县乡医疗一体化"的经验启示

农村医疗保障作为与农民身体健康息息相关的一个部分，它的有效供给可以很好地保障农民的健康，进而帮助农民解决"看病难、看病贵"的问题。从案例中我们可以看出，宁武县人民政府在农村医疗保障供给方面通过构建农村医疗"30分钟"模式、提升农村医生基本医疗素质与技术水平、改进农村基础设施建设等方面的行动来为当地农村医疗保障服务供给高质量发展提供助力，而这些行动无疑是为我国其他地区的地方政府进行农村医疗保障供给时提供了借鉴和经验。基于宁武县人民政府的行动，我们可以得到农村医疗保障有效供给的几个经验。

首先，逐步推进对城乡二元社会保障结构的破除，构建起城乡一体化的医疗卫生保障制度。建立一种城乡一体、公平的农村医疗卫生保障制度一直以来都是我国城乡保障制度的长远目标，但是我国部分地区的城市与农村，甚至是农村与农村之间的经济发展水平都存在着差异，因而缺乏建立全国统一医疗服务模式的基础。在这样的情况下，我国应当采取因地制宜的方式，农村各地区应该具体问题具体分析，选择与当地发展情况相配备的医疗保障制度，慢慢打破城乡二元结构，逐步实现城乡一体化的医疗保障制度。特别是在一些经济发展水平较高的农村地区，农村医疗服务模式应该不断向城镇居民医疗保障制度看齐，通过逐步健全当地农村医疗服务的各项制度、服务网络及服务水平和质量等同城市医疗服务体系的相关内容进行接轨，逐步实现向城乡一体化的医疗保障制度的过渡。在经济发展水平落后的农村地区，受经济条件的限制，当地农民的年收入水平及医疗经费支出水平可以预见地会持续保持较低水平，在这样的条件下，推行以覆盖率为主、以常见的小病等花费较少的医疗项目为主要医疗服务，以大病统筹为主要特征的医疗服务模式将更能够有效地满足当地广大农民群众最基本的医疗保障需求，解决其因病致贫、因病返贫问题。当然，要推行城乡一体化式的医疗结构，最主要还是先要从农村基础医疗设施设备方面入手，如建设符合国家标准的农村卫生室，并配备上各种基本的配套医疗设施等，再一步步有计划地推进农村地区医疗服务水准的不断提高，从而有条不紊地达成城乡医疗一体化的目标。

其次，强化政府在农村医疗卫生事业上的责任。农村医疗卫生服务作为基本公共服务的一种，其主要供给权应当还是要把握在政府手中，市场机制发挥辅助作用。因而，政府必须积极承担在农村医疗卫生服务上的责任，明确其供给主体的角色定位：树立工作责任意识，将农村医疗卫生工作作为当地政府领导干部绩效考核的重要部分，在发展当地经济的同时更要注意将农村医疗卫生服务纳入规划之中。要明确责任主体，真正做到"专人（部门）负责"。地方政府应当明确当地的农村医疗卫生服务的管理工作由当地的卫生所等相关部门负责，并做好协调工作，通过制定相关法规政策来规范农村医疗卫生服务，保证当地的农村医疗卫生服务的责任始终是有人（部门）承担的。要明确责任范围，做到不模糊。针对农村医疗卫生服务，地方政府采用多样化的方式来提高供给质量，如通过加大资金投入来提升农村地区医疗卫生基础设施及医疗优惠力度、根据当地农村的特点来有计划且系统性地调整当地农村的医疗卫生服务供给方式与体系等，但无论政府采用多少种不同的改进方式，都需要做到以各种标准、制度来对责任范围进行界定，保证责任能够得到更好的落实。

再次，做好医疗卫生教育和宣传工作，积极与当地民众沟通，提高当地村民的健康意识。地方政府应当要做好各种医疗卫生知识的宣传与教育，通过采取邀请专业人士进行下乡送药义诊、要求当地村委会向村民发放常见疾病相关知识的科普读物及定期开展医疗卫生知识宣讲会等行动来增强当地村民的自我保健意识，使其养成良好的生活习惯。除此之外，各级政府还可以与医院、高校等合作，挑选专家定期进行卫生健康知识宣讲，帮助村民提高卫生健康意识，通过电视及互联网等媒介为村民普及卫生知识。同时，地方政府还要做好对农村医疗卫生保障制度调整的相关解读与解释工作，主动和民众交流，在向当地民众解答疑惑的同时更积极地听取民众的想法和意见，真正做到为民众排忧解难，为向当地民众提供更高质量的医疗卫生服务做好思想层面的建设。

最后，改革和完善农村医疗卫生管理制度，增强人才队伍与服务质量。目前，我国许多农村地区的医疗卫生服务还存在着监管与人事制度不健全、不合理的情况，这就严重影响了当地的医疗卫生服务质量与水平。要改变这种状况，一是可以进行立法。通过法律明确新实施的合作医疗制度的合法性，以及各个主体的职责和相关执行细则，进一步规范农村合作医疗制度，在制度层面上减少合作医疗政策的空泛化，确保制度的延续和稳定。二是要健全人事管理制度，增强农村医疗卫生服务的人才队伍实力。地方政府可以通过提高当地农村医务人员的待遇水平，与高等医学院校进行对口衔接、人才培养等方式来不断吸引优秀的医学人才加入当地的农村医疗卫生服务人员队伍，进而完善农村卫生人员年龄结构、学历结构。同时，地方政府还应当对当地的农村医务人员管理制度进行调整，逐步清理非专业、无责任意识的农村医务人员，并加大对优秀医务人员的奖励力度，努力营造出医务人员主动服务、积极工作的良好氛围。三是要完善对药物的监管制度。为了防止农村地区出现卖假药、卖贵药的情况，当地政府应当要改革当地农村地区的药品供应机制，建立起公开透明的药品价格体系，预防某些地区的医疗机构通过提高药品价格的方式来牟取暴利。同时，政府还要规范药品的采购与监管标准，对当地医疗机构采购的药品质量和价格实施全程监督，杜绝任何不符合质量标准的药品进入市场的情况，进而保障人民的经济利益和生命安全。

（五）民生三感提升模式的理论框架分析——基于城乡一体化理论

目前，城乡一体化的理论研究与实践在中国快速城镇化的背景下正如火如荼地进行着。破除城乡二元结构、解决"三农"问题、深化土地制度改革、引导中国城镇化合理转型及普及共享中国经济社会发展成果，都是中国城乡一体化命题所要面临并亟待解决的问题[1]。不同于其他发达国家城镇化走过的历程，中国的城乡一体化有其自身特有的内涵及影响因素，是与中国特殊国情相结合的城乡一体化。学者从不同领域不同视角出发，对城乡一体化的概念界定有着不同的观点。从社会学和人类学的视角出发，认为城乡一体化是通过各种生产要素在城市和乡村自由流动和优化配置，使城乡之间相互影响、相互依赖，最终两者融为一体。从经济学视角出发，认为应把城和乡作为一个整体，为满足农业和工业生产的需要，统一布局农业和工业，进行合理的分工，促进两者之间的交流与合作，实现最佳的经济效益。从空间规划的视角出发，认为要重点规划城乡接合部并且对影响城乡发展的要素进行系统安排。从生态和环境学的视角出发，认为城乡一体化应是城乡间的生态与环境的有机结合，促进城乡经济的可持续发展。从上述的多个视角来看，城乡一体化不是城乡一样化，承认城乡之间的差别，城与乡存在功能互补的关系，通过促进城乡经济、社会、生态等方面的可持续发展，推动城乡相互影响、相互协调发展。随后的学者又把对城乡一体化的研究焦点放到更加具体的层面，如在户籍、就业、医疗、教育等制度方面进行改革[2]。

城乡一体化理论是我国在长期的城乡社会经济发展实践过程中总结

① 马涛，袁明霞，薛俊菲，等. 城乡一体化理论指导下的苏州实践研究[J]. 建筑与文化，2021，（5）：35-37.

② 李竹君. 马克思主义城乡一体化理论视角下镇级小城市培育试点建设研究[D]. 福建农林大学硕士学位论文，2018.

提炼出来的，是对马克思主义关于城乡差别论述的继承和发展①。城乡一体化是在国家现代化和城市化水平达到一定程度之后的必然走向，是后工业时代城镇化发展的高级阶段。作为一种发展理念，城乡一体化理论将城市与农村有机结合，实现城乡平等发展，其发展轨迹应当是城乡的双向演进，是城乡互动依赖、共同发展的过程。城乡一体化理论的发展目标是实现城乡融合，即城市地区和乡村地区的协调发展②。城乡一体化理论的提出及实施，有利于破除长期束缚我国经济社会发展的城乡二元结构，有利于突破制约我国农村社会经济发展的"三农"问题的瓶颈，实现区域协调发展，有力推进我国现代化的进程。城乡一体化，从本质上来说是以人的发展需要作为出发点，真正地实现以人为本。"根除城乡差别的标志不仅表现在物质形态上，更体现在作为群体的人身上。"③城乡一体化，将极大地推进农民身份向市民身份转型，实现我国现代化进程中人的发展。

城乡一体化理论的最终目的是实现城市和农村的均等化发展，实施城乡医疗一体化是为了缩小城乡差距，其原因是城乡之间的医疗保险制度不尽相同，首先城市更多地实施城镇居民医疗保险，农村则是新农合；其次，由于资源条件的限制，农村医疗资源相比于城市医疗资源较弱，因此需要农村和城市形成一致的医疗保险标准，实现联动机制。城乡医疗一体化的判定标准主要有两个，即一个国家和地区的生产力水平和城市化水平所发展的经济和社会，城乡一体化跟城乡统筹不是同一个概念，城乡一体化跟城乡统筹不是同一个概念，城乡一体化是指城市和农村在空间、产业、人口、社会、生态等多方面的融合，强调的是打破城乡二元结构，实现城乡之间的平衡发展。城乡统筹则是指在城乡一体化基础上，对城乡资源进行整体配置和优化，以实现城乡共同繁荣。简单来说，城乡一体化是手段，城乡统筹是目标④。建立公平普惠的医疗保障制度，是实施"健康中国"战略的重要保证，是破解城乡医保制度碎片化和分散化问题的方法，是实现农村与城市协调发展的必由之路，能够有效促进社会公平正义的实现。

---

① 李国庆. 论我国医疗保障城乡一体化的理论内涵及法律调整[J]. 河南教育学院学报（哲学社会科学版），2020，39（4）：69-73.

② 石忆邵. 城乡一体化理论与实践：回眸与评析[J]. 城市规划汇刊，2003，（1）：49-54，96.

③ 文军. 农民市民化：从农民到市民的角色转型[J].华东师范大学学报（哲学社会科学版），2004，（3）：55-61，123.

④ 文军. 农民市民化：从农民到市民的角色转型[J]. 华东师范大学学报（哲学社会科学版），2004，（3）：55-61，123；陈小军，李芳凡. 从"新农合"到"农村医保"加"合作医疗"——建立城乡一体化医疗保险制度的设想[J]. 农业经济，2012，（10）：95-97.

七、生活保障兜底模式：巨鹿"医养结合"农村养老网络案例

生活保障是指国家为解决受年老、伤残疾病等问题或自然灾害和意外事故等原因影响，失去劳动能力或劳动机会的劳动者及社会成员的基本生存问题，依法制定的提供一定的物质帮助和社会服务，保证其基本生活权利，进而维系社会稳定的社会安全制度。生活保障作为一种国家制度或社会政策，一般包括社会保险、社会福利、社会救济、社会优抚和安置及社会服务等几方面的内容。本部分主要结合案例具体分析生活保障中的社会保险部分，以养老为切入点，探寻生活保障兜底为农村社会保障供给质量提升带来的作用。

农村社会保障是关乎民众基本生活尤其是弱势群体生活的重要部分，依法享受社会保险是劳动者的基本权利。近年来，老年人的养老问题愈发受到重视，让老年人特别是农村老年人安享晚年成为社会热点。在目前情况下，由于农村地区在医疗卫生方面的投入力度相对较小、相关配套设施也不够齐全等问题，农村老年人的看病成为难题，同时子女由于工作压力等原因也很少有时间来陪伴老人，进而造成了老人的护理空缺等问题，因此探索出一条符合农村实际、供需相衔接、质优价廉、方便可及的"医养一体、两院融合"医养结合之路将是实现农村社会保障高质量供给的重要工作。

（一）巨鹿推行"医养结合"农村养老网络的背景

巨鹿县拥有 43 万常住人口，而其中便有近 8 万 60 岁及以上的农村老年人口，四分之一的老人患有高血压、糖尿病等慢性病，超过 4 000 位老人为失能半失能状态。在生理和心理的双重作用下，老年人的晚年生活大多数缺乏医疗保障，因此养老机构的介入则显得尤为重要，能够有效地解决农村老年人晚年生活问题。巨鹿县人民政府决定在当地推行"医养结合"模式来构建农村多元养老保障网。

（二）巨鹿推行"医养结合"农村养老网络的行动内容与措施

针对当地农村老年人尤其是失能半失能老人的养老问题，巨鹿县人民政府决定从"医养结合"这一角度进行破题，以系统设计、政策支持、物资保障、设施建设等方面为重点，构建当地新型养老保障网络，提升农村养老质量。

统筹规划，构建政策支持系统。巨鹿县先后出台《巨鹿县"医养一体、

两院融合"机构养老试行办法》《鼓励村医办养老的实施意见》《巨鹿县建立长期护理保险制度实施意见》等文件，提出通过资源与功能整合，将乡卫生院、村卫生室和乡村养老院、幸福院进行整体化融合，形成完善的养老机构；设立建设补贴，为医养结合中心的修缮提供资金支持；创新推出长期护理险，扩大医养结合服务覆盖面。除此之外，当地政府还根据具体情况专门设定了新的养老资金补助标准：计划生育家庭入住养老机构补贴300元，特殊家庭入住养老机构补贴500元，五保老人及时入住按标准兑现。对已建档立卡并享受扶贫政策的人群，地方政府将为他们提供长期护理险，使他们不用直接缴纳参保费就能享受全面的护理险，让失能人员居家护理的费用报销后实现自付部分零负担。这既解决了失能人员的医护问题和经济问题，还解决了家庭劳动者的自由问题。

科学测算，畅通财政资金渠道。建立资金多元共筹机制。巨鹿县人民政府通过多方面的考量科学且合理地计算失能老人消费水平，从群众居民、医保基金和政府财政的可支付能力角度出发，在医保结余基金和福彩公益金中抽取启动基金1 080万元，长期护理保险的缴费标准也改为每人每年50元。职工护理保险和城乡居民护理保险的缴费额度也有所变化，且长期护理保险基金与基本医疗保险费用不再分别缴纳，而是按年度共同缴纳，缴纳金额按照个人、财政、医保基金统筹缴纳，职工分别为10元、10元和30元，城乡居民则是3元、3元和40元，值得一提的是城乡居民护理保险比职工护理保险多一个福财基金，为4元。建设分类高效服务机制。为提高和满足不同参保人群的养老护理需求，巨鹿县人民政府针对残疾级别设置了三种服务模式，一是对于重度失能老年人的医疗专护服务模式；二是对于中度失能老年人的机构护理模式；三是居家护理服务模式。在"医养结合"的大力扶持下，相关机构会向被服务对象家属公开由个人承担的医养机构护理服务费和居家护理服务费，家属可以选择按月支付或按年支付。需要报销的费用则由长期护理保险基金支付，医养服务机构与人保财险公司结算报销额度，并规定结算时间为按季度结算。不同服务地区的报销比例也有所差异，定额的65%的报销比例是在县域内接受医护服务的，而县域外接受医护服务的则是定额的55%。此外，接受居家护理服务的报销比例为85%，定额标准为20元/天。建设良性竞争管理机制。巨鹿县人民政府实施"三级九等次"星级管理，以强化长期护理保险定点医养机构的规范化和标准化管理，三级即县、乡、村，通过"医养结合"模式、医护比、设施建设、地理位置等实际情况的综合评定评选三、二、一星级，床日定额标准则是根据星级管理来确定的。建设公私协作共赢机制。巨鹿县人民政府主张将当地大型商业保险公司人保财险巨鹿支公司引入当地长期护理险的运营体系中，令其担任承办者这一角色，当地的医保局形成联动机制，展开合作，为长期护理保险的实施提供了坚实的基础。医保局和保险公司的职责不同，分工任务则不同，当地医保局主要是进行调研工作、制定和完善政策等，保险公司则负责经办、服务质量随访、信息化建设、联系专家进行失能鉴定等。医保局与保险公司实行风险共担机制，在一定程度上确保长期护理保险工作的稳步运行。另外，两个机构达成协议，年度长期护理保险基金核算时，若有赤字情况，则先由保险公司垫付，待核算审计后由医保局和保险公司各分担一半，且规定保险公司的总承担金额不应超过 100 万元，超过部分则由医保局完善政策。若出现盈余情况，按照保本微利原则，盈余部分作为保险公司的盈利，其余盈余部分返还基金，流转下一年度使用。

具体操作，夯实养老物质基础。整合资金扩充养老机构。2020 年，巨鹿县人民政府向有关部门投入 1.1 亿多元的项目资金，大力建设公办服务机构，设置了众多养老机构，其规模达到了 500 张以上的养老床位，可以提供居家养老上门、日间照料和应急救护等服务，还进行人才培养的科教服务，这些养老机构统一由县医院建管运营。为切实保障老年人晚年生活，巨鹿县人民政府制定相关优惠政策，规定乡镇卫生院办养老全覆盖、全县重点村卫生室办养老实现 30%的目标，医疗机构以自身的设施建设、资金投入、管理模式等方面优势为依托，由单一的医疗功能向"两院"功能拓展延伸。聚合力量完善养老事业。巨鹿县医院在县政府的号召及呼吁下发挥带头作用，通过医院优势设立小吕寨、堤村卫生院两个分中心，并在不同地区建设医养中心，如万达医养中心新区设置 300 张养老床位、巨鹿县医院健康养老综合服务指导中心设置 500 张养老床位、祥和园医养中心设置 200 张养老床位，有效地推动巨鹿县"医养结合"的工作进展。乡村医师作为农村医疗保障的坚实堡垒，筛选有资质、有能力的个人诊所与平康等 17 家民营养老服务机构签订《医养合作协议》，由养老机构提供病房，医护人员或诊所医生兼职养老机构的医疗保健员，助力当地养老机构力量不断壮大。巨鹿县依托基本公共卫生平台每年为辖区内 65 岁及以上居家养老的老年人提供两次"医养结合"服务，服务内容包括血压血糖测量、康复指导、健康咨询服务等多个方面，长期护理保险居家服务面向居家养老的失能半失能老年人，若失能半失能老年人需要照护服务，则会安排如平康等 2 家专业养老服务机构的医护人员上门提供医疗护理和生活照护服务，切实保障辖区内的老年人能够得到基本的健康看护。培养人才规范养护体系。巨鹿县人民政府为保障养老专业人才培养的供给侧结构性改革，提出三个医养人才培养平台的构建模式，即县医院作为养老服务技能培训基地，主要培养专业的医生及护士；县光荣院作为实训基地，主要培养养老机构工作人员；农村医养中心作为服务技能交流平台，主要培养乡村医师及相关人员。同时为了实现当地养老机构及体系的规范化管理，巨鹿县人民政府按照让入住老人有尊严、子女家属有尊严、工作人员有尊严的宗旨，起草了养老护理员行为规范标准，以把握整个操作流程，激励相关人员重视人文关怀等方面。巨鹿县医养结合协会的成立具有里程碑式的意义，它实现了医疗、养老和相关行业的融合发展，很大程度上实现了资源的合理配置及共享，为完善养老服务的高质量发展提供了多元保障。

（三）巨鹿推行"医养结合"农村养老网络的效果

2011 年以前，巨鹿县各级养老院、幸福院规模小、人员少，陷入勉强运转或濒临停办的困境。为破解困境，巨鹿县精准设计推动路径、建设模式，快速打开"医养结合"发展局面[①]，取得了不错的成效。

县乡村三级"医养结合"因地制宜，打造多元化"医养结合"服务保障网。巨鹿县大韩寨村菘乐敬老院和村卫生室新建在了一起。"原来的养老院地方小、条件差，不能看病，距离村卫生室也很远。"卫生室医生刘卫强介绍，"现在建在一起，卫生室的医护人员不但可以给全村百姓看病，还负责对敬老院的老人开展基本医疗保健"。截止到 2022 年末，菘乐敬老院的 60 张床位被本村和周边村的老人住满，日间照料 20 人，长期入住 35 人，其中失能半失能老年人 19 人，占了大多数。巨鹿县民政局副局长赵少阳介绍，以前农村养老院因为医疗服务水平低，入住率基本不到 50%。自从探索推动农村养老院和卫生院（室）以协作或并建方式合作以来，入住率比以前增加 20% 以上。同时，巨鹿县加大"医养结合"政策创制力度。《医养中心分级标准（试行）》从床位、科室设置、人员、基本设备等方面，把全县所有医养中心细分成了三级九等，并以此为基础制定相应的配套发展政策，促进各类医养中心快速提质。对医养中心"扶上马送一程"，围绕资金补贴、用地保障、投融资、税收减免等方面开展扶持，降低医养中心成为医保定点的认定条件，适当放宽医疗康复治疗项目的医保范围，建立医养中心入住费用补贴的普惠政策等。在县委、县政府的重视和相关政

---

① 周亮. 巨鹿：探索县级医养结合的改革样本[J]. 中国社会工作，2018，（26）：18-19.

策的支持下，巨鹿县在县级层面打造了县医院福缘居老年医养中心，成为全县"医养结合"工作的样板和龙头；在乡镇层面，苏营乡卫生院托管了第三民政事业服务中心和郡东养老院，县医院福缘居老年医养中心分别在堤村乡卫生院、小吕寨中心卫生院建成医养分中心，形成"医养结合"辐射区；在村级层面，大力推广村卫生室托管、联建农村幸福院模式。

长期护理保险减轻失能照护负担，消除一人失能、全家致贫。邓书峰的母亲患有帕金森综合征，四肢无法活动，照顾老人的任务落在了她和弟弟身上。"最初，我们想找保姆，但照顾全失能老人即使每月支付 4 000 元，也很少有人愿意干。"无奈之下，邓书峰把母亲送到了县医院福缘居老年医养中心。"全失能老人入住每月要花费 3 600 元，但护理得很专业。"让邓书峰没有想到的是，当初的选择，竟使他们成了全县在长期护理保险方面"最早吃螃蟹的人"。"去年 8 月，巨鹿开始试点覆盖城乡居民和职工的长期护理保险制度。全失能老人的护理费用按照 65% 报销，这样，每月 3 600 元我们自己只掏 1 260 元！"邓书峰说："我们医养中心一共 80 张床位，成为长期护理保险的定点机构后全部满员，等着入住的排队老人已经达到 90 人。"巨鹿县医院福缘居老年医养中心主任田月芬说，为了更好地满足医养需求，他们又依托小吕寨和堤村两个乡镇卫生院分别设立了两个医养分中心，一个 300 张床位的新医养中心已经主体完工。2017 年，巨鹿县成为河北省第一家长期护理保险县级试点。根据政府主导、事务共办、风险共担、费率浮动、年度考核的原则，将商业保险引入民生领域，筹资标准定为每人每年 50 元，其中参保职工个人缴费 10 元、参保居民个人缴费 3 元，其余部分通过医保统筹基金、政府补助金、福彩公益金等资金渠道支付。参保人因年老、疾病、伤残等原因长期卧床已达或预期达 6 个月以上，生活不能自理，病情基本稳定，符合规定条件的，可享受长期护理保险。参保人员在接受医疗专护、机构护理期间发生的合规医疗护理费用，按照相应的包干标准报销 65%。

积极整合医疗养老资源，解决老年人尊严养老问题。巨鹿县通过整合政府、社会和市场等多方资源，建立健全的医疗养老服务体系，推动老年人在生活和养老过程中得到全面的照顾和关爱，保障他们的基本权益和生活尊严。第一，巨鹿县整合养老相关项目资金投入老年人养老机构建设，并建成了具有足够床位、集多功能于一体的巨鹿县医院健康养老综合服务指导中心；第二，巨鹿县鼓励医疗机构依托自身资源发展成为具有医养功能和提供医养服务的多功能医疗机构，截止到 2020 年末，全县村级卫生室托管幸福院中，共入住老人 1 500 位，其中失能老人 873 人、五保老人 315

人；第三，巨鹿充分发挥龙头医院效应，巨鹿县医院作为县级资源最丰富的医疗机构，依托先发优势相继兴办小吕寨、堤村卫生院两个分中心，有力带动了全县"医养结合"事业发展；第四，巨鹿县促进养老机构与医疗机构间的合作，通过签订协议的方式实现"医养结合"；第五，针对居家养老的老年人，巨鹿县每年向他们提供两次"医养结合"服务，内容包含血压测量、血糖检测、康复指导等多个方面。另外，对居家的失能半失能老人开展长护险居家服务，截至 2019 年 9 月，全县参与居家护理服务的失能人口有 1 737 人，其中建档立卡贫困人口 649 人。系统的保障让巨鹿县医养机构充满活力，解决了老人有尊严养老的问题，提高了失能人员医疗护理水平和生活质量，满足了农村老人就近、低价、医养相结合的服务需求。据全县医养机构近两年老人死亡年龄统计分析，从 2014 年的平均 78 岁增高到 81.44 岁，有效延长了入住老人的生命周期[①]。

（四）巨鹿推行"医养结合"农村养老网络的经验启示

随着人口老龄化问题越来越严重，人民群众对于多样化健康养老的需求逐年递增，为"医养结合"养老服务提供了摇篮。发展农村"医养结合"服务，是实现全民健康的题中应有之义，是补齐农村民生短板、促进农村社会治理和提升老年人幸福感的重要举措。与城市相比，农村老年人的赡养问题更为突出，老年人的养老需求特别是对于医疗卫生服务等的需求也更为突出，而农村存在老年人整体经济能力水平不高、农村养老服务设施和服务项目有限且相关政策衔接不畅、专业的医疗护理人员短缺等问题，供需失衡的情况严峻。只有根据农村老年人的迫切需求构建多方联动运行机制，建立农村失能老年人长期护理保险制度，加大专业护理人员培养力度，健全多层次农村"医养结合"型养老服务保障机制，提供更加全面的养老服务设施和服务，才能迎合老年人的生活照料需求和医疗卫生服务需求日益叠加的趋势，满足老年人多元的养老需求，提升农村老年人生活幸福感，更好地解决当下困境[②]。巨鹿县所推行的"医养结合"农村养老网络积极发挥了基层医疗卫生机构的作用，建立以家庭为单位的"医养社区"模式，实现了医疗、养老、康复等服务的融合，对于提升我国农村社会保障公共产品供给质量有着很好的借鉴意义。

---

① 河北巨鹿："医养结合+护理险"构建农村多元养老保障网[EB/OL]. https://www.ndrc.gov. cn/xwdt/ztzl/qgncggfwdxal/202101/t20210119_1265198_ext.html，2021-01-19.

② 王鑫. 人口老龄化背景下农村医养结合养老服务面临的问题及其对策[J]. 经济研究导刊，2022，（14）：51-53.

　　结合实际出台政策和建立相关制度，充分发挥顶层设计的引领作用。国家和地方出台的"医养结合"相关政策在农村"医养结合"方面发挥着重要的作用。全国各地区的农村也积极配合国家相关政策，因地制宜，根据当地的具体问题进行具体分析，在国家政策的大方向下出台更加符合本地区实际情况的具体政策，在政策制度上提供保证。同时，出台的各项政策之间也应该相互配合，能够相互融通。除此，鉴于农村"医养结合"大多依靠"两室联建"的情况，所以需要从两室运营、人员配备、资金投入、职责分工等方面着手，建立保障"医养结合"机构运转的长效机制。更为重要的是，要保证各项政策能够真正落实，因此需要制定与之呼应的监督机制。巨鹿县的案例之中，不仅有根据国家宏观政策和大方向制定的具体政策，还配有相关的监督机制确保政策的具体落实，因此取得了不错的成绩。

　　建立多方联动运行机制，推动"医养结合"养老快速发展。随着社会经济的快速发展、医疗卫生水平的提高，农村老年人的养老需求也发生改变，特别是农村失能、半失能、失智的老年群体，得到可负担、可信赖的专业"医养结合"服务已经成为他们进行健康养老的内在要求。地方政府相关部门应与基层社区、医疗机构、养老机构、家庭之间进行紧密的联系，逐步建立多方联动机制。首先，应建立信息共享平台，为需要医疗照护的老年人建立专门的信息台账，为他们提供及时的社会救助与医疗救助，对于农村高龄老人群体，提供养老津贴。其次，形成"一带一、一帮一"模式，鼓励医疗水平较高的公立医院医生带动家庭医生，定期进行指导。同时，积极动员专业医疗人员到社区养老机构对老年人的医护照料进行专业的示范指导，提高养老机构的服务质量；鼓励社区卫生室与社区医护人员为社区内居家养老的老年人和无内设医护条件的养老机构提供医疗与照护服务；推行医疗设备资源在医疗机构与养老机构间的共建共享，提高医疗资源的最大利用率。

　　完善医疗保险机制，加快落实长期护理保险。目前，我国已经开展城乡长期护理保险试点，但农村地区的覆盖率与城市相比较低，对农村失能或者半失能老人而言，无论是进行居家照护还是机构照护，都需要花费大量的人力、物力，还会给老人带来心理负担，甚至否定自己的价值，使其对未来的生活充满担忧。2020年《政府工作报告》提出"发展'互联网+医疗健康'，建设区域医疗中心，提高城乡社区医疗服务能力"。健全医疗转诊与分诊体系，加快形成农村多层次健康保障的联动机制，推动医疗卫生与养老服务高效协同、无缝衔接，进一步完善农村医疗卫生与养老保障体系。在"健康中国"战略的推动下，鼓励并支持各地因地制宜完善并落实长期护理保险制度，特别是尽快将长期护理保险制度在农村地区落实，针对性地向特殊群体倾斜，如对五保老人、"三无"老人、失能老人，适当提高长期护理保险给予的补贴。同时，增强大病医疗救助的托底保障功能，积极推进医疗救助、医疗保险与长期护理保险等制度的有效衔接，强化基本医疗保险对低收入者的社会支持，不断增强社会救助的托底保障功能，为农村老人筑牢保护墙。

培养专业护理人员，提升护理人员的专业素质。农村医养卫生人才普遍出现短缺的情况。一是国家和地方政府要重视专业护理人员的培训，建立农村养老护理人员社会化培训机制，制定农村"医养结合"服务岗位技能要求、培训计划、培训标准、支持政策等，面向社会有计划地开展公益性培训，并在考核合格后颁发相应的职业技术资格证书。二是持续加大基层医疗卫生与养老服务领域的财政投入，同时拓宽筹资渠道，引导社会力量参与进来，多方合力建立专业护理人员培训基金，提高乡村医务人员薪资待遇水平。三是鼓励医学院校增设养老护理、医疗康复等专业，为"医养结合"养老服务培养专业人才，推动"医养结合"养老进一步发展，为农村老年群体的幸福生活提供更坚实的保障。

由于城市拥有较好的医疗资源及娱乐设施等，城市老年人有着较好的身体素质和心理素质。与此比较，农村老年人失能数量较多、身体素质比较低，心理问题也比较严重，尤其是在赡养老人的过程中需要更好的医疗资源，"医养结合"养老服务为农村老年人赡养问题提出了新的视角，在农村地区发展"医养结合"具有重要意义。全国各地区可以具体问题具体分析，多方面整合各种医疗资源及养老资源，探索出一条适合本地区长期稳定发展的"医养结合"养老服务。

（五）生活保障兜底模式的理论框架分析——基于多元化福利理论

多元化福利理论是英国学者罗斯在1978年提出的一种基于多部门共同协作，而不是仅局限于单个政府部门的理论模型①。多元化福利是指社会福利可以由公共部门、营利组织、非营利组织、家庭和社区共同负担，政府角色转变为福利服务的规范者、福利服务的购买者、物品管理的仲裁者及促进其他部门从事服务供给的角色，其中两个最主要的方面是参与和

---

① 彭华民，黄叶青. 福利多元主义：福利提供从国家到多元部门的转型[J]. 南开学报，2006，（6）：40-48.

分权。1996 年伊瓦斯在此基础上加入了民间社会这个主体，伊瓦斯认为民间社会是联系其他三者的重要纽带，之后的学者在福利多元主义三分法的基础上增加了志愿组织，更加强调福利来源的多样化①。总之，多元化福利理论不再主张由政府独立负责社会福利的传统思路，但这并不等同于削减政府的职责，政府在社会福利供给体系中依然发挥着积极的导向和规范作用，社会福利的供给主体之间应该分工协作、相互配合，共同承担责任。巨鹿县农村老年人口占比较大，基于此巨鹿县整合医疗养老资源，逐渐探索出一条符合农村实际、供需相衔接、质优价廉、方便可及的"医养一体、两院融合"医养结合之路，并推出长期护理险作为补充保障，构建起多元化"医养结合"服务保障网。

在老年人赡养服务中运用多元化福利理论时，可以认为中国老年人护理和赡养服务的主要参与主体是家庭、医院和社会养老机构，对于养老服务体系整体来说，任何个体都只能实现部分功能。例如，医院可以提供老年人所需的医疗卫生资源，但不能提供家庭护理中亲人陪伴的获得感，以及文体娱乐带来的满足感等精神层面的养老需要，从而促使中国老年护理和医疗相结合的模式需要多个主体共同参与、各司其职，也是实现"医养结合"养老模式稳定发展的必由之路。从多元化福利理论中可知，参与老年人赡养和护理服务的多个主体之间不仅是功能上的衔接，还应该拓展赡养和护理服务的深度和准确性。只有这样，才能贯彻落实"医养结合"养老模式，让老年人在其晚年生活中获得满足感和幸福感。"医养结合"养老模式的优点是充分考虑老年人在亲人陪护、休闲娱乐等方面的需求，借助社会医疗资源弥补家庭专业医疗知识的不足，从满足老年人的日常生活起居、突发疾病、慢性病看护及临终关怀方面构建家庭温暖和医疗服务结合的养老服务平台。同时，一些医疗护理一体化发展比较成熟的地区，"医养结合"服务机构能够根据消费者提出的不同需求提供相应的服务。随着信息技术的飞速发展，我国"医养结合"养老模式也将能乘着这股东风得到快速发展。巨鹿县通过政府主导，系统保障推动"医养结合"破冰开局；因地制宜，分类施策推动"医养结合"全面开花；破解难点，以护理保险推动"医养结合"提质增惠。

作为一项重要的社会福利，"医养结合"养老服务不能单靠政府建设和发展，市场、家庭和社会组织要共同参与。政府需要发挥其导向和引领

---

① 彭华民. 西方社会福利理论前沿：论国家、社会、体制与政策[M]. 北京：中国社会出版社，2009.

作用，为"医养结合"发展奠定政策基础；市场在资源配置中起决定性作用，因此更要积极整合各种医疗卫生资源和养老资源，实现各项资源的合理配置；家庭是构成社会的基本单位，老年人养老也主要依靠家庭，其为"医养结合"养老服务模式的发展提供经济支持；社会组织要充分发挥其宣传和社会监督作用，促进"医养结合"养老机构服务能力的提高。多元化福利理论为巨鹿县引入多方主体共同参与"医养结合"养老模式提供了更广泛、综合、平等和公平的视角与指导，促进了"医养结合"服务的发展，全面满足老年人的福利需求，提高老年人的生活质量。

第二节　农村公共产品供给高质量发展的创新扩散价值

一、农村公共产品供给高质量发展的创新价值

（一）农村基础设施高质量供给的创新价值

农村基础设施建设作为建设美丽乡村的物质保障之一，所要建设的量是十分庞大的，而这就容易引起不必要的资源浪费，尤其是在对建设任务进行统一规划之时。因此，为了能够实现农村基础设施建设的高质量供给，地方政府采取了按需建设的方式来做到减少资源浪费的同时提高当地民众的满意度。

为了能做到按需建设，地方政府首先对建设地区的地势地貌、规划设计等具体情况进行充分调查、掌握一手数据，进而对当地所要进行的建设重头进行确定，如长期受旱涝灾害影响的地区要以水利设施建设为主、道路交通非常不便的则以道路建设为主，这样才能保证建设的基础设施是用来弥补当地农村地区的弱势方面的，进而也保证了资源的使用在大方向上不会被浪费。其次，在建设的大方向确定好了以后，地方政府还要将建设方案公布给当地的居民，并邀请在村中比较有威信力的人员参与建设规划实施前的讨论。这样的方式可以帮助地方政府更好地听取当地民众的意见和需求，进而让当地的农村基础设施建设可以更加贴近实际需求，做到在提高当地民众满意度的同时更进一步减少不必要的资源消耗。最后，地方政府要建立起建设中的监督管理体系及建设后的维护体系。通过利用设置专门的监督队伍和管理人才来建立系统、科学的监督管理体系，地方政府才能够在建设农村基础设施时认真做好对建设工程的管理与监督，进而减少建设公款被挪用的现象、建设进度不合理的情况出现；而建立专门的维护体系则可以帮助延长建设好的农村基础设施的使用时间，在无形中也减

少了政府的财政压力。

当然，除了按需建设以外，加大对农村基础设施建设的资金投入、主动邀请社会力量加入农村基础设施建设服务的供给等方式同样是帮助提高农村基础设施建设服务供给质量的好方法。

（二）农村公共文化服务高质量供给的创新价值

农村公共文化服务供给是我国农村地区精神文明建设的重要内容，如果说农村基础设施建设、农村生态环境治理服务供给等是从物质层面来助力美丽乡村建设的话，那么农村公共文化服务供给就是从精神层面来助力我国美丽乡村建设事业。因此，我国政府在近年来通过不断努力提高农村公共文化服务供给质量的方式来建设美丽乡村，这些方式为我国农村公共文化服务供给提供了许多新思路与创新价值。

一是充分发挥农村文化资源的作用，在进一步利用好农村地区本身文化资源的同时，更进一步加强农村地区的精神文明建设。许多农村地区本身就有着十分丰富的文化资源，如红色文化、戏剧文化等，因此很多地方政府在推进当地农村地区公共文化服务质量提升的过程中应当要避免一味地去推行当前的各种新形式流行文化，要和当地民众一起积极发掘当地的特色文化，以它们为核心来开展各种文化服务工作。这样不仅可以让当地的传统（特色）文化不至于消失，更可以充分利用现有的各种物质、人员等资源，从而减少开展文化服务所需面临的各种负担。同时，结合当地传统（特色）文化所开展的各类带有当地"土味"的文化活动也更容易得到当地居民的认同与支持，对提升当地公共文化服务供给质量也有着良好的推动作用。

二是推进农村文化多样化发展，通过鼓励农民、新乡贤等多方主体参与来构建出一个多元参与、共同管理的农村公共文化服务网络。现如今，想要提高农村公共文化服务供给的质量，就必须要从农村居民的需求入手。农村居民对于文化服务的需求又在随着时代的发展呈现出多样化的变化趋势，为此地方政府应当要改变曾经由政府作为单方主体提供公共文化服务的模式，主动将当地居民、新乡贤等其他主体一同纳入公共文化服务供给体系中。将多方主体纳入供给体系中一方面能够帮助做到供需匹配，由包括当地居民等主体在内也一同进行文化服务的提供，可以说是真正地做到了"从民众的想法中来、到民众的需求中去"。这样的方式下所提供的各种公共文化服务不仅形式多样，而且能够真正做到切中要害，让农村公共文化服务实现供需匹配、互相契合。另一方面，多元主体还可以参与农村公共文化服务供给的监管体系。有热情、有志于推动当地公共文化服务质量提升的各个主体一同参与到当地公共文化服务网络的管理不但可以帮助当地的各类公共文化服务设施与活动得到正常的运作和开展，同时还可以监督当地公共文化服务主基调，确保当地的公共文化服务不会出现流于形式、文化宣传方向与核心有偏差等问题。

当然，除了这两个方面的创新价值以外，推进农村公共文化服务高质量发展还能够起到帮助改善农村自治水平、助力农村生态环境治理等方面的作用。可以说，作为在精神意识层面发挥作用的农村公共文化服务对于其他五个方面都是有重要的影响的。提升农村公共文化服务供给质量，将会让其他五个方面的提升得到很有效的助力。

（三）农村生态环境治理高质量供给的创新价值

农村生态环境作为农村的基本要素之一，不仅与农村居民的生活息息相关，更是我国美丽乡村建设行动中的重要内容，甚至可以说，无法治理好乡村的生态环境，就无从谈起建设美丽乡村。我国农村生态环境如今面临的主要问题就是污染严重、缺乏系统的管理及民众的环保意识不足等。为此，我国政府采取了专门的行动来试图解决这些问题，而这些行动中就不乏对曾经的农村环境治理服务内容的补充和突破，可以说是在推动我国农村生态环境治理服务不断朝着高质量阶段发展。政府进行农村生态环境治理服务高质量供给所带来的创新价值主要包括如下方面。

治理农村存在的污染企业，从源头上实现了农村污染物的减少。我国农村生态环境遭受的污染有很大一部分来自于农村地区一些随意排放污染物的重工业企业，对于这些企业，地方政府专门制定了一系列相关的规章制度，对这些企业的污染物排放标准、违规排放的处罚等都做出了明确的规定，并对污染物处理不达标的企业进行检查并督促其进行整改，从而减少污染物的排放。

在农村地区建立系统的环境治理体系，让农村生态环境得到长久有效且系统的治理。农村地区的生态环境遭受污染的另一个重要原因就是当地农村地区缺乏系统的环境治理体系，对当地生态环境实施的治理行动很少，因此地方政府根据当地的实际情况着手建立了系统的环境治理体系。生态环境治理最特别的地方就在于它的系统性与整体性，水源、空气及土壤等要素其中一个受到污染时它的影响范围必然不会只局限于其中一个方面，而是会经由生态循环而逐步影响当地的整个生态环境，因此系统、全面的环境治理体系才会显得尤为重要。地方政府在建立系统、全面的环境治理体系时，必须要将当地环境的各个方面都考虑进去，同时不能只局限于当前存在的问题，更要通过设立环境检查员、地方环境责任人等专门职位来实现对当地环境治理效果的维护与监督。除此之外，将社会力量及当地民众拉入治理行动中来营造多元主体共同治理的局面能够使农村生态环境治理获得更好的效果。

加强宣传教育，让农村居民的环保意识得到加强。农村地区生态环境治理效果差的一个主要原因在于许多农村地区居民缺乏环保意识，在日常生活中养成了一些可能会造成环境破坏的习惯。针对这样的情况，当地政府要积极开展各种环保知识宣传教育活动来提高当地农村居民的环保意识，如召开村民大会详细讲述当地环境治理准则、通过微信及电视等现代媒体进行日常生活中的环保小习惯等内容的宣传。除此之外，地方政府甚至可以通过对当地积极参与环保行动的家庭进行奖励的方式来调动当地居民的环保积极性。只有让农村居民养成环保意识，才能让农村生态环境的治理效果真正得到长久的维护，让农村生态环境治理服务的效果真正凸显出来。

（四）农村科技服务高质量供给的创新价值

农村科技服务作为帮助农业发展的重要方式，不仅对帮助农民提高收入有着很大的作用，更对建设美丽乡村、实现乡村振兴战略有着十分重要的意义。在当前的社会下，传统的农业种植已经很难做到帮助农民获取财富了，因而许多农民纷纷选择弃耕进城务工的方式来维持家庭收入，但这种情形的不断发展将会导致我国农业发展越来越衰微，进而严重阻碍到我国乡村振兴战略的实施，因此政府选择提供高质量的农村科技服务来帮助扭转这种情况。

政府提供的高质量农村科技服务主要是在这两方面进行了改进与创新：首先，地方政府在农村地区进行"农科教相结合"的试点行动。针对当前农业发展日趋衰微的情况，地方政府决定采用相关农业科技研发部门或专门的农业院校与村落对接合作的形式来帮助提升农村地区农业种植技术。这样的合作方式不仅能够让农业技术在被研发出来后可以在第一时间运用到田地中去，还可以在第一时间里接收应用效果的反馈，进而让相关农业技术研发人员根据实际应用效果进行最适合当地情况的调整。除此之外，这种合作方式不仅为农民更好地提供了种植技术，更为农业技术研发部门或专门的农业院校提供了最生动、实用的实验场地，让农业技术的研发可以更接近实际。其次，地方政府鼓励农民与现代信息技术接轨，发展电商农业。现代社会下影响普通农民农业收入的主要原因在于缺乏销售渠道、难以打入市场让消费者了解自己的产品，因此普通农民就可以利用现代信息技术来发展农产品电商，通过网络平台来帮助自身的农产品寻找出路。当然，这个方式虽然可以帮助农民找到获取利润的渠道，但其中的具体操作运用及规范化管理还是需要地方政府插手给予帮助和管理的。对于农产品电商行业，地方政府可以通过提供财政资金的方式来帮助农民建立起相关的网络平台，再雇佣专业人员向当地农民提供免费的平台操作培训及帮助农民进行产品宣传，这样就可以在很大程度上帮助农民顺利走上农产品电商的道路。同时，政府也要针对农产品电商可能存在的问题设立相关的产品质量检验标准、网络平台运作监督员等相关的监督体系，这样才能保证农产品电商行业得到顺利、平稳的发展，从而让农业科技服务供给真正变得高质量。

（五）农村义务教育高质量供给的创新价值

农村义务教育是农村各项事业的基础，也是国家教育事业的基础。推进农村义务教育质量的提升不仅有利于促进农村地区精神文明的发展，更可以为我国的乡村振兴事业提供更有力的人才支持。提升农村义务教育质量，老百姓的生活才能从源头上开始逐步改变，也只有提高农村义务教育质量，才能真正提高我国教育的总体实力。因此，对于提升农村义务教育质量的各类方法路径的探索也在不断地出现，而这些探索中所出现的各种优秀成果也在向我们展示着推进农村义务教育高质量供给的创新价值。

首先，提升农村教育水平，助力农村居民文化水平与品德修养的提升。农村义务教育是直接关系农村居民文化水平的重要因素，在当前加强乡村精神文明建设的趋势下势必是要对其原本存在的不合理之处进行改进的。曾经的农村义务教育中始终还是存在着覆盖面不够广、学生上学充满随意性及部分农村地区教学设施和条件落后等不足之处，因而政府需要通过采取加大财政投入提高农村学校教学条件和水平、坚持在每个农村地区做到九年义务教育制的全面覆盖，以及加大对农村欠发达地区和家庭的补贴力度等方式对我国农村义务教育制度进行改革，从而为农村地区居民的基本文化水平提供保障。除此之外，地方政府还可以根据当地农村地区的实际条件和民众需求在当地举办成人学校，鼓励当地文化水平较低的成人积极主动参与学习，提高他们的知识和文化水平。

其次，管理创新是提高农村义务教育质量的关键。政府和教育部门应当加大对农村义务教育的投入和支持力度，实施精细化管理，确保教育资源的合理配置。具体包括：制定有效的教育政策。政府和教育部门可以制定针对农村义务教育的特殊政策和计划，包括增加财政投入、优化资源配置、改善教育设施等，有针对性地解决农村教育面临的问题，提供更好的教育条件和环境。引入现代化教育技术。利用现代化教育技术和信息化手段，如电子教学平台、在线课程资源等，丰富教育教学手段，提供更多元化的教学内容和资源，这将有助于弥补农村教育资源相对匮乏的问题，提升教育质量和教学效果。推进教育方法和教学模式创新。鼓励教师在教学过程中探索创新的教育方法和教学模式，灵活运用问题导向、合作学习等先进的教学理念。同时，培养学生的创新意识和实践能力，让农村学生在积极参与的学习环境中实现全面发展。加强家校合作和社区参与。通过加强家校合作和社区参与，将家庭、学校和社区的力量有效结合起来，形成共同关心和支持农村义务教育的合力。家长和社区应该积极参与学校事务，为学生提供良好的学习环境和家庭支持，促进教育与社会的紧密融合。加强教师培训和职业发展支持。定期开展农村教师的培训和进修活动，提高他们的教学能力和专业素养。此外，为农村教师提供合理的职业发展机会和晋升途径，激励其积极进取提高教育质量。

最后，农村义务教育课程应当与时俱进，紧密结合农村实际，培养学生的综合素质和实践能力。农村义务教育课程应充分结合传统文化和现代知识，培养学生的综合素质。通过开设农村特色的综合实践课程或选修课程，让学生学习农村经济、社会发展、农村管理等方面的知识，提升他们的综合素质和适应能力，如鼓励学校组织学生参与农田劳动、农业生产和农村社区服务等实践活动。通过亲身体验和参与，使学生更好地了解农村的生活和农业的发展，培养他们的实践能力、动手能力和创新精神。同时，加强农耕文化的教育和传承，将其纳入课程当中。学校可以开设农耕文化课程，让学生了解农耕文化的历史渊源、价值意义和传统技艺，培养他们对农田、农作物和农业文化的尊重和热爱，还应推动农村义务教育课程融入乡土手工艺教育，鼓励学生学习乡土手工艺技能，如编织、陶艺、木工等。通过学习乡土手工艺，培养学生的创造力、动手能力和职业技能，同时也促进传统手工艺的传承和发展。加强环境保护和农村可持续发展教育也是农村义务教育的重点，让学生了解农村生态环境的重要性，培养他们的环保意识和可持续发展的理念。通过课程设置和实践活动，引导学生参与农村环境保护和可持续农业的实践，培养他们的环保意识和责任感。

（六）农村医疗卫生服务高质量供给的创新价值

农村医疗卫生服务是保障农村居民民生的重要工作，它对于营造和平、稳定的农村环境有着至关重要的作用。农村医疗卫生服务主要包括公共卫生服务和基本医疗服务这两大部分，而做好这两大部分服务的高质量供给工作将可以有效地增加农村地区居民的生活幸福感，进而提高农村社会的稳定性。

地方政府需要通过对农村地区居民"看病难、看病贵"的问题进行解决来提高供给质量。为了解决这个最关键的问题，地方政府首先可以通过采用提高地方财政支持的方式来从物质层面帮助提高农村地区卫生院的医疗设施、医院规模等硬件设施条件，这是最直接也最快速提升当地医疗卫生服务水平的方法，但需要注意的是，地方政府投入的资金要投到正确的地方，如当地农村地区的居民如果大多数都是主动前往县级医院享受医疗服务的话，那么地方政府资金投入的重点就应当是民众常去的县级医院，对于当地的农村卫生院就不需要一股脑地投入大笔资金进行扩建，这样反而是得不偿失的。

地方政府应当要对当地的医疗制度进行调整改革，从制度层面减少甚至消除"看病难、看病贵"的问题。农村地区出现"看病难、看病贵"的问题大多都是因为当地的医疗保障制度与当地居民的收入及实际情况不匹配所引起的，因而地方政府需要对当地医疗保障制度中不合理的地方进行调整。当然，对制度的调整也不是政府想当然地进行的，要以政府向民众征求调整意见为基础，只有这样才能保证调整后的医疗制度可以最大幅度地贴近民众的需求，进而获得民众的满意。除此之外，加强医院对药品的采购、定价等行动的监督也是重要的调控医疗价格的方式。

（七）农村社会保障高质量供给的创新价值

在以养老保险为主的其他社会保障服务方面，地方政府要专门采取行动加以提高服务质量。首先，地方政府要在统筹考虑城乡资源分配、财政分配、社会就业和各项政策发展、建立统一的国民社会养老保险制度等条件的基础上，加强对农村养老保险服务的财政支持，将其中的管理费、运作费等都纳入政府财政支持的范围内，从而降低农村居民的投保门槛，让更多的农村居民可以享受养老保险服务。其次，地方政府可以通过改进、创新农村养老保险制度来促进当地农村的投保率，进而充分盘活当地的养老金资源，做到在充分运用资源的同时也提高当地农村地区老人的养老水平。要做好这一点，地方政府可以采用发展集中公共养老服务，推进规模化、专业化养老服务，建立参与式发展机制，根据当地实际情况灵活地调整养老金发放形式等方式来减少农村居民的养老成本，使其越来越认识到新型养老保险制度的好处，进而让新型养老保险制度受到农村居民的欢迎。最后，除了养老保险以外的其他社会保障服务依旧是需要根据当地农村地区的具体情况来进行相关调整的，让自身的服务形式和标准能够更加契合当地的经济发展水平及民众需求等条件，如在就业率低下的地区，就业保障服务就需要根据当地居民的实际条件和状况来进行调整，进而充分发挥出其帮助就业的作用，提高当地就业率。在这样的调整方式下，这些社会保障才能真正实现高质量供给，为农村地区的居民提供更好的服务。

二、农村公共产品供给高质量发展的扩散路径

（一）自上而下的层级式

关于农村公共产品高质量供给的各种最初政策与措施都是由中央政府统一指出方向后再逐级下放到省市县村等地方政府中来，根据当地实际进行指导方向下的各种具体措施的探索。这种扩散方式可以说是推进我国农村公共产品高质量供给工作稳步进行时所不可缺少的一条路径，主要可以从这样两个方面来进行作用的发挥。

在农村公共产品高质量供给的理念被提出和推行之时，是由中央向地方自上而下进行通知与推行的。最初国家在"十三五"时期就提出要全面提升基本公共产品质量、效益及群众满意度，这也将公共产品供给从规模效率导向质量提升。在国家政策和规划的指导下，由中央、省、市、县等层级逐级协同推进农村公共产品供给的优化和提升，以满足农民群众对于公共服务的需求，并促进农村经济社会的可持续发展。在这样的发展导向下，再结合乡村振兴战略，我国对于农村地区公共产品的供给也是逐步开始推行起来。在这样的形势下，我国各个地方政府自然是跟随着中央的趋势方向，逐步在自己的管辖区域内通过各种具体的实践工作来探寻着农村公共产品高质量供给的可行路径与措施。

由中央结合地方反馈的各种有用的实践经验措施制定出符合我国国情的、一般通用的标准和准则，再由中央政府向全国进行推广。当然，对于这种全国性的农村公共产品高质量供给工作的推行，中央政府自然是不可能仅仅提出一个口号与方向。对于这一项工作，我国需要在整个的政府体系中建立层级分明的农村公共产品供给体系，明确不同层级政府的权力

与责任。在我国当前的农村公共产品供给状况中，我国政府需要通过采用层级分明的供给体系来提高供给效率与质量，这就主要包括了如何划分供给层级权责及不同层级所负责的农村公共产品供给范围。在如何划分供给层级权责方面，我国可以采用在行政区划的基础上进行细致调整的方式，根据以前从中央到地方再到基层的权责分配方式，适当地对部分地区的分配方式进行调整，如对于部分财政十分匮乏的乡镇及辖属范围内乡镇过多的县，当地的市或省政府可以视情况直接跳过下级直属政府来直接对这些乡镇进行专项财政补贴，只让当地的县政府对乡镇使用专项补贴资金的情况进行监督。这样的方式在一定程度上可以减少资金周转过程中产生的资金耗费，同时提高农村地区公共产品供给的及时性与有效性。这样的跳级式补贴方式是需要根据实际调查挑选确有必要的地区来进行的，切不可随意大范围推行，否则只会扰乱我国正常的供给秩序。在不同层级所负责的农村公共产品供给范围方面，我国可以逐渐改变大范围统一供给的方式，变为农村基础设施、义务教育、社会保障等资金耗费大、服务需求大同小异的公共产品依旧由中央政府统筹提供，保证人民可以公平地享受这些服务，而对于农业技术培训、农村市场信息服务等地域性、针对性较强的公共产品，则是由地方政府在中央财政的支持下，自行结合当地地方条件来有针对地提供服务，至于地方公益服务、文化产品供给这类对资金要求不高、多样性很强的公共产品，则是由乡镇政府在不违反法律的情况下自行利用自身资金和资源来进行供给。在这样的一种划分下，我国的各级政府供给压力不仅能够得到减轻，其之间的权责关系也能够变得更清晰，从而提高我国农村公共产品的供给质量。

（二）自下而上的吸纳式

我国农村公共产品供给高质量发展是基于乡村振兴战略及高质量发展要求所出现的，针对农村公共产品供给的新要求，是顺应我国乡村未来发展的一种趋势。正是意识到了这个方面，我国政府主动推行乡村改革试点，力求通过试点地区的行动与效果来找到能够帮助各个农村发展的经验方法。这些经验方法中就不乏包含有关于农村公共产品供给高质量发展的内容，当这些方法被归纳出来后，政府就通过对其进行进一步审查与总结来使这些方法逐渐上升为地方或者国家标准，随后再将这些标准进行推广与应用。例如，第一批试点中的安吉县，它所创造的"安吉模式"的可行性做法或成功经验对安徽省就有较大的借鉴价值和重要的启示意义。

明确建设方向与思路，从重点突破来建设"美好乡村"。实现农村公共产品的高质量供给受地理位置、资源条件及当地经济发展水平等因素的影响，我国很难在农村地区建立起一个共同遵循的农村公共产品供给固定标准，这是个无法回避的问题，但也正是因为这种问题的存在，准确的方向定位、清晰的建设思路才显得愈发重要。以安吉县的做法为例，安吉县人民政府确立"生态立县"的发展战略，就是基于对"工业盲从"深刻教训的反思、以当地的生态资源优势为建设突破口而确立的。通过在这项战略的实施过程中不断有针对性地在有需求的地方提供包括资金、基础设施等在内的各种公共产品支持，安吉县成功做到了将当地的生态资源优势转化为发展资源，实现了当地的美丽乡村建设。安吉县的成功就为其他地区提供了借鉴经验，安吉能将当地的青竹等优势资源就地转化为农业资本，那么安徽省诸多乡村自然也可以利用其丰富的农业资源、悠久的历史文化沉淀等来创造出其自身村落的发展与建设资本。例如，作为安徽地区代表性建筑的黄山西递、宏村等古村落就是用来发展观光旅游业的重要资源，同时安徽地区又盛产小麦，那么借助观光旅游营造起来的知名度来招商引资，进而结合当地的小麦资源优势建造起以面粉厂、面条厂等一系列面粉制品为主的产业链，这就是一条十分适合安徽农村地区发展的道路，因为它可以充分借助当地本身的条件优势来帮助自身发展，成功做到了因地制宜、低成本而又全面地助力美丽乡村建设。当然，因地制宜、结合当地实际寻找发展道路最重要的一点还是在于要立足于当地实际、不忘和谐发展的初衷，切不可不顾条件随意进行农村公共产品的供给，更不能因为一时的利益而盲目招商引资、过度发展工业而破坏环境，否则只会在造成资源浪费的同时，逐渐地遗失自我、失去固有特色，进而丧失当地最大的发展竞争力，致使当地农村又被打回最初的状态。

关注民生，将改善群众生活、增进村民幸福作为农村公共产品供给的价值取向，提供农村公共产品不仅是为了促进我国农村地区经济水平的发展，更是为了帮助提高农村地区居民的生活条件与生活质量。可以说，解决农村地区的民生问题才是农村公共产品供给的重点与目标，任何地方政府在进行农村公共产品供给时都应当要以改善农村地区居民的生活为价值取向。以安吉县的行动为例，安吉县在进行农村公共产品供给时，始终将民生放在重要位置，不仅以环境保护、资源永续利用为指标体系的核心建立起环境优美、人与自然和谐相处的生态人居环境，同时也通过改进和完善当地的农村社会保障体系、提供均衡的基本公共服务的方式来改善当地民生。在安吉县的做法示范下，安徽省人民政府自然是采取行动改进本省的农村公共产品供给机制。这一改进行动绝非安徽省人民政府为了政绩而跟风冒进所做的面子工程和虚假口号，而是真正以解决乡村群众最关心、最迫切的问题为出发点和最终归宿。当前情况下，安徽省农村地区最需解决的农村公共产品供给问题就是农村社会保障制度不完善、教育体制不健全、部分村民担心自己"老无所养、病无所医、学无所教"。因此，安徽省人民政府要通过改革农村地区的养老、医疗等社会保障服务来解决当地农村地区民众对"老无所养、看病困难"问题的忧虑，通过改革农村地区基本教育制度与加强教育财政投入来保障当地农村地区民众尤其是孩子们的基本受教育条件。这些行动可以说是对症下药，能够有效解决当地民众面临的问题、改善生活环境和生活条件，进而提高农村地区居民的生活满意度与幸福感。

逐步消除城乡差距，促进农村地区公共产品供给标准朝城市水平不断靠近。现如今的情况下，我国农村地区的公共产品供给数量与质量都还是和城市有着差距的，这也是引起农村地区民众对公共产品供给满意度较低的一个重要方面。安吉县在推动当地改革的过程中，始终坚持做到统筹城乡发展、系统有序地规划城市与农村公共产品供给标准及相关细节。在保障农村基本公共产品供给标准的同时，根据当地农村地区的发展情况有针对地提高部分公共产品供给标准，如给发展中需要大量资金支持的农村地区提供财政或低息贷款支持、为教育水平十分落后而民众又渴求教育服务的农村地区提供更多的教育资金或教师人才支持等。这种做法对拉近城乡距离、促进城乡地区共同发展、提高农村地区公共产品供给质量有着很大的意义。安吉县的这种做法同样也是为安徽省人民政府提供了新思路，整个安徽省的城乡发展差距及农村地区居民对当地公共产品供给服务不满意程度是要比安吉县严峻得多。因此，安徽省人民政府的决策部门要制定出推进城乡地区公共产品供给统筹发展的、系统化的规章制度，不能仅局限于经济发展这一块，而是要将资源保护、文化教育、社会保障等方面都包括进去。在保证最低公共产品供给标准全省覆盖的同时，针对不同地区的需求来有效地加强不同的公共产品供给，对环境污染严重的地区就加大环境治理服务，对社会保障体系不完善的地区就主要投入在当地的社保完善工作上，而对于文化服务不足的地区就致力于加强多样化的文化服务供给等。这样的方式就可以在避免浪费资源的同时，提升农村居民的满意度及农村公共产品供给质量。

（三）同级区域（部门）平行扩散式

农村公共产品的有效供给一直是我国农村的重要问题之一，许多地方都围绕这个问题开展了各种各样的行动，而这些地区的行动中也不乏取得了良好效果、值得其他同级地区学习推广的方法。

以共享发展理念推动农村公共产品供给效率的不断提高。共享发展理念是为促进城乡地区均衡发展、不断提高公共产品供给质量、促进农村地区发展提出的一个理念，而为了能够充分发挥共享发展理念在农村公共产品供给上的积极作用，就需要明确政府在公共产品供给上的调节作用。因此，政府要在遵循共享发展理念的基础上制定各种公平公正、保障供给平衡的政策制度，并且对于包含农村道路、水利设施等在内的农村基础设施，包含养老保险、医疗服务等在内的农村社会保障服务，以及包含农村教育、文化服务等在内的农村公共文化服务等各种以政府为主要供给方的农村公共产品供给，政府更是应当要做好任务分工与责任分配，在结合农村地区实际情况的基础上有效地推进农村公共产品供给数量与质量的提高。在供给公共产品前，政府还可以采用从村委会收集民众的需求信息上报给乡镇政府进行分类整理最后再上报给上级政府系统有序的公共产品需求报表这样一种方式，保障农村公共产品供给效率及质量的不断提高。

除此之外，政府还要注意自身财政支持的程度和方式。政府财政作为农村公共产品供给的重要支持力之一，它的运用应当是细致而谨慎的。政府可以通过这些方式来对财政支持的方式和程度进行调整：第一，将公共产品的成本在财政中所占的比例提高，真正发挥出公共财政的服务性。公共财政作为推动地区经济发展及公共产品供给的重要支持之一，本身就具有公共性、服务性等特点。因此，为了能够更加充分地发挥好政府财政的服务性，政府应当加大对公共产品成本的财政支持力度，减小当地民众或组织因公共产品的供给成本所面临的负担，真正实现为人民服务。第二，按照需求有针对地对不同地方的公共产品供给财政支持力度进行增加。这个方面就是要求政府在加大对公共产品财政负担的同时，充分了解不同地区的需求，在这样的基础上政府再有的放矢地进行财政投入，不仅可以做到减少不必要资金的投入，更可以增加资金的使用率与合理度，进而提高公共产品供给的质量与效率。

创新农村公共产品供给方式，逐步形成多元主体供给方式。就之前的情况来说，我国农村公共产品供给一直存在着供给主体过于单一、供给方式缺乏变通等问题。因此，想要提升我国农村公共产品供给的质量，就必须采取行动对这种状况进行改变。首先，政府可以通过各种优惠政策或公告等方式来号召包含公益组织与慈善组织等在内的社会组织参与农村公共产品供给，一来是从另一个角度更好地了解和分析农村居民的需求；二来是缓解政府所承担的农村公共产品供给的压力，从而更有效地提供农村公共产品。但要注意的是，在引导社会组织参与农村公共产品供给时，政府一定要建立好相关的政策标准、监督机制等体制，要防止盲目引导社会组织参与农村公共产品后引起供给秩序混乱、供给质量下降等情况的出现。其次，政府要灵活变换农村公共产品的供给形式。这种形式上的变换主要是指根据不同农村地区民众的需求，有计划、有目的地改变供给的方式，如对教育资源短缺的地区不使用大笔资金投入的方式而采用直接配置教学设施及教师人才等的方式。这种变换将能够帮助供给的农村公共产品更加直接快速地发挥效用，减少中间周转所耗费的资源与时间。这不仅有助于提高农村居民对农村公共产品供给的满意度，更为提高农村公共产品供给质量道路探索了前进方向。

建立专门的民众需求反应通道，让农村公共产品供给真正与人民的需求对接。作为农村公共产品的直接供给对象，农村居民的需求是否能够得到满足将是评判供给质量最主要的标准。因此，地方政府想要切实提高公共产品供给质量就必须要建立起畅通而有效的民意反映通道来充分收集当地农村居民需求，以此来作为农村公共产品供给的主要依据。当今社会下农村地区居民的自主意识也在逐渐加强，对于农村公共产品的需求也逐渐变得多样化，如果不能够充分了解农村地区居民的需求，那么政府的农村公共产品供给将注定是低质量的，这不仅会对我国有限的资源造成浪费，更对推进乡村振兴战略的实施毫无益处。

加强村民自治组织行动力的同时唤醒村民的自主意识，真正解决供需不对口的情况。我国农村公共产品供给出现供需不对口的情况除了供给方存在问题以外，作为需求方的农村居民也同样存在着表达需求的意愿和意识不够强烈等问题。因此，要解决供需不对口这个矛盾，我国就需要采取行动在这个问题上，政府、企业和社会各界都要共同努力，形成合力。我们可以从以下几个方面着手。

（1）在村委会方面，作为村民自治组织的村委会可以说是村民向政府表达自身需求所需要经过的第一个关口。但我国许多地区的村委会都存在着行动能力弱、自身没有财政权等问题，进而就使得农村地区居民的需求向上传递受限。因此，我国政府要采取为村民自治组织拨发专项资金，为村民自治组织设置专门的需求收集与上报机制和规范。拨发专项资金可以让村民自治组织拥有财政权，更好地为村民们提供服务，满足他们的需求，从而在源头上减少细枝末节对总体供给的影响；而建立需求收集与上报机制和规范则是帮助提高村民自治组织行动能力的好方法，通过明确的机制和规范的规定来从规章制度的层面督促村民自治组织做好自己的工作、不断提高工作能力，并且村民自治组织在收集村民的需求意见后还可以进行初步的筛选和分类工作，不仅能够更好地向上级表达村民的需求意愿，也能够降低上级政府的工作压力。

（2）在农村居民方面，农村居民缺乏表达自身需求及合法合理表达意愿的意识。虽然现在的农村地区居民对公共产品的需求变得多样化，但还缺少正确地向村民自治组织、政府进行反映的意识，对于自身的需求意愿总是停留在相互之间的口头讨论和抱怨之中。因此，政府应当要采取诸如进行需求意见收集机制的相关细则宣讲、设置固定的时间召开民众意见收集会及设立专门的意见收集箱等方式来唤醒和培养农村地区居民的需求表达意识，引导民众正确而规范地向政府表达自身的需求意见，进而让政府可以根据民众需求进行更有效的农村公共产品供给。

以上这些做法便是部分可以为其他同级地区提供学习和借鉴的范本，而这些地区通过以上的方法取得了良好的结果更是在一定程度上对其他地区造成辐射效应，让周边及其他的同级地区逐渐被带动到同样的行动方式中来，使得这些地区同样能够受益。当然，除了周边及其他同级地区被辐射带动以外，其他同级地区主动来进行借鉴学习同样是常见的扩散路径之一。对于迫切想解决当地的农村公共产品有效供给问题的地区而言，主动去学习和借鉴成功地区的经验是能为他们提供行动方向与思路的有效方法，可以通过对照那些优秀的做法来反思和发现自身做法的不足之处，或者是通过这些方法来为其提供努力的新思路和新路径。现如今，同级地区之间相互交流、借鉴学习已经是很常见的一种发展方式，这种方式不仅利于优秀经验的扩散，更能够帮助地方政府更有针对性地对自身的行动进行改进，可以说是普遍且有效的一种方式，对我国农村公共产品高质量发展的推进进程很有帮助。

（四）不同水准区域间的交互扩散模式

由于地理位置、自然资源、气候环境等条件的影响，不同地区的经济、文化发展水平也有着差异。在这样的区域条件差别下，我国的公共政策及其活动也会出现一种在不同发展水平区域间的扩散模式，主要表现为从发展程度高的地区向发展程度低的地区进行辐射扩散。农村公共产品高质量供给的相关实践与规章措施同样也能够适用于这样的扩散方式。

对于我国而言，这样的扩散方式主要有如下两种情况。

在大方向上是以东部发达地区向中西部地区扩散为主。我国的农村地区虽然基本上都是落后于城镇地区的，但是就农村地区间而言依旧是东部农村地区的发展水平要较高于中西部农村地区的。因此在农村公共产品的供给水平方面，东部农村地区也是要比中西部农村地区高，这就使得农村公共产品高质量供给的相关行动也大多是从东部农村地区开始的。一方面，东部农村地区的农村公共产品无论是供给数量还是供给种类都要高于中西部农村地区，比中西部农村地区更具备推行农村公共产品高质量供给的基础条件；另一方面，首先从东部农村地区开始进行农村公共产品高质量供给的措施和实践，能够给予中西部农村地区继续发展农村公共产品供给水平的时间，等到东部农村地区的农村公共产品高质量供给策略与措施趋于成熟时，中西部农村地区的农村公共产品供给水平也较之以前有了提升，从而可以更好地适应东部农村地区所扩散辐射过来的各种农村公共产品高质量供给的相关策略与实践措施。

同区域内的不同农村地区同样存在着发展水平差异，也有着相互之间进行扩散辐射的可能。不论是东部还是中西部农村地区，各自区域范围内的农村也都是有着参差不齐的发展水平的，而我国实施农村公共产品高质量供给的策略也不可能是一开始就进行大范围全面推广，因此那些同区域内发展水平较高的农村地区自然就会成为我国农村公共产品高质量供给的先行试点地区。这些带头的先行试点地区在形成了成熟的农村公共产品高质量供给策略体系后，将能够通过主动或被动的方式向周边发展水平较低的地区进行辐射扩散，虽然不一定所有的方法都能够为其他地区所适用，但其中的很多想法却是可以作为参考思路，这也在无形之中加快了其他地区提高农村公共产品供给质量的发展进程。

当然，扩散的方向从来都不是单向的，不同发展水平间的扩散方式除了上述两种扩散方向以外，还可以是反过来的。虽然从发展水平高的地区向发展水平低的地区扩散是最常见的一种方向，但这并不代表全部情况，在某些情况下发展水平低的地区也可以在自身的实践中形成与总结出有用的经验，并将其推广至那些其他需要这些经验的地区，而其中就不乏会有发展水平高的地区。在这样一种相互交流、传递经验的扩散模式下，农村公共产品高质量供给的进程将能够得到很好的推进，从而提高我国农村地区的发展水平。

以上四种扩散方式可以说是最容易出现的扩散方式了。农村公共产品高质量供给作为我国农村公共产品供给未来的一个发展方向，它在全国范围内扩散传播的进程是不可避免的，提前把握好它的扩散路径与方式不仅能够帮助政府更好地制定农村公共产品供给的未来发展规划，更能够让其在后续的发展进程充分掌握各种情况，并及时对出现的问题进行纠正，从而真正实现全国范围内的农村公共产品高质量供给。

第七章 农村公共产品供给高质量发展提升路径

在全面推进乡村振兴的背景下，农村公共产品供给高质量发展要有科学有效的运行机制来保障，根据前文理论框架、实证分析及案例分析，为农村公共产品供给高质量高发展构建了"一个总要求、两个维度、三大支撑、四大支柱、五大赋能"的路径依赖，以一个总要求为研究之基，以两个维度为研究之翼，沿寻农村公共产品供给质量发展的理论与实践脉络，依靠理念、制度、体系三大支撑，引入包含计量、标准、检验检测、认证认可为四大支柱的质量基础设施，通过制度、组织、技术、文化、服务五大赋能，打造从质量到高质量发展的理论助推器。

第一节 遵循农村公共产品供给一个总要求质量战略原则

自党的十八大以来，党中央就把解决好"三农"问题作为全党工作的重中之重，党的十九大报告中提出的乡村振兴战略更是对"三农"工作做出了具体实施安排，要坚持农业农村优先发展，按照产业兴旺、生态宜居、乡风文明、治理有效、生活富裕的总要求，建立健全城乡融合发展体制机制和政策体系，加快推进农业农村现代化。厘清农村公共产品供给与乡村振兴有效衔接的逻辑，处理好农村公共产品供给问题是实现乡村振兴战略目标的必要充分条件。在农村公共产品供给的过程中，采用一整套严格的质量管理体系和标准，确保公共产品的质量和服务水平符合国家规定和市场需求，以满足农民对公共产品的需求。这个原则强调了提高公共产品供给质量、服务效率和市场竞争力的重要性，是保障农民基本生活权益和促进农村经济发展的必要措施。当前我国农村公共产品供给质量的提升要遵循乡村振兴治理有效是基础，生活富裕是根本，产业兴旺是重点，生态宜居是关键，乡风文明是保障的总要求。从这五个方面凝聚中华优秀传统文化能量，打造共建共治共享现代体系，构建人与自然和谐共生格局，提升现代农业发展水平，提高乡村农民民生保障水平，健全乡村治理体系，确保广大农民安居乐业、农村社会有序，实现产业振兴、人才振兴、文化振兴、生态振兴、组织振兴的全面振兴。

实现乡村振兴的首要条件是坚持党管农村工作，农村基层党组织在农村公共产品供给高质量发展层面发挥直接的思想引领功能、政治领导功能、凝聚动员功能和政治服务功能等作用。农村基层党组织作为农村地区的领导核心，应当充分发挥思想引领功能，深刻领会农村公共产品供给相关文件精神，结合当地特色创造性地与高质量发展相结合，制定符合实际、农民群众高度认同的农村公共产品供给相关政策，并采取农民群众易于理解和接受的方式宣传党对农村公共产品供给的重视程度、决心和总体方针。通过特有的政治领导功能引导农村居民落实农村公共产品供给的具体措施，坚持党委主抓、支部主推、党员主带模式，镇党委统筹谋划抓产业、村党支部合力推产业、党员示范带头干产业。农村基层党组织还应激发凝聚动员功能，鼓励农民群众积极表达对农村公共产品供给的内心需求，使得相关政策及做法更能贴合农村公共产品供给高质量发展的科学决策，进一步调动农村居民的积极性和创造性，农村基层党组织时刻牢记为群众服务的使命，发扬政治服务功能，深入了解农村居民的实际需求，解决实际困难，将农村各项资源有效整合，深化党的宗旨与人民利益高度统一、党性与人民性高度一致的政治思想，进而实现乡村振兴战略总要求。

促进乡村振兴战略总要求与农村公共产品供给的有效衔接，即以产业兴旺为重点、生态宜居为关键、乡风文明为保障、治理有效为基础、生活富裕为根本贯彻落实农村公共产品供给高质量发展的奋斗目标。目前农村地区产生"空心村"困境，通过农村引入科技产业的方式，对乡村产业的结构进行升级，能够有效带动当地农村经济的多元化发展，激发农村群众建设美丽乡村的积极性和创造性，产业兴旺不仅是第一产业的兴旺，更是要构建一、二、三产业融合发展体系，围绕科技创新推动农村公共产品供给，通过信息的共享进而达到实物化服务的共享，从而实现农村公共产品供给方式和供给模式的转变。在实现产业兴旺的同时，还应注重推进绿色发展，打造生态宜居的美丽乡村，农村公共产品供给高质量发展需要促进农村生产环境、生活环境协同治理，结合当地特色开发绿色生态环保的农业产业、旅游产业等，对农村环境实施监管监督政策，通过绿色发展引领高质量发展，将生态优势转化为高质量发展优势。精神文明建设对实施农村公共产品供给高质量发展和农村治理具有重要意义，乡风文明贯穿于整个实施过程，从物质来看，传统建筑、文物古迹等具有历史文化的产物极大程度上能带动当地旅游产业；从精神来看，文化传统、民族精神、农耕文化中优秀的思想观念激发农民群众对建设美丽乡村的强烈感情，尊重农村居民对农村公共产品供给的内在需求，通过制定村规民约及建立村级自治组织规范社会公共道德、精神文明建设，以营造全民参与的乡风文明建设环境，实现农村公共产品供给高质量发展的有效实施。治理有效是实现农村公共产品供给高质量发展的政治前提，由农村基层党组织、社会组织、农民群众等多元主体形成共同体，加强农村基层党组织建设，鼓励农民群众积极参与，提高村民自治能力，使村民拥有更多的话语权，促使农村公共产品供给高质量发展具有更强的公平性和普惠性，通过管理民主满足农民群众对农村公共产品供给高质量发展的需求。生活富裕作为乡村振兴战略的根本，需要各主体协同配合，各资源统筹规划，增加农民群众的收入是实现生活富裕的关键，随着农村公共产品供给新方式、新渠道、新内容的不断涌入，农村经济发展有着翻天覆地的变化，农村公共产品供给高质量发展需要有高质量的劳动力及投资资本，因此要遵循市场规律，大力发展特色产业，增加农民群众的就业机会，加强对农民的职业培训工作，使农村公共产品供给真正向高质量转化。

第二节　拓展农村公共产品供给两个维度质量实践脉络

我国经济发展已进入常态化阶段，其中的矛盾也较为凸显，主要表现为供需结构矛盾，即供需不匹配、不平衡问题。2020 年 10 月，党的十九届五中全会通过了《中共中央关于制定国民经济和社会发展第十四个五年规划和二〇三五年远景目标的建议》，提出形成强大国内市场，构建新发展格局。坚持扩大内需这个战略基点，加快培育完整内需体系，把实施扩大内需战略同深化供给侧结构性改革有机结合起来，是推动我国经济高质量发展的重要途径。我们可以看出，深化供给侧结构性改革及需求侧结构性改革是高质量发展的根本条件，农村公共产品供给高质量发展是实现乡村振兴战略的新要求、新标准、新模式，因此，农村公共产品供给高质量发展要正确把握供给侧结构性改革及需求侧结构性改革的依存关系，推进供给侧结构性改革应以需求侧结构性改革为前提，需求侧结构性改革为供给侧结构性改革提供方向和目标，深化供给侧结构性改革影响需求侧管理，以新技术、新产业、新产品等供给侧结构性改革实现需求创造。

一、农村公共产品供给高质量发展的供给侧

实行农村公共产品供给侧结构性改革是全面推动乡村振兴，有效解决"三农"问题的必然要求，一方面，我国应激活农村公共产品供给生产要素，激发创新活力，完善市场投入配置；另一方面，要持续推进产业兴旺，优化产业结构，通过市场需求及农民群众实际需求优化农村公共产品供给结构，提高农村公共产品供给质量及效率，注重农村地区一、二、三产业融合发展。政府要正确处理好各主体的关系，尤其是县乡政府和市场企业的关系，市场对于农村公共产品供给结构性改革起到决定性作用，因此要推进市场化改革的实施工作，通过政府权力适当下放，给予市场更多的主动权，激发企业投资农村公共产品供给的积极性，从而为农村、农业、农民创造活力。一、二、三产业融合发展有利于深化农村公共产品供给侧结构性改革，如通过种植业与养殖业相融合，湖南省怀化市利用科技进步提高桑叶产量，一年四季都可向蚕农提供充足的桑叶，蚕农则可以向相关企业提供丰富的蚕丝，以实现农业可持续发展，除此之外该地区大力发展道路设施等基础设施建设，实现了物流、旅游等服务业的融合发展。对于农村公共产品供给政策我国要从顶层设计出发，出台符合我国国情的扶持政策，县乡政府通过政策解读，制定具有针对性的农村公共产品供给政策，加大对农村科技服务、农村医疗卫生服务、农村生态环境治理和农村基础设施等农村公共产品的自主创新能力和人才培养方面的投资力度及政策支持，制定以政府为依托、各部门协同配合的培训机制，优化科技人员和农民群众的结构和素质，吸引农村居民返乡就业，促进农村公共产品供给侧结构性改革。发展科技产业时，应加强农村生态环境治理能力，推动绿色产业发展及绿色产品市场化，通过出台严格的环境治理指标实行淘汰制，淘汰高污染企业的过剩产能，激励企业向绿色产业发展转型，构建传统能源低碳化和清洁能源绿色化体系，对农产品农药制定更加严格的标准，落实污染防治工作，由政府牵头，在农村设立农村生活垃圾集中处理点，以改善农村的人居环境。

二、农村公共产品供给高质量发展的需求侧

农村公共产品供给的可持续发展需要需求和供给在结构上保持平衡，并在动态过程中保持协调，党的十九届五中全会通过了《中共中央关于制定国民经济和社会发展第十四个五年规划和二〇三五年远景目标的建议》，提出把实施扩大内需战略同深化供给侧结构性改革有机结合起来。扩大内

需有助于我国经济增长动力的稳定恢复，因此农村公共产品供给侧结构性改革推动增长速率，而需求侧结构性改革注重各方面稳定。实施农村公共产品需求侧结构性改革首先要健全需求表达机制，由于不同年龄、阶层的农村居民对农村公共产品供给的需求程度不一致，县乡级政府应通过调研等方式了解农村居民对农村公共产品供给的意见及建议，并联合第三方使用大数据、互联网等手段实时收集农村居民关注的热点问题，使政府能够根据农村群众的需求偏好提供更有针对性的农村公共产品，这样才能实现供需精准匹配。多样化是农村公共产品种类的特征，丰富农村公共产品供给种类，满足不同人群对农村公共产品的需求，对于推进农村公共产品需求侧结构性改革具有重要作用。县乡政府引导农民群众参与农村公共产品的建设，向农民群众宣传农村公共产品的重要性，让农民群众感受农村公共产品带来的实际效果，激励农民群众主动选择适合自身的农村公共产品，有利于挖掘市场潜力，吸引市场向农村地区提供有针对性的公共服务。由政府联合各主体进行试验示范，做好示范引领工作，如定期指派农村科技特派员扎根基层农村，通过增加财政投入和加强农村科技特派员的扶持政策，激发农村科技特派员参与引进和推广新技术的积极性，也鼓励农民群众学习先进技术。因地制宜发展农村公共产品，如在文化服务方面，根据当地特色，建造多样化活动场地，通过增加具有民风特色的农家乐和营地建设，在提高消费品质的同时提高农村居民的收入水平，为当地的消费市场增添活力。

第三节　构建农村公共产品供给三大支撑质量阵地建设

农村公共产品供给高质量发展以理念引领供给质量内涵，推动高质量发展，是保持经济持续健康发展的必然要求，是适应我国社会主要矛盾变化和全面建成小康社会的必然要求，是全面建设社会主义现代化国家的必然要求，是遵循经济发展规律的必然要求。推动高质量发展，是当前和今后一个时期确定发展思路、制定经济政策、实施宏观调控的根本要求，创建和完善制度环境，推动我国经济在实现高质量发展上不断取得新进展。农村公共产品供给高质量发展以制度规范供给质量标准，制度建设是实现农村公共产品供给高质量发展的必由之路，也是实现乡村振兴战略及加快农业农村现代化的必然要求。通过各项制度安排体现规范性、强制性等方式，虽然农村公共产品供给在制度建设层面取得了较大的成就，但制度建设是一个动态的过程，随着时代发展，农村公共产品供给高质量发展制度建设仍面临未来急需完善和健全相关制度的问题。农村公共产品供给高质量发展的质量效能由体系把控，注重投资效率的提升能够促进我国农村公共产品供给。我国农村公共产品投资效率的提高，需要构建完善的体系建设，保障作用通过完善的体系建设发挥出来，促进农村公共产品投资效率的提高。政绩考核体系的构建在领导干部的担当行为、干事的创业行为中，起到良性导向作用。同时，政绩考核也影响着一个地方各项事业的发展，更是推动党委决策部署贯彻落实的重要举措。现阶段是我国供给侧结构性改革的关键时期，以高质量的"标尺"引领和驱动农村公共产品高质量发展。

一、农村公共产品供给高质量发展的理念建设

（一）优化我国基本公共产品绩效评价思路

关于绩效评价的原则，一是科学规范。规范的程序要求评价方法应该遵循可操作性和科学性的原则。二是全面客观。从多角度设计了评价标准体系来针对评价中的关键问题，综合评价基本公共服务供给的过程和结果，要有充分的评估证据，未成功的教训和成功的经验都要在绩效考核中真正地体现出来。三是公平独立。绩效评估人员与评估机构和基本公共服务的供给决策、项目的实施、运行及管理没有利益关系，为独立的外部机构。四是目标导向原则。目标导向是绩效评价应坚持的原则，基本公共服务供给的效果和效率、服务供给目标的相关性、供给效果的可持续性都应评价。五是参与性原则。利益群体、财务部门（或其他资金供给者）、项目建设单位和服务供应（管理）部门等利益相关者，通过绩效评估组织的协调应该都以适当的方式尽可能地参与评估过程。绩效评价的准则，其一为相关性。受益群体的需求与国家（地方）公共产品发展政策和基本公共服务供给目标的一致程度即相关性。相关性有实际产出相关性和产出设计相关性两种，受益群体的实际问题得到解决、基本公共服务仍符合当地实际需求即实际产出相关性。基本公共服务供给计划的预期目标是符合公共需求和国家（地方）公共产品发展政策是产出设计相关性。其二为效率。投入的基本公共服务能够转化为多少成果产出的经济性为效率，主要是看是否按计划使用资金、公共服务的供给是否符合计划进度、在一定投入下全部服务是否按照原来计划被提供。其三为效果。基本公共服务供给目标能够实现的程度、对计划受益群体的针对性程度与受益群体的满意度为效果。将当地的社会、生态、经济、社区和目标群体受到制订公共服务供给计划时的预期影响称

为供给目标。将公共服务最终是否由预期目标群体获得称为供给目标化。将公共服务使用者对供给规模、供给过程、供给质量等行为和结果的满意程度称为受益群体满意程度。其四为可持续性。基本公共服务供应的质量得以维持且其产出持续产生积极影响的可能性得以确保被称为可持续性。本部分主要评价的内容包括资金供给的可持续性、服务设施的维护、服务的利用及公共服务管理部门和供给部门的政策与配套机制。关键在于如何选择绩效评价方法。选择方法应该考虑项目的性质、评价指标和评价目的。如今，成本效益分析法、DEA 法和综合评价法是中国广泛采用的关于财政支出绩效评价的方法。因为公益性是基本公共服务的特征，具有多样化的服务供给目标、不容易量化的服务产出，所以公平和效率是公共服务供给应该兼顾的。完善公共部门治理，可持续性地改善供给质量，提高公共服务水平和受益群体满意度是基本公共服务绩效评价的目的。所以，要以服务供给结果为导向去构建指标体系，把利益相关者引入并使其参与评价，可通过层次分析法和德尔菲法确定各指标的权重。

（二）构建高质量发展的监测评价机制

大数据、云计算、人工智能等新技术出现，在新兴经济向传统经济渗透的过程中，行业边界变得模糊，依据行业分类来统计监测国民经济发展的传统统计思路受到了挑战。打造高质量发展的统计监测体系，基本设想如下：首先，要积极探索构建分工协作、系统对接的监测评价机制。基本思路是对于传统国民经济行业，政府统计部门利用自有机构进行统计调查与监测，而对于新经济、新业态、新商业模式等新兴国民经济行业，政府统计部门应与企业、民间调查等社会组织进行分工协作和系统对接，开展统计监测工作。其次，应以大数据技术为抓手，着力打造反应灵敏、数据精准的大数据监测机构，构建"大统计"格局。海量数据的高频、高纬、可追踪、低价值密度和非结构化等特点确定了"互联网+"等一些新兴经济数据的挖掘难度和挖掘价值，这些海量数据无法通过传统统计调查技术处理和监测出来，而大数据技术工具刚刚弥补了这些不足，不但处理速度快，而且非常精准地找到了问题的关联特征，非传统抽样推断所能及。最后，建立数据共享机制。积极探索现行统计方法与大数据技术、大数据分析与大数据挖掘的有机结合，采集和处理不同类型数据，整合各部门基础数据，搭建统计数据共享平台，实现政府综合统计与社会部门统计之间数据资源共享。高质量的统计体系建设需要完善的制度作为保障，基本思路是进一步增强党对统计工作的领导，严格执行各项统计监测和调查，完善统计工作监督检查机制，对统计造假、弄虚作假行为零容忍，构建领导干部防范和惩治统计造假责任制。完善统计标准规范建设，建立统一、规范的统计标准，既是科学统计的要求，也是统计数据准确性和可信性的技术保障。高质量发展的标准体系是衡量经济发展质量的标尺。统计目录、统计编码、统计单位与分类标准都属于统计标准。对于分类标准来说，国民经济核算体系健全科学的前提是统计标准的健全。由于不断发展的电子商务和互联网，模糊分工的国民经济产业，当务之急是制定合理的统计分类标准。推陈出新，继续创新改革深化统计，使协调机制能够建立，统计监测指标不断丰富，统计边界不断拓展；使高质量的绩效考核体系得以构建，激励机制得以生成，推动统计工作高效发展。

（三）完善新发展理念与农村公共产品供给的有效衔接

2015 年 10 月，党的十八届五中全会提出创新、协调、绿色、开放、共享的新发展理念，这对于实现高质量发展有着重要的指引意义，也是破解农村公共产品供给这一发展难题的关键路径，创新是农村公共产品供给的动力，协调是农村公共产品供给的要求，绿色是农村公共产品供给的条件，开放是农村公共产品供给的必经之路，共享是农村公共产品供给的方向。创新是发展的第一动力，随着信息化时代的到来，大数据、物联网等新型信息技术的应用，农村公共产品供给的信息管理更加便捷且快速，通过新的技术手段实现对农村居民使用公共产品频率及需求的实时反馈，从而使供给方更有针对性地提供相应农村公共产品，以及实施对农村公共产品的维护，借助于网络能够降低人力资源及劳动强度的能力，因此将农民群众的实际问题与科技创新相结合，加快农村公共产品供给的进程，实现农村经济的强力发展。协调覆盖于整个农村公共产品供给的全过程，我国要深化农村公共产品供给改革，完善农村公共产品供给结构，激发其内生动力，提高自身及市场竞争力，协调发展最重要的是弥补发展过程中的短板，解决发展过程中不平衡不充分的矛盾问题，农村公共产品供给各主体间应避免恶性竞争和零和博弈，发挥各主体的优势，整合资源，维护共同利益，同时也要注重城乡间的协调，目前农村公共产品供给水平与城镇相比仍有较大差距，城镇公共产品供给引入的 PPP（public-private-partnership，政府和社会资本合作）模式也可在农村中实施。习近平总书记提出"绿水青山就是金山银山"，可见如果没有绿色发展作为农村公共产品供给的条件，就不可能实现可持续发展，绿色发展不仅是对生态环境的保护，也是提高农业生产及改善农民生活的高质量发展条件，更是实现产业兴旺，构建既有经济利益又能实现可持续发展的绿色产业的条件。农村公共产品供给提倡绿色消费，通过科学技术减少农药、化肥等的消耗量，提高土壤活力，大力发展绿色能源，加快绿色消费转型。党的十九大报告中指出要推动形成全面开放新格局，中国经济社会出现新的特征，这一特征意味着中国开放发展开启了新的征程，自 2013 年提出"一带一路"合作倡议后，已有 150 个国家、30 多个国际组织签署合作文件，农村公共产品供给应借助"一带一路"建设的巨大优势，抓住机遇，解决经济发展不平衡、弥补经济发展动力不足等短板，推动农村公共产品供给高质量发展，以形成更高、更新、更有利的开放型经济，给农民群众带来经济利益，创造就业机会，体现互利共赢理念。实现共享发展最重要的是增强农民群众在农村公共产品供给中的获得感，从而使农民群众在共享发展中获得充分的幸福感和满足感，提高农民群众的主体地位，尤其是在社会保障供给质量层面，通过扶持乡村产业及出台乡村产业的优惠政策，鼓励市场投资农村公共产品供给，扩大农村居民的就业率，农村地区全面覆盖养老保险、医疗保险等，实现覆盖比例达到 100%，特别是关注残疾人、儿童等弱势群体的社会保障相关政策。

二、农村公共产品供给高质量发展的制度建设

（一）完善公共产品标准制定程序的民主性与科学性

标准化的过程包括标准的制定和实施，而制定过程关系到标准内容是否科学合理，尤其是公共产品的供给标准具有法律和行政的双重属性，标准的合法性取决于程序的科学性和民主性。一方面，标准化进程需要开放和参与。在技术上，要广泛征求主体和标的方的意见，反复协商，认真讨论。同时，要注重标准对象的表述，构建自上而下与自下而上相结合的标准制定程序。另一方面，在制度结构上要实现国家标准和地方标准的合理布局，兼顾国家整体调控和地方特色。国家标准作为顶层设计的一部分，具有较高的抽象性和通用性，但缺点是层级过高往往导致指标的模糊性和数量的局限性。农村经济和地域的特殊性要求更多的个性化标准作为指导，因此有必要结合当地实际情况制定适合当地特点的标准。

（二）制定农村公共产品供给要素的相关法律

制定专门的法律是农村公共产品供给要素法律运作的主要形式。从近几年可以看出，虽然我国已加快"三农"相关的法律制定，但缺乏法律根

据的农村公共产品供给还有许多，只能依靠法规或政策的供给。所以，加快完善相关的法治，对正确有效地履行各级政府的供给职能有促进作用，提供了规范的参考体系以便于市场主体的进入。第一，公共产品产权与供给主体界定要明确，要使供给主体和它的职责标准化能够实现。这意味着我们需要确定公共产品的所有权和运营权属于谁，以及由谁来负责供给和管理。区域公共物品由地方政府供应，全国性公共产品和纯公共产品由中央政府供应，准公共产品主要由社区组织、社会组织及私人主体供应。各个供给主体的考核机制和权限应该通过立法进行明确说明，在国家统一标准下使供给主体能够良好运作，由此供货商间的交叉和冲突可以避免。降低交易成本的重要保证是产权明晰，它也是市场交易的前提。产权制度是市场的发展和现代法制的基础，同样公共物品的供给也是这样。当农村公共产品由私人主体供给时，公共产品的产权应该明确，私人主体的信赖利益要得到保护，避免政府违约。韩国新村运动的后期，政府退到了推动者和协调者的位置而不是公共物品直接供给者的位置，这与产权的明确界定有直接关系。因此，界定由市场和它相关的制度提供准公共物品的产权是法律的另一项重要任务。第二，公共产品种类的范围确定，制定关于农村公共产品供给的标准化清单。这有助于我们更好地明确目标、合理分配资源，从而提高农村公共服务的质量和水平。首先，对于准公共产品和纯公共产品的分类而言，涉及市场和政府主体的是准公共产品的供给，比较复杂，而相对简单的供给模式是纯公共产品的供给。产品清单的明确性，一个好处是满足了村民对产品的决策；另一好处是能够根据产品来划分供应的主体。例如，对于指标体系而言，公共产品分为教育公共产品、社保公共产品、公共卫生公共产品、环保公共产品、公共事业公共产品、公共科学技术公共产品、公共行政公共产品和公共秩序公共产品八类。按照这种分类的标准来分市场供给和政府供给产品，为了从源头上消除不当行政干预的隐患，有必要对一些需要政府监管的市场供给类型明确政府的职权范围。第三，农民需求的决策机制和表达机制要畅通，标准化的执行机制要完善。以中国现行的自上而下的农村公共物品的决策为基础，顺畅的农民需求表达机制是立法意义上的，其建立以明确的相关组织权限为基础，能够真正地发挥出民间组织的需求表达功能。所以，一方面，民间组织和村民自治组织表达农民需求应通过立法来明确；另一方面，政府提供给农民个体表达申诉的申诉机制要规范。从决策机制方面来说，国家的决策标准应该由立法进行统一，明确责任主体、责任形式和后期补偿措施。同时，因为自上而下模式的弊端越来越明显，立法也应该倡导赋予农民选择公共产品项目的权利，这种权利的赋予，不仅能够使农民更加主动地参与公共产品的建设过程，还能使他们更加深入地理解公共产品的价值和意义。

（三）设计科学合理的农村公共产品供给程序

从我国的公共管理来看，较为专业地规定了公共产品的供给程序，在各个子项目当中都有分布。然而因为不够明确的权责，导致执行怠惰或者决策失误行为在实际操作当中不受惩罚，因此耽误了供给时间，使供给效率低下。标准化的决策程序、标准化的实施程序、标准化的问责机制和标准化的供给结果是实现科学合理的标准化过程的主要内容。自下而上决策机制的建立，有利于标准化的决策程序实现。一方面，自上而下决策的合理性和科学性需要提升；另一方面引入自下而上决策机制，将更多的决策权赋予农民。立法上对决策过程的完善，主要是指将公共产品的决策过程作为相关法律制定的必要规定，而不是对程序法单独做出规定，一方面行政程序可以应对不同公共物品的特殊需求；另一方面也能实现专业化管理单一产品。需求表达过程与决策过程是不可以被分开的。决策程序被规范的同时，决策与需求的对接要做好，上下联动也要实现。操作流程要明确，实施程序的制定要标准化。完善实施程序有两层含义：一是完善政府公共物品供给的程序，二是完善政府监督私人供给的程序。标准化实施程序缺少系统性和统一性，且在各类文件中比较分散。标准化实施程序要明确执行绩效和执行主体，但现实中公共物品供给过程中行政单位与决策单位不能有效配合，行政单位和决策单位的交流不够充分，不利于实施程序责任的划分和同步。所以，在改善执行程序的同时，还需加强提高执行与决策双方的沟通合作机制，完善绩效考核程序，规范供给结构标准。同时，不同的公共产品需要匹配不同的绩效考核标准，所以在考虑传统农村公共产品供给绩效考核程序和标准的同时，绩效考核程序还需要进一步考察公共产品的属性和分类特点。考查范围将包括供应能力、供应数量和质量，进一步制定可量化、可衡量的标准，规范供应结果指标。明确责任主体，完善问责机制标准化，责任划分不清楚将会出现程序执行主体权力和责任推卸，责任和权力划分清楚的关键是规范公共产品制度。

（四）注重农村公共产品供给标准化的宣传培训

在制定好规范的农村公共产品供给标准后，相关部门和行业应该注重我国农村公共产品供给相关工作人员的标准化宣传培训和指导工作，一是培养并加强农民主体对于农村公共产品供给的标准化意识。二是需要培养农村公共产品供给标准化的专业人才。要充分发挥有关部门政务主导能力，积极调动企业、非政府组织、社会组织、村民委员会组织和村民小组参与农村公共产品供给标准的宣传。此外，还需建立可持续发展的、系统的培训机制。政府可以主导建立农村公共产品供给的宣传培训班，或者直接引进社会资金创建培训宣传院校，以培养服务农村专业人才为目标，建立起可复制、可持续、系统的农村公共产品供给标准化宣传培训规范和机制。三是树立榜样，充分激励和调动标杆管理的榜样作用。在农村公共产品供给标准化宣传培训实行过程中，要加强对农民主体的引导，维护农民权利，向政府有关部门提出建设性意见和要求。此外，针对农村公共产品供给标准化宣传工作较好的部门和地区，政府可以给予优惠政策或财政鼓励，以便于农村公共产品供给标准化宣传工作态势形成良性循环。

（五）完善我国基本公共服务绩效评价的制度支持

第一，政府绩效评价制度需要以基本公共服务为核心。政府作为社会基本公共服务管理的引导者，有责任寻找并创建以基本公共服务为核心的政府绩效评价管理制度，尤其是建立科学系统的区域性基本公共服务专项服务计划；优化可视化结果导向的基本公共服务供给绩效评价制度，注重前期可行性报告分析论证工作，制订基本公共服务供给的总体要求、权责归属划分、基本公共服务供给可行性计划，定期进行对公共服务群众需求状况和群众满意度调查。第二，创新建立基本公共服务动态监测机制。要建立并完善多元化公共服务供给政府职能部门与社会舆论共同监督的新模式，建立内外部监督相统一的监督模式，注重项目前论证预防和项目实施过程中的监督；要建立公共服务动态监测制度和评价体系，以保证对公共服务投入、管理和运营进行不间断、科学的监督，其结果可为绩效评价的必要参考。第三，为监督机制的有效运行提供支持。因地制宜，根据相关法律文件、政府规划和现实供给要求，逐步确认监督方法、内容、关键和考察标准，创建基本公共信息服务体系，计算公共服务供给的投入、产出、转化等相关关键数据。针对基本公共服务不同类型对农村和城镇进行区分数据分析，农民工群体和城市白领的基本公共服务评价要进行分类数据统计，优化不同收入群体的分类数据统计，提高数据统计的真实性和获得性。相关部门要建立基本公共服务评价信息公开平台，向社会公开各级政府部门公共服务招标、融资、资金使用、建设进度、绩效考核等一系列信息，有利于社会监督，提高信息透明度。第四，根据计划实行由第三方客观做出评估。2012年7月，国务院印发的《国家基本公共服务体系"十二五"

规划》明确提出鼓励多方参与评估，积极引入第三方评估。目前，政府监督部门大多使用内部自我评价的办法对财政支出项目的绩效进行系统评价，但因为评估机构缺乏自主性，不易得到客观公正的评估结果，所以需要对第三方评估机构的资质条件进行规范，应使用非政府部门的绩效评估专业机构，评价机构工作人员应具有良好的绩效评估专业知识储备和技能基础，具有充足的公共项目绩效评估实践经验。第五，规范利益相关者参与项目机制。对于项目内容的规划，基本公共服务评估制度的制定，在项目决策实施过程中，实行监测和绩效评估，建立利益相关者参与式机制，以保证利益相关者有机会和渠道参与项目，公众需求和满意度在公共服务供给过程中需要进一步被重视。建立监测专家和绩效评估专家人才库，以专业人才为依托推进项目，开发数据监测和绩效评估人员的培训课程，有效培育多维度的评估团体。第六，加强评价结果的传播和应用。绩效评估的意义是引导并督促公共部门合理分配使用财政资金。优化评估结果的应用和传播，有利于形成绩效改革的自我规范和激励机制。建立公共服务供给评价问责制，将绩效考核结果纳入干部考核体系，以建立长期有效的规范机制。建立绩效考核核查机制和绩效考核整改制度，有利于发现绩效评估中存在的相关问题，督促财政部门和公共服务监管部门审查整改，有助于提升绩效考核的科学性、规范性和公正性。

三、农村公共产品供给高质量发展的体系建设

（一）调整农村金融机构职能定位

中国农村金融体系建设的不充分不完善是影响农村投资效率的重要原因，特别是农村金融的定义和职责没有明确。所以，政府应当出台相应政策明确农村金融机构的权力和职责，从而构建权责归属清晰、功能全面、体系健全的农村金融服务体系。政府应出台相应规章政策鼓励和引导将建设银行、农发银行等建设为政策优惠性银行，促进更多金融银行机构加入农村基础设施建设发展，积极调动金融银行在项目运营、风险预防、资金保障管理等方面的独特优势，尤其需要明确参与建设的政策优惠性金融银行的功能和定位。在支持农业发展过程中，金融机构需要发挥金融收储功能优势，不断开发拓展服务农村发展建设更多样化的业务，并且积极调整适应国家对农村基础建设发展的需求，深入大胆参与农村项目的发展建设。由政府财政部门牵头，同政策优惠性金融机构和社会商业金融投资机构在农村农业建设基础设施，充分发挥金融机构在农村公共产品建设过程中的

独特积极作用。

（二）发挥公共财政资金的基础性作用

随着我国新型城镇化战略的实施，政府不断增加对农村生产生活基础设施项目建设的资金投入，城镇化发展给农村建设带来了源源不断的机遇。中央和地方公共财政资金应当充分发挥引导作用，加大对农村公共产品建设项目的投资，减少限制农村生产生活基础设施项目发展的不利因素，带动农村经济发展，提升农民生活质量。政府还需承担在农村公共产品建设项目中相当一部分的公益性质项目建设，促进农村农业经济发展，支持改善农民的生产生活质量。中央政府在考虑建设大型项目投资时，需要合理考虑地方政府的财政情况，确定合理的地方财政配套资金比例，综合使用地方和中央财政，提高财政资金的利用率。地方政府应该合理利用财政税收政策，深入大胆地开展农村准公共产品项目的开发建设。同时吸纳更多的社会商业金融机构参与投资，合理利用社会金融力量实现多方共赢。政府还应通过财政贷款贴息，制定农业产业补贴、税收减免等政策，积极帮扶农业生产企业和农业企业，减轻其发展中面临的资金困难，使财政资金投入为农村经济可持续健康发展注入力量。

（三）完善市场化投融资机制

目前中国农村人口基数大，人均可利用资源少且基础设施建设不充分不全面，相对于城镇还较为落后，农村农业公共产品依旧有许多供不应求的问题。所以，国家必须加快农村公共产品供给产业生态链建设，明确纯公共产品与准公共产品的定义，进而制定多元化、多样性的融资机制，从而促进农村经济的快速发展，为乡村振兴建设添砖加瓦。政府作为完善市场化投融资机制的主体应当通过外包投资收益和控制农村基础设施项目，吸引更多的金融机构和社会投资者参与农村基础设施项目的运营和投资，以市场化运作模式吸引投资，产生效益后再获得一定的项目投资回报，使社会剩余资本在农村公共产品供给建设过程中成为政府财政的有益补充，农村公共产品供不应求的现状也将被逐步缓解。依托政府信贷建立农村金融机构的融资机制，将农民在银行的存款转入政策性银行，从而增加农村金融机构融资机制下政策性银行的资金储备，也可以通过在不同地区发行一定数量的特别金融债券以吸收社会闲置资金。

（四）健全政府金融政策框架

农村金融机构一直存在投资风险大和供给不足的问题，国家应从金融体系的顶层出发全面设计农村金融体系的总体框架。国家财政政策总体框架不仅要引入更符合现实需求、有效的货币政策，还要包括政府财政资金投入合理分配等相关制度。合理的金融体系框架可以更好地鼓励社会投资者参与投资农村公共产品基础性建设项目。值得注意的是，即使在政府主导的一系列财政政策框架下，要重视和强调政府的主导基础性作用，但在金融机构的贷款审核、发放和收回程序中，政府部门不适合有过多的干预。金融机构主体掌握更多的业务自主权，将有利于吸引更多的社会金融机构参与项目投资。制定政策激励金融机构推出更多服务农村的多元化创新服务产品，综合利用现代金融信息手段，结合农村农业产业特点，切实把金融服务延伸拓展到农村生产生活，不断缩短农村金融服务与城市金融服务的差距，最终探索出一套使金融机构在农村农产品供给上具有中国农村特色的经济发展双赢政策框架。

（五）实施政绩考核体系

第一，科学优化政绩考核指标。政绩考核的最终目标是体现干劲、表现成绩，以实现"以考促干、以干促进"的良好效果。考核既有业绩、行动和表现的"考"，又有忠诚、品行和担当的"核"。因此，农村公共产品供给的政绩考核标准既要明确高质量高水平发展的要求，更要探索出实现高质量发展的现实方法路径，通过明确考什么的施工路线，让干什么更清晰、更精准，并以可操作、可衡量、可检验的具体要求，引导基层干部集中发力、精准制导。

第二，推动政绩考核评价制度化建设。制度化建设不但会影响农村公共产品发展质量与干部作风的实践性转变，而且影响着政绩考核的权威性和规范化。我国政绩考核评价工作的制度化发展重点应是实现政绩考核评价的有法可依。干部政绩考核评价是由多种因素共同影响的政治活动，它既涉及各级干部的工作方式和作风，也涉及党和国家的形象与声誉，更关系政策目标干部和人民群众的切身利益，所以必须保证政绩考核评价具有充分的权威性和正规性。在政策评价实际操作中，可参考行政法规的途径，规范政策评估主客体的权力与责任归属，确保政绩考核评价结果的真实性。所以，优化我国政绩考核评价的制度是农村公共产品高质量发展的必要之举，应加快相关法律法规和制度规范，让其有法可依、有制度保障，使政绩考核评价能够在一系列科学有效的制度框架内运转，最大限度地避免人为主观因素的不良影响，使其严肃严格地规范政绩评价工作的实施。

第三，强化考核结果运用。将考核结果与干部的选拔任用结合起来，提升干部的责任意识，激励干部积极作为。对于考核评价结果表现突出的领导干部，优先提拔；对于评价考核结果表现一般的领导干部，对其进行谈话提醒；对于绩效考核表现较差的领导干部，做出批评教育；对于不能及时完成重大任务指标的领导干部，进行追责处理，营造出有责任、有担当的浓厚氛围。

第四节　完善农村公共产品供给四大支柱质量基础设施

基础设施建设质量问题是人民群众高度关注的问题。党的十八大以来，党中央、国务院明确提出要把推动发展的立足点转到提高质量和效益上来，坚持以质量和效益为中心。习近平总书记在河南考察时强调"三个转变"，即推动中国制造向中国创造转变、中国速度向中国质量转变、中国产品向中国品牌转变[①]。2014年9月，李克强总理在中国质量大会上提出质量是国家综合实力的集中反映，是打造中国经济升级版的关键，关乎亿万群众的福祉[②]。实现"三个转变"，迈向"质量时代"，满足人民群众日益增长的质量需求，加强国家质量技术基础建设非常关键。农村公共产品供给高质量发展，要建立四大支柱基础设施。

一、农村公共产品供给高质量发展的计量质量基础设施

计量，古称度量衡，是指将单位统一化，确保数值精确可靠。计量实际也被用于社会公共服务领域，是指政府投入、产出、分配，在农村公共产品供给质量中发挥着指导作用。现在，阻碍我国农村健康发展的一个重要原因就是农村公共产品供给严重不足，缺乏科学有效的计量基础设施是供给量不足、供需失衡的重要原因。在过去的二元化发展模式和体制下，实行以农补工、重城轻农的倾斜性发展战略而形成的城乡差别化公共产品供给体制，实际上就是政府忽视对农村的投入，并且这种自上而下进行填鸭式的供给制度使得可持续性农村公共产品缺乏。

① 何可．"三个转变"是新时期质量工作明确具体的行动纲领[N]．中国质量报，2014-05-15（001）．
② 紧紧抓住提高质量这个关键 推动中国发展迈向中高端水平[N]．人民日报，2014-09-16（003）．

二、农村公共产品供给高质量发展的标准质量基础设施

标准是指为了在一定范围内获得最佳秩序，经协商一致并由公认机构批准，共同使用和重复使用的一种规范性文件①。将制定的规范性文件应用于实际生活中，组织实施、监督评估不断完善的过程就是标准化。起初，标准化的科学管理思想源自工业生产管理，但随着服务型政府规范化建设的发展，工业生产管理的标准化思想被引入政府的公共服务实践中，不断规范政府提供农村公共产品的流程。政府在公共服务实践中对标准化的应用越来越广泛，出台相关标准化的文件也逐渐增多。例如，在 2012 年 8 月国家标准化管理委员会同国家发展和改革委员会等 27 个部委制定了《社会管理和公共服务标准化工作"十二五"行动纲要》，其涉及公共教育等 14 个领域的公共服务标准化研究。公共服务标准化建设取得丰硕成果，对于规范政府管理行为，回应公众对公共产品和公共服务的需求，提升公共服务水平和质量，提升政府效率具有重要意义。

以农村公路养护管理为例。就目前而言，习近平总书记曾对"四好农村路"做出多次重要指示，为我国农村公路的建设提供了明灯。在国家、行业标准层面，2019 年 7 月，交通运输部发布的《农村公路养护技术规范》文件规定，让农村公路建设与养护管理的各项程序做到有章可循、有规可依，从而保障实现"四好农村路"高质量发展。在地方标准层面，各省因地制宜制定和实施农村公路建设、管理及养护方面的标准，如浙江省出台了适应和满足本省农村公路养护需求的《浙江省农村公路养护技术规范》，此规定对于加快建立农村公路管理养护长效机制，提高浙江省农村公路养护工作质量起着重要的作用。这些对农村公路养护的规定出台填补了我国农村养护的行业标准，但是在农村公路养护管理过程中，存在各地标准不统一、养护管理主体不明确、养护资金短缺等问题。

因此，我国应该采取有效的措施，包括制定统一的养护标准、明确养护管理主体和职责、加大养护资金投入等，以改善农村公路养护管理的现状。政府财政支持是加快标准化建设步伐的关键一点，政府应该为标准化建设设立专项资金，加大农村公路管理与养护标准化建设的资金投入，并为我国农村公路标准化工作提供技术支撑。

一是加强标准制定，严格控制标准质量。现阶段，加强标准制定，适

---

① 胡税根，徐元帅. 我国政府公共服务标准化建设研究[J]. 天津行政学院学报，2009，11（6）：39-44.

应农村发展的实际需要，已成为一个急需解决的问题。在规划标准体系和决策过程之中，不仅要进行调查、借鉴与论证，也要充分地去征求有关部门的意见，提升制定与修订标准的必要性及有效性。同时，也要严格控制标准的质量，使标准的科学性与适用性及合理性得到确保。

二是强化标准实施与监督，提高标准化服务质量。要加快落实出台的行业标准、地方标准和国家标准，相关标准化的实施计划需要有关部门制定，分步骤、有序地进行各项标准的实施，并利用网络等平台宣传相关标准，落实好农村公路标准。此外，要加强对政府主管部门的工作人员、农村道路管理层人员的培训，提高标准化服务质量。

三是人才队伍的培训标准化要加快，提高标准化水平。对于缺乏农村公路标准化工作人才的问题，要加强人才培养，尤其是从事农村公路养护的工作人员，着力提升队伍整体素质和规范化建设水平。

三、农村公共产品供给高质量发展的检验检测质量基础设施

检验检测是对产品安全、功能等特性或者参数进行分析测试、检验检测，必要时进行符合性判断的活动，也是评价质量的手段之一。由于国家质量战略需求，为了保证产品质量，第三方检验机构进入大众视野，被广泛应用于监督高速公路、特大桥梁和隧道项目的建设。第三方检测，又称公平检测，即利害关系人之外的人以权威和公正的第三方身份，以有关合同或者标准、法规和法律为根据实施检测等活动，其优势在于具有完善的检测设施、专业的检测人员，并提供技术支持，按合同和规范要求对工程提供检测服务，能够相对客观、有效、公正地对工程的建设质量做出评价。

在农村公共服务建设中，乡村设施、设备等硬件设施也可以引入第三方检测机构，有效提高产品供给质量。以农村公路为例，最近的几年以来，由于不断发展的农村经济，我国不断加大农村公路的建设力度，打通农村路网"毛细血管"已成为当务之急。"四好农村路"作为实施乡村振兴的重要任务，以往的低标准、质量差已不能满足国家对"四好农村路"的建设指标要求。为此，农村公路的质量管理需要通过引入第三方检测机构进行监管来实现，结合第三方检测机构监管方式，为农村公路中的质量监管提供参考。第一，进行检验检测，包括以下几个方面：原材料试验检测、过程检测、转序与交接竣工验收检测。第二，测试管理和控制。第三方检测机构需要利用自身的专技优势，管理整个工程的审查工作，对检测工作的要求进行明确，将技术的标准和检查的方法进行统一，使检测工作能够顺利地进行，对报告和记录表的格式进行测试，并且测试台账与其他相关

的数据文件的格式和要求，进一步明确测试检测有关的管理措施。工程质量问题和事故发生在实验检查的过程中时，事故的调研将需要由第三方的检测机构来负责，提出措施并进行整改，要做好与施工单位的沟通协调，解决检测活动中遇到的问题。第三方检测机构应定期或不定期对施工单位和监理部门进行抽查，检查设备性能、人员资质、操作方法、试验数据管理、规章制度、台账登记等，并根据需要组织比对试验，做好数据管理，建立档案，将检测报告录入相关电子管理系统。第三，组织人才培训。第三方检测机构要利用自身的技术和人员优势，帮助施工单位克服机构、人员和技术不足的问题，弥补不足，确保公路建设质量。组织对施工单位和监理单位有关试验检测人员进行专业技能培训和考核，协助业主做好试验检测过程中的安全教育工作，对所有试验人员及相关配合人员进行安全培训和安全交底，提高试验人员安全生产的重要性。

四、农村公共产品供给高质量发展的认证认可质量基础设施

认证是有关产品、过程、体系和人员的第三方证明，类似于担保人和证人。认可是对认证、检验等机构的资格审核。2013 年 11 月，ISO 出版的《产品监管和市场监督的原则与实践》明确，认证认可是政府构建产品监管体系的关键要素，政府降低监管成本、减少行政风险、优化资源配置的有效手段。目前，我国正处于从规模和数量发展阶段过渡到效益和质量发展阶段的过程中，没有整体水平较高的供应体系，如何加强质量管理已成为一个重要课题。服务质量和产品质量的提高、政府治理手段的丰富及政府职能的有效履行需要引入第三方认证认可。以产品质量管理为例，干预过度与管理手段僵化及监管效率低等问题都是政府在采用传统的强制性命令与法规来履行产品的质量管理职能过程中出现的。引入第三方认证认可，可以使政府摆脱微观技术评价活动，简化行政、下放权力，由直接管理转化成间接管理，提高行使权力的科学性和行政绩效率。

质量管理的一个重要的治理工具是认证认可，对于在认证认可领域起步较晚的中国来说，需要立足本国实际，借鉴其他各国优秀经验，尤其是在教育认证领域。美国身为教育强国，其教育成就有目共睹。美国的教育认证和评估已经有将近 150 年的历史，有着非常成熟的市场和运行机制。美国有许多教育认证机构，认证机构的认证委员会是美国高等教育认证委员会（Council for Higher Education Accreditation，CHEA）。所有的教育认证机构的同行评审和认证由它进行，它要确保认证的标准及标准流程的质

量与完整性。它的宗旨是促进学术质量的自我监管，通过认证，识别美国高等教育认证机构的质量。在教育和管理大学时美国政府有其明确的定位：发挥它的宏观导向作用，主要有教育公平、教育立法和教育改革这三个方面，同期政府间接或直接增加的关于教育的投入要能够保持，监督教育要增强，将优质的服务提供到本国的教育事业发展中来。

第三方教育认证的开展是教育强国基础设施建设之重器，为此，如何在我国推广和完善第三方教育认证，有几点思考。一是在教育认证的概念上，仍然缺乏共识。普及教育认证常识，纠正一些错误的认证观念，刻不容缓。二是教育认证基础设施严重缺乏，如教育软硬件标准、学校教育用品、学校管理和服务等，要加大国家科研投入，督促实施规范化管理。三是专业研究亟须加强。对开展了教育认证和专业人才培养的大学科学研究机构与各级各类高等院校要进行大力的鼓励，让教育认证能够驶入和发达国家一样的专业认证审计师的生长路径。四是尽快出台教育服务认证管理条例，需要重点进行基础研究的课题包括教育认证机构的处罚和权利，教育认证机构有关的工作程序，教育认证机构相关行业的工作原则，教育认证机构及其从业人员的条件及资质，教育认证的外延和内涵怎么科学界定，等等。目前，我国的第三方教育评估认证机构处于发展的起步阶段，非常需要党与国家及最高教育行政部门提供大力的支持，进行积极引导与培养。制度要明确，才能够将我国的教育认证事业发展有序推进，使党与国家的教育事业在被权威、专业和独立的教育中介机构服务时能够发挥出足够的积极作用，让它一直服务于教育强国梦的实现。

第五节　实施农村公共产品供给五大赋能质量提升策略

赋能最早出现在 20 世纪 80 年代积极心理学的理论分析中，是指通过言行、态度、环境的改变给予他人（或组织）以正能量的过程。自 2016 年以来，赋能已成为现象级的热词，在互联网和企业管理领域频繁出现，随着社会经济的发展，赋能得到更广泛的拓展。在公共服务领域，赋能是指依赖各种丰富的资源要素，激发无限的潜力，推动公共服务水平。在推动农村公共产品供给高质量发展中，需要依靠制度、技术等要素赋予乡村强大的内生、外生发展能力，以制度作为保障，推动农村治理体系、治理能力现代化。

一、农村公共产品供给高质量发展的制度赋能

（一）建立农村公共产品供给表达决策体制

基层政府所提供的农村公共产品的对象是农民，所以农村公共产品质量真正提高的首要前提是，农村公共产品的有效供给需要精准地识别农民对于农村公共产品的需求是什么。现在，我们国家关于农村公共产品供给的决策主要是各级政府自上而下进行，再加上农村基层政府部门受到各项利益的驱动偏向于提供能在短时期产生经济效益的公共产品，导致出现无序供给农村公共产品的现象，没有办法真实地反映出农民对于农村公共产品的真实需求，加重了农民的负担。为此，要切实保障农民能够参与农村公共产品供给决策，充分表达对农村公共产品供给的需求，防止出现基层政府工作中缺位与错位现象显得尤为重要。第一，加快农村基层政府组织制度建设。政府在提供农村公共产品时，要站在人民群众的立场，让农民充分表达对农村公共产品的需求，健全将政府决策与农民需求表达相联系"自下而上、上下合一"的供给体制，遏制权力寻租和腐败行为，防止地方政府的利益投机行为，结合实际完成公共服务的供给。第二，加强村民自治力度，完善农村基层民主建设。在农村公共服务实践过程中，政府应引导村民积极参与农村公共产品的生产和服务之中，发挥基层民主自我管理、自我教育、自我服务的基层民主制度优势，依托村民会议、村民代表会议及村民小组会议等组织形式，保证村民畅通渠道和农村公共产品供给决策过程公开透明，使农村公共产品的供给及需求对接的有效性发挥促进作用，进一步处理村民的需求和农村公共产品互相脱节的供给问题。

（二）建立农村公共产品供给财政保障体制

财政是政府全面履行职能的重要物质基础，基层政府的财政能力直接关系农村公共服务发展水平。因此，提高基层政府的农村公共服务水平，建立完善农村公共产品供给财政保障体制至关重要。首先，持续加大转移支付资金投入力度。随着农村公共服务的开支需求越来越高，基层政府的财力资金有限，在短期内无法扩宽其他资金收入来源渠道，因此，要想方设法向上级政府争取更多的资金支持。其次，上级政府应合理地判断基层政府的职能属性，知悉当地的经济实力状况，适当地对基层进行财政补贴。姚先国和项永丹曾提出，当基层政府被赋予更多的权力后，有利于加强基

层政府的自主性，激发工作的积极性①。因此，增强基层政府财政能力，对农村公共产品投入的加大有促进作用，能够提升农村公共服务的水平。最后，基层政府应根据区域发展特征，挖掘自身所具备的地域资源优势，带动乡村产业发展，扩大财政资金来源渠道。国内知名学者费孝通在 20世纪 80 年代《小城镇·再探索》一书中提出苏南模式及温州模式，很多产品在农村进行小批量生产后拥有更多的发展优势。目前，农民的生活质量显著提升，也聚集着大量的民间资本，在这一背景下基层政府应建立与农村人民群众良好的信任体制，对基层政府汲取民间资本发挥重要的作用。

（三）建立农村公共产品供给多元主体机制

由于社会主义新农村建设的发展，农村人民群众对于农村公共产品的需求日趋个性化，对农村公共产品供给质量有更高的要求，农村公共产品单是靠政府来提供已经不能满足农民的多样化需求，还会出现农村公共产品质量较低、发展模式单一和财政短缺等弊端。因此，构建农村公共产品多元化主体供给模式，发挥各主体的优势显得尤为重要。

各基层政府必须结合当地发展现状，立足于实际。针对经济欠发达的农村地区，基层政府要充分履行职能，积极承担起农村公共产品供给的责任，促进农村公共产品的有效供给。例如，积极推动工会、共青团、妇联等组织参与农村公共服务，为这类团体和组织提供一定的政策支持，方便政府开展公共服务，减轻政府在农村公共服务扮演的角色的压力。同时，要不断完善农村社区服务功能，积极鼓励志愿者服务，提升农村公共产品的供给效率。

对于一些经济发达的农村地区，鼓励民间资本进入农村公共产品领域。目前，PPP 模式是基层政府筹措农村基础设施建设资金的重要渠道，是政府和社会资本开展合作，吸引社会资本的一项模式，可以缓解政府对于农村基础设施建设资金不足的问题，同时也可以给企业带来可观的经济效益。因此，要实现基层政府和民营企业共赢，则需要选择一批具有良好发展前景的项目，使社会资本愿意参与进来。例如，结合当地区域实际情况，充分挖掘当地的特色农业，打造具有地域特色的品牌，充分发挥各主体的资金、技术、知识等优势，实现由政府单一主体供给模式向政府、民营企业、社会组织多元主体供给模式的转变。

---

① 姚先国，项永丹. 从楼宇经济到楼宇社区：政府服务模式创新和发展战略选择[M]. 杭州：浙江大学出版社，2011.

（四）优化农村公共产品监督评估机制

一是健全绩效评估考核体系。目前，我国基层政府绩效考核体系还不够健全，主要是将经济效益作为考核的主要依据，欠缺了农民对农村公共产品需求的考虑，不利于农村公共产品供给质量的提升。因此，政府应制定出完善的绩效考核体系，综合多个方面进行考虑。例如，在农村公共服务考核体系中将农民满意度和第三方测评两个指标纳入其中，并量化不同部门、个人的考核，规范基层政府工作人员的行为，权责分明，做好本职工作，进一步督促基层干部自我加压，主动作为。此外，应强化考核的结果运用，将本地区的农村公共产品的供给状况和结果考核与等次评定、奖励惩处、干部任用紧密结合起来，有效促使广大干部改进工作作风，保障农民群众的切身利益。

二是建立群众参与的监督机制。目前，公民在行使监督权时，并未意识到自身的重要性，之所以出现这种情况是农民群众并没有充分意识到监督的作用，再加上一些农民群众的文化水平有限，不能够充分了解监督权的职能属性，导致不会监督也不愿监督。因此，基层政府要切实将群众的监督落到实处，促使农民群众真正意识到自身的监督职能及监督的实际意义，健全群众参与的监督机制，从而提升监督水平。

（五）完善农村公共产品质量监测体系

政府由于不断地应用大数据和信息化技术，积极探索建立以数据和事实为基础的农村公共产品供给质量管理系统，对信息、流程、人员和技术有机集合发挥推动作用，使智能化运作中的客户价值、客户满意度、服务定制与群体甄别及偏好识别等内容得到实现。对参与服务质量监控的公众进行鼓励，帮助民众发展沟通互动关系，促进民众之间分享经验、共同学习与一起参与政策议程过程，进一步让公共产品的供给不单是纯粹的技术与消费过程，也是价值在不断建构的过程。

一是完善技术方法。基本公共服务监测评价方法是改进的关键环节之一。第一，方法的科学性和合理性事关结果的指向性。基本公共服务动态化监测应依据各省市实际情况，在资料搜集方面，发挥地区、专家机构等的作用，多渠道和连续性地收集数据和资料。基本公共服务监测过程中的问卷调研方法应科学合理，包括抽样方法、抽样对象的选择、样本总量、样本分布等内容。在监测模型上可探索尝试结构方程模型的方法，这种方法相对普遍应用的简单平均法和层次分析法可解决指标权重分配科学的问题。第二，应注重基本公共服务监测过程中的大数据技术，树立科学的技术观、动态监测观，坚持问题导向和目标导向相结合，有效运用信息化赋能基本公共服务。第三，强化基本公共服务的关联分析，突出基本公共服务政策和改革指向，通过分析关键指标提高监测的深度。第四，建立质量清单制度。制定访员培训制度、拦截面访/网络调查/电话调查/舆情监测制度、数据复核制度、数据分析制度、报告撰写规范制度、报告提交制度等，要让监测全部流程做到有章可依，确保监测工作高质量完成。

二是精准监测和分类监测共同发力。精准监测即在监测对象上降维、内容上聚焦，使政策指向清晰化，如专项的教育服务满意度调查，会针对学生、教师和家长分别设置不同的调查问卷，使评价指标更加聚焦，又如养老服务满意度会深入各大养老机构调查接受过养老服务的老年人，调查主体的选取更加合理。

分类监测注重差异发展，即否定"一刀切"，强调循序渐进地推进公共服务的高质量发展，如问卷设计应坚持个性化指标和共性指标相结合原则，根据各行政部门的不同，共性指标和个性指标分别占比80%和20%，更好地体现"主责主业"。

三是充分发挥第三方机构作用。充分发挥第三方机构（科研机构、调查机构、咨询机构）的作用，提高基本公共服务的标准化、科学化和精细化水平。不断鼓励与公共服务相关的财政、教育、医疗、社会保障、养老、公共卫生等部门开放数据，加快与科研院所、高校、智库企业等第三方科研机构共享、开发、利用数据的步伐，每一年度对各级地方政府公共服务能力进行客观评价，同时进行公众满意度调查，探索主观评价和客观评价相结合的科学评价方式方法，更好地提高监测公共服务质量的有效性。

二、农村公共产品供给高质量发展的组织赋能

（一）提升政府组织管理服务，完善公共产品供给体系

现阶段，政府主体的缺失及权力与责任的脱钩是我国农村公共产品供给质量低下的关键原因。所以，农村公共产品供给质量要提高就必须提升基层政府组织管理服务，完善农村公共产品供给体系。一是农村公共产品供给责任应根据政府分配的财权划分。在农村公共产品供给能力方面，应按政权、财权和事权相统一的原则，合理调整基层政府的权责分配关系。同时，建立科学规范的财政转移支付制度，进一步规范转移支付的适用范

围和责任，降低财政资金的拨付水平，通过对转移支付资金的使用效果进行评价，县市要对责任制专项补助进行监督管理，确保资本到位，不增加乡镇财政负担。为保证地方政府农村公共产品的供给能力，提出按纳税比例进行地方税收返还的激励机制。

二是按层次划分农村公共产品供给类型。农村公共产品的供给按照政府层级可分为筹集资金密集型公共产品、技术密集型公共产品和劳动密集型公共产品。中央政府可以负责农村技术设施建设、义务教育、医保等关系国计民生的筹集资金密集型公共产品，确保农民平等享受发展成果，维护社会公平正义。农业技术培训、市场信息等这类技术密集型公共产品则由地方政府提供，县市政府可以针对本地的特色农业科技需求进行供给。乡镇政府则负责不需要太多的资金和技术投入的劳动密集型公共产品供给，同时，也可让参与农村公共产品供给的农民合作组织和非营利性组织进行指导和监督。

（二）培育合作组织，提高自我供给能力

影响农村公共产品供给质量的一个关键因素是农民表达需求的能力。目前，我国农民文化素质普遍不高，政治参与意识淡薄，法律知识匮乏，无法通过正常渠道表达自身需求。因此，建立农民合作组织，提高自我供给能力，使农民可以表达对农村公共产品的需求。

农民合作组织是由分散的个体到合作的利益共同体组成的。因此，要善于发挥农民合作组织的优势，充分发挥农民合作组织在供给和决策中的作用。首先，要鼓励和引导农民自发成立各种合作组织，充分调动农民的积极性，使农民从被管理者成为管理者，建立公正、合理的利益分配机制，确保农民能够分享合作组织带来的好处。其次，要以法律的形式承认农民合作组织的主体地位，赋予其独立的法人资格。政府不应干涉农民合作组织的内部管理事务，而应为农民合作组织提供资金支持、技术指导、市场信息咨询、法律法规培训等服务。最后，要充分发挥金融作用，通过财政补贴的方式，鼓励农民合作组织投资农村公共产品，充分满足农民对公共产品个性化、多样化的需求。

（三）借助非政府组织力量，拓宽农村公共产品供给

非政府组织是不以营利为目的且自愿提供公共服务的第三方组织，在拓宽农村公共产品供给渠道中发挥着越来越重要的作用。因此，要甄选一些适合非政府组织的优质项目，调动社会各类主体积极性，进一步拓宽农

村公共产品供给渠道。

首先，构建政府与非政府组织的良性互动合作机制。非政府组织由于自身的组织方式、信息获得等方面的优势，能够弥补市场和政府提供农村公共产品供给的不足，因此，政府应充分认识非政府组织的作用。就我国农村公共产品供给而言，政府应以建设人民满意的服务型政府为目标，加快转变职能，为非政府组织参与农村公共产品供给营造良好的环境，合理界定政府与非政府组织在农村公共产品供给中的职责边界，适当对非政府组织进行合理的赋权，正确处理好政府与非政府组织的关系。同时，非政府组织应主动加强与政府的沟通交流，避免过度依赖，努力为自身争取更好的发展空间。

其次，健全相关法律规章制度，为非政府组织提供良好的外部环境。一方面，通过制定专门的法律制度，明确非政府组织的性质、权利、义务、活动范围等，增强非政府组织行为的规范性；另一方面，完善非政府组织的登记注册制度，使还未注册的非政府组织具有现实的合法性和制度的合法性。同时，政府应减少对非政府组织的管控，降低非政府组织的准入门槛，使非政府组织成为提供农村公共产品供给的重要主体。

最后，建立健全非政府组织内部管理制度，增强其自我发展能力。增强非政府组织自我发展能力，主要从两个方面入手，一是非政府组织的资金问题。非政府组织不能单纯依靠政府对自身的资金投入，还应该建立多种非政府资金来源渠道。例如，可以通过提高自身运行的透明度，增强社会公信力，吸引更多的外来资金。另外，非政府组织可以发展一些如技术服务、信息咨询等服务收费项目，增加收入。二是非政府组织的人才队伍问题。应建立科学的非政府组织从业人员的管理制度，完善从业人员的社会保障机制，为其提供良好的社会保障服务，吸引更多优秀的人才从事非政府组织事业，扩大非政府组织的人才队伍建设。同时，完善对非政府组织从业人员的培训激励机制，对其进行入职前的岗位培训并且采用定期考核的方式，加强职业素养，激励从业人员提高业务水平和服务质量。

三、农村公共产品供给高质量发展的技术赋能

（一）区块链信息助推公共服务数据互通共享

乔治·吉尔德说过，"区块链技术为减少中介机构提供了可靠而有效的手段，也从根本上降低了交易成本，促进了公司的网络化，分配了经济

权力，创造了财富，带来了更加繁荣的未来"①。在公共部门大规模地应用新技术，传统的公共服务体系与治理模式也将被彻底改变。当前，不看电子政务发挥的作用，主要可以从以下两个方面来表现公共服务体系的重构：一种重构方式是将系统里面的各个交易成本经过去中介化的方式达到降低的目的，乃至可以减少人为的失误与腐败，并且公共事务的自动协议执行与自动审计可以经过具体的程序得到实现，进而使政府服务公众的整体效率得到提高。另一种重构方式是政府通过对账簿的覆盖机制进行统一，提供公共服务的人和参与公共服务的人能够迅速地增加，网络服务与治理慢慢地形成，对公民和公民间的直接互相帮助与互动发挥了促进作用，乃至公共服务与行政的过程可以在无公共管理者的情况之下完成，公共服务供需的精确匹配度得到进一步的提高。公共服务智能化体系的形式由上面这两方面体现出来，具体可以概括为以下三个方面。

第一，公共服务主体多元化。多元协作里面的业务场景可以适用区块链技术，因为它十分吻合多元主体团结协作参与公共服务的现实。由于不断广泛地应用把信息技术作为代表的区块链，有希望缓解因为信息分散而造成的"各自为政"的弊端，能够进一步提高公共服务的一体化程度。

把养老社会资源的新模式作为一个例子，共享数据与整合区块链的技术是这个模式首要的能力。联盟链要在社会组织与政府及市场之间建立起来，三方主体都积极主动地提供各自所收集的有关需求的信息，而且直接放到链上进行共享。依据老年人的需求信息社会组织及市场的服务生产者可以生产出相关的服务，当链接发生在生产服务信息中时，政府将财政资金拨给满足老年人需求的生产者。在同一时间内，关于老年财政资金的数据就会被区块链自动地记录下来，方便政府监管，确保老年财政资金专款专用。明确说明政府、市场和社会组织每个个体在公共服务的供给体系中是什么角色，加上与信息技术之间有效的协同互动，将公共服务供给过程中的准确性与有效性提高。从社区服务的层面来说，服务联盟与社区自治链条的形成和物联网技术的普及有关，进而模糊了服务的供给者与需求者的边界，居民可在养老、二手商品共享等领域进行更广泛的互动与合作，开展志愿服务、垃圾分类、公益活动等。

第二，公共服务方式智能化。在背景为应用技术的情况下，公共服务系统的自动化与智能化的水平将不断提高。在网络技术特别是区块链等的

---

① ［美］乔治·吉尔德. 后谷歌时代：大数据的没落与区块链经济的崛起[M]. 北京：现代出版社，2018.

帮助下，安全且可靠的合同自动执行与信息共享活动可以在公共服务网络中实现。人们通过相关的信息和智能设备彼此关联，自动执行程序被编写出来，使相互有关系的公共服务可以在预先定义的规则之下完成执行任务。例如，金融机构的禁令是哥伦比亚司法部通过区块链技术发布和实施的，且效果良好。模式是传统模式的情况下，很多混合经济或者是私营及公共组织都会受到发布与执行禁令的影响。这些组织归不一样的司法管辖区管理，独立地执行禁令是每一个金融机构都可以完成的。一人在许多家的金融机构去开立账户是被允许的，所以同一个人会受到来自多家机构实施禁令的约束，这样成本增多了，公平没有办法保证。强制令的执行成本能够通过区块链的司法强制令的档案管理系统进行降低，可以提高禁令程序执行效率，提高实体与实体之间合作参与程序的效率。信息的共享及透明可以通过数据共享与分权来实现。发布的与司法禁令有关的文件都放在系统之中，自动查询与文件副本的保存是对每个参与者都开放的，这样关于禁令执行的全部情况每一个参与者都可以随时地了解，同一个人被金融机构重复地执行了禁令时也能够通过信息共享来避免。要想促进参与者与参与者之间的合作，可以通过区块链中的共识机制来要求全部的参与者参与有关禁止文件的编写及维护。

第三，公共服务内容精准化。由于受到来自传统的行政思维的感染，单向的管理模式依然是公共服务需求匹配与识别强调的重要内容，也就是从上往下地识别及判断、挖掘和分析。随着信息技术的飞速发展与人们现实需求的复杂化和多样化，这种传统的需求管理的模式显然已经不能适应现实情况。一条可能的新的制度创新路径毫无疑问地会由具有结构化筛选与集约整合功能的区块链技术提供：建立的管理平台的需求表达与识别及挖掘、分析和研究技术也更加精细化。同时，需要整合与交叉验证同一个账户里面的需求信息，信息的准确性与真实性及可信性得到了提高，政府对公共服务需求的准确识别能力也得到了进一步的提高。智慧城市的很多案例都反映了这种应用，在公共交通配置和管理的过程中，市民的出行信息能够自动地上传及更新，市民出行的时间和次数、出行时选择交通工具的喜好等有关信息都可以作为政府相关部门进行准确并且及时地分配和安置好车的数量与种类的依据。这样不但有利于对公共交通的利用率进行提升，而且可以提高我国公共服务供给的水平和能力。

（二）大数据分析助推公共服务更个性化

2017年12月8日，习近平在中共中央政治局第二次集体学习时强调：

大数据发展日新月异，我们应该审时度势、精心谋划、超前布局、力争主动，深入了解大数据发展现状和趋势及其对经济社会发展的影响，分析我国大数据发展取得的成绩和存在的问题，推动实施国家大数据战略，加快完善数字基础设施，推进数据资源整合和开放共享，保障数据安全，加快建设数字中国，更好服务我国经济社会发展和人民生活改善①。政府治理能力提高的一个重要手段就是通过大数据进行高效的采集及有效的整合资源，使政府决策与风险防范的水平得到提高，使治理社会的准确度与有效性得到提升，对治理农村社会的能力发挥促进作用，并深入应用政府数据和社会数据，使商事制度的改革得以推进，将政府及社会的监管有机地结合起来，有效调动社会力量加入社会治理的积极性。

以公共就业服务为例。大数据时代的到来为公共就业服务提供了新的机遇和挑战，我们应该紧紧抓住这个机遇，充分利用大数据技术，提高公共就业服务的针对性和有效性，数据可以被利用的特性就会被全面地提高，将数据的挖掘与管理及分析能力利用起来，将其运用到就业数据有关的建设之中，将数据应用的针对性和数据支撑的强有力性作用于就业业务中，把数据血液注入传统的业务模式中，全面提升就业服务的能力。对宏观数据统计决策进行分析不仅是大数据价值的体现，也与它服务个性化的特点有关。目前信息化的建设中重要的实践思路及指导思想是把人作为中心。服务对象包括自己，对服务需求进行深入挖掘，这对信息化能促进业务的发展来说是一个关键的方法和措施。细致全面地将服务对象的属性与需求及群体进行分析是把就业的情景分析做好的关键任务。不一样的劳动者有着不一样的需求，要从各个维度去分析劳动者关于就业的服务需求，了解服务的对象有什么属性，主要包括基本行为及相关属性这几个方面，且将这些信息用肖像画的方式表现得更加清晰，因而经过数据建模及分析技术对其提供的特性化服务便具有针对性。

很多的应用场景在就业的大数据中可以看到。例如，处于就业实习的现场，要对优质企业进行准确的认定，提高大学生实习留任率是一项重要指标。通过对大数据进行分析，可以将历年参加企业社保的人员情况提取出来，对企业中实习生的留用百分比进行了解，以此来判断什么是优质的企业。推荐毕业生留用率高的优质企业成为实习基地，享受国家实习补贴。这样看，从一个角度来说能够将高校的毕业生实际的就业率提高，从另外

---

① 习近平主持中共中央政治局第二次集体学习并讲话[EB/OL]. http://www.gov.cn/xinwen/2017-12/09/content_5245520.htm，2017-12-09.

一个角度来说也能够让那些真正可以带来就业机会的企业享受发放的实习补贴。

四、农村公共产品供给高质量发展的文化赋能

（一）以文化建设改善乡风文明

乡村振兴的魂即乡风文明。乡风文明要注重良好家风的培养，靠家风来促进民风，用民风来影响乡风。第一，开展关于家风的研讨会议、家训立戒、传家礼、评家等活动，培养家庭的文化与美德，提倡和睦的家庭关系，养成良好的尊老爱幼的家庭新风尚，科学地养育儿女，勤俭持家，邻里互助。第二，新型农民的培育需要注重。把"四有"的新型农民作为培养的目标，充分利用新时代的农民工作坊和农民学院、"梦想课堂"与"三下乡活动"及"院坝讲座"等载体，加强农民的技能培训，帮助农民提高科学文化素质，造就有文化、懂技术、会经营的新型农民。第三，要注重新农村的带头人的培养，要加强村"两委"队的组织与作风及思想建设，为营造有浓厚的"风清气正"特点的氛围不断努力，进而提升农村的文明水平。

（二）以文化建设助推产业发展

传承千百年的历史文化和丰富的文化资源是乡村特有的，具有鲜明区域特点和民族特色的乡村文化，有利于推动乡村文化产业发展。推动农村产业发展，文化资源是关键。对于没有文化资源的村子，可通过文化重建赋予其新的文化价值和内涵，形成独具特点的乡村文化产业，打造文化品牌。此外，要增强文化资源与农业、旅游等产业的整合，通过赋予农产品文化内涵，提升农产品的附加值，增强市场竞争力；通过对乡村文化资源的挖掘，发展具有当地特色的文化旅游产业。

（三）以文化建设美化人居环境

改善乡村人居环境，建设美丽宜居乡村，是实施乡村振兴战略的一项重要任务。最近几年，政府高度重视对生态环境的保护，使乡村的生态环境有了很大的改善，但是乡村居民生态环境的提高，需要加强农民文化素养，通过文化建设提高农民的环保意识。为此，要充分利用优秀的传统文化，强化道德示范作用，引导农民自我管理、自我教育、自我服务、自我提高，为乡村振兴提供良好的人居环境。例如，通过对乡村路面进行修整和完善，进行统一粉刷、规划，让村容村貌变得整齐干净，达到美化人居

环境的效果。

五、农村公共产品供给高质量发展的服务赋能

（一）提高供给服务的效率

农民日益增长的美好生活需要包含着对多层次公共产品的需要，这就促使政府提高供给服务的效率。首先，政府必须优化农村公共产品供给的结构。重点加大对农村医疗卫生、义务教育、社会保障等软性农村公共产品和服务的优化，为农村发展提供良好的软环境。其次，提高农村公共产品的使用效率。政府花费大量人力物力为农村提供基础设施的同时，也要重视对已有基础设施的保修与维护，避免出现资源浪费的现象。最后，扩大多元筹资渠道，减轻政府的资金压力。政府要鼓励引导社会组织参与新农村的建设，为其提供优惠的政策支持，从而建立多元主体农村公共产品供给参与机制。

（二）调动需求服务的积极性

一是农民要提高政治素养，培育现代公民意识。由于我国农民的文化程度普遍较低，再加上受到旧观念的影响，他们更愿意选择能够在短期产生效益的公共产品，如农业新技术等，对于具有长期效益或者存在隐形效益的农村义务教育、医疗卫生服务等公共产品存在需求不足的现象；还会出现农民对公共产品搭便车的心理，认为即使不参与农村公共产品供给的决策，也可以享受农村公共产品提供后所带来的收益，从而使政府不能真正了解农民对农村公共产品的实际需求。因此，要不断提高农民政治素养，培育农民的主人翁意识，引导农民积极参与政治生活，提高自我参政意识。

二是加强农民组织建设，维护农民合法权益。一方面，要使村民代表会议与村民会议的作用得到充分的发挥。村民会议是由本村18周岁以上的村民组成，是农村的最高权力机构，对涉及全村根本利益的重要事情有权利做出决定，因此，村民可以通过在村民会议上表达自己的利益诉求，从而维护自己的合法权益。另一方面，建立农民协会，维护农民合法权益。农民协会作为代表农民自身利益的非政府组织，可以降低政府在决策过程中的偏好选择，而且政府和农民进行对话的桥梁能够经过该平台来建立，从而可以限制村委会与基层政府滥用权力，减少农村公共产品的无效供给。此外，农民协会可以组织农民有序有效地表达自己的合理诉求，维护自身的合法权益。